Clés DES Champs

Des outils pour comprendre.
Des idées pour agir.

Brian M. Carney et Isaac Getz
Liberté & Cie.
Quand la liberté des salariés fait le succès des entreprises.

Charles Duhigg
Le Pouvoir des habitudes.
Changer un rien pour tout changer.

Malcolm Gladwell
Le Point de bascule.
Comment faire une grande différence
avec de très petites choses.

Daniel Kahneman
Système 1 / Système 2.
Les deux vitesses de la pensée.

Daniel H. Pink
La Vérité sur ce qui nous motive.

Brian M. CARNEY
Isaac GETZ

Liberté & Cie

Quand la liberté des salariés fait le succès des entreprises

Traduit de l'anglais (États-Unis)
par Odile Demange

Nouvelle édition augmentée, 2016

Clés des Champs

L'édition originale de cet ouvrage a été publiée par Crown Business, New York, sous le titre *Freedom, Inc. : Free Your Employees and Let Them Lead Your Business to Higher Productivity, Profits, and Growth.*

ISBN : 978-2-0813-7951-0

À nos enfants –
ceux de Brian : Luke, James et Aletheia,
et ceux d'Isaac : Elie et Adèle.

Préface à l'édition 2016

La libération d'entreprise n'est pas une stratégie. C'est une philosophie que des leaders du monde entier utilisent pour transformer leur organisation en profondeur. Ces patrons ont la certitude qu'un lieu de travail privilégiant le respect et la liberté est beaucoup plus naturel qu'un environnement fondé sur la méfiance et le contrôle. Ils ont donc pris des mesures pour que leur organisation soit en adéquation avec ces convictions – ils ont libéré leurs salariés, leur esprit d'initiative, leur potentiel, et, par conséquent, ils ont dopé les performances de leur entreprise.

Depuis la parution de *Liberté & Cie* en 2009 aux États-Unis, il s'est passé beaucoup de choses. Le livre a été traduit en six langues. En France, il a remporté le prix du livre DCF dans la catégorie stratégie d'entreprise, et il est resté en tête des ventes de la catégorie entreprise / management sur Amazon.fr pendant neuf mois quasiment sans interruption. Mais il a surtout encouragé des centaines de leaders à libérer leur propre entreprise. Le quotidien *Le Monde* a même annoncé le début d'un mouvement de libération des entreprises en France. Depuis, ce phénomène a fait la une des plus grands magazines, et a fait l'objet de reportages diffusés sur les principales chaînes télévisées françaises et européennes.

Dans la majorité des cas, ce sont des petites ou des moyennes entreprises qui ont été libérées – même si certaines se sont beaucoup développées par la suite. Néanmoins, de plus en plus de firmes multinationales, comme Michelin, Airbus ou Décathlon rejoignent le mouvement de libération initié par des pionniers comme W.L. Gore ou FAVI.

La libération d'entreprise n'a pas de frontières, ni géographiques, ni sectorielles – Vineet Nayar est le leader libérateur d'un géant de la technologie situé en Inde, David Marquet celui d'un sous-marin nucléaire américain. Au sein d'organisations variées, tant par la taille que par le secteur d'activité, des leaders mettent fin aux modèles hiérarchiques et bureaucratiques pour instaurer de nouveaux modes fondés sur le respect et la liberté. Tous les matins, les salariés vont travailler, mais nombre d'entre eux préfèrent dire qu'ils vont prendre du plaisir à poursuivre un rêve commun en mettant en place leurs initiatives. Et comme par hasard – ou peut être naturellement – ces organisations réalisent continuellement de meilleures performances que leurs concurrents.

En d'autres termes, le respect et la liberté sont les clés du plaisir et de la réussite.

Brian Carney et Isaac Getz
New York et Paris
Janvier 2016

Introduction

La liberté, ça marche.

Dans toutes les sphères de notre existence – politique, économie, loisirs et vie familiale –, nous exigeons de pouvoir prendre nos décisions en toute liberté. Pourtant, dès qu'on aborde le monde professionnel, trop de gens sont étouffés, entravés, contrariés et paralysés par la bureaucratie et par des règles qui ne cherchent absolument pas à les aider à exercer leur métier de leur mieux. Ces contraintes leur donnent l'impression de n'exercer aucun contrôle sur leur vie professionnelle, ce qui, à son tour, engendre du stress, de la fatigue et de la démotivation.

Curieusement, c'est une réalité que l'on connaît parfaitement depuis des dizaines d'années. William L. McKnight, le légendaire patron de 3M, l'exprimait sous une forme laconique dès 1924 : « Si vous mettez des barrières autour des gens, vous obtenez des moutons. Accordez-leur l'espace dont ils ont besoin. » Dans cet esprit, McKnight a mis en place chez 3M un environnement qui libérait la créativité et l'esprit d'initiative des salariés. Pourtant, la culture que McKnight a instaurée chez 3M a fait plus d'admirateurs que d'émules. Soixante ans plus tard, portant son regard par-delà l'océan et observant ses concurrents, l'industriel japonais Konosuke Matsushita décrivait les entreprises des États-Unis comme étant toujours sous la férule de l'« organisation scientifique » du travail prônée par Frederick W. Taylor – le fameux taylorisme qui spécifie dans le détail les procédures de chaque opération de fabrication, affectant à chaque ouvrier des tâches limitées et répétitives et exigeant une exécution rigoureusement conforme aux directives :

> Nous gagnerons et l'Occident industriel perdra [...] parce que [...] vos entreprises reposent sur le modèle de Taylor. S'agissant de vos esprits, c'est encore pire. Vos patrons se chargent de la réflexion et les ouvriers manient le tournevis. [...] Pour vous, l'essence d'une bonne gestion consiste à faire jaillir les idées de la tête des patrons et à les faire exécuter par les ouvriers. Nous avons dépassé le modèle de Taylor. Le monde économique [...] est devenu si complexe et si difficile, la survie des entreprises si périlleuse et pleine de dangers qu'elle exige la mobilisation au jour le jour de la moindre parcelle d'intelligence[1].

Remarquez que Matsushita ne prétendait pas que, en libérant les salariés, on agissait pour leur bien, ni que cela contribuerait à leur bonheur ou ferait des patrons des gens meilleurs. « La survie, expliquait-il, exige la mobilisation au jour le jour de la moindre parcelle d'intelligence » – autrement dit, la moindre parcelle d'intelligence de chacun des cerveaux qui franchissent quotidiennement les portes de l'entreprise. Si les dirigeants ne sont pas prêts à faire leur possible pour exploiter la puissance de ces cerveaux et tout ce qu'ils savent de leur entreprise, ils ne se contentent pas de perdre de l'argent : ils mettent en péril la survie même de leur société.

Au moment où nous écrivons, c'est-à-dire au début de 2009, l'économie américaine et l'économie mondiale sont en piteux état. Aux États-Unis, on assiste à une contraction rapide, à un effondrement – voire une disparition pure et simple – des profits des entreprises, tandis que, tous les mois, un demi-million d'Américains perdent leur emploi. L'inquiétude est générale. Les patrons craignent que leur emploi ne soit en péril s'ils ne réussissent pas à préserver ou à rétablir la rentabilité de leur société. Les salariés redoutent des réductions d'effectifs qui permettraient à leur patron de conserver son poste.

Nous pouvons vous assurer qu'il y a là, à deux pas, juste au bout du couloir, dans la tête de personnes qui sont déjà employées, de remarquables possibilités de supprimer des sources de gaspillage parfaitement inutiles et qui n'apparaissent pas dans les bilans, de fidéliser les clients et d'en attirer de nouveaux.

Un instant : inutile d'aller les trouver, là, maintenant, et de leur demander comment sauver l'entreprise. S'il suffisait, pour exploiter ces possibilités, de demander aux gens de lever la main et de prendre la parole, ce serait déjà fait. Les individus réagissent à leur environnement. C'est ce que voulait dire McKnight quand il affirmait que *si vous mettez des barrières, vous obtiendrez des moutons.* Les barrières transforment les gens en moutons de façon si subtile qu'ils ne s'en rendent pas toujours compte.

Matsushita était un peu injuste, c'est un fait – voilà longtemps, comme le révèle l'observation de McKnight, que les problèmes du « taylorisme » et de la transformation des salariés en automates sont parfaitement cernés. Par moments, la volonté de remédier à ce manque d'autonomie a même frôlé l'obsession chez les gourous du management. Mais on a eu beau noircir d'innombrables pages et dépenser beaucoup d'énergie pour défendre la cause de la responsabilisation des salariés, l'univers dépeint dans les BD de Dilbert* reste désespérément familier à la plupart d'entre eux.

Peut-être en conclurez-vous que cette bureaucratie, cette organisation hiérarchique, éventuellement assaisonnée d'une pincée de George Orwell, est le prix à payer pour faire des affaires dans le monde moderne. Ce n'est pas forcément réjouissant, mais peut-on faire autrement ?

Les entreprises libérées que vous allez découvrir dans cet ouvrage ne répondent pas seulement à cette dernière question par l'affirmative – elles en donnent la preuve. Dans des activités qui vont de la haute technologie et des services à la finance et à l'industrie lourde, ces sociétés ont éliminé tous les mécanismes de contrôle qui caractérisent de trop nombreuses entreprises – et elles ont toutes connu un remarquable développement.

* Dilbert est un personnage de BD créé par Scott Adams aux États-Unis en 1989. Le monde de l'entreprise y est décrit sur un mode caricatural et « kafkaïen ». (N.d.T.)

Ce livre est le fruit de plus de quatre années de recherches. Nous avons tiré deux convictions de l'enquête que nous avons menée sur les entreprises en question. Primo, elles ont toutes des points communs qui rattachent leur succès à leur culture de liberté. Secundo, si les entreprises véritablement libérées restent relativement rares aujourd'hui encore, ce n'est pas parce que leurs recettes ne peuvent pas s'appliquer à d'autres. En réalité, il en va de la bureaucratie comme de l'obésité. Tout le monde sait comment perdre du poids ou éviter d'en prendre. Quantité d'études ont confirmé cette vérité élémentaire : si vous consommez plus de calories que vous n'en brûlez, les kilos s'accumulent.

Nous le savons tous. Les preuves sont tangibles, et le chemin du poids idéal parfaitement jalonné. Mais nous sommes de plus en plus nombreux à lui tourner le dos parce qu'il est plus facile de conserver ses habitudes, fussent-elles pernicieuses. Vous admirerez la silhouette élancée d'un sportif ou d'un mannequin et déciderez de lui ressembler – et puis vous retournerez à votre bureau et grignoterez une nouvelle barre chocolatée.

Il se trouve qu'un certain nombre des entreprises libérées présentées dans ce livre sont effectivement comparables à des top-modèles. Des dirigeants viennent du monde entier pour visiter FAVI, dans le nord de la France, ou Harley-Davidson, dans le Milwaukee. La Harvard Business School a fait de Sun Hydraulics à Sarasota, en Floride, sa principale étude de cas sur la liberté dans l'entreprise. Pourtant, si d'autres cadres – des concurrents, même, pour certains – admirent ces entreprises de loin, ils ne changent pas, ou n'ont pas l'intention de changer, leur mode de fonctionnement. Ce qui ne veut pas dire qu'ils ne *peuvent pas* le faire. Ils en sont parfaitement capables. La diversité même des entreprises libérées que nous avons visitées et étudiées nous en a convaincus. Si une fonderie française, une société d'assurances texane et une firme de logiciels de Pennsylvanie ont pu libérer leur personnel, si des leaders libérateurs ont pu transformer une culture d'entreprise qui dysfonctionnait depuis des dizaines d'années ou édifier une nouvelle entreprise libérée en partant de zéro, n'importe quel dirigeant de société peut en tirer des leçons instructives.

Ces leçons, les voici :

1. *Cesser de parler et commencer à écouter.* Ensuite, renoncer à tous les symboles et à toutes les pratiques qui empêchent les salariés de se sentir intrinsèquement égaux.

2. *Commencer à partager ouvertement et activement sa vision de l'entreprise pour permettre aux salariés de se l'approprier.* Mais il ne faut pas le faire avant l'étape 1, car des gens qui ne sont pas traités en égaux ne s'intéresseront pas à cette vision.

3. *Arrêter d'essayer de motiver les salariés.* Vous avez bien lu. Il convient plutôt de mettre en place un environnement qui leur permettra de se développer et de s'autodiriger, et de les laisser se motiver eux-mêmes. S'ils comprennent la vision dont il est question à l'étape 2, ils se chargeront du reste, pourvu qu'on les laisse faire.

4. *Rester vigilant.* Pour préserver la liberté de son entreprise, le dirigeant doit devenir le garant de sa culture. En l'occurrence, comme le dit le leader libérateur Bob Davids, « une seule goutte d'urine dans la soupe est une goutte de trop – impossible de la retirer[2] ». Une vigilance de chaque instant, tel est le prix de la liberté.

Ces principes sont universels, mais tous les leaders qui vous seront présentés ici ont dû les appliquer à un contexte unique. Autrement dit, ce livre ne contient pas de formule qui permettrait d'adapter les principes énoncés ci-dessus à n'importe quelle situation. Après tout, la liberté est l'ennemie des formules : si nous connaissions, ou si les dirigeants d'une entreprise connaissaient toutes les circonstances susceptibles de se présenter et savaient comment y faire face, ils n'auraient pas besoin de liberté – pas plus que leurs salariés, d'ailleurs. Ils auraient déjà toutes les réponses.

Ce paradoxe a été exposé par Robert Townsend, l'un des premiers, des meilleurs et des plus profonds théoriciens du problème de la liberté et de l'organisation. Townsend était lui-même un leader libérateur. Un de ses aphorismes était :

« Mieux on décrira un poste, plus on le figera. […] D'autant que ces descriptions sont en général l'œuvre de "spécialistes" du service du personnel qui ne savent pas écrire et ne comprennent rien aux fonctions dont ils parlent. La description des postes […] non seulement coûte cher et exige une révision constante, mais finit aussi par saper le moral de tout le monde[3]. » De même, si votre campagne de libération n'est pas souple, il lui manque probablement un peu de l'ingrédient « liberté ».

Townsend a commencé dans les années 1950 sa carrière de leader d'American Express, qui était alors une entreprise de chèques de voyage. Il a introduit les cartes de paiement, les présentant astucieusement aux cadres dirigeants réticents comme « un hybride entre passeport et chèque de voyage ». C'est également à son initiative qu'AmEx s'est lancé dans les activités bancaires. Mais surtout, dès l'instant où il est devenu directeur, il a pratiqué un leadership fondé sur la liberté radicale de ses subordonnés. Comme il le dirait plus tard : « Quand vous arrivez à la tête d'une boîte, débarrassez-vous de tout ce que vous n'aimiez pas quand vous étiez à un poste inférieur, et mettez en place ce dont vous regrettiez l'absence[4]. » Toutefois, comme il ne dirigeait qu'une division d'American Express, Townsend n'était pas en mesure de transformer l'ensemble de l'entreprise. Cette possibilité lui a été offerte en 1962, quand on lui a proposé le poste de directeur général d'Avis, une société à l'époque moribonde qui avait rompu avec les profits depuis treize ans. Il lui fallut moins de trois ans pour libérer Avis et permettre à l'esprit d'initiative et au désir d'agir de ses milliers d'employés de donner toute leur mesure. En 1965, Avis était devenue l'une des sociétés américaines dont la croissance était le plus rapide. Sa devise « *We try harder* » – « Nous faisons encore plus d'efforts » – date de cette époque.

Cette année-là, ITT, un des conglomérats des années 1960 les plus portés sur les rachats d'entreprises, a remarqué la révolution que Townsend avait accomplie et a fait l'acquisition d'Avis. Townsend a démissionné. Cinq ans plus tard, il publiait *Au-delà du management : comment empêcher les entreprises d'étouffer les gens et de bloquer les profits*. Ses aphorismes et ses conseils, classés par ordre alphabétique, décrivent ce que l'on pourrait qualifier de campagne de libération, première mouture. Quelques exemples : « C – Crépuscule des dieux : Aucun directeur général ne devrait rester plus de cinq ou six ans en fonction dans la même société » ; « M – Manuels d'entreprise : Ne vous mettez pas martel en tête. S'ils sont d'ordre général, ils sont inutiles. S'ils sont spécifiques... ce sont des manuels du type "comment faire telle chose", coûteux à préparer et à réviser. Les seules personnes qui lisent les manuels d'entreprise sont les tire-au-flanc et les gardes-chiourme. » Ou encore : « O – Obésité : Soyez attentifs aux variations de poids de vos collaborateurs. L'embonpoint, dans la plupart des cas, naît de la frustration. Supprimez la cause et l'effet disparaîtra. » Ce livre allait rester plusieurs semaines en tête des best-sellers du *New York Times*, et il est encore disponible aujourd'hui. Le Wharton Center for Leadership and Change Management de l'université de Pennsylvanie en fait toujours *le* livre que tout manager doit lire. Et, pourtant, on ne peut pas dire que les conseils de Townsend aient été universellement appliqués depuis sa publication.

S'il est une personne qui aurait pu s'en étonner, c'est Douglas McGregor, professeur au Massachusetts Institute of Technology et dont les recherches universitaires confirmaient les expériences concrètes de Townsend. L'ouvrage publié par McGregor en 1960, *The Human Side of Enterprise*, constitue une référence en matière de bureaucratie et de nature humaine. McGregor distingue deux façons de diriger une entreprise : la « théorie X » et la « théorie Y » – de toute évidence, la création de marques n'était pas son fort. Chacune de ces théories, selon lui, repose sur une série d'hypothèses différentes concernant la nature humaine. Celles de la « théorie X » sont les suivantes :

1. L'être humain moyen éprouve une aversion intrinsèque pour le travail et l'évitera s'il le peut.
2. En raison de cette aversion caractéristiquement humaine pour le travail, il est indispensable de contraindre, contrôler, diriger ou menacer de sanctions la plupart des individus pour

les convaincre d'accomplir l'effort nécessaire à la réalisation d'objectifs organisationnels.

3. L'être humain moyen préfère être dirigé et échapper aux responsabilités, il a relativement peu d'ambition et veut la sécurité avant tout[5].

Voici maintenant les hypothèses de la « théorie Y » :

1. L'exercice d'un effort physique et mental au travail est aussi naturel que le jeu ou le repos.

2. Le contrôle extérieur et la menace de sanctions ne sont pas les seuls moyens d'obtenir un effort en vue d'objectifs organisationnels. L'individu se dirigera et se contrôlera lui-même au service d'objectifs qui recueillent son adhésion.

3. L'adhésion à des objectifs est directement liée aux gratifications associées à leur réalisation. La plus importante de ces gratifications, la satisfaction de l'ego et des besoins de réalisation personnelle, peut être le résultat direct de l'effort dirigé vers des objectifs organisationnels.

4. Dans des conditions adéquates, l'être humain moyen apprend non seulement à accepter les responsabilités, mais à les rechercher.

5. Loin d'être l'apanage de quelques-uns, la faculté d'imagination, d'ingéniosité et de créativité à un degré relativement élevé dans la solution de problèmes organisationnels est largement partagée au sein de la population.

6. Dans les conditions de vie du monde moderne industriel, le potentiel intellectuel de l'être humain moyen n'est que partiellement exploité[6].

McGregor était tellement convaincu de la supériorité de la « théorie Y » sur la « théorie X » que, en 1950 – bien avant d'écrire *The Human Side of Enterprise* –, il prédisait la disparition des organisations de type « théorie X » en moins de dix ans[7]. Il se trompait. Peut-être ce bon M. McGregor n'avait-il jamais essayé de faire un régime.

S'il est difficile de suivre un régime, c'est parce que manger nous apporte un plaisir immédiat et évident, alors que les conséquences néfastes d'éventuels excès alimentaires ne nous apparaissent pas tout de suite. Il en va de même avec la bureaucratie. Comme vous le verrez dans ce livre, l'exercice d'un contrôle autoritaire s'accompagne d'une multitude de coûts cachés – qui ne pèsent pas seulement sur les bénéfices, mais aussi sur la santé de tous les employés.

Néanmoins, il y a des moments où la vérité brutale s'impose même à ceux qui entreprennent un régime sans grande conviction. Un des leaders libérateurs que vous rencontrerez dans les pages qui suivent, Jean-François Zobrist, raconte l'anecdote suivante. Elle a eu lieu au cours d'une des visites régulières de FAVI, son entreprise, par un directeur général qui avait entendu parler de sa culture et de ses remarquables résultats, et qui avait envie d'en savoir davantage[8]. En passant devant le magasin de fournitures, le visiteur constate avec étonnement l'absence de serrure, et même de l'un des quatre murs – autrement dit, il n'y a aucun moyen de fermer le local correctement. Zobrist lui explique que FAVI, entreprise libérée, fait confiance à ses salariés pour qu'ils viennent chercher ce dont ils ont besoin pour faire leur travail et leur accorde toute latitude dans ce domaine. À cet instant, un opérateur arrive devant le magasin. Le visiteur lui demande : « Que se passe-t-il si la pièce que vous venez chercher est manquante ?

– Ça n'arrive jamais, répond l'opérateur, parce que celui qui prend la dernière pièce dans la boîte va en chercher une neuve à l'entrepôt.

– Très bien, insiste le directeur général. Et s'il n'y a plus de boîte à l'entrepôt ?

– C'est bien simple : s'il voit que c'est la dernière boîte, il le signale à l'opérateur qui passe les commandes pour qu'il en fasse venir d'autres.

– Et s'il ne le fait pas ? » s'obstine le visiteur, bien décidé à clouer le bec à son interlocuteur.

Après un instant de réflexion, ce dernier rétorque : « C'est une question de savoir-vivre, monsieur », avant de prendre ce qu'il était venu chercher et de s'éloigner.

Cet opérateur n'était pas simplement un individu doté d'un savoir-vivre peu commun dans une fonderie de cuivre. Il était le produit de la culture libérée de FAVI. Et ce qu'il appelait « savoir-vivre » n'était qu'un synonyme des normes non écrites qui, dans une entreprise libérée, remplacent les règles imposées par la direction. Peut-être le directeur général en visite est-il reparti en se disant qu'il ne pouvait certainement pas compter sur le « savoir-vivre » pour administrer son entreprise. Là encore, les règles les plus strictes ne valent que si les gens sont prêts à les appliquer. La grave erreur intellectuelle des bureaucrates, partout dans le monde, est de s'imaginer que, parce qu'une chose s'appelle règle, elle est préférable à un arrangement moins formel. Pourtant, la plupart de ces règles ne se bornent pas à saper le moral des salariés ; elles empêchent la grande majorité d'entre eux de faire ce qui conviendrait. Les règles finissent par être tellement oppressantes qu'il faut les contourner – à grands frais parfois – pour faire du bon travail. Par ailleurs, il y a fort à parier qu'elles ne réussiront pas à empêcher l'infime minorité de malfaiteurs potentiels de nuire à votre entreprise. Par les temps qui courent, qui peut se permettre de continuer à étouffer la plus grande partie de ses salariés au lieu de leur donner la possibilité de soutenir son entreprise ?

1

Les sociétés « comment » et les sociétés « pourquoi »

Comment ne pas diriger une entreprise

Même si vous ignorez ce qu'est le goretex, vous savez ce qu'il fait : il vous tient au sec – garanti sur facture. La marque Gore-Tex a connu un tel succès qu'elle a fini par disparaître pour devenir un terme générique, à l'image du scotch. Depuis son invention en 1971, le goretex a inspiré de nombreux produits concurrents. Certains se flattent de posséder des propriétés supérieures à celles de l'original. Mais si vous entrez dans une boutique et que vous voulez savoir si un blouson de ski est imperméable, vous demanderez certainement : « Est-ce qu'il est en goretex ? »

C'est le genre de chose dont rêvent les responsables marketing, ou qui leur donne des insomnies : la prédominance d'une marque, tant sur les parts de marché que sur les « parts d'esprit ». L'histoire de l'invention du goretex et de l'évolution qui l'a conduit à symboliser toute une catégorie de produits est celle de deux idées audacieuses.

La première idée de Bill et Genevieve Gore a été que, pour ce produit chimique appelé polytétrafluoréthylène – PTFE en abrégé –, il existait certainement des débouchés commerciaux que DuPont, grande firme américaine, n'avait pas pris la peine d'explorer.

Aujourd'hui, le PTFE est principalement connu sous le nom de téflon, ce polymère magique qui évite à nos casseroles d'accrocher et à nos tuyaux de fuir, pour ne mentionner que deux de ses multiples applications. Il est censé être tellement glissant que c'est la seule substance connue sur laquelle les pattes du gecko n'adhèrent pas. Mais, en 1938, ce ne fut qu'une expérience ratée pour Roy Plunkett, employé chez DuPont. Plunkett était en train de faire des recherches sur un gaz réfrigérant destiné aux systèmes de climatisation automobile quand le contenu d'une de ses bonbonnes s'est solidifié. En l'ouvrant, il a constaté que le tétrafluoréthylène qui s'y trouvait avait « polymérisé » – qu'il s'était transformé en une sorte de plastique blanc et glissant. Trois ans plus tard, DuPont a déposé un brevet, mais s'est contenté de vendre ce polymère sous forme de matériau brut à ceux qui souhaitaient l'incorporer à leurs propres produits. Il fallut attendre encore treize ans pour qu'un Français, Marc Grégoire, en tapisse le fond d'une poêle à frire – avec le succès qu'on sait.

Bill Gore avait d'autres projets pour le PTFE. Il était convaincu qu'il ferait un excellent isolant pour câbles électriques. Mais, DuPont étant une société de matières chimiques et non de produits électriques, l'idée ne l'intéressait pas. Ce qui a conduit ce père de quatre enfants à quitter l'entreprise à l'âge de quarante-six ans. Il a obtenu une autorisation d'exploitation du PTFE et aménagé un atelier dans le sous-sol de sa maison grâce à des capitaux de lancement fournis par des membres de son club de bridge[1].

Bill Gore avait bien raison de croire aux promesses du PTFE. Mais c'est leur seconde idée, à Vieve et lui, qui a permis au monde de découvrir le goretex, ainsi que plus d'un millier d'autres produits innovants, et qui a fait de W. L. Gore & Associates un leader multimilliardaire dans des secteurs aussi diversifiés que l'aérospatiale, l'électronique, l'énergie et la santé. Comme le PTFE, cette idée était empruntée, en un sens, à DuPont. Mais, à l'instar du remarquable polymère, l'intuition de Bill reposait sur ce que l'entreprise pour laquelle il avait travaillé pendant tant d'années *ne faisait pas.*

Bill Gore était persuadé que la façon dont nous parlons les uns des autres et de nos métiers n'est pas sans influence sur notre mode de pensée et d'action. Il a donc rebaptisé ses salariés « associés », tout en faisant de leurs emplois des « engagements » et de leurs managers des « leaders ».

On peut évidemment très bien, comme ne l'ignorait pas George Orwell, modifier tous les mots sans toucher à la réalité. Or la véritable ambition de Bill Gore était de transformer la réalité du travail.

La fin de la « drôle d'époque »

Les Lewis, qui est aujourd'hui leader de la fabrication chez Gore, a été l'un des premiers associés de l'entreprise. Il n'a pas oublié comment elle fonctionnait en 1965. « C'était au tout début, à une drôle d'époque pour la société, explique Lewis. Nous avions [une usine], soixante-dix salariés et une bonne dizaine de "chefs de service", rien que ça. J'en faisais partie et j'ai décidé de rédiger le premier "manuel du chef" – comment gérer les reliquats de congés, par exemple, le genre de machins où il faut qu'un chef sache quoi faire. »

La « drôle d'époque » dont parle Lewis désigne une phase que traversent presque toutes les nouvelles entreprises qui réussissent. La société a commencé à se développer ; un jour, en arrivant, vous vous rendez peut-être compte que vous ne reconnaissez plus tous ceux qui y travaillent et que vous ne savez plus forcément qui fait quoi ni comment. Tôt ou tard, quelqu'un décide qu'il faut rétablir – ou établir – l'ordre. Un cadre dynamique comme Lewis décide de faire connaître sa façon de voir en mettant les choses par écrit. Voilà comment se rédige le premier recueil de procédures destiné à expliquer aux membres du personnel comment faire leur travail.

Si vous êtes vous-même un de ces cadres, vous pouvez y voir quelque chose d'attrayant – l'occasion de prouver votre compétence et de transmettre votre expérience. Certains peuvent même trouver ça sympa et avoir un peu l'impression de définir les règles d'une toute nouvelle société qui, désormais, marchera comme sur des roulettes.

Lewis n'a pas trouvé ça « sympa » très longtemps. Aujourd'hui, la rédaction d'un recueil comme celui qu'il envisageait serait impensable dans cette entreprise. Mais comment le fondateur, Bill, a-t-il réagi sur le coup ?

Selon Lewis, la grande idée de Bill Gore résultait de son expérience chez DuPont[2]. Comme Gore l'a expliqué à Lewis à l'époque, « quand [DuPont] voulait travailler sur un projet important, ils constituaient une petite équipe dont les membres travaillaient pour ainsi dire sur un pied d'égalité. [...] Il n'y avait pas de hiérarchie. Tout le monde bossait, tout le monde mettait ses compétences et ses connaissances en commun ». Gore voyait là une méthode de travail idéale. Mais, chez DuPont, « une fois le projet arrivé à un certain point, tout le monde reprenait ses habitudes d'organisation et repassait par la voie hiérarchique ». L'idée de Gore était simple : si cette structure collaborative, affranchie de toute hiérarchie, libérée en un mot, était efficace pour des projets importants et urgents, pourquoi une entreprise ne pourrait-elle pas fonctionner comme ça *tout le temps* ? Quand il a quitté DuPont pour monter sa propre boîte, Gore a décidé d'appliquer cette méthode. Selon Lewis, Bill Gore « s'est juré que, le jour où il aurait sa boîte à lui, il ferait comme ça, parce qu'il estimait que cela facilitait considérablement l'expression de la créativité et du talent de beaucoup de gens ». Il n'en a pas moins fallu du temps et de nombreux tâtonnements avant que Gore ne trouve un moyen efficace de concrétiser son idée.

En fait, l'affaire du « manuel du chef » a aidé Bill Gore à y voir plus clair. « Il n'a pas été franchement emballé, reconnaît Lewis avec un soupçon d'ironie, avant d'ajouter : Mais quand j'ai voulu introduire un formulaire de demande d'achats, il a mis le holà – Bill détestait les formulaires. »

Gore a invité ses chefs de service à dîner. Ces dîners mensuels se sont rapidement transformés en une sorte d'académie des valeurs et des principes du leadership. « Il nous a appris à diriger en adoptant une approche quasi socratique, raconte Lewis. Au cours de ces dîners, il nous parlait des méthodes de leadership – nous ne disions pas "leaders" à l'époque, nous étions [encore] des "chefs" – et nous expliquait comment jouer le rôle de "sponsors" – nous n'utilisions pas encore ce terme non plus. Il voulait savoir quels problèmes nous rencontrions et demandait à tout le monde : "Vous, comment feriez-vous ?" Cela nous permettait d'entendre différentes propositions sur la façon de gérer certaines situations. C'était du dialogue pur et simple. Jamais il ne cherchait à nous imposer ses solutions [en disant : "Voici] ce que vous devriez faire." Il demandait : "Comment avez-vous réglé ce problème ? Est-ce que quelqu'un d'autre a déjà connu ça ?" En même temps, il nous inculquait des valeurs et des jugements de valeur. »

C'est ainsi que la « drôle d'époque » a pris fin. Aucun chef n'a plus jamais cherché à rédiger de règles ni de directives, parce qu'il n'y a plus eu de chefs chez Gore. Et les leaders, qui les ont remplacés, étaient trop occupés à aider les salariés pour songer à leur dire comment travailler. Mais il allait falloir encore du temps et de nouveaux tâtonnements pour que Bill Gore puisse appliquer intégralement sa deuxième grande idée de transformation des modes de travail.

La petite route de briques jaunes

Nous sommes au milieu des années 1980. Cela fait treize ans que Lewis a quitté Gore pour d'autres horizons. Après avoir passé toute cette période dans des entreprises plus conventionnelles, gérées selon le modèle « commandement et contrôle », il a choisi de regagner sa ville natale de Newark, dans le Delaware, et de faire bénéficier W. L. Gore & Associates des connaissances et des expériences qu'il a acquises dans la gestion de grandes sociétés. Gore lui-même s'est considérablement développé au cours de ces années ; il a ouvert plusieurs sites de fabrication aux États-Unis et à l'étranger, et compte plusieurs milliers d'associés. Les conditions paraissent idéales. L'usine vient d'emménager dans des locaux flambant neufs, et Lewis, fraîchement nommé leader de la fabrication, s'est vu attribuer un vaste bureau bien situé qui lui donne le sentiment de son importance. « J'étais plein d'assurance – “Moi j'ai réussi dans la vie”, ce genre de choses. » Il a du pain sur la planche. Les opérations sont inefficaces et les techniques de fabrication consternantes : « Au lieu d'ordinateurs, [les salariés] utilisaient des carnets à colonnes avec des numéros qu'ils cochaient au fur et à mesure de l'exécution des opérations de fabrication à la main. »

Lewis décide de changer tout ça, d'imposer un peu de discipline, de montrer au personnel que ses méthodes de travail sont archaïques, et d'inciter les salariés à utiliser un outil ultramoderne : le tableur informatique.

C'était la chose à faire, de toute évidence. Malgré un remarquable développement, l'entreprise était à la traîne par rapport à ses principaux concurrents pour ce qui était de la modernisation et de l'informatisation de la gestion. Les mesures proposées par Lewis était irrécusables et auraient été acceptées dans n'importe quelle autre société. Ce que Lewis n'avait pas su voir, c'était à quel point Gore avait changé pendant son absence.

Il s'est démené pendant six mois, avec pour seul résultat d'être à nouveau sur le point de quitter l'entreprise. Ce n'était pas à cause de l'aversion du président en exercice, Bob Gore – le fils de Bill –, pour les ordinateurs (« Bill détestait les formulaires, Bob détestait les ordinateurs », précise Lewis), mais parce que aucun associé ne l'écoutait ni ne suivait ses conseils. « J'appliquais les techniques que j'avais pratiquées ailleurs pendant treize ans. Plus de pouvoir, plus d'influence, plus de tout ce que vous voulez. Et puis, tout d'un coup, j'ai compris – une véritable révélation : “Tu connais le fonctionnement de Gore. Tu y as déjà travaillé. Pourquoi est-ce que tu t'entêtes à vouloir tout organiser depuis le sommet” ? »

C'est ainsi que Lewis a redécouvert les valeurs et les principes du leadership que Bill Gore leur avait enseignés, à ses collègues et lui, au cours de leurs dîners socratiques. Lewis a baptisé cette méthode « la petite route de briques jaunes » – en référence au magicien d'Oz.

« Vous demandez à vos associés : “Où voulez-vous aller ?”, nous a expliqué Lewis. Ils vous répondent : “À la

Cité d'Émeraude." Bien. Surtout, ne leur dites pas : "Suivez la petite route de briques jaunes", même si vous savez que c'est la bonne. Ne le faites pas, parce qu'ils vous rétorqueront : "Vous êtes cinglé. Nous allons passer à travers bois." Alors, voilà ce que vous faites : vous prenez vos briques, vous partez avec eux et vous posez vos briques une par une devant eux – sans donner de réponse, seulement des idées, des informations, en les laissant trouver eux-mêmes leurs réponses. Et chaque fois qu'ils posent le pied sur une nouvelle brique, [votre] crédibilité est renforcée. Je n'avais aucune crédibilité, a conclu Lewis, mais, peu à peu, chacune de ces briques l'a renforcée. »

Lewis avait redécouvert que, malgré toutes les responsabilités qu'il avait exercées à la tête d'une grande usine, malgré tout son savoir et toute son expérience sur les méthodes de travail optimales, les associés ne le suivraient pas tant qu'il n'aurait pas rempli ce qu'il appelle son « seau de crédibilité ». Il a appris qu'un « leader » n'est pas simplement un manager affublé d'un nouveau titre. Un leader est quelqu'un que les autres suivent *naturellement*. Au retour de Lewis, cette culture était déjà tellement bien implantée chez Gore qu'il s'y est heurté de front et a bien failli retourner dans l'univers du commandement-et-contrôle. Cette dynamique se manifeste jusque dans les entreprises plus traditionnelles, à cette nuance près que toutes les tensions y demeurent larvées. Comme l'a expliqué Terri Kelly, directeur général chez Gore, « ce qui se passe dans beaucoup d'entreprises, c'est que si la décision qui a été prise ne suscite pas une vraie adhésion, elle sera sapée de bout en bout. En fait, elle ne se concrétisera peut-être jamais. Alors, d'un côté, vous avez pris une décision très rapide, sans doute – "On va aller en Chine" –, mais, de l'autre, vous vous heurtez à toutes sortes de résistances[3] ». Dans ces entreprises-là, les salariés ne se révolteront probablement pas ouvertement – la plupart du temps. Mais si leur manager ne les consulte pas en toute sincérité, ou s'ils estiment qu'il manque de crédibilité, l'entreprise subira des pertes de productivité quotidiennes – qui finiront peut-être par la couler.

Chez Gore – et c'est là ce qui fait toute la différence –, les associés sont *réellement* consultés et sont libres de choisir. Cette liberté est une des caractéristiques communes à toutes les entreprises libérées présentées dans ce livre. En exerçant leur choix de ne pas suivre Les Lewis à son retour du monde extérieur, les associés de Gore lui faisaient une faveur. Ils lui livraient de précieuses informations sur la façon dont il faisait son travail, informations qui lui ont permis de changer son fusil d'épaule et de devenir un leader plus efficace. L'attitude tellement plus courante – râler par-derrière, auprès de sa famille ou de ses collègues, mais faire profil bas et travailler juste ce qu'il faut pour éviter les ennuis – est peut-être une des raisons invisibles mais profondes qui expliquent que votre entreprise n'obtienne pas les résultats escomptés.

Bien, bien, direz-vous. Mais comment faites-vous pour que tout le monde rame dans le même sens s'il n'y a pas de capitaine à la barre ? Qu'est-ce qui guide les actions librement choisies par les salariés et les empêche de servir leurs intérêts personnels aux dépens de ceux de l'entreprise ? Gore a sa manière à lui d'aborder ces difficultés. Et – faut-il s'en étonner ? – elle se distingue légèrement de la façon de faire de la plupart des sociétés. Les salariés de Gore adoptent et vivent les quatre principes de l'entreprise. Le premier est « liberté ». Mais il s'accompagne d'« équité », d'« engagement » et de « ligne de flottaison ». Il faut bien comprendre que, à la différence des définitions de mission et de valeurs chères à de nombreuses entreprises, les associés de Gore réfléchissent à ces principes et les *vivent*. Équité, engagement et ligne de flottaison, voilà ce qui permet à la liberté de fonctionner chez Gore.

« Formule d'échec »

Faire preuve d'équité, c'est être juste envers les autres – aussi bien à l'intérieur de l'entreprise qu'à l'extérieur. Selon Lewis, W. L. Gore & Associates tient à traiter ses fournisseurs et ses clients en égaux. Mais cette équité comporte également un volet interne à l'entreprise : traiter ses collègues dignement et en égaux. En réalité, Lewis n'a eu besoin que d'un petit coup de pouce pour comprendre le principe d'équité.

Au milieu des années 1960, à l'époque où il était un jeune chef de service, l'entreprise vivotait et cherchait encore à résoudre les problèmes de la production de câbles à revêtement en PTFE – alors son unique article. En présence d'un lot défectueux, Lewis a eu une idée qui lui paraissait astucieuse et devait permettre de réaliser des économies : dénuder les câbles non conformes pour pouvoir réutiliser les matériaux. « J'ai fait venir trois femmes dans un coin de l'usine et je leur ai donné à chacune un gros rouleau de fil de fer pour qu'elles s'y assoient, raconte-t-il. Et puis j'ai apporté les bobines de câble à dénuder et je leur ai donné un couteau ou un autre outil pour en retirer le revêtement. Elles étaient assises là, tout au fond des entrailles de la terre, comme si elles prenaient le café ; il ne leur restait qu'à dénuder ces câbles. » Lewis s'est dit : « "Bon, c'est réglé. On va faire dénuder ces machins et leur coller un nouveau revêtement ; c'est autant d'économisé." À l'époque, nous ne pouvions pas nous permettre de gaspiller les matériaux. » Inutile d'ajouter que Lewis était plutôt fier de son sens de l'économie et de son esprit d'initiative. Mais Bill Gore, lui, a estimé qu'il allait falloir l'aider un peu.

Lewis a laissé les ouvrières avec leurs câbles et est retourné à l'atelier, où Bill l'a trouvé. Laissons Lewis continuer son histoire :

« "Vous avez une minute ?" m'a demandé Gore.

« J'ai répondu : "Bien sûr." On a fait demi-tour, on est sortis de l'atelier et on est entrés dans le seul bureau de l'usine, où se trouvait l'unique tableau noir de toute la boîte. Il a fermé la porte et m'a dit : "Asseyez-vous."

« Je me suis assis et il a écrit au tableau : "*Formule d'échec*". Il l'a souligné.

« Gore a ensuite noté une série de points :

« • Assurer un éclairage insuffisant

« • Fournir des sièges inconfortables

« • Fournir des outils qui provoquent des ampoules

« Je crois que sa liste comprenait huit éléments, quelque chose comme ça, a poursuivi Lewis. Et puis il m'a demandé : “C'est vous qui êtes responsable de cette histoire de câbles à dénuder, là-bas, au fond ?”

« J'ai dit : “Oui, monsieur.”

« Il a ouvert la porte et il est sorti. »

L'équité exige, avant tout, que les considérations financières ne prennent pas le pas sur la dignité humaine. Lewis avait sans doute pensé faire faire des économies à une jeune entreprise en difficulté et dont la trésorerie était mal en point. Au lieu de parcimonie, Bill Gore y a vu une réflexion à court terme qui conduirait à un échec à long terme.

Mais la « Formule d'échec » de Gore contenait une leçon encore plus essentielle pour Lewis. Celui-ci se trouvait devant une difficulté – éviter de perdre trop d'argent avec ces câbles défectueux. Et il avait imposé à ses employées une solution susceptible, pensait-il, de régler le problème. Comme ce n'était pas lui qui était obligé de dénuder les câbles ou de rester assis dans la pénombre sur de vieux rouleaux, il ne s'était pas rendu compte, avant que Gore ne lui mette le nez dessus, des obstacles qu'il avait lui-même imposés à celles qui faisaient leur travail. Lewis ne leur avait pas demandé si elles avaient des idées pour sauver ces câbles ni quels étaient, selon elles, les outils ou les conditions nécessaires à ce travail. Il ne s'était même pas demandé si le problème qu'il cherchait à résoudre était pertinent. Il n'avait pas un seul instant traité ses associés comme des individus intrinsèquement égaux, comme des gens payés pour savoir faire *leur* travail aussi bien que lui-même le sien.

Si son entreprise voulait se démarquer des sociétés traditionnelles, Bill Gore ne pouvait pas se permettre d'avoir des leaders qui traitaient le personnel de façon inéquitable. C'était, là encore, une formule d'échec.

« Tous dans le même bateau »

Chez Gore, les associés ont des engagements au lieu d'emplois. Ce n'est pas une simple subtilité sémantique. Un emploi vous est *donné* par le patron, il figure dans une case sur un organigramme. Un engagement, en revanche, est *librement* consenti ; c'est une sorte de promesse faite à ceux qui travaillent avec vous. Un engagement est plus fluide qu'un emploi. En fonction de sa charge de travail et de sa capacité à se lancer dans de nouveaux projets, un associé peut avoir un seul engagement ou en mener plusieurs de front. Il peut passer d'un engagement à un autre en fonction des nécessités du travail. Les nouvelles recrues ne sont pas affectées à un emploi, mais encouragées à chercher les engagements qui, d'après elles, leur permettront de faire le meilleur usage de leurs talents, de leurs compétences et de leur expérience.

En ce sens, un engagement est le contraire d'un emploi. Il est choisi, pas imposé. Dans ce domaine également, les associés de Gore sont affranchis des exigences d'une hiérarchie traditionnelle.

Vous objecterez peut-être que c'est une recette d'anarchie, et non de liberté. Quelqu'un peut apprécier aujourd'hui telle ou telle activité et s'y engager. Demain, il en préférera peut-être une autre et s'y « réengagera », laissant son équipe précédente le bec dans l'eau. Sans un minimum de discipline, cette liberté d'engagement ne tardera pas à se déliter. Mais voilà où intervient le seau de crédibilité.

Une goutte tombe dans le seau chaque fois qu'un associé respecte un engagement, qu'il s'agisse de finir un rapport pour le lendemain ou de mener à bien un projet sur plusieurs années. Le seau de crédibilité se remplit également d'une goutte supplémentaire chaque fois qu'un associé aide quelqu'un. Les engagements sont volontaires – mais, une fois que vous les avez pris, vous avez tout intérêt à les tenir, faute de quoi votre seau de crédibilité ne tardera pas à se vider, et votre faculté de travailler avec d'autres associés se tarira. Abandonner un engagement en cours sans en discuter au préalable avec l'équipe concernée, sans trouver le moyen de limiter progressivement votre participation et d'éviter de perturber vos collègues, ne sabordera pas seulement les activités de l'équipe. Ce comportement percera aussi un sacré trou dans votre seau de crédibilité et, en même temps, dans vos possibilités de travailler au sein d'une nouvelle équipe. La culture de W. L. Gore & Associates ne se sert pas de la discipline pour éviter l'anarchie. Elle s'appuie fermement sur l'autodiscipline.

Le principe de la ligne de flottaison nous offre un autre exemple du recours à l'autodiscipline pour empêcher la liberté de dégénérer en anarchie. Une « décision de ligne de flottaison » – encore le jargon propre à W. L. Gore & Associates – est une décision qui risque de faire couler le bateau. Si un associé estime qu'elle est suffisamment importante pour justifier de risquer le tout pour le tout – que ce soit parce qu'elle exige une mise de fonds majeure ou parce qu'elle pourrait avoir des conséquences considérables pour l'entreprise –, alors il doit consulter des leaders et d'autres associés mieux informés, ou dotés de plus d'autorité, pour qu'ils l'aident à prendre la bonne décision. La liberté dans l'entreprise n'est pas un chèque en blanc, et la ligne de flottaison permet de veiller à ce que chacun chez Gore en fasse un usage responsable.

L'autorité de ceux qui peuvent en aider d'autres à prendre une décision de « ligne de flottaison » n'est pas inscrite dans un organigramme, comme Lewis l'a découvert à son retour chez Gore – une société qui, de toute façon, n'a pas d'organigramme. Un leader de Gore qui veut acquérir l'autorité nécessaire doit commencer par remplir son seau de crédibilité. À son retour, celui de Lewis était vide, ce qui explique que personne ne l'ait écouté.

On pourrait imaginer que la ligne de flottaison, interprétée avec une certaine souplesse, puisse se transformer en un mécanisme caché de contrôle. Mais il se trouve qu'elle n'est pas invoquée très souvent dans la vie quotidienne de la plupart des associés. L'initiative individuelle et la prise de risque ont toujours été vivement encouragées chez W. L. Gore & Associates. Bill Gore était connu pour demander aux associés, lors de sa tournée qu… l'usine : « Vous avez fait des erreurs récemment ? » Si la réponse était : « Non », il rétorquait : « Vous n'avez pas pris assez de risques. » Inutile de préciser que, si le risque encouru est de ne peut-être pas réussir à respecter un engagement, il faut immédiatement prévenir les autres, faute de quoi votre seau de crédibilité sera percé.

Tous ces principes ont donné naissance à une entreprise dont les associés ont le sentiment de jouir d'une liberté unique, celle de faire ce qui les intéresse dans le cadre d'un emploi – pardon, d'un engagement – gratifiant. Mais, pour l'entreprise dans son ensemble, ce sont les résultats qui prouvent la validité de l'expérience. Cela fait aujourd'hui cinquante ans que l'entreprise se nourrit de liberté. Elle lui trouve toujours aussi bon goût. Bill Gore a fait ses débuts avec un petit composé mal-aimé nommé PTFE et un unique produit, des fils et des câbles recouverts d'un revêtement. Aujourd'hui, W. L. Gore & Associates réalise près de 3 milliards de dollars de ventes et affiche toujours une croissance annuelle moyenne de plus de 10 % pour la dernière décennie. Il ne fabrique pas seulement la membrane imperméable la plus célèbre au monde, mais continue à proposer des produits innovants qu'aucun plan quinquennal ne saurait prévoir.

Un millier de produits innovants

Prenez l'incursion de Gore dans le secteur des cordes de guitare, un marché où il est leader, bien que presque personne ne le sache. Comment en est-il arrivé là ? C'est une histoire tout à fait typique de la façon dont l'entreprise se développe depuis des décennies, sans planification. Les cordes de guitare Elixir sont un produit de qualité supérieure qui se vend trois fois plus cher que les cordes ordinaires. Mais, comme le goretex lui-même, elles doivent leur naissance à un de ces heureux hasards qui ont jalonné la vie de cette entreprise. Dave Myers, un associé de Gore employé au département du matériel médical, était un cycliste passionné, mécontent des performances des câbles de son dérailleur[4]. Dans le cadre d'un engagement « informel », il a cherché à améliorer les choses en gainant les câbles métalliques avec du PTFE. Le procédé a fonctionné, mais le produit lui-même – les câbles de dérailleur Ride On – n'ont pas remporté un grand succès. Entre-temps, Myers s'était lancé dans un autre engagement : des fils revêtus de PTFE destinés à des marionnettes géantes (vrai de vrai).

Tout en travaillant sur ses fils pour marionnettes, Myers a eu une idée qui allait conduire Gore à se lancer dans une toute nouvelle activité, beaucoup plus rentable. Les cordes de guitare vieillissent parce qu'elles s'oxydent ; la poussière et la crasse laissée par les doigts du musicien ne font qu'accélérer ce processus. Sans doute, s'est dit Myers, pourrait-on éviter ce problème en les gainant de PTFE. Comme il ne faisait pas de guitare, il s'est appuyé sur l'expérience d'un collègue qui en jouait, Chuck Hebestreit, ce qui a donné naissance à Elixir – une corde de guitare qui sonne mieux et dure jusqu'à trois fois plus longtemps qu'une corde ordinaire. Gore ne savait absolument pas comment s'introduire sur ce marché, et ses premières tentatives – conventionnelles – ont été des bides. Il a alors eu recours à l'astuce du cadeau publicitaire, incluant un jeu de cordes gratuit dans des revues de guitare. Le produit a décollé ; aujourd'hui, Gore détient le tiers du marché.

Quant au goretex lui-même, il a lui aussi été découvert par hasard, par Bob, le fils de Bill. En 1969, Bob cherchait à étirer le PTFE en fils suffisamment fins pour qu'on puisse les tisser. Il n'y arrivait pas. Exaspéré, il a pris un bout de PTFE qui venait d'être extrudé et a tiré dessus d'un coup sec. Celui-ci s'est transformé en une membrane mince, flexible et résistante qui présentait d'excellentes propriétés respirantes et imperméables. C'est ainsi qu'a été inventé le PTFE expansé ou ePTFE, pour lequel Bob Gore a déposé un brevet en 1976. Le reste fait partie de l'histoire du sportswear.

Si impressionnantes que soient les réalisations de Gore, il est indéniable que Bill Gore, son fondateur, a bénéficié de quelques avantages. C'est lui qui a lancé sa société, et il a pu la façonner dès ses tout premiers instants. Il a été en mesure d'embaucher des gens dont les attitudes et les valeurs correspondaient à la culture qu'il voulait mettre en place – ce qui ne l'a pas empêché de devoir résister, de temps en temps, à la tendance de certains managers à inventer des « formules d'échec ». Il a pu laisser ses associés définir les rôles dans lesquels ils étaient prêts à apporter la contribution la plus précieuse pour l'entreprise. Il a pu imposer le principe selon lequel aucune entité ne devrait compter plus de cent cinquante associés, afin de préserver la circulation des informations. Plus généralement, il a pu utiliser sa position privilégiée de fondateur et directeur général pour empêcher la moindre goutte de culture « commandement-et-contrôle » de venir empoisonner le puits de son entreprise – l'environnement d'une exceptionnelle liberté qu'il avait bien l'intention d'établir dans sa société.

Et si l'on ne dispose pas de tous ces avantages ? À mi-chemin de l'autre bout du monde par rapport au siège de Gore dans le Delaware, Jean-François Zobrist a affronté ce problème en avril 1983 quand il a repris une fonderie de cuivre appelée FAVI.

La voie hiérarchique

Difficile d'imaginer société économiquement plus vieillotte que FAVI, une entreprise familiale de fabrication de matériel de plomberie en cuivre et de fourchettes de boîte de vitesses pour automobiles. C'est là que Zobrist a été parachuté comme directeur général. Ou plus exactement transporté par hélicoptère. Grand amateur de surprises, le propriétaire de FAVI lui a fait faire une heure d'hélicoptère sans lui préciser leur destination avant de se poser à côté de l'usine et de lui proposer le poste de patron d'une façon pour le moins insolite. Une fois l'hélicoptère posé, le propriétaire a rassemblé tous les salariés de l'entreprise pour leur annoncer – et annoncer à Zobrist du même coup – que celui-ci était leur nouveau directeur. Puis il est reparti comme il était venu. Zobrist n'a plus eu de ses nouvelles pendant trois semaines, jusqu'au jour où son téléphone a sonné. C'était lui. « Ils ne t'ont pas bouffé ? lui a-t-il demandé.

– Non, a répondu Zobrist.

– Alors, tu restes[5]. » Après un court silence, le propriétaire a ajouté : « Objectif : fais-moi du fric et ne va pas en prison. »

Connaissant son goût pour les formules à l'emporte-pièce, Zobrist a traduit cela par : « Tu as toute liberté d'action, dans le respect des lois. » Cela lui convenait parfaitement. Mais il n'a pas tardé à se rendre compte que cette liberté ne concernait pas les autres salariés de FAVI. Il en a eu un avant-goût un jour au magasin de fournitures. Alfred, un opérateur, attendait devant le guichet fermé.

« Qu'est-ce que vous attendez ? a demandé Zobrist.

– Je viens changer ch'gants, a répondu Alfred, s'empressant d'ajouter : Ben j'ai ch'bon du chef et les vieux gants[6]. »

C'est ainsi que Zobrist s'est initié à la politique de l'entreprise : quand les gants d'un ouvrier étaient usés, il les montrait au chef d'atelier, qui lui donnait un bon d'échange. Il traversait alors toute l'usine – bavardant à droite et à gauche, faisant un détour par les toilettes, avant d'aller sonner au magasin et d'attendre le magasinier pour lui remettre le bon et ses vieux gants. Il pouvait alors obtenir de nouveaux gants et retourner à son poste de travail. Toute l'affaire pouvait prendre une bonne dizaine de minutes – et encore, si le magasinier répondait rapidement au coup de sonnette.

Zobrist s'est renseigné auprès de la comptabilité, qui lui a appris que le fonctionnement de la machine sur laquelle travaillait Alfred coûtait à FAVI l'équivalent de 100 euros de l'heure. Chaque échange d'une paire de gants représentait une perte d'un peu plus de 15 euros – presque deux fois le prix des gants eux-mêmes. Le coût *réel* des gants pour FAVI était tellement élevé que l'entreprise aurait fait des économies en les laissant en libre accès, même si de temps en temps certains ouvriers en barbotaient une paire pour jardiner.

Bien sûr, comme dans la plupart des entreprises, la comptabilité avait un poste pour les achats de gants, mais elle ne conservait aucune trace de la perte de productivité due à l'organisation de leur distribution. En réalité, comme l'a découvert Zobrist, FAVI perdait des milliers d'euros en gardant les gants sous clé, mais dans les comptes officiels cela apparaissait comme un gain.

Et les gants n'étaient qu'un détail. Plus Zobrist observait, plus il découvrait de fausses économies bureaucratiques. En se fondant sur ces premières constatations, il conclut que si FAVI ne se réformait pas, elle allait droit dans le mur – ou en Chine. C'est du reste ce qui est arrivé à un grand nombre des industries manufacturières traditionnelles d'Europe à l'époque où Zobrist était patron de FAVI. Mais ce dernier avait d'autres projets. Et, sous son leadership, la société a prospéré alors que d'autres ont coulé.

Zobrist a supprimé les pointeuses, parce que les employés « doivent travailler pour faire des produits, pas des heures[7] ». En même temps, pour la même raison, il a refusé le paiement des heures supplémentaires, mais a augmenté les salaires au niveau du montant total versé à chacun l'année précédente. Zobrist définit sa philosophie du leadership en établissant une distinction. Il existe, dit-il, deux sortes d'entreprises : les entreprises « comment » et les entreprises « pourquoi ». Dans les premières, on consacre beaucoup de temps à dire aux salariés *comment* faire leur travail – où mettre les machines, quand venir travailler, quand rentrer chez eux, etc. Cette méthode a deux conséquences. Primo, on finit par juger les salariés en fonction d'une multitude de facteurs, en faisant l'impasse sur ce qui compte vraiment, à savoir que le travail soit fait et le client satisfait. Secundo, il devient difficile, voire impossible, de modifier la moindre règle – et elles sont innombrables – indiquant *comment* faire les choses. Vous avez envie de déplacer ce chariot à un autre endroit de l'usine ? Il vous faut l'autorisation de votre supérieur, qui devra lui-même obtenir celle du sien, et ainsi de suite, dans une interminable « chaîne de *comment* ». Le résultat, souligne Zobrist, est qu'il devient impossible de faire le travail sans désobéir à un chaînon de la voie hiérarchique.

Une entreprise « pourquoi » fonctionne tout autrement. Elle remplace la myriade de « comment » par une seule question : pourquoi faites-vous ce que vous faites ? La réponse est toujours la même : pour que les clients soient contents. Tant que ce que vous faites répond à cet impératif, Zobrist se fiche pas mal de la manière dont vous le faites. Chez FAVI, la liberté a consisté à remplacer la succession de *comment* par un unique *pourquoi*.

Il n'a pas été facile d'en arriver là. Zobrist sourit en évoquant le regard nostalgique que ses employés libérés de fraîche date continuaient à couler en passant devant l'ancien emplacement de la pointeuse – où certains avaient pris l'habitude de traîner avant la sonnerie pour être les premiers à pointer et à filer chez eux. Mais, plus encore que les ouvriers, ce sont les cadres qui ont donné du fil à retordre à Zobrist. Il a essayé de les persuader, mais – parfaitement conscients que si tout le monde était libre d'agir à sa guise, leur mission se résumerait à pas grand-chose – ils sont restés inflexibles. Il a fini par les supprimer intégralement, confiant à ces différents chefs d'autres fonctions plus utiles à l'entreprise, sans toucher à leur salaire. Il a également éliminé le département des ressources humaines – parce que, explique-t-il, les humains ne sont pas des ressources, ce sont des gens.

Pour remplacer les cadres, il a organisé les ouvriers en équipes d'une vingtaine de personnes, en autodirection pour l'essentiel. Chacune de ces équipes, qu'il a appelées mini-usines, se voit attribuer un client et un produit, ce qui lui permet de mieux connaître les besoins du client dont elle s'occupe et de constater par elle-même s'il est satisfait. Les membres de l'équipe choisissent un leader parmi les candidats à cette fonction, et peuvent également le déposer. Les leaders sont placés sous les ordres directs de Zobrist – difficile d'imaginer organisation plus plate[8].

Les résultats ont été extraordinaires. Depuis vingt-cinq ans, FAVI a réussi à baisser ses prix de 3 % par an en moyenne et n'a jamais été en retard pour une livraison, ce qui lui a permis de rester compétitive en ces temps de mondialisation. Elle demeure une entreprise européenne leader dans son secteur – la moitié de toutes les automobiles construites en Europe contiennent des fourchettes de boîte de vitesses fabriquées par FAVI, une part de marché sans précédent pour un fournisseur de pièces détachées d'automobile. Elle a racheté son dernier concurrent sur le continent, introduit des produits de cuivre novateurs, comme des rotors électriques, sur des marchés encore inexplorés, et – contrairement à ses concurrents européens aujourd'hui disparus – FAVI *exporte* même des pièces détachées en Chine. Quant au repli économique de 2009, elle s'en est sortie avec 70 % de parts du marché des fourchettes de boîte de vitesses en Europe, parce qu'un certain nombre de ses concurrents internationaux ont été emportés par la tourmente.

De nombreux directeurs généraux se gargarisent de grandes phrases sur la culture d'entreprise de leur société. Beaucoup se prétendent également convaincus que leurs salariés sont leur bien le plus précieux. Nous soupçonnons l'existence, dans un lieu bien caché, d'un séminaire top secret destiné aux directeurs généraux, où on leur apprend à dire à leurs salariés qu'ils ne doivent surtout pas hésiter à attirer l'attention de leur patron sur les problèmes qui se posent, et que, si leur patron a oublié de refermer sa braguette, il espère bien qu'ils le préviendront illico.

Mais le fait est que la plupart des salariés n'en croient pas un mot. Ce sont parfois de petits détails qui trahissent les patrons. Une directrice générale clamera son ouverture aux idées nouvelles. Puis elle dirigera ses salariés vers un site Internet interne spécifique – une « boîte à idées » high-tech – où leurs suggestions iront mourir, après avoir été lues par un collaborateur chargé d'envoyer une réponse courtoise et d'ignorer soigneusement la recommandation, ou bien où elles seront examinées, filtrées et généralement rejetées par un « comité de suggestions » nommé en bonne et due forme.

FAVI et toutes les autres entreprises dont il est question dans ce livre sont réellement différentes. Elles en donnent de multiples preuves, grandes ou petites – à leurs salariés surtout. Quand Zobrist leur dit que leur seule mission est de satisfaire la clientèle, il le prouve en renonçant à mesurer tout le reste. Les résultats, comme le montrent les chiffres, sont remarquables. Mais vus d'« en bas », à travers les yeux de ces salariés, ils le sont plus encore.

L'histoire de la femme de ménage qui en a bouché un coin à un client

Cela s'est passé en 1985, deux ans après l'arrivée de Zobrist à la tête de FAVI. À 20 h 30, alors que tout le monde était parti, Christine, une femme de ménage, faisait son travail quand le téléphone de l'usine a sonné. Christine ne pouvait pas le savoir, mais l'homme qui appelait était un ingénieur qualité de Fiat, un nouveau gros client de FAVI. Son avion venait de se poser à Paris, et il avait cru comprendre que quelqu'un de chez FAVI viendrait le chercher pour le conduire en Picardie, à une heure et demie de route. Il avait rendez-vous chez FAVI le lendemain matin de bonne heure pour contrôler le respect des normes de qualité de Fiat.

Apprenant que son interlocuteur était un visiteur en rade à l'aéroport, Christine lui a fixé un lieu de rendez-vous et a raccroché. Voici comment Zobrist raconte la suite : « J'avais attendu jusqu'à 19 heures des nouvelles de l'ingénieur qualité qui était censé arriver ce jour-là, et je me suis dit qu'il avait dû avoir un empêchement. Je suis donc rentré chez moi. Imaginez ma surprise quand je l'ai trouvé dans mon bureau le lendemain matin, à 8 h 30. Il m'a dit : "Il m'est arrivé une drôle de chose hier soir[9]." »

Étant pressé, a expliqué l'ingénieur de Fiat, il n'avait pas pu téléphoner pour donner son heure d'arrivée (il n'y avait pas encore de portables à l'époque). Une fois à l'aéroport, constatant que personne n'était venu le chercher, il a téléphoné à l'usine. Il a été plutôt surpris d'entendre une voix féminine lui répondre. Il a expliqué que son avion avait du retard, mais qu'en principe quelqu'un de l'entreprise devait venir le chercher. La femme qui lui avait répondu était alors venue à l'aéroport, l'avait conduit jusqu'à son hôtel et lui avait souhaité bonne nuit.

« Ce qu'il y avait de bizarre, a dit l'ingénieur à Zobrist, c'est qu'elle a été très gentille, extrêmement polie, mais que de toute évidence elle ne savait absolument pas qui j'étais ni quelle société m'envoyait. » Mais, plus bizarre encore, Zobrist était parfaitement incapable d'imaginer qui avait bien pu servir de chauffeur à ce visiteur de marque.

Après leur entretien, Zobrist a passé un certain nombre de coups de fil, et il a fini par mettre la main sur Christine. Apprenant que ce visiteur était dans l'embarras, Christine avait tout bonnement pris les clés d'un des véhicules de la société – des clés qui étaient toujours accrochées à l'entrée de l'usine, à la disposition de tout salarié susceptible d'en avoir besoin. Elle était allée chercher le visiteur à l'aéroport et l'avait conduit à son hôtel – puis était revenue finir son ménage, interrompu trois heures plus tôt.

Qui plus est, elle n'avait pas jugé bon d'en parler à qui que ce soit. C'était une salariée qui avait un travail à effectuer, mais qui avait tout de même pris trois heures pour faire l'aller-retour jusqu'à l'aéroport. Elle avait, pour faire ces un peu plus de trois cents kilomètres, emprunté une voiture de la société, sans demander la moindre autorisation, simplement parce qu'il lui semblait que c'était ce qu'il fallait faire. L'entreprise s'était engagée à venir chercher cet homme à l'aéroport et personne d'autre n'était là pour satisfaire à cette obligation. Elle avait donc pris les choses en main, sans hésiter et sans chercher à en tirer gloire.

Voilà exactement la différence entre une entreprise « comment » et une entreprise « pourquoi ». Christine, une femme de ménage qui n'avait sans doute jamais emprunté un véhicule de la société dans le cadre de son travail, a vu une occasion de faire quelque chose d'utile pour FAVI, et elle l'a saisie. Comme le dit Zobrist : « Devant un problème concernant l'entreprise, elle n'est pas une "femme de ménage", elle est l'"entreprise". » La plupart des sociétés espèrent vainement voir leurs salariés manifester ce genre d'attitude. En réalité, en admettant qu'un salarié d'une société « comment » ait eu l'audace de prendre une telle initiative pour le bien de l'entreprise, son intervention aurait probablement eu un des deux résultats suivants. Dans le pire des cas, Christine aurait été sanctionnée pour avoir disposé sans autorisation d'un bien appartenant à l'entreprise et pour avoir quitté son poste de travail. Dans le meilleur des cas – à peine meilleur, en fait –, la société, surprise du rôle remarquable assumé par sa femme de ménage, en aurait fait une héroïne. Zobrist n'a fait ni l'un ni l'autre. « Si vous ne sanctionnez ni ne récompensez les actions des gens, ces actions deviennent normales, banales, explique-t-il. Christine n'avait pas l'impression d'avoir fait quelque chose d'exceptionnel. Ici, tous ceux qui rencontrent un problème et qui ont une solution l'appliquent, c'est tout. Pas besoin d'en parler, ni avant, pour demander l'autorisation, ni après, pour obtenir des remerciements. » Puis, avec un sourire satisfait, Zobrist ajoute : « D'ailleurs, grâce à son initiative, l'auditeur a augmenté notre notation de 10 % ! »

Il s'était écoulé exactement deux ans entre la rencontre de Zobrist avec Alfred devant le magasin de fournitures et le trajet nocturne improvisé de Christine. Mais, au cours de ces deux années, Zobrist avait déjà réussi à renverser les habitudes de nombreux salariés de FAVI. Les années suivantes ont vu ces salariés libérés accomplir d'innombrables actes d'héroïsme quotidien. Il y a eu l'histoire de la commande qu'on ne pouvait pas livrer parce que le camion nécessaire au transport n'était pas arrivé. Les salariés concernés – avec Zobrist – ont loué un hélicoptère pour que le client reçoive sa commande comme promis. Ou celle que nous a racontée cet ouvrier, selon laquelle, le jour où un de *ses* clients avait eu un problème avec un produit, il était immédiatement parti en voiture pour l'Allemagne avec un de ses collègues pour régler la question – sans autorisation préalable, cela va de soi. Quand nous lui avons demandé pourquoi il avait fait cela, il a haussé les épaules. Il avait jugé que c'était ce qu'il fallait faire, que c'était normal.

La plupart des chefs d'entreprise rêvent, disent-ils, d'avoir des collaborateurs capables d'inventer pendant leur temps libre des produits innovants, à forte marge, ou de chercher des moyens créatifs pour satisfaire les demandes des clients sans y réfléchir à deux fois. En vérité, ces gens se trouvent tout autour d'eux – le technicien apparemment indifférent à la qualité du produit, le représentant qui a l'air sourd aux suggestions novatrices des clients, et même le gardien de nuit qui paraît ne jamais s'intéresser à rien et qui est pour ainsi dire invisible. Il suffit de les affranchir des chaînes qui les paralysent. Nos entreprises libérées ont découvert comment y parvenir.

En donnant libre cours à l'esprit d'initiative et aux talents de chacun de leurs employés, elles ont réussi là où leurs concurrentes ont échoué ; elles se sont mesurées à des sociétés bien établies et nettement plus importantes qu'elles dans bien des cas, et ont connu une croissance qui a dépassé les rêves les plus fous de leurs fondateurs. Certaines, comme FAVI, qui compte six cents employés, sont relativement modestes. D'autres, comme USAA, le géant de l'assurance, qui en a vingt-six mille, sont bien plus grandes. On les rencontre dans les services aussi bien que dans l'industrie. Plusieurs, comme Harley-Davidson, sont cotées en Bourse, et les syndicats y sont puissants. Chose étonnante, la principale motivation qui a poussé Harley à s'introduire en Bourse en 1986, à en croire son directeur général Rich Teerlink, était la volonté de s'engager dans une campagne de libération, un projet qui aurait été condamné par les banques qui contrôlaient alors la société. « Je préfère affronter des actionnaires que des banquiers, et de loin[10] », a déclaré Teerlink. En 1998, Sun Hydraulics, un des principaux fabricants mondiaux de valves hydrauliques, a fait, lui aussi, son entrée en Bourse, plusieurs années après avoir mis sur pied sa culture libérée ; dix ans plus tard, il n'avait pas perdu un iota de sa culture unique. D'autres encore, comme le Richards Group, la plus grande agence de publicité indépendante des États-Unis, sont toujours des sociétés privées – et le resteront.

Malgré toutes leurs différences, ces sociétés ont été dirigées par des hommes et des femmes inconditionnellement favorables à la création d'une culture d'entreprise qui libérerait l'initiative de l'ensemble de leur personnel. Bill Gore et un certain nombre de leaders qui ont suivi son exemple manifestent cet engagement par des petits gestes de tous les jours – dispensant aide et encouragements quand les agissements de leurs associés coïncident avec les principes de l'entreprise et, dans le cas contraire, demandant, comme Bill Gore l'a fait avec Lewis : « Vous avez une minute ? » Certains, comme Stan Richards du Richards Group, ont, au sens propre, fait tomber les barrières. Richards a modifié l'agencement de son bureau de Dallas pour que rien ne fasse obstacle au contact humain, face à face. Chacune des mesures qu'ils ont prises reflète les défis uniques qu'ils ont rencontrés dans leurs domaines particuliers et que leur ont imposés leurs conditions de départ. Toutes ces entreprises libérées, que leur différence ait été inscrite dès leur naissance, comme dans le cas du Richards Group, de Gore ou de Sun Hydraulics, ou qu'elles se soient transformées après une longue période de contre-performances, comme USAA, Harley et FAVI, ont des leçons à nous donner sur la force que peut exercer le potentiel de chacun, pourvu qu'on lui permette de s'exprimer.

Il n'est pas facile de libérer ce potentiel. Il faut, pour y parvenir, être absolument convaincu que la totalité des salariés en savent bien plus long sur les capacités de leur entreprise que n'importe lequel d'entre eux pris isolément ou, au demeurant, que n'importe quel patron. Si vous en êtes persuadé, vous aurez moins de mal à comprendre ce que veut dire Jean-François Zobrist quand il affirme que son objectif de directeur est d'« en faire aussi peu que possible ». Mais, pour comprendre parfaitement en quoi la manière de diriger des entreprises « comment » est boiteuse et voir s'il est possible de la changer, il n'est pas inutile de revenir un instant sur le passé.

2

Managez-vous votre entreprise pour les « trois pour cent » ?

Une entreprise d'exception ne confond pas l'exception et la règle

Les entreprises que Jean-François Zobrist appelle les entreprises « comment » sont également désignées sous le nom d'entreprises hiérarchiques, bureaucratiques ou adeptes du modèle « commandement et contrôle ». Malheureusement, nous ne les connaissons tous que trop bien. Ces termes décrivent, à quelques nuances près, les structures communes à la plupart des grandes organisations – la voie hiérarchique (parfois interminable), la prise de décisions dans le cadre de procédures bien définies, le contrôle qui s'exerce de haut en bas. Mais ces structures ont été mises en place pour étayer ce qui est véritablement au cœur des entreprises « comment » : la conviction qu'il faut contrôler les salariés et leur dire comment faire leur travail. Cette idée est elle-même sous-tendue par les opinions bien ancrées des patrons sur la nature humaine. Si ces derniers sont persuadés – souvent implicitement – que leurs salariés n'ont pas envie de travailler ni d'apprendre grand-chose, ils ne douteront pas un instant qu'il est préférable de leur donner des ordres et de contrôler ce qu'ils font. En partant de cette prémisse, il est parfaitement sensé d'instaurer des hiérarchies qui attribuent aux supérieurs l'autorité nécessaire pour « dire » et contrôler. Et n'est-il pas parfaitement naturel, dans ces circonstances, d'établir des règles et des procédures pour intégrer cette façon de faire dans le fonctionnement quotidien de l'entreprise ?

Cet « ordre naturel des choses » est apparu – comme nous le verrons au chapitre suivant – pendant la révolution industrielle, au moment où les manufactures ont dû employer des ouvriers d'origine rurale, illettrés pour la plupart. Et il faut bien admettre que ce type d'organisation a permis à de nombreuses entreprises « comment » d'obtenir de bons résultats, non seulement à l'époque, mais tout au long des deux derniers siècles.

En fait, les réalisations des entreprises « comment » ont été remarquables à maints égards. Selon Angus Maddison, spécialiste d'histoire économique, ces organisations traditionnelles n'ont pas été étrangères aux taux de croissance économique sans précédent dans l'histoire humaine qu'ont alors connus les nations récemment industrialisées. Cette croissance, à son tour, a permis à une fraction non négligeable de la population de ces pays de jouir d'un confort matériel qui avait été jusque-là, et dans le monde entier, l'apanage d'une toute petite élite[1]. À une échelle plus modeste, il est indéniable que ces entreprises « comment » organisées de façon traditionnelle ont apporté au monde un grand nombre des progrès matériels et des produits nouveaux qui font aujourd'hui partie intégrante de notre vie quotidienne.

Pour Max Weber, le célèbre sociologue allemand du début du XXe siècle, le succès et la domination de l'« administration bureaucratique » étaient parfaitement logiques. C'était, affirmait-il, la conséquence de sa supériorité rationnelle. Selon lui, on ne pouvait satisfaire aux exigences de l'économie de marché capitaliste que par une « administration purement bureaucratique » capable de faire son travail « avec précision, permanence, discipline et rigorisme ». D'autres formes d'organisation n'auraient fait que freiner l'évolution rapide du monde (en l'occurrence, celui de 1922)[2]. Aujourd'hui encore, certains spécialistes du management continuent à penser que, pour obtenir de bons résultats, une entreprise doit être une tyrannie bureaucratique. « C'est une évidence, a écrit récemment un auteur, pour tous ceux qui exigent de la rapidité, de la flexibilité et surtout du profit dans un monde concurrentiel. Notre capacité à créer de la richesse dépend, au moins en partie, de l'autorité managériale. Le pouvoir exercé depuis le sommet et ses abus potentiels ne sont pas près de disparaître dans l'Amérique des entreprises. Il serait absurde de penser différemment[3]. » Toutefois, depuis l'époque de Weber, une longue lignée de penseurs spécialistes de la gestion d'entreprise ont eu à cœur de contester ce point de vue et de plaider contre la bureaucratisation[4].

Les critiques du capitalisme rappellent à juste titre que la croissance économique sans précédent réalisée par les entreprises traditionnelles a exigé un prix – un prix humain. Dans les premiers temps de la révolution industrielle, à quelques exceptions près, les conditions de travail qui régnaient dans toutes ces entreprises traditionnelles n'étaient pas très différentes de celles que l'on observe aujourd'hui dans les usines des pays les plus pauvres de la planète, où l'on n'hésite pas à presser la main-d'œuvre comme un citron – le travail des enfants allant évidemment de pair. Mais, même après que la protection des droits fondamentaux des travailleurs a été assurée et que des conditions de travail plus acceptables ont été accordées, le tribut humain est resté élevé. Les frictions entre salariés et patrons, les arrêts de travail et même les grèves sauvages parfois accompagnées de violence meurtrière n'ont pas disparu. L'existence de syndicats extrémistes et de patrons arrogants explique sans doute partiellement ces conflits, mais pas entièrement. Ni des syndicats accommodants – voire absents – ni une direction moins hautaine ne peuvent transformer l'expérience quotidienne d'un nombre trop élevé de salariés, à qui l'on dit constamment comment faire leur travail, et qui sont bien obligés d'obéir.

Ce n'est pas pour rien, autrement dit, que la série télévisée *The Office* (« Le Bureau ») a fait un tabac sur deux continents, et que la bande dessinée *Dilbert* a connu un tel succès. En même temps, l'idée qu'il faut humaniser les grandes entreprises n'a rien de nouveau. Cela fait des années qu'une kyrielle de théoriciens et de gourous de la gestion d'entreprise font assaut de propositions pour remédier au sentiment d'inutilité et d'aliénation des salariés[5]. La pérennité de cette véritable industrie de transformation des entreprises prouve qu'il reste beaucoup à faire. Néanmoins, tous ces efforts n'ont pas été vains. Il existe certaines entreprises conventionnelles extrêmement efficaces, et pourtant « humanisées ».

Prenons le cas de Toyota. Quand on franchit la porte d'une de ses usines, on est frappé par la précision digne d'une horloge suisse avec laquelle tout fonctionne. Des salariés vêtus à l'identique savent exactement quelle procédure suivre pour accomplir leur tâche avec le maximum d'efficacité. Ces procédures peuvent exiger d'eux de prendre un tricycle pour aller livrer telle ou telle pièce à telle ou telle heure à tel ou tel opérateur, ou indiquer quel boulon utiliser sur tel type de roue, et même avec quelle main le mettre en place – tous les opérateurs sont formés pour être ambidextres et disposent constamment de deux visseuses pneumatiques. Une procédure peut même préciser les mouvements oculaires que les opérateurs doivent exécuter – les mouvements oculaires, vous avez bien lu – pour leur éviter de tourner inutilement la tête plusieurs centaines de fois par jour, au risque de s'abîmer les cervicales. Tout se fait dans le respect de procédures normalisées auxquelles les salariés sont parfaitement formés ; tout est mesuré, tout est contrôlé.

Des milliers de sociétés industrielles ont adopté cette approche d'inspiration japonaise où la procédure est reine, démarche qui porte le nom de *lean production* – que l'on pourrait traduire par « production allégée ». La *lean production* diminue le gaspillage, les stocks, l'espace, les mouvements humains, les outils nécessaires et le temps de développement d'un produit. De nombreuses sociétés industrielles, de service et de distribution ont adopté une autre démarche japonaise appelée Total Quality Management – TQM, « concept de qualité totale » : il s'agit de faire participer tous les salariés à la réduction de la moindre variation du processus par rapport aux normes établies, afin de garantir la satisfaction pleine et entière du client.

Toutes ne peuvent pas se flatter, comme Toyota, de ne pas avoir à contrôler leur produit final avant de le livrer au client, tant cette entreprise a confiance dans la qualité optimale assurée par ses procédures normalisées. Mais elles sont nombreuses à connaître de bons résultats. Peu sujettes à l'agitation sociale, elles livrent avec régularité et à des prix compétitifs les produits de haute qualité que désire leur clientèle et enregistrent une croissance continue ainsi que des profits soutenus dans toutes sortes de branches.

Cependant, aucune procédure n'est infaillible, et la meilleure démarche elle-même ne saurait prévoir l'imprévisible. Bien que Toyota et d'autres systèmes bureaucratiques prospères qui accordent une place majeure à la procédure paraissent fonctionner avec la régularité d'un coucou suisse, ce n'est qu'illusion. En raison des inévitables problèmes inhérents à des modes de fabrication, de service ou de distribution complexes, les interruptions et les pannes ne sont pas rares. Dans le meilleur des cas, ces arrêts ne sont pas dus à des problèmes, mais provoqués par des opérateurs eux-mêmes ou par la direction.

Un vendredi de janvier 2001 à midi, trois semaines tout juste après l'ouverture de sa première usine de petites voitures en Europe – trois semaines qui s'étaient déroulées sans la moindre anicroche , la direction de Toyota à Valenciennes a ordonné l'arrêt de la chaîne de montage. Devant les opérateurs médusés, les cadres ont expliqué que cette interruption était volontaire, qu'elle durerait une demi-heure et devait permettre aux opérateurs de mettre en place leurs idées d'amélioration des procédures existantes. Chez Toyota, comme dans de nombreuses autres bureaucraties efficaces, les procédures ne sont pas destinées à expliquer à des gens insuffisamment qualifiés ou insuffisamment motivés comment accomplir leurs tâches, ni à les contrôler au fur et à mesure de l'exécution de celles-ci. Pas du tout. Les procédures ne font que définir la *meilleure méthode connue* pour accomplir des opérations de routine. Si bien que, contrairement à ce qui se passe dans de nombreuses entreprises, il est rare d'entendre un salarié de Toyota critiquer « cette procédure idiote ». S'il la trouve idiote, il n'a qu'à la changer.

Chez Toyota, ce ne sont pas les contremaîtres, ou chefs d'équipe, qui sont chargés de constater si les opérateurs respectent les procédures. Ce sont les opérateurs eux-mêmes. Si les résultats ne correspondent pas aux normes, c'est généralement parce qu'un opérateur a fait quelque chose de travers. Il rectifie alors de lui-même. Mais il peut arriver que l'opérateur suive la procédure prescrite et que le défaut soit dû à cette dernière, qui ne convient plus et doit être améliorée ou remplacée par une procédure plus efficace. Voilà pourquoi les procédures de *lean production* sont impensables si les équipes ne jouissent pas d'un important degré d'autonomie dans la réorganisation de leur travail. De même, le TQM, qui vise au respect de critères de qualité, ne peut pas se passer de systèmes d'amélioration continue et de gestion des idées qui sont aux antipodes des boîtes à idées tueuses d'améliorations et d'innovation dont nous avons déjà parlé ; en effet, ces systèmes veillent à ce que les suggestions soient appliquées rapidement et efficacement par leurs auteurs mêmes. Cela encourage tout le monde à suggérer des améliorations utiles. Ce deuxième volet – remise en question, réorganisation et amélioration de la procédure – est aussi important, sinon plus, que les procédures normalisées. Sans lui, les salariés n'auront pas à cœur d'appliquer les procédures normalisées que leur indiquent les managers ou les ingénieurs de génie industriel. En fait, chez Toyota, il n'existe même pas de poste intitulé « ingénieur de génie industriel ». Pour que les salariés respectent les procédures, il faut qu'ils participent à leur définition, à leur contrôle et à leur amélioration. Autrement dit, les normes doivent être les *leurs*, pas celles du management ou des ingénieurs[6].

Il s'agit là d'un paradoxe que la plupart des entreprises qui se sont empressées de copier la *lean production* et le TQM n'ont pas compris. Et cela suffit à expliquer pourquoi, selon une enquête, les deux tiers des projets de TQM lancés dans des entreprises américaines n'ont pas produit les résultats escomptés[7]. En fait, le paradoxe n'est qu'apparent.

Ces entreprises se sont concentrées sur les outils, et ont négligé l'hypothèse fondamentale de la direction de Toyota à propos de ses opérateurs. En un sens, les opérateurs de Toyota ressemblent – par leur mentalité – aux artisans d'avant la révolution industrielle qui étaient responsables de ce qu'ils faisaient.

Il n'empêche que, à maints égards, Toyota reste une bureaucratie traditionnelle, avec ses hiérarchies, ses règles et ses procédures. Toyota possède pourtant un avantage spectaculaire, mais souvent ignoré, qui le distingue de la plupart des autres grandes entreprises et l'a aidé à devenir une des meilleures entreprises manufacturières du monde : chez Toyota, on est convaincu que le personnel a envie de faire du bon boulot et d'apprendre. L'entreprise organise donc ses pratiques de gestion en partant du principe que les procédures standard sont la meilleure façon *connue* d'accomplir une tâche donnée – mais que les salariés de base savent mieux que quiconque ce qui fonctionne vraiment. Autrement dit, on propose aux salariés de Toyota des manières efficaces de faire leur travail, mais on ne les oblige pas à continuer à les appliquer s'ils découvrent une meilleure méthode. Et, au lieu d'employer les instruments de contrôle habituels, Toyota fournit à ses salariés des instruments d'autocontrôle. Cela leur permet de vérifier eux-mêmes si les procédures existantes sont toujours efficaces ou si elles doivent être améliorées. C'est une différence de taille avec ce que vit la main-d'œuvre dans la plupart des grandes entreprises. Et cela explique pourquoi, aux États-Unis, Toyota est resté à l'abri des conflits du travail.

En réalité, malgré de nombreuses tentatives pour s'implanter dans les usines Toyota, les syndicats ne sont jamais parvenus à attirer suffisamment d'adhérents. Chose plus remarquable encore, dans sa première unité de fabrication américaine – NUMMI (New United Motor Manufacturing, Inc.), construite sur le site d'une ancienne usine de camions de General Motors à Fremont, en Californie –, Toyota a hérité de l'United Auto Workers (UAW), le puissant syndicat américain de l'automobile, avec, pour faire bonne mesure, un passé de conflits sociaux plutôt chargé[8].

GM avait fermé son usine plusieurs années auparavant, et cela n'avait rien d'étonnant : au cours d'une année désespérément ordinaire, l'entreprise avait enregistré quatre mille litiges, 20 % d'absentéisme et un certain nombre de grèves sauvages. C'est à ce moment-là que GM avait offert à Toyota l'occasion de construire sa première usine américaine, qui devait être possédée en copropriété, mais dirigée exclusivement par Toyota. À la grande surprise de la direction de GM, l'usine est devenue en l'espace de quelques années seulement l'unité de production automobile la plus rentable des États-Unis, inondant le marché de véhicules du modèle Geo de haute qualité, à un prix raisonnable. Et, surtout, les relations sociales chez NUMMI passé sous contrôle de Toyota étaient exemplaires.

Kiyoshi (Nate) Furuta, chargé chez NUMMI de négocier avec Dick Shoemaker, le président de l'UAW, a décrit la faille que Toyota avait cherché à combler :

> Une fois qu'ils [l'UAW] acceptent une norme de production, ils ne peuvent pas en changer. Si la direction veut la changer, il y a lutte. C'est un système extrêmement rigide. Au moment où nous élaborons le travail de normalisation initial, nous tenons à ce que l'opérateur y participe. Ensuite, nous voulons que l'opérateur participe à l'amélioration de la norme. Nous avons besoin d'ouvriers dotés de compétences multiples, et pas d'une seule. Nous disons que nous n'avons pas besoin d'autant de descriptions de poste – elles sont trop nombreuses[9]...

Et Furuta a réussi au-delà de tout espoir. Bien que, la première année, les ventes aient été inférieures de 30 % aux objectifs, la direction de NUMMI a conservé l'intégralité de son personnel – il n'y a pas eu de chômage technique, une mesure qui aurait été monnaie courante par le passé. Elle a préféré organiser un vaste programme de formation, créer des ateliers d'amélioration des normes pour les membres des équipes et accorder des jours de congé supplémentaires. La relation de confiance qu'elle a su nouer avec le syndicat a conduit celui-ci à approuver la convention salariale la plus souple qu'il ait jamais signée, avec seulement deux définitions de poste, ce qui permettait de faire passer les ouvriers d'un poste à un autre en fonction de leurs compétences et non de leur ancienneté, et prévoyait même la possibilité d'utiliser des intérimaires.

Évidemment, on a commencé à voir débarquer des avions entiers de cadres de GM curieux de connaître les outils de gestion magiques que Toyota avait employés pour rétablir la paix sociale dans l'entreprise et la rendre aussi productive. Ils ont ensuite essayé d'appliquer à Detroit ce qu'ils avaient appris. Mais, selon l'ancien directeur général de NUMMI, ils ont fait chou blanc, bien qu'ils aient passé plusieurs journées d'affilée à l'usine pour tenter d'en percer les secrets[10]. Ce n'était pas les outils de gestion qui leur échappaient : c'était la prémisse même de Toyota, la conviction que le personnel est prêt à faire du bon boulot et à apprendre, pourvu qu'on lui en donne la possibilité. La « magie » ne résidait pas dans une technique ou une procédure de fabrication précise, mais dans la liberté donnée aux salariés de Toyota d'améliorer constamment les procédures initiales. GM a copié les procédures, mais a oublié la liberté, s'efforçant obstinément, au contraire, d'imposer le strict respect de ces nouvelles procédures. Inutile de dire que les pèlerins venus de chez GM n'ont jamais compris pourquoi les techniques de fabrication de Toyota ne marchaient pas chez eux. Ils avaient emprunté les procédures, mais laissé la « magie » en Californie. En résumé, tout en ressemblant superficiellement à une entreprise « comment » traditionnelle, Toyota cultive une mentalité plus proche de celle des entreprises fondées sur la liberté.

Les résultats de Toyota sont impressionnants, mais il est possible d'aller beaucoup, beaucoup plus loin – comme nous le verrons. Néanmoins, son existence même inflige un camouflet permanent aux cadres d'autres fabricants automobiles qui prétendent faire de leur mieux, avec les outils et le personnel dont ils disposent.

Les entreprises que nous allons découvrir dans ce livre se battent contre leurs concurrents dans les secteurs les plus divers, de la fabrication aux services et à la technologie.

Qu'il s'agisse d'assurances, de fabrication, de logiciels ou de tout autre chose, chacune d'entre elles prouve qu'il est possible de libérer ses salariés et de recueillir les bénéfices de leurs connaissances et de leurs initiatives. Si, à l'image de GM, un patron a le malheur d'être en concurrence avec un champion mondial comme Toyota, peut-être a-t-il déjà commencé à réfléchir à ce qui fait la différence entre une entreprise d'excellence et une bonne entreprise.

Mais pour peu qu'il n'ait ni Toyota, ni Gore, ni FAVI sur les talons – et qu'il n'ait pas encore mordu la poussière –, il jugera peut-être que les bonnes vieilles méthodes de direction du personnel et d'une entreprise sont parfaites. Il existe après tout quantité de sociétés rentables, et même en expansion, que personne – leurs salariés moins que quiconque – n'aurait l'idée de qualifier de « libres ». La justice exige que l'on se demande si, tout bien pesé, leur façon de faire est vraiment pernicieuse. Pour répondre à cette question, il convient d'examiner d'un peu plus près les résultats de ces entreprises traditionnelles.

Les coûts cachés des résultats des entreprises « comment »

La Royal Mail britannique est le plus ancien et le plus célèbre service postal du monde. Au début du nouveau millénaire, chaque jour de l'année, dix mille employés sur cent soixante-dix mille au total étaient absents sans raison valable. Cherchant désespérément à réduire l'absentéisme, l'administration postale a offert des billets de tombola aux employés qui se présenteraient à leur poste six mois d'affilée sans un seul jour d'absence. Les lots comprenaient trente-quatre voitures à 18 500 euros pièce et soixante-huit chèques vacances d'un montant de 3 000 euros[11].

On peut supposer que cette carotte a incité certains simulateurs à faire preuve d'un peu plus d'assiduité. Mais nous sommes prêts à parier que les supérieurs des dix mille salariés récalcitrants auraient été tout aussi contents qu'ils restent chez eux. En leur offrant des incitations sans aucun rapport avec leur travail – en plus du salaire qu'elle leur versait –, la Royal Mail avait adopté une version extrême de la solution consistant à soigner les symptômes plutôt que la maladie. Sans doute sa direction a-t-elle jugé plus facile d'offrir des lots que de s'interroger sur les causes de ce terrible problème d'absentéisme. Dave Ward, responsable de la section locale du syndicat, lui a offert un conseil gratuit : « L'entreprise doit s'attaquer à la source du problème, qui est la démoralisation, en même temps que des salaires et des conditions de travail médiocres. Voilà la cause réelle de la maladie et de l'absentéisme. » Bien sûr, les responsables syndicaux affirmeront toujours que des salaires plus élevés rendront les travailleurs plus productifs. C'est leur boulot. Mais, en parlant de démoralisation – de désengagement –, Ward mettait le doigt sur un vrai problème, même s'il s'agit d'un sujet dont les patrons ont encore moins envie de parler que de hausse des salaires. Il est beaucoup plus difficile d'améliorer le moral des salariés que de signer un chèque – cela oblige en effet la direction à s'interroger sur son rôle et sur les structures qu'elle a elle-même mises en place et qui sont, au moins en partie, à l'origine des difficultés qu'elle connaît. Dans ces conditions, mieux vaut ignorer les causes et s'attaquer aux symptômes – dans le cas de la Royal Mail, arroser les salariés pour qu'ils fassent ce qu'ils s'étaient déjà légalement engagés à faire en signant leur contrat d'embauche.

La Royal Mail avait recouru à une « solution » extrême, et cette institution ne peut pas se comparer, à maints égards, à des entreprises qui réussissent mieux. La plupart des bonnes entreprises, privées surtout, sont motivées par le profit et ne laissent jamais la situation dégénérer à ce point. L'absentéisme coûtait entre 400 et 550 millions d'euros par an à la Royal Mail ; peu de sociétés privées peuvent se permettre une perte sèche de cette ampleur – comme l'a récemment découvert GM lui-même. Mais tout autour de nous, quotidiennement, la plupart de nos entreprises, grandes ou petites, préfèrent traiter leurs « symptômes » – non pas en offrant des cadeaux extravagants, mais en établissant des règles et des procédures destinées à prendre les simulateurs sur le fait.

Gordon Forward, ancien directeur général de Chaparral Steel, a baptisé cette méthode « manager pour les 3 %[12] ». De nombreux patrons ont tendance à régler un problème mineur – qui ne concerne parfois qu'un salarié « dissident », ou une poignée – en imposant à tous des règles encore plus draconiennes. Le directeur général d'une petite entreprise nous a raconté que, ayant un jour surpris une secrétaire en train de chaparder des fournitures de bureau pour remplir le cartable de rentrée de ses enfants, il a interdit à quiconque de passer dorénavant la moindre commande de matériel de bureau pendant l'été. « Comme ça, a-t-il expliqué, il ne lui restera rien à barboter le 1er septembre. » Évidemment, les autres seront pénalisés eux aussi, mais, bon sang de bonsoir, il aura montré à cette secrétaire de quel bois il se chauffe !

« Manager pour les 3 % » est inévitable dans les entreprises « comment », parce que ces 3 % réussissent toujours à contourner les contrôles ordinaires. Ce qui impose évidemment de renforcer ces derniers. En plus des frais généraux courants imposés par l'accumulation de ces politiques « correctives », manager pour les 3 % s'accompagne de coûts cachés exorbitants pour les entreprises en contribuant au désengagement des 97 % de salariés restants.

Cette accumulation de règles, si stupide qu'elle puisse paraître à première vue, n'en présente pas moins un certain nombre d'avantages pour un patron. Il évite ainsi d'avoir à affronter directement le salarié indélicat, ce qui est toujours désagréable, et il s'épargne des dénégations embarrassées ou des rancœurs manifestes. Le patron se retranche derrière le prétexte ultime des bureaucrates du monde entier : « C'est le règlement ! » C'est ainsi que les règles perdurent bien au-delà de l'utilité qu'elles ont pu avoir un jour, alors que cela fait des années ou des décennies que l'on a oublié la circonstance épineuse et ponctuelle à laquelle elles étaient destinées à remédier. Pendant tout ce temps, ces règles « inutiles » ont de graves conséquences. Elles contribuent de façon substantielle au malaise des 97 % qui se voient traiter avec suspicion et brider par un règlement d'entreprise apparemment arbitraire.

Mais, de plus en plus souvent, les entreprises « comment » ne se bornent pas à soumettre 97 % de leurs salariés à des soupçons et à des contrôles généralisés et injustifiés. Toujours impuissantes à coincer les 3 % qui trouvent généralement le moyen de déjouer les manœuvres de la police bureaucratique, elles cherchent à enrôler les 97 % restants dans ces tâches de police.

Nous avons rencontré deux cadres d'une grande entreprise américaine qui se sont trouvés dans cette situation-là. Ils ont reçu un nouveau document interne intitulé « Quelques règles de conduite ». L'ensemble des salariés étaient censés lire, approuver et signer ce document, qui comprenait un engagement à appeler une hotline pour signaler toutes les malfaisances de collègues qu'ils relevaient. Un des deux cadres était hostile à cette mesure – il refusait d'être un mouchard. Son collègue était d'avis de signer sans faire de vagues, mais de ne pas respecter la directive, comme le feraient sans doute les autres. Les deux hommes s'engagèrent alors dans un débat animé pour déterminer s'il valait mieux s'opposer ouvertement à cette mesure ou faire semblant de l'accepter.

Peu importe ce qu'ils ont décidé de faire en définitive ; leur débat prouve en tout cas que celui qui s'y opposait était suffisamment intègre pour prendre cette règle au sérieux. En revanche, les 3 % que vise cette mesure n'hésiteront pas à signer et à faire comme si elle n'existait pas, alors que les autres salariés seront démotivés par le rituel humiliant qui les oblige à assumer le rôle de délateurs aux dépens de leurs collègues.

Peut-être pensez-vous que ce problème de désengagement est rare dans les entreprises « comment » – que, dans la majorité d'entre elles, il ne touche qu'une très faible proportion du personnel. Quelle autre explication donner à la croissance économique sans précédent du monde développé depuis la révolution industrielle ? Cet argument serait recevable si nous ne disposions pas de quelques statistiques sur ce point. Gallup réalise régulièrement de vastes sondages sur l'engagement au travail de la main-d'œuvre américaine. En 2013, 30 % seulement des salariés d'une société moyenne étaient « engagés », 52 % n'étaient « pas engagés » et 18 % étaient « activement désengagés »[13]. Activement désengagés ? Si vous voulez avoir une idée de ce qu'est le désengagement actif, imaginez un canot de huit places. Assis sur les deux premiers bancs, un autre leader et vous, vous ramez énergiquement. Vos cinq coéquipiers assis derrière vous trempent périodiquement leur aviron dans l'eau, juste de quoi provoquer quelques éclaboussures. Pendant ce temps, le huitième compère rame énergiquement – dans l'autre sens. Et vous vous demandez pourquoi, malgré toutes ces gerbes d'eau, votre entreprise n'avance pas ?

La métaphore du canot met le doigt sur une importante question, tout à fait concrète : les bureaucraties traditionnelles, dotées de règles et de procédures destinées à compenser l'absence de compétences ou de motivation, compensent-elles le handicap de tous ces contrôles par de meilleurs résultats ? Il est temps d'étudier le problème de plus près. Commençons par jeter un coup d'œil à la ligne du haut – le chiffre d'affaires – avant d'en venir aux coûts.

Les entreprises « comment » présentent-elles une forte croissance organique grâce à l'innovation ?

Comme nous l'avons rappelé plus haut, les entreprises bureaucratiques traditionnelles fondées sur le principe du commandement-et-contrôle et qui enregistrent de longues périodes de croissance remarquable de leur chiffre d'affaires sont légion. Deux géants de l'industrie pharmaceutique, Merck et Pfizer, constituent un bon exemple. En raison de la rapidité avec laquelle ces sociétés réorganisent leurs divisions et leurs entités, il n'est pas toujours facile de distinguer ce qui, dans cette croissance, est organique et ce qui résulte d'acquisitions. Mais on observe généralement une constante dans les entreprises qui peuvent se flatter d'une authentique croissance organique : l'innovation.

Lorsqu'on aborde ce sujet, la plupart des entreprises traditionnelles posent deux cartes sur la table : l'importance de leurs budgets de recherche et développement et leurs brevets. Malheureusement, les chiffres n'étayent pas leurs arguments.

De nombreuses entreprises se vantent d'avoir un gros budget de R&D. Mais le rapport entre ce dernier et leurs ventes de produits innovants est identique à celui qui existe entre le budget de recrutement des New York Knicks – l'équipe de basket américaine qui possède la plus grosse masse salariale – et leurs résultats (lamentables) entre 2002 et 2009. Aux États-Unis, dans l'ensemble du secteur industriel, ce sont les grandes sociétés pharmaceutiques qui présentent les budgets de R&D les plus importants par rapport à leurs chiffres de vente. Entre 1991 et 2001, les dépenses totales de recherche sont passées de 9,7 milliards de dollars à 30,3 tandis que, dans le même temps, le nombre de nouveaux médicaments mis sur le marché diminuait – de trente à vingt-quatre par an[14]. L'amour ne s'achète pas, et un gros budget à lui seul ne vous permettra pas d'inventer le prochain Viagra. En fait, le *premier* Viagra lui-même ne doit rien au budget de R&D de Pfizer. Les vertus de ce nouveau médicament ont été découvertes par hasard par un certain nombre de patients – uniquement des hommes – qui participaient à un essai cliniquc sur une maladie cardiaque et ont fait état d'un effet secondaire singulier, mais pas désagréable. Ainsi a vu le jour une industrie qui a rapporté des milliards de dollars.

Passons aux portefeuilles de brevets. La recherche montre que les brevets eux-mêmes sont sans incidence sur les revenus d'une société : seuls 5 à 10 % des brevets sont en adéquation avec le marché, et ils ne sont que 1 % à rapporter effectivement des bénéfices[15]. S'agissant des brevets, ce qui compte en réalité – aussi curieux que cela puisse paraître –, c'est le nombre de fois où ils sont cités par autrui. Le fait de posséder un portefeuille de brevets *fréquemment cités* entretient effectivement un lien avec les ventes de produits innovants[16]. On peut présenter les choses ainsi : un brevet, c'est comme une passe de basket. En soi, elle n'aide pas votre équipe à gagner. Mais un brevet précieux pour d'autres – ce que révèle le nombre de citations dont il fait l'objet – est comme une passe qui conduit à un panier. Ces passes-là ont un effet direct sur la victoire éventuelle de votre équipe. La logique qui sous-tend cette réalité est toute simple : seuls les brevets d'une entreprise cités dans les dépôts de brevet d'*autres* entreprises présentent une valeur commerciale aux yeux de celles-ci, et inversement ; si un brevet n'est jamais cité par d'autres entreprises, il est peut-être fascinant pour la science, mais il ne présente aucune valeur commerciale. Toutefois, si la NBA, l'association américaine de basket, surveille de près les passes décisives des joueurs, peu d'entreprises mesurent le taux de citation de leur portefeuille de brevets, préférant se vanter de la grosseur du portefeuille lui-même. C'est comme si Tony Parker, le meneur de jeu français légendaire de la NBA, se glorifiait du nombre de passes qu'il a faites la veille au soir. À la fin des années 1990, IBM se faisait ainsi gloire de posséder le plus gros portefeuille de brevets du monde. Mais, mesurés au nombre de citations, ses effets sur les profits enregistrés étaient inférieurs à ceux de start-up dont Cisco avait fait l'acquisition, et même d'une entreprise plus modeste encore comme Micron Technology[17].

Les spécialistes de R&D jouent un rôle important, c'est indéniable, mais organiser leurs activités au sein de vastes bureaucraties souvent isolées du reste de l'entreprise, leur accorder de gros budgets et espérer que cela donnera naissance à des innovations lucratives à des coûts compétitifs ne s'est pas révélé un franc succès. Il y a vingt ans, Richard Florida et Martin Kenney, auteurs de *The Breakthrough Illusion : Corporate America's Failure to Move from Innovation to Mass Production*, se sont demandé pourquoi les Japonais s'en sortaient manifestement mieux que les Américains pour faire en sorte que les recherches scientifiques aboutissent à la création de nouveaux produits rentables et innovants. Leur conclusion : aux États-Unis, les « chercheurs en col blanc » se montraient « arrogants à l'égard des ouvriers de base ». Aussi « la plupart des laboratoires de R&D des entreprises [américaines] conservent-ils un modèle d'organisation spécialisé, de type chaîne de montage », qui les rend sourds et aveugles aux idées qui n'émanent pas de la « bonne » source[18].

En résumé, à part un programme de R&D coûteux – et bureaucratique – et un gros portefeuille de brevets, la plupart des entreprises traditionnelles n'ont pas grand-chose à présenter en termes d'innovation réelle. Même dans des sociétés comme Intel ou Accenture – un cabinet de conseil –, il faut un sacré cran à un employé pour essayer d'imposer ses idées si elles n'entrent pas dans le cadre du petit nombre de projets de R&D officiellement approuvés.

Jay Hedley, un consultant d'Accenture, a eu une idée géniale, susceptible de faire gagner à son entreprise des dizaines de millions de dollars et d'apporter peut-être des bénéfices encore bien plus considérables à l'économie américaine[19]. Il avait conçu – et finirait par breveter – un système électronique de péage pour les voitures circulant à grande vitesse sur autoroute qui n'exigeait pas l'installation d'un badge à l'intérieur du véhicule. Pourtant, à chaque étape de ce projet ou presque, ses demandes de soutien ont été freinées ou rejetées. Sans sa ténacité – il est pilote de réserve de l'US Air Force et a fait des périodes en Afghanistan –, son humour et ses excellentes relations avec de nombreuses assistantes de direction, son idée n'aurait jamais été mise au banc d'essai. Mais quand enfin, par chance et grâce aux bons offices de ces précieuses assistantes, il a pu la lancer et qu'un dirigeant de l'entreprise en a entendu parler – par hasard, dans un bar, devant un verre de bière –, elle a été bombardée « innovation de l'année » chez Accenture. Hedley est devenu le héros de l'innovation dans l'entreprise – et tous les obstacles officiels qu'il avait affrontés auparavant ont été oubliés ou balayés.

Organisées autour de structures qui disent aux salariés comment faire leur travail et qui les contrôlent pendant qu'ils le font, les entreprises « comment » sont des environnements fondamentalement hostiles aux idées des salariés de base – c'est-à-dire de la grande majorité de leur personnel. L'un des premiers directeurs à qui Hedley avait présenté son idée l'avait envoyé promener en ces termes : « Vous êtes censé couper du bois. Vous nous direz plus tard où est le bois. »

Comme nous l'a confié Gordon Forward – titulaire d'un doctorat du MIT et qui a travaillé dans la recherche et le développement avant de prendre la direction de Chaparral Steel, « de bonnes idées meurent tous les jours[20] » dans les entreprises fidèles au modèle commandement-et-contrôle. Quand on leur a demandé si leur poste actuel leur permettait d'« exprimer leurs idées les plus créatives », seuls 17 % des employés « non engagés » et 3 % des « activement désengagés » ont répondu par l'affirmative[21]. Rappelez-vous qu'ensemble ces deux groupes de salariés représentent 70 % de la main-d'œuvre américaine[22]. Comment s'étonner que, malgré l'immense réservoir de talents dont elles disposent, de nombreuses entreprises traditionnelles soient obligées de compter sur des « héros » de l'innovation ou sur des programmes spéciaux et des stages de « créativité » pour que les bonnes idées soient entendues et transformées en produits et services innovants ? Quand les structures mêmes d'une entreprise annoncent clairement à la grande majorité des salariés que leurs idées n'ont aucune importance – qu'ils sont là pour « couper du bois » –, il ne faut pas s'étonner de devoir recourir à des mesures extraordinaires « pour trouver où est le bois ». Certaines entreprises ne cherchent même pas à le faire, préférant acheter leurs idées à de petites sociétés innovantes – un comportement à l'origine de la stratégie bien trop courante de la croissance par acquisition.

Les entreprises libérées comme Gore ont compris de longue date les limites d'une approche fermée et élitiste de l'innovation. Au lieu d'en faire la chasse gardée d'unités internes chargées d'un nombre limité de projets de R&D approuvés au plus haut niveau, elles encouragent l'innovation tous azimuts. D'où un flot constant de projets de type Skunk Works* et d'expériences à faible coût, dont

* Nom donné à l'origine, pendant la Seconde Guerre mondiale, à la division de recherche et développement de Lockheed. Cette expression en est

certains résultats, comme les cordes de guitare Elixir ou le fil dentaire Glide de Gore, ont fini par devenir des leaders du marché.

Sur le modèle d'Elixir, Glide a été lancé par une opération de « guérilla marketing ». Les associés de Gore étaient convaincus du potentiel du fil dentaire fabriqué à partir de PTFE, mais ignoraient tout de la commercialisation de ce produit. Ils n'ont donc pas cherché à le vendre. Ils ont préféré l'offrir – à des dentistes. Les patients l'ont tellement apprécié qu'ils ont demandé à leur dentiste de leur en fournir d'autre pour leur famille et leurs amis. Lorsque Gore a persuadé quelques pharmacies de commercialiser cet article, elles ont été dévalisées. Nous parlons bien de fil dentaire.

Peu d'entreprises « comment » peuvent se flatter d'avoir une croissance organique alimentée par une capacité d'innovation aussi remarquable que Gore. Certaines, comme Hewlett-Packard, Sony, Samsung ou Procter & Gamble, ont connu de longues périodes d'innovation, mais elles se comptent sur les doigts d'une main. Si elles étaient plus nombreuses, on ne nous serinerait pas les noms de 3M et d'Apple chaque fois qu'il est question d'innovation et de croissance organique.

Néanmoins, si la bureaucratie ne produit pas une grande masse d'innovation et de croissance organique, peut-être est-elle en revanche excellente en matière de contrôle des coûts. Après tout, c'est une question dont la plupart des entreprises « comment » se préoccupent beaucoup. Des vagues successives de rationalisation – allant du *delayering* (la suppression d'échelons hiérarchiques intermédiaires) et de la restructuration au *reengineering* (la réorganisation des processus pour en optimiser l'efficacité) et à l'externalisation – ont régulièrement dégraissé les entreprises – provoquant parfois, non sans quelque ironie, le licenciement économique de ceux-là mêmes qui avaient conçu

venue à désigner, au sein d'une entreprise, un groupe bénéficiant d'une importante autonomie et d'une absence totale de contraintes pour travailler sur des projets novateurs. (N.d.T.)

et supervisé initialement la myriade de procédures et de niveaux de contrôle. Il serait facile d'admettre que les entreprises bureaucratiques traditionnelles enregistrent de bons résultats – appréciés à Wall Street – dans le domaine du contrôle des coûts, mais il faudrait pour cela s'en tenir aux coûts mesurés par des comptables et des analystes boursiers. Or l'histoire ne s'arrête pas là. Il y a d'autres coûts, que l'on préfère escamoter. Bienvenue dans l'univers des coûts escamotés – bienvenue dans un monde souterrain.

Les coûts dont votre comptable ne vous parle pas

Toutes les entreprises « comment » doivent faire face à un coût qui n'apparaît jamais dans les comptes : le coût de tout ce qui n'est pas réalisé à cause des effets étouffants de la « chaîne des comment » dont parle Zobrist. Ces coûts impossibles à comptabiliser – les bénéfices dont on s'est privé, les occasions manquées, l'inefficacité rampante – constituent le tribut *réel* que les structures « comment » prélèvent sur une entreprise.

Le plus important de ces coûts invisibles relève de ce que nous pourrions appeler la faible « capacité d'exécution » d'une entreprise où l'impulsion vient du sommet. Qu'ils exécutent une tâche ordinaire ou travaillent sur une importante initiative de l'entreprise, les salariés qui ne sont pas engagés – et plus encore ceux qui sont *activement* désengagés – ne consentiront jamais l'effort supplémentaire si souvent indispensable pour respecter les délais, éviter les pénalités ou la perte d'un client.

« La culture se nourrit de stratégie au petit déjeuner », proclamait une banderole accrochée dans le « centre opérationnel » de la Ford Motor Company, le local dans lequel cette entreprise réfléchissait à un ambitieux changement de stratégie pour éviter la faillite qui la menaçait en 2005. Et, pour ceux qui n'auraient pas compris, Mark Fields, le patron de ce projet, ajoutait : « Vous pouvez avoir le meilleur plan du monde, si la culture ne le laisse pas se réaliser, il avortera[23]. » Évidemment, les entreprises peuvent employer – et beaucoup le font – des outils de coercition, ou de « corruption », pour inciter leurs salariés à exécuter les ordres, mais l'histoire regorge de récits sur la façon désastreuse dont ces salariés ont accompli la tâche qui leur était confiée.

Par sa nature même, le coût exact des possibilités manquées à cause du désengagement des salariés est difficile à mesurer directement. Mais il existe des méthodes indirectes pour quantifier les pertes. Une analyse intersectorielle a ainsi révélé que 73 % des clients qui abandonnaient une entreprise le faisaient à cause de l'indifférence ou de la mauvaise humeur des employés du service clientèle[24]. Et une étude réalisée en 2001 sur les fusions et acquisitions a montré que, loin de provoquer l'augmentation des profits et la réduction des coûts recherchées par la plupart de ces opérations, « 83 % de la totalité des fusions et acquisitions ne se sont traduites par aucun bénéfice pour les actionnaires ; pis encore, plus de la moitié ont en réalité détruit de la valeur » en raison d'une culture d'exécution médiocre[25]. Enfin, une vaste étude consacrée aux dix plus grandes puissances économiques du monde a comparé des entreprises dotées d'un *fort* engagement des salariés à des établissements où cet engagement était *faible*. Elle a révélé que, sur une période de trois ans, le premier groupe a vu sa marge d'exploitation *augmenter* de 3,74 % et son bénéfice net de 2,06 % en moyenne. Dans le second, ces indices ont *baissé* respectivement de 2,01 % et 1,38 %[26]. Ces différences ne sont pas négligeables. Mais elles ne suffisent pas à rendre compte de toutes les conséquences du désengagement des employés en termes de perte de revenus et d'accroissement des coûts. On peut évidemment estimer que c'est le prix à payer pour faire des affaires, un peu comme les accidents inévitables quand on possède une flotte de véhicules d'entreprise. Cette interprétation serait plus facile à admettre si nous ignorions tout des coûts d'un phénomène essentiel lié au désengagement. Pour l'aborder, nous allons devoir entreprendre une petite incursion du côté de la psychiatrie.

Combien vous coûte votre personnel stressé – en plus de son salaire

Le stress au travail est devenu un lieu commun. Mais les chiffres confirment-ils cette prévalence ? Malheureusement, oui[27]. Selon l'Institut national chargé de la sécurité et de la santé professionnelles, le stress affecte 40 % de la main-d'œuvre américaine et représente la principale cause d'incapacités de travail des salariés. Nous décrirons un peu plus loin les sources du stress au travail, mais une chose est sûre : la majorité de ses symptômes sont extrêmement désagréables et nous incitent à réagir instinctivement par la fuite ou la lutte.

Nous cherchons à fuir les individus et les situations qui nous stressent, d'où l'absentéisme et la baisse de productivité. Nous nous défendons en luttant (pas physiquement, le plus souvent, il est vrai) contre les causes de stress que nous identifions – qu'il s'agisse de nos collègues, de nos patrons, voire de l'entreprise tout entière. C'est ce que font les 18 % des salariés *activement* désengagés de Gallup. Cette attitude entraîne, elle aussi, une perte de productivité – 328 milliards de dollars par an pour l'ensemble de l'économie américaine, selon l'estimation de Gallup[28]. Et quand nous sommes dans l'incapacité de fuir *ou* de riposter concrètement, il nous reste la solution qui consiste à nous « évader » en fumant, en buvant de façon excessive ou même en nous droguant. L'ensemble de ces comportements de fuite et de lutte s'accompagnent de réactions biologiques conditionnées par l'évolution de notre espèce : augmentation de la sécrétion d'adrénaline, de la pression sanguine et du rythme cardiaque. Cependant, alors que ces trois phénomènes peuvent être momentanément d'un précieux secours si vous vous trouvez face à un tigre à dents de sabre, ils sont préjudiciables à votre santé s'ils deviennent vos compagnons réguliers. C'est ainsi que le stress au travail, et il ne faut pas s'en étonner, est reconnu aujourd'hui comme une cause déterminante de 75 à 90 % des consultations de généralistes.

Et plus ces réactions au stress se prolongent, plus notre santé en pâtit.

À brève échéance, le stress au travail provoque des « maladies de la modernité » banales – problèmes gastriques, douleurs dorsales, troubles musculo-squelettiques, céphalées, problèmes dermatologiques, insomnies et asthénie, auxquels on peut ajouter la détresse émotionnelle. Parce qu'il affaiblit notre système immunitaire, le stress nous rend même plus vulnérable aux rhumes. Et s'il persiste sur une période prolongée, les problèmes deviennent moins bénins et conduisent souvent à des maladies cardiaques.

La conclusion n'est pas gaie : les problèmes liés au stress ne sont pas seulement coûteux – même si aujourd'hui ils sont généralement masqués par les systèmes de comptabilité traditionnels –, ils entraînent également des souffrances humaines parfaitement évitables. Mais quelles sont exactement les causes du stress au travail ?

Plusieurs décennies de recherches en psychologie nous ont permis de bien cerner le mécanisme. Tout commence par des événements et des situations qui nous paraissent menaçants, physiquement ou psychiquement. Les psychologues parlent de « facteurs de stress ». On peut évoquer l'augmentation de la charge de travail ou des exigences imposées, ou encore le doute sur ce qu'on attend exactement de vous. Les facteurs de stress comprennent également toutes les contraintes et tous les conflits interpersonnels qui empêchent les salariés de faire du bon travail. Il est à craindre que le lecteur en reconnaisse plusieurs dans la liste suivante :

– Quelqu'un s'est immiscé dans votre travail.
– D'autres ont mis la main sur des ressources ou des informations dont vous avez besoin pour votre travail.
– Quelqu'un s'est attribué le mérite de votre travail.
– Quelqu'un s'est livré à un commentaire négatif sur votre intelligence ou vos compétences.
– Vous avez été la cible de rumeurs ou de médisances.
– Vous avez été exclu d'un événement social ou lié au travail.

– On vous a mis en quarantaine.
– On ne vous a pas prévenu de dangers imminents.
– On vous a refusé une augmentation ou une promotion sans raison valable[29].

Tous les facteurs de stress, grands ou petits, provoquent des réactions émotionnelles négatives, le plus souvent la colère ou l'angoisse. À partir de là, les symptômes s'aggravent. Dans certains cas, il est vrai, le stress inspire des initiatives constructives – aller demander l'information dont on a besoin à quelqu'un d'autre, par exemple. Mais, le plus souvent, la réaction est destructrice : la fuite ou la lutte. Et elle s'accompagne de tous ces « mauvais » compagnons que sont la poussée d'adrénaline, l'hypertension, l'accélération du rythme cardiaque – avec les problèmes de santé qui en résultent. Dans certaines cultures d'entreprise, on n'hésite pas à déprécier ceux qui réagissent mal à ce que d'aucuns considèrent comme un stress « ordinaire ». On a grand tort : la recherche a montré que les incidents professionnels générateurs de stress nous sont encore plus préjudiciables que la plupart des facteurs de stress de notre vie personnelle.

Bien. Quelles sont donc les conséquences économiques du stress ? À en croire certaines enquêtes, l'absentéisme, la perte de productivité et les dépenses de santé liés au stress coûtent aux entreprises américaines entre 150 et 300 milliards de dollars par an. Et les coûts cachés ? Selon le Bureau américain des statistiques du travail, le coût annuel du stress s'élève à 10 000 dollars par salarié.

Heureusement, s'agissant du stress au travail, il existe un facteur d'amélioration potentielle de première importance : le sentiment du salarié de pouvoir exercer un contrôle sur son travail. Pour commencer, quand un individu a l'impression de jouir d'un degré de contrôle important sur un événement ou une situation, il le juge moins stressant, et peut même y voir un défi. En règle générale, les pilotes de chasse ne disent pas de leurs missions, même au combat, qu'elles sont stressantes – parce qu'ils exercent un contrôle intégral sur elles. En fait, les vols d'entraînement peuvent être plus stressants que les missions proprement dites, parce que les pilotes qui s'entraînent ne maîtrisent pas entièrement leurs appareils ou les opérations à effectuer. Ensuite, l'impression de contrôle minimise la « réaction émotionnelle » d'un individu à l'égard du facteur de stress. Par exemple, face à un afflux soudain de clients, une vendeuse qui a l'impression de bien contrôler son travail aura confiance en elle ; elle se dira qu'elle va trouver le moyen de s'adapter et de gérer cette charge supplémentaire. De sorte que ses émotions, au lieu de devenir négatives, peuvent même lui inspirer une impression positive de défi à relever. Enfin, une forte perception de contrôle peut inciter à chercher des réponses constructives à un événement stressant.

Pourquoi est-ce important ? Parce que la réaction d'un individu qui n'exerce qu'un faible contrôle sur son travail est toute différente. Convaincu de ne pas pouvoir changer sa façon de travailler, il s'engagera dans les actions destructrices que sont la fuite ou la lutte pour réduire sa souffrance psychologique et se sentir mieux. Trois psychologues, Hans Bosma, Stephen Stansfeld et Michael Marmot, ont passé cinq ans à étudier les niveaux de stress de plus de dix mille fonctionnaires britanniques. Et ils ont découvert que les hommes qui *ont l'impression* – à tort ou à raison – d'exercer peu de contrôle sur leur emploi ont 50 % de risques en plus de souffrir de troubles cardiaques que ceux qui ont l'impression de contrôler leur travail. Pour les femmes, c'est encore plus flagrant : le risque est 100 % plus élevé, sans doute parce qu'elles travaillent souvent à des postes où elles exercent encore moins de contrôle que les hommes sur leur travail. Bosma et ses collègues suggèrent que ce contrôle et cette liberté de choix pourraient être un besoin humain universel. Mais ils vont encore plus loin :

> Surtout dans les entreprises bureaucratiques, ce besoin peut ne pas être satisfait pour ceux qui occupent les échelons inférieurs de la hiérarchie. […] Dans ces organisations fortement régulées, le contrôle est particulièrement utile parce que ceux qui l'exercent peuvent sans doute échapper plus facilement aux procédures bureaucratiques et connaissent plus souvent

les règles manifestes et latentes concernant la distribution des récompenses[30].

C'est une façon d'échapper au stress et à ses conséquences – une solution qui n'est disponible, bien sûr, que pour une minorité, les supérieurs hiérarchiques. Mais il existe une autre façon, beaucoup plus spectaculaire, de réduire les coûts cachés liés au stress – une solution disponible pour tous. Accordez aux salariés un contrôle réel – et perçu – sur leur travail, cessez de leur dire comment faire leur boulot, et le stress baissera. L'absentéisme diminuera, les coûts cachés diminueront aussi. L'engagement augmentera. Tout cela, évidemment, est difficile à accomplir dans les entreprises « comment ». Ainsi que nous le verrons plus loin, le sentiment d'autocontrôle est la clé de l'environnement libre que les leaders convaincus des bienfaits de la liberté cherchent à mettre en place. Les bonnes nouvelles ne s'arrêtent pas là : accorder la liberté d'action aux salariés ne supprime pas seulement de nombreux coûts cachés – cela développe spectaculairement la capacité d'innovation et la croissance organique de l'entreprise, comme nous l'avons observé chez Gore.

En résumé, bien que les entreprises « comment » traditionnelles soient omniprésentes et que certaines enregistrent une croissance organique et des marges correctes, leurs résultats pourraient être meilleurs – ils pourraient être *excellents*. Ce qui empêche qu'ils le soient, ce sont les fameux 97 %, dont beaucoup sont désengagés, stressés, malades, voire absents. Ce préjudice n'apparaît pas dans la comptabilité officielle, mais il se dissimule dans les coûts de la rotation du personnel, du stress au travail et des relations conflictuelles avec la main-d'œuvre. Il apparaît aussi à travers l'absence d'innovation et une croissance organique à peine perceptible. Dans le basket professionnel, une équipe dont les joueurs sont en retard ou absents à des séances d'entraînement, voire aux matches, se critiquent mutuellement et se disputent avec l'encadrement ne peut pas rêver d'aller bien loin dans le championnat. Dans ce monde-là, les équipes ne peuvent pas dissimuler leurs problèmes, car les effets sur les résultats apparaissent au grand jour dès le match suivant. Dans le monde de l'entreprise, en revanche, de nombreuses sociétés réussissent à dissimuler durablement leurs échecs aux yeux du public. Mais la comptabilité officielle elle-même est incapable de masquer éternellement ces coûts – voyez ce qui est arrivé aux grandes compagnies aériennes traditionnelles (American, Delta, United) ou aux « trois de Detroit » (GM, Ford et Chrysler).

Nous allons à présent voir quand ces entreprises « comment » sont apparues et pourquoi – malgré toutes les contre-performances et les coûts cachés – la plupart des sociétés restent fidèles à ce mode d'organisation. Nous découvrirons ensuite s'il est possible pour une entreprise « comment » de changer de culture.

3

Des artisans aux automates

Les origines de la culture du « comment »

La méthode bureaucratique de gestion d'une entreprise – la méthode du « comment » – nous semble parfaitement naturelle aujourd'hui. Cela n'a pas toujours été le cas. Elle a vu le jour pendant la révolution industrielle pour faire face à deux problèmes bien précis. Primo, on s'était rendu compte qu'il fallait imposer, dans le nouvel univers de la manufacture, une discipline plus stricte à des artisans habitués à respecter leurs propres horaires et à travailler selon leur propre rythme. Secundo, il fallait obtenir une production homogène et fiable des travailleurs ruraux pour la plupart illettrés embauchés massivement dans les usines à la fin du XVIIIe et au début du XIXe siècle.

C'est à Birmingham, ville située dans les Midlands britanniques, que cette mutation a été la plus flagrante. En 1776, la guerre qui se déroulait dans de lointaines colonies était le dernier des soucis des habitants de la « ville aux mille métiers » – comme on l'appelait alors. Birmingham vivait une révolution d'un autre genre : une révolution économique. Depuis 1769 et l'ouverture du canal construit par James Brindley pour la relier à Wolverhampton, elle était en plein essor[1]. Du jour au lendemain, ce canal l'avait transformée en port intérieur, et l'incomparable supériorité des transports fluviaux sur les transports routiers avait eu des conséquences spectaculaires. Le prix du charbon avait baissé de moitié. La farine et le pain étaient bien meilleur marché, eux aussi, grâce à la fin du monopole local sur les céréales. Les matières premières arrivaient en abondance d'autres régions.

Depuis 1774, l'usine de Matthew Boulton, un entrepreneur local, tournait à plein régime pour fabriquer un unique produit révolutionnaire : la machine à vapeur de James Watt. Celui-ci avait breveté sa machine en 1769 mais, après l'échec d'un premier projet, c'est Boulton qui avait assuré son succès commercial. La première génération de machines à vapeur avait été utilisée principalement pour pomper l'eau des mines de charbon. Mais la nouvelle machine de Watt, quatre fois plus efficace que les modèles précédents, pouvait commodément alimenter en énergie les filatures de coton tout comme les moulins à blé et à malt, qui avaient dû jusque-là employer des roues hydrauliques – ou la force des chevaux[2]. Il existait depuis 1704 environ des machines à vapeur alimentées au charbon, mais elles avaient mis du temps à s'imposer. L'amélioration apportée par Watt à la vieille machine de Thomas Newcomen était en passe de transformer des secteurs industriels entiers.

Une industrie en particulier avait bénéficié du double avantage de cette nouvelle source d'énergie et de l'ouverture du canal : la céramique. Josiah Wedgwood s'est fait un nom parmi les fabricants de céramique en raison tant du talent avec lequel il a su tirer parti de l'industrialisation que de ses contributions économiques et sociales. Sans avoir suivi de véritable formation scientifique, il n'en a pas moins apporté à la production de céramique de nombreux perfectionnements permettant une production de masse de *greenware* et de *jasperware** de grande qualité. Farouche partisan des canaux – certains allèrent jusqu'à le surnommer le « roi des canaux »[3] –, Wedgwood avait parfaitement compris que ceux-ci réduiraient le coût de ses achats d'argile tout en assurant à ses produits finis un système de livraison beaucoup plus sûr, limitant la casse fréquente due aux routes cahoteuses et défoncées. Il ne se

* Il s'agit de porcelaine non émaillée, le plus souvent bleue (le *jasperware* traditionnel), parfois verte (le *greenware*), avec un décor blanc en relief représentant des scènes inspirées de l'Antiquité. (N.d.T.)

trompait pas : l'achèvement du canal Birmingham-Wolverhampton lui permettrait de diminuer de 80 % ses frais de transport dans un sens comme dans l'autre. Wedgwood discuta même avec Boulton de la construction de bateaux à vapeur qui circuleraient sur les canaux, une innovation incroyable pour l'époque.

C'était le genre de réflexion visionnaire qu'encourageait la Lunar Society, dont Wedgwood et Boulton étaient membres. Fondé dans les années 1750, ce cercle se réunissait régulièrement – les soirs de pleine lune exclusivement afin que ses membres puissent retrouver leur chemin dans le noir – pour évoquer de nouveaux projets et échanger des idées, souvent étonnantes, en rapport avec les changements industriels et économiques de leur temps. Peut-être est-ce à la suite d'une de ces discussions que Wedgwood décida de ne plus se contenter d'essayer d'améliorer les méthodes de production et de se lancer dans la transformation des conditions de travail elles-mêmes. Toujours est-il qu'il mit en œuvre un système d'organisation qu'Adam Smith baptiserait en 1776 « division du travail ». Chaque ouvrier suivait une formation très précise afin de pouvoir répondre à la « demande croissante de nouvelles formes, de nouveaux émaux et de nouvelles argiles ». La fabrication des articles d'usage courant n'était pas confiée aux mêmes ouvriers que celle des objets décoratifs. Cette rationalisation était si poussée que, à l'usine Etruria – construite en 1769 sur un canal que Wedgwood avait contribué à tracer et sur un site qu'il avait baptisé en hommage aux traditions de poterie grecques et étrusques de l'Antiquité –, seuls cinq de ses deux cent soixante-dix-huit ouvriers n'étaient pas affectés à une tâche spécifique[4].

Cependant, « visant l'économie de main-d'œuvre la plus rigoureuse », Wedgwood ne s'arrêta pas là dans sa recherche d'efficacité. Il nomma des contremaîtres chargés de surveiller les ouvriers ordinaires pour maximiser la production. Les horaires de travail relativement souples hérités de la tradition artisanale furent supprimés et remplacés par des emplois du temps réguliers et obligatoires. Wedgwood fit preuve d'une telle opiniâtreté dans sa quête d'efficacité qu'il alla jusqu'à installer une pointeuse. Son entreprise prospéra. Les clients et les commandes affluaient ; la reine Charlotte fit de Wedgwood le fournisseur de la couronne, tandis que Catherine II, impératrice de Russie, lui passa commande de 952 pièces en 1774. Sa richesse suivit la même ascension – à sa mort, Wedgwood laissait derrière lui une fortune de 500 000 livres sterling (l'équivalent approximatif de 100 millions de dollars actuels), une entreprise florissante et une fille, Susannah, mère du futur Charles Darwin.

Les industriels britanniques tirèrent largement avantage de la révolution industrielle qui s'opéra dans les Midlands, en Écosse et dans d'autres régions des îles Britanniques. Au cours de cette période, la croissance économique fut telle que, bien que l'indépendance américaine eût fait perdre à l'industrie anglaise la moitié de ses débouchés à l'exportation, la demande intérieure croissante compensa rapidement ce déclin. Pourtant, tous les acteurs de cette révolution n'en bénéficièrent pas à parts égales.

En 1795, un ecclésiastique local commémora la mort de Wedgwood en rédigeant le poème suivant :

> Voici le vrai patriote, dont les grilles chaque jour
> S'ouvrent sur un flot d'ouvriers débordants de santé,
> Dont l'étranger s'arrache les raretés, dans toutes les cours
> Et par ses louanges augmente de sa terre natale la prospérité.
> Voyez son Etruria, jadis une friche déserte,
> Aujourd'hui fleuron de la culture, décoré d'une main experte[5].

Contrairement à la majorité de leurs pairs, les ouvriers de Wedgwood disposaient effectivement de logements décents sur ce site idyllique. Cette nouvelle organisation du travail créa des conditions de vie très différentes de celles que connaissaient les artisans un quart de siècle auparavant. Nous ne nous attarderons pas sur l'exploitation abjecte dont les enfants faisaient l'objet ni sur l'atterrante misère dans laquelle vivaient la plupart ; la situation actuelle des pauvres dans les pays du tiers-monde est assez proche de celle qui régnait alors dans une grande partie des pays occidentaux. Mais comment les ouvriers se sentaient-ils, même dans les rares entreprises qui n'employaient pas d'enfants et assuraient des salaires corrects, un logement et même des services médicaux ?

Selon Richard Weaver, philosophe à l'université de Chicago et auteur de *Ideas Have Consequences*, le choc fut rude[6]. Pour la première fois de leur vie – et de celle de leurs parents et grands-parents –, ils étaient dans l'incapacité de voir et de contrôler le résultat final de leur travail. Autrefois, c'était le paysan lui-même qui déterminait ce qu'il lui fallait pour rentrer les récoltes et mener son ouvrage à bonne fin. Les artisans – qui avaient acquis leurs compétences grâce à de longues années d'apprentissage – étaient libres de choisir leurs méthodes de travail pour fabriquer un produit parfait. Désormais, l'ouvrier d'usine ne pouvait pas suivre sa tâche jusqu'à son aboutissement, et on ne lui demandait pas de le faire. Il ne pouvait pas le faire parce que son rôle se limitait à exécuter une fraction bien précise du processus de production. On ne lui demandait pas de le faire parce qu'il existait des procédures – et des contremaîtres chargés de veiller à leur application – définissant la façon dont le travail devait être exécuté. Tout ce qu'on exigeait de lui, c'était qu'il arrive à l'heure dite et accomplisse des opérations spécifiques pendant un nombre défini d'heures – de longues heures –, avant de rentrer chez lui. Dans ses efforts pour venir à bout d'une indépendance séculaire, la principale difficulté de Wedgwood ne fut pas de former ses ouvriers à accomplir ce travail répétitif, mais de les empêcher de flâner, de prendre des « congés » non autorisés et même de boire au travail[7]. La nouvelle division du travail, décrite par Adam Smith dans *La Richesse des nations*, présentait de grands avantages en matière de productivité. Mais elle s'accompagnait d'un coût plus difficile à mesurer que la production d'un nombre donné d'épingles par heure. Ne pouvant plus contrôler son travail ni l'objectif de celui-ci, l'ouvrier ne pouvait que perdre tout intérêt pour le résultat final et tout respect pour les procédures. Ce qui, à son tour, a entraîné une surveillance plus étroite des contremaîtres, l'introduction de pointeuses et d'autres mécanismes de contrôle. Résultat : un désengagement encore plus grand de l'ouvrier à l'égard de l'objectif de son travail. Les germes de la bureaucratie « comment » étaient plantés.

Au cours des deux derniers siècles, ces instruments de contrôle ont été adaptés, ajustés, actualisés. Mais s'il revenait aujourd'hui, Wedgwood en reconnaîtrait encore la forme essentielle et les hypothèses sous-jacentes. En fait, il se sentirait tout à fait chez lui dans certaines usines de l'Angleterre actuelle. Située à quatre-vingt-dix kilomètres au sud-est de Birmingham, Northampton ressemble aux yeux de tout un chacun à bien des villes industrielles anglaises du XIXe siècle. Mais, chose plus importante, elle ne se trouve qu'à une centaine de kilomètres de Londres, principal débouché de son industrie traditionnelle – la chaussure. Les liens de Northampton avec la cordonnerie sont antérieurs à l'industrialisation : ses artisans fabriquaient déjà les chaussures de l'armée d'Oliver Cromwell au XVIIe siècle. La légende locale veut que Cromwell ait remercié les cordonniers de Northampton pour tous ces souliers en ne réglant jamais la facture. Au début du XIXe siècle, plus du tiers des hommes de la ville travaillaient comme cordonniers – nom que l'on donnait alors à ceux qui *fabriquaient* les souliers, à la différence des savetiers, qui les *réparaient*. En ce temps-là, les artisans cordonniers travaillaient encore chez eux, même s'ils étaient employés par une entreprise plus importante. Mais, au début des années 1850, la fabrication des chaussures s'est industrialisée. À la fin du XIXe siècle, elle donnait du travail à la moitié des ouvriers de la ville[8]. La tradition de la chaussure n'a pas disparu de Northampton ; si vous avez le bonheur de posséder une paire de chaussures d'homme « made in England » dont le modèle et la taille sont encore inscrits à la main à l'intérieur, il y a de fortes chances qu'elles aient été fabriquées à Northampton.

En 2008, nous avons visité une de ces usines, située dans un bâtiment de briques rouges du XIXe siècle qui donne l'impression de n'avoir pas beaucoup changé depuis sa construction. D'ailleurs, le temps semble n'avoir guère eu de prise non plus sur la gestion de l'entreprise et de son activité. Plus d'une centaine d'étapes sont toujours nécessaires pour confectionner une paire de souliers, chaque opération étant réalisée à la main avec l'aide de machines rudimentaires. C'est tout ce travail manuel qui fait la qualité supérieure du produit fini. Mais en suivant pas à pas le processus de fabrication, depuis le découpage du cuir avec des couteaux spéciaux jusqu'au cirage et au lustrage manuels des chaussures terminées, nous avons relevé une similitude frappante avec l'organisation industrielle du XIXe siècle. Chaque ouvrier était affecté à un poste de travail bien défini et répétait toute la journée la même opération, jour après jour, dans un atelier archaïque, bruyant et plutôt sale. Ces ouvriers hautement qualifiés, chargés de fabriquer des chaussures d'homme qui sont reconnues comme faisant partie des meilleures au monde, avaient l'air maussade et déprimé. Beaucoup souffraient de surcharge pondérale. Les seuls ouvriers enthousiastes que nous avons rencontrés étaient une nouvelle recrue qui avait demandé à être formée à plusieurs postes pour pouvoir en changer régulièrement et échapper ainsi à la monotonie, et deux cireurs qui – malgré l'inconfort – étaient assis l'un à côté de l'autre et passaient leur temps à bavarder.

Le patron de cette usine, qui la dirige pour une société internationale désormais propriétaire de l'entreprise, s'est dit parfaitement conscient de la situation. Il n'ignorait pas l'existence de machines sophistiquées susceptibles de remplacer son équipement vétuste – pour lequel on ne peut plus se procurer de pièces détachées parce que plus personne ne les produit. Il connaissait toutes les méthodes modernes de fabrication, de *lean production* et d'amélioration continue, des méthodes appliquées, par exemple, une centaine de kilomètres plus au nord, dans l'usine Toyota de Burnaston. Mais il ne pouvait rien changer, nous a-t-il expliqué, parce qu'il était paralysé par l'opposition des cadres de la boîte et par la crainte d'interrompre la production, ne fût-ce qu'une journée.

Que ces raisons soient véridiques ou qu'elles ne soient que de simples prétextes pour justifier son indécision, le fait est qu'*exactement* le même type d'organisation que celle que Wedgwood et d'autres industriels britanniques ont élaborée au moment de la révolution industrielle se perpétue de nos jours dans certaines des entreprises qui fabriquent les meilleurs produits de leur secteur. Certes, de nombreuses autres entreprises ont adopté un équipement moderne, des ordinateurs et un environnement un peu plus propre. Mais le principe clé de l'organisation wedgwoodienne a survécu dans la plupart d'entre elles : on dit aux gens *comment* faire leur travail, on les contrôle et on les juge sur la façon dont ils obéissent aux ordres. Ces entreprises possèdent des structures destinées à étayer le système « commandement et contrôle » et l'inévitable « gestion pour les 3 % », dont l'objectif est de coincer ceux qui réussiraient à échapper aux contrôles. Elles favorisent ainsi le désengagement de leurs salariés et subissent les coûts cachés et la sous-performance qui les empêchent de jouer dans la cour des grands.

Mais si la culture du « comment » donne des résultats insatisfaisants pour l'entreprise et pour ses salariés, et puisque le monde de l'entreprise est impitoyable et peuplé de concurrents qui cherchent à vous doubler à la première occasion, par quel prodige une forme d'organisation aussi imparfaite a-t-elle pu se maintenir aussi longtemps ? Pourquoi la recherche des meilleures pratiques, à l'image de celles de Toyota, n'a-t-elle pas éliminé depuis belle lurette les excès introduits par des hommes comme Josiah Wedgwood ?

Le secret de longévité de la culture du « comment »

La célèbre expérience des cinq macaques et de la banane – dont l'authenticité est sujette à caution, nous sommes bien d'accord – offre peut-être une piste.

Les macaques sont dans une cage. Une banane est suspendue au plafond, accessible par quelques marches. Mais dès que le premier macaque fait mine de grimper pour l'attraper, l'expérimentateur l'asperge d'eau froide – éclaboussant en même temps tous les autres macaques. Il ne leur faut pas longtemps pour comprendre le message. Chercher à attraper la banane – et même laisser quelqu'un d'autre essayer – est une mauvaise idée. Une fois qu'ils ont appris la leçon, le chercheur remplace un des cinq macaques par un nouveau venu. Évidemment, le bleu repère la banane et se précipite vers les marches – pour se faire plaquer au sol par les quatre autres, qui ont de la mémoire et redoutent la douche. Intimidé, il renonce.

Dès que le nouveau venu a été initié, on fait sortir un autre vétéran et entrer un autre néophyte. Le processus se répète, le premier remplaçant participant au passage à tabac du nouveau sans même savoir pour quelle raison il faut l'empêcher de gravir les marches. Un par un, les macaques d'origine sont évacués, et chaque nouveau apprend la règle : « N'essaie pas d'attraper la banane. » À la fin de l'expérience, il n'y en a plus un seul qui ait fait l'expérience de la douche froide subie par le groupe de départ. Si les macaques pouvaient parler, ils expliqueraient sans doute qu'essayer d'attraper la banane est contraire à la politique de l'entreprise, ou diraient : « C'est comme ça que les choses se font par ici » – on pourrait parler de bureaucratie de singes.

Cette expérience a été décrite, moyennant d'infimes variantes, dans plusieurs centaines d'ouvrages et des milliers de communications. Elle est peut-être apocryphe. Mais que ces cinq macaques aient été un jour douchés ou non, les auditoires adorent cette histoire parce qu'ils reconnaissent immédiatement le phénomène qu'elle décrit.

En vérité, elle pourrait offrir une explication plausible à notre dilemme de tout à l'heure : comment une situation absurde et même nuisible peut persister aussi longtemps. Infliger une « douche froide » à ceux qui cherchent à faire preuve d'initiative peut avoir des effets durables. Les gens tirent les leçons du traitement déplaisant qu'a provoqué leur « erreur de la banane », et ils prennent des mesures énergiques pour empêcher les autres de suivre leur exemple. Voilà comment les cultures d'entreprise naissent, se perpétuent – et finissent par étouffer toute velléité de changement.

Beaucoup de salariés font quotidiennement l'expérience de ce renforcement négatif de la part des managers – une attitude qui décourage largement toute initiative.

Or, paradoxalement, une entreprise bien gérée devrait attendre de ses salariés qu'ils fassent preuve d'initiative pour conserver un client, résoudre un problème ou régler un conflit interne. Au sein d'un groupe, il peut suffire d'un individu qui aura subi un renforcement négatif alors qu'il cherchait à faire preuve d'initiative pour convaincre tous les autres qu'ils ont intérêt à s'en abstenir. Pis encore, cela les encourage à empêcher leurs semblables de commettre la même « erreur ». Voici un échantillon d'initiatives familières mais « erronées » qu'un salarié peut dissuader les autres de prendre :

– accepter de rembourser un client mécontent dès sa première réclamation (on est censé demander d'abord l'autorisation) ;
– partir sur-le-champ pour aller voir un client qui a un problème avec un produit de l'entreprise (même « erreur ») ;
– dépenser une petite somme sur ses propres deniers pour résoudre un problème et en demander le remboursement plus tard (même « erreur ») ;
– débattre d'un problème important en tête à tête avec tous les collègues concernés (on est censé rédiger une note et organiser une réunion) ;
– s'adresser directement au collègue concerné (au lieu de passer par la « voie hiérarchique ») ;
– communiquer publiquement les mauvaises nouvelles à tout le monde (les mauvaises nouvelles sont réservées à la direction) ou communiquer largement mais uniquement par oral (on est censé conserver une trace écrite de tout).

Évidemment, et c'est bien regrettable, votre propre vécu vous aura sûrement mis en présence de certaines de ces transgressions, et sans doute pourriez-vous vous-même en ajouter quelques-unes à la liste. Pour le salarié échaudé, obtenir les autorisations requises, conserver une trace écrite des discussions en interne, suivre la règle – *comment* le travail se fait – a pris plus d'importance que le fait de savoir *pourquoi* le travail doit se faire ou que l'objectif que l'on cherche à atteindre. Qui plus est, la mise en place d'un environnement hostile à la liberté n'est pas obligatoirement le fait du grand patron – un seul salarié appartenant à un petit groupe suffit à transformer tous ceux qui l'entourent en une bande de « singes terrorisés par une banane ».

Voilà pourquoi les risques de bureaucratisation augmentent avec la longévité d'une entreprise – même modeste. Une société qui, à ses débuts, possède une culture très favorable à l'esprit d'initiative connaîtra forcément, tôt ou tard, une mauvaise passe ; à ce moment-là, quelqu'un décidera qu'il est grand temps de faire venir quelques « vrais managers » pour « reprendre les choses en main ». Dans la mesure où ils sont chargés d'une mission de contrôle et où leur expérience – celle qui fait d'eux de « vrais managers » – ne les a pas préparés à faire face à une entreprise libérée ni à un personnel qu'ils jugent difficile, la liberté est généralement leur première victime. « Ce qu'il faut à cette entreprise, c'est un peu de discipline ! » – autrement dit : des procédures et des règles. Et plus une entreprise se développe, plus elle prend de l'âge, plus elle risque d'être contaminée par le virus de la bureaucratie du « comment ».

Rappelez-vous l'expérience que nous avons évoquée au premier chapitre, celle de Les Lewis de retour chez Gore. Après avoir passé plusieurs années ailleurs, il est devenu porteur du virus de la bureaucratie, et il a fallu toute la force de la culture que Bill Gore avait inculquée à son entreprise pour écarter ce virus et l'empêcher de contaminer tout son entourage.

Peut-être a-t-il également été plus facile à W. L. Gore & Associates de repousser les tentatives d'institutionnalisation des ordres et du contrôle parce que l'entreprise avait été nourrie à l'idée de liberté dès sa naissance. La plupart des entreprises, au contraire, ne voient pas en quoi il serait préjudiciable de donner des ordres et d'exercer un contrôle. Même quand elles deviennent d'une inefficacité flagrante et que les coûts humains s'élèvent au point qu'il devient impossible de se voiler la face, elles ne remettent pas en question leur organisation « comment » – elles cherchent simplement à l'« optimiser ». Il n'est pas facile, sans doute, pour une entreprise « comment » de changer, mais cela n'a pourtant rien d'irréalisable. Dans les chapitres qui suivent, nous analyserons plusieurs exemples – dont celui de FAVI –, mais nous admettons volontiers que chaque situation est unique. Ces établissements ont peut-être une spécialité, des dimensions, une histoire ou une localisation tout à fait différentes de celles des entreprises que vous connaissez. Mais il existe un phénomène fondamental qui éclaire la question de savoir s'il est possible de transformer une culture sociale hiérarchique fondée sur la domination et le contrôle, et qui pourrait même permettre, le cas échéant, de montrer comment y parvenir. Pour l'étudier, nous vous proposons un détour peu courant dans l'univers des primates – de vrais primates, cette fois.

Nos frères pacifiques

Au premier chef, il peut paraître un peu bizarre d'étudier les primates pour apprendre à diriger une entreprise. Mais si les primates sont capables de modifier leurs habitudes sociales, enracinées depuis des millions d'années, les êtres humains devraient, eux aussi, pouvoir apprendre à faire évoluer des habitudes de travail qui n'ont été élaborées qu'en l'espace de quelques générations[9].

L'observation des chimpanzés communs, malheureusement, n'est pas très encourageante. Non contents de vivre dans des sociétés extrêmement hiérarchisées, ils ne reculent pas devant la violence et le meurtre, ni même, occasionnellement, devant le cannibalisme. Les primatologues ne disposent d'aucun élément permettant de penser que les chimpanzés communs pourraient renoncer à leurs attitudes cruelles et despotiques. Mais il existe une autre variété de chimpanzés, des chimpanzés pygmées qu'on appelle bonobos. Difficile d'imaginer des êtres plus différents de leurs frères et sœurs robustes. Les mâles ne sont pas très musclés ; ils partagent leur nourriture ; et, si domination il y a, ce ne sont pas eux qui l'exercent mais les femelles. Les bonobos ont par ailleurs une façon tout à fait insolite d'apaiser les tensions sociales – par le sexe. En fait, les bonobos en captivité ont une sexualité indiscriminée : ils couchent avec n'importe qui – aussi bien des membres de leur famille que d'autres –, avec n'importe quel nombre d'individus, et dans une telle variété de postures que cela défie parfois les lois de la pesanteur. Vous voulez dire bonjour, régler un conflit, réduire le stress ou faire un bon repas en joyeuse compagnie ? Une solution : le sexe. La vie des bonobos n'est pas exactement le genre de documentaire animalier que vous aurez envie de montrer à vos enfants – ils ne se contentent pas de se gratter le dos, croyez-nous.

Malheureusement, ce n'est pas non plus exactement la façon dont nous souhaitons voir gérer nos entreprises – les liaisons de bureau ont une fâcheuse tendance à mal tourner. De plus, la société bonobo reste hiérarchique, ce qui engendre bien des problèmes pour lesquels les bonobos ne connaissent qu'une solution, classée X. Dans la nature – les forêts pluviales denses et reculées du Congo –, le sexe, en dépit de toute sa séduisante diversité, s'accompagne de violence. Les mâles bousculent, giflent, frappent et mordent leurs congénères pour augmenter leurs propres chances d'accéder à des relations sexuelles. Les femelles en font autant avec leurs « sœurs » afin d'être en meilleure position pour copuler avec tel ou tel mâle ; avec le concours d'autres femelles *et* de mâles, elles se livrent fréquemment à des agressions collectives contre des mâles qui ont cherché à leur imposer des relations sexuelles de force. Ainsi, les bonobos nous montrent peut-être que l'amour comme la guerre sont des modes de vie qui existent parmi nos frères primates, mais ils sont disqualifiés, eux aussi. Censurés !

Tant pis pour les chimpanzés. Heureusement, les chercheurs ont également étudié des sociétés de babouins anubis établis dans la savane d'Afrique orientale. Au début, l'affaire ne paraissait pas très prometteuse pour le sujet qui nous intéresse. Non contents de se battre fréquemment pour gravir les échelons d'une hiérarchie despotique, les mâles n'hésitent pas, de surcroît, à frapper d'innocents badauds. Les femelles occupent des rangs héréditaires, ce qui évite toute bagarre entre elles. Contrairement aux mâles, qui changent de groupe à la puberté, elles restent dans leur communauté d'origine, et le taux élevé de comportements dits d'affiliation – comme le toilettage – entre femelles constitue peut-être le seul élément de douceur dans une existence de brutes. Les comportements d'affiliation des mâles à l'égard des femelles sont rares, et ils sont inexistants vis-à-vis des autres mâles. Toute la bande passe son temps à chercher de quoi manger dans la savane.

Quel est le rapport entre ce comportement et la transformation des cultures hiérarchiques en place ? Il se trouve que, en suivant un groupe précis d'anubis qu'ils ont baptisé Forest Troop – la « troupe de la Forêt » –, les chercheurs ont découvert une évolution surprenante.

Au début des années 1980, ce groupe a commencé à passer la nuit dans les arbres, à un peu plus de cinq cents mètres d'un gîte touristique à côté duquel se trouvait un important dépôt d'ordures fort appétissant. Un autre groupe d'anubis, surnommé par les chercheurs Garbage Dump Troop – la « troupe du Dépôt d'ordures » –, en avait déjà pris le contrôle et dormait dans les arbres qui le surplombaient. Au petit jour, les mâles les plus agressifs et les plus asociaux de la troupe de la Forêt – ceux qui étaient particulièrement indifférents au rituel d'épouillage matinal entre mâles et femelles – défiaient les mâles de la troupe du Dépôt d'ordures et lançaient des raids contre eux. Les déchets ne cessant de s'accumuler, la nourriture était toujours abondante, mais, un jour de 1983, la chance tourna pour la troupe du Dépôt d'ordures : certains babouins consommèrent de la viande avariée, infectée par le bacille de la tuberculose. La tuberculose est extrêmement dangereuse pour les babouins ; en 1986, tout le groupe était mort. Qui plus est, les babouins les plus agressifs de la troupe de la Forêt – à peu près la moitié des mâles de la bande – succombèrent eux aussi. C'est là que l'histoire devient *vraiment* intéressante.

Deux changements purent être immédiatement observés au sein de la troupe de la Forêt. Primo, les babouins mâles survivants disposèrent de deux femelles chacun. Secundo, les mâles restants étaient les moins belliqueux, ce qui entraîna une diminution des comportements agressifs des mâles dominants contre les mâles situés moins haut dans la hiérarchie, une plus grande tolérance aux éventuels renversements de hiérarchie, moins de brutalités envers les spectatrices innocentes, plus de toilettage entre sexes opposés. On a même relevé plusieurs cas d'épouillage entre mâles – un comportement inédit chez les autres anubis dans leur milieu naturel. La vie des mâles et des femelles était donc plus facile dans la nouvelle troupe de la Forêt, améliorée par accident. Mais les transformations ne s'arrêtèrent pas là.

Les plus grands bénéficiaires de cette évolution étaient les nouveaux venus au sein de la troupe de la Forêt. Comme nous l'avons dit plus haut, les babouins mâles émigrent dans d'autres groupes quand ils atteignent la puberté. Et, à leur arrivée dans une nouvelle troupe, ils sont des « moins que rien » – cibles de rang inférieur pour les mâles dominants, ignorés par les femelles du coin. Or les choses se passaient différemment dans la nouvelle troupe de la Forêt. Dans les bandes ordinaires, un nouvel arrivant doit attendre en moyenne soixante jours avant que la première femelle ne lui fasse des avances sexuelles, et deux semaines de plus avant qu'elle ne se mette à l'épouiller – dans cet ordre. Dans la nouvelle troupe de la Forêt, les nouveaux venus n'attendaient généralement que dix-huit jours pour pouvoir copuler et seulement deux jours de plus pour se faire épouiller. Ajoutons qu'ils faisaient rapidement l'objet d'attentions pressantes de la part des femelles. Mais le plus étonnant est que ce mode de vie sympathique a persisté après la disparition du premier contingent de mâles « affectueux ». Au début des années 1990, la nouvelle troupe de la Forêt n'abritait plus aucun des mâles d'origine, mais leur héritage s'est maintenu jusqu'à aujourd'hui. L'ancienne société hiérarchique s'était définitivement transformée en société égalitaire. Et cette évolution avait été rendue possible par la disparition des mâles dominants tyranniques, qui avait permis aux babouins restants d'instaurer une culture plus égalitaire.

Ce passage d'un mode de vie dominateur et agressif à un mode de vie égalitaire et détendu n'est pas un cas unique en primatologie. Une autre étude a montré que, si l'on exclut pendant cinq mois les macaques rhésus violents de leurs sociétés hiérarchiques despotiques pour les intégrer à des groupes de macaques à face rouge égalitaires, ils manifestent à leur retour un comportement tout à fait différent, détendu, non violent, et le conservent en présence des autres macaques rhésus[10]. Cette fois encore, c'est l'absence d'oppression de la part de quelques sujets dominateurs qui entraîne une transformation durable de leur comportement.

Ce que le singe fait, l'homme peut le faire

Il nous semble que si, affranchi d'un système oppressif, un singe peut changer durablement de comportement, l'homme devrait pouvoir faire aussi bien, voire mieux. De plus, les expériences réalisées sur les primates nous éclairent sur le *mécanisme causal* qui sous-tend cette évolution.

Dans le cas des babouins de la troupe de la Forêt, la disparition des éléments les plus agressifs a atténué les tensions chez les autres – dans ce groupe, majoritairement des femelles –, qui ont été plus disposés à faire bon accueil aux nouveaux venus. Ces derniers, bien que « programmés » pour être mal traités, ont été agréablement surpris. Ils se sont détendus, eux aussi, et sont devenus eux-mêmes des mâles à faible taux d'agressivité, perpétuant ainsi la nouvelle culture. Un mécanisme comparable a été à l'origine de la transformation des macaques rhésus.

La leçon essentielle à en tirer pour les entreprises « comment » est simple : le changement doit venir d'en haut. Les leaders doivent adopter une attitude beaucoup plus détendue pour que les membres « subordonnés » – traités désormais en égaux – puissent se détendre eux aussi. Chose intéressante, lorsqu'ils sont traités en égaux, les primates se détendent exactement comme les humains. Les chercheurs ont étudié l'influence de l'évolution des habitudes sociales sur le niveau de stress et sur la santé des membres de la troupe de la Forêt. Leurs résultats ont été étonnamment familiers.

Les babouins anubis sont considérés comme une espèce très sujette au stress. Or le stress psychosocial chronique lié à la subordination et à l'agression entraîne une sécrétion permanente des surrénales, qui s'accompagne d'hypertension et d'une accélération du rythme cardiaque. Ce schéma, que nous connaissons bien chez les humains, est à l'origine de problèmes de santé tels que le diabète de l'adulte et des troubles de la croissance, une cicatrisation plus lente et la stérilité. En revanche, grâce au mode de vie relax qui règne dans la nouvelle troupe de la Forêt, on ne relève pas d'élévation du taux de sécrétion des surrénales chez les mâles non dominants, pas plus que ses conséquences néfastes sur la santé. Les mêmes conséquences bénéfiques en cas de réduction du stress s'observent chez les humains – une raison supplémentaire pour étudier de près les leçons de la primatologie.

La bonne nouvelle est que les hommes ne sont pas des singes. Il a fallu une intervention extérieure pour modifier le comportement des babouins et des macaques – dans un cas la maladie, dans l'autre la manipulation des chercheurs. Les hommes, eux, n'ont besoin de personne pour décider de changer. Nous ne vous recommandons pas d'empoisonner le management intermédiaire, mais un leader libérateur doit affranchir ses employés de la culture oppressive de l'entreprise « comment ». Dès qu'il l'aura fait, il remarquera que le comportement du reste de la « troupe » commence à évoluer également – au lieu d'être complaisant, il devient libre et proactif.

4

Liberté ne veut pas dire anarchie

Une entreprise libérée doit avoir une vision commune

> Je serai absent huit mois. [...] Si vous avez le sentiment qu'il faut absolument me contacter, qu'il faut impérativement que je m'occupe de votre problème, je vous demande de vous allonger. Quand cette impression aura disparu, relevez-vous, réglez le problème et envoyez-moi un e-mail pour me faire connaître la solution.
>
> Bob Davids[1]

Nous sommes aux Bahamas – enfin, pas nous, mais Bob Davids[2]. Davids est propriétaire de Sea Smoke Cellars, un jeune vignoble de cent quarante hectares situé dans la superbe vallée de Santa Ynez, au centre de la Californie. Mais il passe onze mois de l'année ailleurs, à Reno, dans le Nevada, à Bali ou aux Bahamas, à la pêche. Son objectif est ambitieux : faire produire à ses vignes « le meilleur pinot noir humainement possible ». Il affirme avoir parcouru le monde à la recherche du terroir idéal, et, maintenant qu'il l'a trouvé, il y met les pieds le moins souvent qu'il peut.

C'est en décembre 1997 qu'il s'est lancé dans la création d'un vignoble de classe mondiale. Fondateur et directeur général de Radica Games – qui était alors le troisième fabricant mondial de jouets en termes de profits –, Davids a annoncé un beau jour à son conseil d'administration son intention de démissionner pour faire du vin. Les réactions ont été, disons, variables.

Le premier à se faire entendre a été Robert Townsend, que Davids considérait comme son mentor depuis qu'il avait fait sa connaissance en 1981 et qu'il avait convaincu de rejoindre son conseil d'administration après l'introduction de Radica en Bourse en 1994.

« Tu ne peux pas quitter la boîte, lui a lancé Townsend. La boîte, c'est *toi*.

– Pourtant, a répliqué Davids, tu dis toi-même dans ton bouquin [il faisait allusion au best-seller de Townsend, *Au-delà du management*] que le conseil d'administration doit remplacer le directeur général tous les cinq ans. Ça en fait déjà sept que je suis là.

– Pas s'il fait du bon boulot, voyons, a rétorqué Townsend.

– C'est un point qui ne figure pas dans ton livre », a souligné Davids.

Puis le président du conseil d'administration, Jon Bengtson, a donné son avis, très voisin de celui de Townsend.

« Vous connaissez le meilleur moyen de gagner une petite fortune ? a-t-il demandé à Davids, qui a haussé les épaules. En investir une *grosse* dans un vignoble. » Davids n'a pas relevé. Mais il n'avait pas l'intention de se lancer dans la viticulture pour perdre de l'argent. Parmi ses nombreux credo figure le suivant : « Si ton entreprise est un hobby à un pour cent, elle deviendra un hobby à cent pour cent. »

Malgré la tiédeur de ces réactions, et après avoir fait de son mieux pour assurer la transition chez Radica, Bob Davids a démissionné, s'est lancé dans la viticulture, et, en 2001, il commercialisait ses premières bouteilles.

Deux ans plus tard, un jour d'été de 2003 où il se trouve aux Bahamas, Davids reçoit un coup de fil du directeur et viticulteur en chef de son vignoble, Victor Gallegos.

« Il faut que je vous parle, dit Gallegos. J'ai un problème avec le raisin 2003.

– Bien, répond Davids laconiquement.

– Il va falloir procéder à une vendange verte », annonce Victor, faisant référence à une technique qui consiste à supprimer prématurément une partie des grappes sur chaque cep pour améliorer les chances de maturation des autres, compromises par de mauvaises conditions climatiques.

« C'est vous qui êtes viticulteur, pas moi. Pourquoi m'appelez-vous ? demande Davids.

– Je suis bien ennuyé.

– Je vous répète que je ne suis pas viticulteur. Je ne peux rien faire pour vous.

– C'est qu'il va falloir éclaircir beaucoup, insiste Gallegos.

– Bon, qu'est-ce qui se passe, exactement ?

– Eh, c'est qu'il y a toutes sortes de difficultés », se débat Gallegos. Davids commence à comprendre quel est le vrai problème.

« Quelle quantité faut-il vendanger en vert ? demande-t-il.

– Beaucoup.

– Vous ne répondez pas à ma question.

– Ça représente 1,8 million de dollars de ventes au détail », finit par lâcher Gallegos, mettant Davids – comme celui-ci nous l'a expliqué plus tard – « en position de prendre la décision » à sa place.

Mais Davids ne se laisse pas faire. « Je vais vous repréciser votre mission, dit-il. Votre mission est de faire pousser le meilleur raisin qu'il est humainement possible de faire pousser sur ce site.

– Ça représente tout de même 1,8 million de dollars, réplique Gallegos, visiblement au supplice.

– Je vais vous répéter quelle est votre mission. Elle est de faire pousser le meilleur raisin qu'il est humainement possible de faire pousser sur ce site. Je ne suis pas viticulteur. Je ne sais pas comment on fait. Votre mission est de faire pousser le meilleur raisin qu'il est humainement possible de faire pousser.

– Mais ça représente 1,8 million de dollars ! implore Gallegos.

– N'essayez pas de vous décharger de ça sur moi. Au revoir. »

Gallegos a vendangé en vert. Et Davids a refusé d'endosser à sa place la responsabilité de cette mesure radicale.

Qu'a gagné Bob Davids en renonçant à son pouvoir de dire à Victor Gallegos ce qu'il devait faire ? Du bon temps pour pêcher tranquillement aux Bahamas ? Non. Davids a renoncé à ce pouvoir parce que c'était bon pour l'entreprise. « Si Victor n'avait pas pris cette décision, a-t-il expliqué, il n'aurait pas rempli sa mission : produire le meilleur vin possible. Il n'en dormait plus, cette perte de 1,8 million de dollars le tracassait, mais s'il ne fait jamais l'expérience de ce genre de décision, comment pourra-t-il les prendre un jour ? » Davids a exposé clairement sa philosophie et sa vision de l'entreprise à Victor et à tous les autres salariés qu'il a engagés dès leur entretien d'embauche : « Je n'ai pas les compétences qu'il faut pour faire du vin, leur a-t-il dit. Je vous donnerai les outils nécessaires et tout ce qu'il faut pour produire le meilleur vin que vous puissiez humainement produire… tout ce dont vous aurez besoin ; comme ça, vous n'aurez aucune excuse pour venir me voir et me dire : "J'aurais pu mieux faire, si seulement vous m'aviez permis de… [remplissez le blanc]." »

Vous vous dites peut-être que Sea Smoke est un établissement unique – un vignoble – dont les problèmes sont uniques. La plupart des sociétés existantes ne fonctionnent pas ainsi. Nous aurions moins de mal à vous donner raison si Davids n'avait pas fait chez Radica Games (huit mille employés) et dans plusieurs autres sociétés qu'il a dirigées la même chose que chez Sea Smoke : instaurer un environnement libéré.

Sea Smoke est une petite entreprise, relativement jeune de surcroît, et son histoire offre une bonne illustration des deux premières étapes essentielles à la création d'un environnement de ce genre. Pour commencer, dire aux gens comment faire leur travail est une attitude élémentaire dans les entreprises « comment », mais une société qui cultive la liberté repose précisément sur l'idée qu'il *ne faut pas* dire aux employés ce qu'ils doivent faire – même si c'est ce qu'ils attendent de vous. Ce comportement doit partir du sommet – du propriétaire, du directeur général ou du patron d'entité.

Il n'est évidemment pas question de dire : « Faites ce que vous voulez », ni même : « Faites ce qui vous paraît le mieux » – ça, c'est la recette de l'anarchie. Sans orientation idoine, tout le monde se mettra à faire ce qu'il estime le plus utile à l'entreprise, quitte à être en contradiction avec la vision de celle-ci ou avec les actions de ceux qui les entourent. Pis encore, les gens risquent de se mettre à agir dans leur propre intérêt, et non dans celui de la société.

La liberté au travail, ce n'est ni la *hiérarchie* ni l'*anarchie*.

L'expression « liberté ordonnée », empruntée à la philosophie politique, correspond assez bien à la manière d'appréhender cette réalité, bien que la liberté au travail ne recouvre pas la liberté politique. Il s'agit d'une forme d'organisation où la discipline – ou, plus exactement, l'autodiscipline – joue un rôle essentiel. Et cette discipline est principalement assurée par la vision commune de l'entreprise : obtenir des résultats de niveau mondial – deuxième étape de l'édification d'une entreprise libérée. Ce que Bob Davids a cherché à faire comprendre à ses salariés – dès leur entretien d'embauche –, c'est que la vision de Sea Smoke consiste à produire du pinot noir de qualité mondiale. C'est pour réaliser *cette* vision qu'il les a laissés libres de définir eux-mêmes les mesures à prendre.

Ces nouvelles recrues se sentaient-elles vraiment libres d'adopter les mesures qui leur semblaient le plus pertinentes ? Nous avons tous entendu des patrons d'entreprise « comment » promettre la liberté d'initiative et l'autonomie d'action, avant de réclamer aussi sec que chaque idée leur soit soumise pour approbation. Mais rappelez-vous que ce n'était pas une entreprise « comment » que Davids avait choisi de créer.

Kris Curran, le maître de chai, était sceptique au départ, elle aussi. « J'ai rigolé et j'ai dit : "C'est ça, Bob, on a déjà entendu ça mille fois. Et puis le proprio met 20 000 dollars de plus dans l'aménagement paysager et me refuse l'achat du tuyau à vin supplémentaire à 200 dollars dont j'ai besoin[3]". » Même après avoir accepté le poste, Curran est restée dubitative. Jusqu'au jour où Davids lui a annoncé qu'il fallait faire décoller le projet et lui a demandé de commencer par répertorier tout l'équipement nécessaire pour monter une cave irréprochable. Curran l'a pris au mot et a dressé « une liste absolument extravagante ». Quand elle a eu fini, Davids a parcouru la liste point par point, discutant du moindre article, « jusqu'à la dernière pince, la dernière pompe et le dernier fût ».

Ça leur a pris six heures. Mais, à la fin, Davids lui a dit : « D'accord, alors quand achetez-vous tout ça ? »

Toujours méfiante, Curran a demandé : « Vous ne biffez rien ? » Et elle a pu entendre Davids énoncer une fois de plus sa philosophie de la liberté : « Non, si vous me dites que ça permettra de faire un vin de qualité supérieure, je vous crois et je vais donc vous donner tout ce dont vous avez besoin afin d'éviter que vous n'ayez une excuse pour revenir me voir et me dire : “J'aurais pu mieux faire si seulement vous m'aviez permis de...” »

Curran a-t-elle été convaincue, cette fois, que la philosophie et la vision d'entreprise de Davids pour Sea Smoke n'étaient pas du vent ?

« J'étais sciée, a-t-elle reconnu. À l'époque, ça faisait huit ans que j'étais dans la branche, et aucun de ceux pour qui j'avais travaillé, aucun de ceux que je connaissais, n'avait jamais vraiment tenu parole. » À cet instant, Curran a compris que Davids irait jusqu'au bout, qu'il ferait ce qu'il lui avait annoncé lors de son entretien d'embauche et qu'elle pourrait prendre les mesures qui lui semblaient le plus favorables à l'entreprise. Davids avait posé pour elle cette première pierre de liberté – c'est du moins ce qu'il croyait.

Mais autant les gens se hérissent quand on leur dit comment faire leur travail, autant ils peuvent avoir du mal à faire le saut et à assumer leur propre liberté, avec la responsabilité qui va de pair. Victor Gallegos acceptait sa liberté dans un certain nombre de situations, mais il a trébuché le jour où une somme importante s'est trouvée en jeu. Curran, en revanche, n'a pas hésité à gonfler sa première commande de matériel ; comme elle l'avoue elle-même, elle testait Davids et cherchait à le pousser dans ses retranchements en présentant une liste d'achats qui, elle en était sûre, ne pouvait que le faire regimber. Cependant, quels que soient les obstacles psychologiques que les gens peuvent avoir à surmonter pour profiter de leur propre liberté, c'est la partie la plus facile – la liberté peut être angoissante, mais il est plutôt agréable d'en jouir. Il est beaucoup plus difficile d'obtenir l'adhésion affective du personnel à la vision d'entreprise. C'est ainsi que Kris Curran s'est rapidement retrouvée du mauvais côté de la ligne de démarcation entre anarchie et liberté.

Après avoir passé plusieurs années à produire du pinot noir, Davids – qui affirme que son rôle majeur dans l'entreprise est la consolidation de la marque Sea Smoke – a eu l'idée de cultiver un grand chardonnay blanc sur une parcelle du vignoble qui convenait mal au pinot noir. Il a expliqué à Curran et à son assistante Katie Kennison – aujourd'hui directrice du marketing et des ventes directes – qu'il avait l'intention d'utiliser le chardonnay pour faire la *promotion* du pinot noir de Sea Smoke sur le marché et dans les médias. Autrement dit, il voulait donner ce vin blanc pour rien. Il avait même choisi son nom : Gratis. N'étant pas encore tout à fait habituées aux méthodes de Davids – et pensant peut-être que cette petite production de chardonnay serait marginale et ne participait pas vraiment à la grande vision du pinot noir –, Curran et Kennison n'ont pas beaucoup discuté. Pourtant, en tant qu'œnologues, l'idée de donner du vin les heurtait profondément.

Les mois ont passé. Au cours d'une de ses visites occasionnelles, Davids est entré dans les chais et a vu Kennison en sortir une série de vieux fûts. « Qu'est-ce que vous faites avec ces tonneaux, Katie ? a-t-il demandé, surpris.

– On va y mettre le chardonnay, a répondu Kennison.

– Je croyais que nous n'utilisions que des fûts en chêne neuf, s'est étonné Davids.

– Non, cette année, nous le mettons dans des vieux », a dit Kennison.

Davids a demandé à Curran, le maître de chai, de venir le voir.

« Kris, j'avais cru comprendre que nous utilisions toujours du chêne neuf.

– Non, a rétorqué Curran. Je ne vais tout de même pas utiliser du chêne neuf pour du vin qui n'est qu'un cadeau promotionnel. D'ailleurs, si cela ne tenait qu'à moi, je le mettrais aussi bien dans de l'inox [faisant allusion à une méthode encore moins coûteuse pour faire vieillir le vin : des cuves en acier inoxydable].

– Vous ai-je demandé une seule fois de me faire faire des économies ? a interrogé Davids.

– Non, a reconnu Curran.

– Quels tonneaux feront le meilleur chardonnay ? À vous de voir. »

Curran est retournée à la cave et a annoncé à Kennison : « On va se servir exclusivement de chêne neuf. »

Cette décision n'a pas enchanté son assistante : « Zut ! Et dire que j'ai déjà lavé tous ces tonneaux ! »

Vous objecterez peut-être que Davids n'a pas vraiment renoncé à dire à Curran comment faire son travail. Il a simplement préféré le lui faire comprendre indirectement, lui indiquant ses préférences sans lui donner d'ordre précis comme le font tant de patrons. « Faites comme vous voulez, pourrait dire un de ces derniers. Mais, si j'étais vous, je ferais ceci… » – ne laissant guère le choix à son interlocuteur. Ce qui nous ramène à la question de la liberté et de l'anarchie.

La liberté consiste d'abord à ne pas dire aux gens « comment » faire leur travail. Selon les principes de Davids, Curran pouvait choisir librement la méthode de fabrication du chardonnay. À aucun moment Davids ne lui a recommandé, ni directement ni indirectement, une façon de procéder. Il n'a pas non plus insisté pour qu'elle revienne sur sa décision. Il est vrai que ses interrogations réitérées sur son choix de vieux tonneaux auraient pu être interprétées, dans une entreprise traditionnelle, comme un ordre tacite d'y renoncer. Telle n'était pas l'intention de Davids. Il reconnaît franchement qu'il ne sait pas faire le vin que produit Sea Smoke – c'est pour cette raison qu'il a embauché un maître de chai. Mais il tient à s'assurer que, si Curran a décidé de faire des économies sur les fûts, c'est pour des raisons valables – des raisons compatibles avec la vision de Sea Smoke.

La liberté et la confiance ne peuvent pas s'octroyer de façon fragmentaire. Le cas échéant, les ficelles seront si grosses que tout le monde criera à l'imposture. Mais cela ne veut pas dire non plus que le propriétaire – ou n'importe quel collègue, au demeurant – doive fermer les yeux quand le hasard lui fait repérer que telle ou telle mesure *ne sert pas* les intérêts de l'entreprise. Une semblable attitude ne conduirait pas à la liberté mais à l'anarchie.

Communiquer et faire partager la vision d'entreprise est un des rôles clés d'un leader libérateur. Il s'agit de la deuxième pierre angulaire de la liberté. C'est particulièrement vrai lorsqu'il apparaît manifestement, comme l'a observé Davids, que quelqu'un n'a pas parfaitement appréhendé et assimilé cette vision. Si le leader ne joue pas ce rôle, certains risquent d'en revenir à ce qu'*eux-mêmes* jugent préférable en fonction de leur expérience – l'expérience d'environnements « comment » rigoureusement contrôlés. Or une expérience que nous avons tous faite est qu'économiser quelques sous est toujours une bonne chose, surtout en période de récession. Il n'y a rien de répréhensible, évidemment, à éviter les dépenses inutiles dans quelque entreprise que ce soit. Une entreprise libérée, en particulier, sera attentive aux dangers des coûts cachés et des fausses économies, au lieu d'être obsédée par les frais de photocopie et de déplacement. Ce ne sont pas des expériences personnelles ni les conditions du moment qui doivent dicter le choix de la mesure la plus judicieuse ; celui-ci doit répondre à un unique impératif : réaliser la vision de l'entreprise. Les mesures d'économie seront évidemment les plus pertinentes si l'entreprise s'est donné pour ambition de dominer le marché du vol *low cost*, comme c'est le cas de Southwest Airlines par exemple. Mais elles ne seront pas forcément aussi importantes chez W. L. Gore & Associates, dont la vision a toujours été – en période de vaches grasses comme en période de vaches maigres – de dominer le marché en proposant des produits de très haute qualité et en entretenant des relations de respect avec la clientèle.

Quelques années auparavant, Les Lewis, de chez Gore, avait constaté avec inquiétude que les résultats de la société en matière de respect des délais de livraison avaient baissé[4]. Après enquête, il a découvert que certains nouveaux, qui avaient l'expérience d'entreprises cultivant une vision différente, avaient décrété que, si l'on était obligé de dépasser le budget pour arriver à 100 % de résultats, on pouvait se contenter de respecter ces délais à 80 %. Lewis estimait que, chez Gore, le respect des délais de livraison ne relevait pas d'une décision d'ordre économique. Tenir ses engagements vis-à-vis du client est un des principes de base de cette société, un élément de sa vision d'entreprise. Les chiffres montraient que cette vision était imparfaitement partagée – un problème que Lewis a cherché à régler en rappelant à ces associés que le respect de la clientèle faisait partie intégrante de la vision de Gore : « La façon dont notre entreprise réussit à gagner de l'argent et à prendre du plaisir repose sur notre faculté d'inventer, de vendre et d'assurer l'entretien de produits que nos clients apprécient. » Livrer *toujours* ponctuellement est un des services que Gore assure à ses clients. C'était une leçon, on s'en souviendra, que Lewis lui-même avait apprise plusieurs années auparavant quand Bill Gore lui avait infligé sa conférence improvisée sur la « formule d'échec » – alors qu'il ne cherchait qu'à économiser un peu d'argent.

La liberté à l'intérieur d'une entreprise ne tourne pas à l'anarchie quand elle est maintenue sur les rails par ce que Davids appelle la « mission » de ses employés, ou par le « pourquoi » de Zobrist. Cela revient au même – il s'agit de la vision stratégique de l'entreprise, que les employés font s'épanouir en agissant au mieux. Les deux premières tâches d'un leader libérateur sont les suivantes : construire un environnement d'entreprise dans lequel tous sont libres de prendre des décisions ; vérifier qu'ils comprennent la vision, qu'ils se l'approprient et cherchent à la réaliser. Cette deuxième tâche – comme nous l'avons vu avec l'affaire du chardonnay – est plus ardue.

S'approprier la vision d'une entreprise de niveau mondial

Obtenir des salariés qu'ils s'approprient affectivement la vision d'entreprise est une œuvre de longue haleine – et même sans fin – pour un leader libérateur. Heureusement, dans les entreprises libérées, cette vision est *toujours* d'atteindre un niveau mondial – un rêve qui la rend plus facile à accepter. Comme le dit Zobrist, les gens apprécient et s'approprient plus facilement ce qui les fait rêver que les objectifs prosaïques – personne ne saute de son lit le matin fou de joie à l'idée d'augmenter de 2 % la part de marché de son entreprise. La tâche commence dès la première entrevue avec un salarié potentiel.

Dans un premier temps, Davids – comme d'autres leaders libérateurs – vérifie que chaque candidat connaît la vision d'entreprise avant son embauche. S'il ne l'approuve pas, il peut ainsi se désister immédiatement. Dans certains cas, évidemment, impatiente de décrocher un emploi, la future recrue approuvera tout en bloc, vision comprise, sans réflexion approfondie.

Vertex est une société domiciliée à Berwyn, en Pennsylvanie, qui a pour vision le leadership mondial sur le marché des logiciels fiscaux avancés et des services de même nature. Pour être sûr que tous ses nouveaux employés ont soigneusement pesé le pour et le contre de cette vision, Jeff Westphal, copropriétaire et directeur général de la société, leur déclare dès leur premier jour : « Bienvenue à Vertex. Vous êtes libres de partir. » Et ça marche.

« Une de mes plus merveilleuses journées au travail a été celle où j'ai dit au revoir à l'une de nos meilleures employées, raconte Westphal[5]. Il y a des années, au moment où nous commencions tout juste à définir notre vision, j'ai prononcé un discours. Il y avait là une femme qui travaillait chez nous depuis longtemps, quelqu'un de formidable, une excellente employée. Nous avons parlé de tout cela, et elle s'est engagée activement dans ce processus de vision. Mais, ensuite, elle est venue me voir et m'a dit : “Jeff, il faut que je parte. J'ai envie de sculpter des oiseaux en bois, c'est mon hobby, c'est ce que j'aime vraiment faire. J'aime bien travailler ici, mais ça, ça me plaît encore plus et j'ai envie d'essayer de gagner ma vie comme ça.” Alors j'ai répondu : “Kathleen, je te souhaite bonne chance.” Je l'ai embrassée, on a déjeuné ensemble rapidement, et elle m'a quitté. Je savais qu'en agissant ainsi je satisfaisais ses véritables besoins au lieu de servir notre intérêt, qui était de la retenir ici contre sa volonté. » Kathleen a exercé sa liberté de partir pour mener à bien sa vision, devenue plus importante à ses yeux que celle de Vertex.

Tony Hsieh, patron de Zappos.com, dont le siège est à Las Vegas, va encore plus loin que Jeff : il continue à marteler un message de même nature une fois les salariés embauchés, ou au moins engagés dans une formation rémunérée[6]. Zappos vend des chaussures en ligne mais, comme USAA, c'est avant tout une entreprise de services à la clientèle, avec un énorme centre d'appels qui a connu un développement rapide. Bien qu'il s'agisse encore d'une jeune société, son chiffre d'affaires, inexistant dix ans plus tôt, a dépassé le milliard de dollars en 2008. Elle recrute donc beaucoup de personnel pour ses centres d'appels et pour sa plateforme de distribution. Hsieh, le fondateur de la société, veille jalousement sur sa vision et sa culture interne, et sélectionne soigneusement tous ses nouveaux salariés pour vérifier qu'ils pourront s'y adapter. Néanmoins, comme il le reconnaît, « Zappos ne convient pas à tout le monde », et certaines nouvelles recrues en prendront conscience au cours de leur formation. Voilà pourquoi, au terme de leurs quatre semaines de formation rémunérée, Hsieh leur fait une offre peu courante : si vous décidez de partir maintenant, non seulement nous ne vous en tiendrons pas rigueur, mais nous vous paierons pour cela. Jusqu'au milieu de l'année 2008, cette prime de départ était de 1 000 dollars, mais Hsieh en a doublé le montant, parce que, nous a-t-il expliqué, *trop peu* de gens l'acceptaient. Comme il veut s'assurer que ses salariés restent parce qu'ils partagent la vision de Zappos, il préfère payer les éventuels opportunistes pour qu'ils aillent voir ailleurs. Conduire son personnel à s'approprier affectivement la vision d'entreprise peut donc coûter non seulement des efforts concrets, mais aussi de l'argent.

Pour autant, communiquer et faire partager la vision de l'entreprise ne se fait pas en un jour ni pendant la durée de la formation – ce serait trop facile. La plupart des salariés, surtout s'ils ont subi dans de précédents emplois la fameuse « douche froide » des macaques, ont du mal à admettre qu'une vision n'est pas qu'une jolie image qu'on placarde au mur, qu'on colle dans le rapport annuel et qu'on oublie. C'est pourquoi il faut du temps et des mesures de renforcement pour obtenir qu'ils la partagent et se l'approprient affectivement.

Reprenons notre exemple du chardonnay. Curran, le maître de chai, approuvait la vision que lui avait présentée Davids, consistant à produire un grand pinot noir – elle était même emballée. Mais, avant que Davids ne lui suggère de dresser la liste du matériel nécessaire à la cave, faire un grand vin restait la vision *de Davids* – pas *la sienne*. Davids lui avait laissé la liberté de demander tous les articles qu'elle souhaitait pour pouvoir réaliser sa vision stratégique à lui. Et elle a fait usage de toute son expérience d'œnologue pour établir sa liste « extravagante » de desiderata. Cependant, ce n'est qu'au moment où Davids a approuvé intégralement cette liste que Curran a commencé à croire en sa vision et à se l'approprier – en ce qui concerne le pinot noir du moins. Dans le cas du chardonnay gratuit, en revanche, elle n'a pas réussi à comprendre comment cette production s'intégrait dans la vision d'un pinot noir de classe mondiale. Considérant que l'objectif était simplement de faire un vin de-qualité-supérieure-mais-gratuit, elle a pris la décision – une décision raisonnable à la lumière de son interprétation de l'objectif – de faire faire à l'entreprise quelques économies sur ce qui était, après tout, un produit promotionnel. Davids s'en est rendu compte par hasard. En tant que garant de la vision d'entreprise, il a pris le temps d'expliquer à Curran qu'économiser de l'argent sur le chardonnay entrait en conflit avec la vision de

Sea Smoke, producteur de vins de qualité mondiale. Mais il l'a fait d'une manière qui l'obligeait à tirer elle-même ses conclusions et à prendre sa propre décision. Affaire réglée.

S'approprier une vision d'entreprise – un rêve – et avoir la liberté de prendre des initiatives personnelles pour la réaliser ne sont pas, comme on pourrait le croire à première vue, deux choses entièrement distinctes. De nombreuses entreprises communiquent leur vision et cherchent à y faire adhérer leur personnel. Les résultats sont généralement décevants. Les salariés ne commencent à s'approprier affectivement une vision d'entreprise que lorsqu'ils sont libres de prendre *leurs propres* décisions pour la mener à bien. Être libres de faire A ou B les oblige à réfléchir aux critères de choix entre les deux options – à réfléchir à la vision de l'entreprise. À l'inverse, dans les entreprises « comment », celles où l'on dit aux gens de faire C, puis D, il est inutile de réfléchir à cette vision. Une telle réflexion aurait même tendance à semer le trouble et à empêcher l'exécution des ordres. Ceux qui sont libres d'agir finissent par savoir pourquoi ils ont fait A plutôt que B, et ils s'approprient ce « pourquoi ». La vision cesse d'être abstraite, ce n'est plus un gadget que la direction leur refile pendant un moment et qu'on oublie ensuite. Ils commencent à se l'approprier affectivement. Voilà pourquoi Davids, comme il l'explique, veut que les gens cessent d'avoir l'impression qu'il peut prendre les décisions à leur place. Nous ne prétendons pas qu'il est facile de commencer à opérer des choix en s'appuyant sur une vision d'entreprise. Formés dans des entreprises « comment », de nombreux salariés ont tendance à apprécier ce qui est préférable de leur propre point de vue, à partir de leur fonction spécifique, de leurs compétences ou de leurs expériences personnelles. Le leader libérateur doit surmonter patiemment ces optiques individuelles sans dire aux gens comment faire leur travail. Il doit au contraire fournir en permanence à ses salariés des informations pertinentes pour la vision stratégique, en même temps que les moyens nécessaires à l'accomplissement de leur travail. Au besoin, il doit vérifier que quelqu'un qui a une importante décision à prendre en comprend parfaitement les conséquences probables. Dans un premier temps, il peut être nécessaire d'effectuer des vérifications fréquentes pour s'assurer à la fois que les salariés ont obtenu les informations ainsi que les moyens nécessaires et qu'ils en ont tous fait bon usage pour prendre leur décision. Si Davids a consacré six heures à examiner avec Curran sa liste de matériel, ce n'était pas pour chercher à réduire les coûts, mais pour s'assurer qu'elle avait fait ses choix avec le bon « pourquoi » à l'esprit – « pour faire le meilleur vin humainement possible ».

Une fois qu'un leader libérateur est convaincu que ses salariés ont tout ce dont ils ont besoin et prennent les décisions le plus susceptibles de réaliser sa vision, il les laisse agir à leur guise. Et même quand ils lui demandent « comment » agir, il refuse de se laisser refiler le bébé.

Dans d'autres circonstances, un leader peut se trouver face à une décision contestable, comme Bob Davids le jour où il a découvert les fûts usagés dans lesquels Kennison et Curran s'apprêtaient à mettre le chardonnay. De toute évidence, les gens sont capables de faire des choix douteux, *contraires* à la vision de l'entreprise. Il n'y a pas de quoi s'arracher les cheveux, mais cela veut dire que le leader a encore du pain sur la planche pour que les salariés concernés s'approprient cette vision. Un leader ne peut pas *forcer* les salariés à se l'approprier affectivement ; il ne peut qu'essayer de créer les conditions – la liberté d'action – qui leur permettront de se *convaincre* eux-mêmes de sa pertinence. Comme l'expliquait Zobrist, un leader qui tente d'imposer une vision se place dans la position d'une locomotive qui a perdu ses wagons parce que ces derniers n'ont pas envie d'aller dans la même direction qu'elle.

Le rôle permanent d'un leader libérateur est de communiquer inlassablement et « généreusement[7] », de fournir constamment à ses salariés des informations nouvelles sur la vision de l'entreprise. Or cette vision n'a rien de statique ; les marchés, les technologies et l'environnement professionnel sont en constante évolution. Les entreprises qui ne remettent pas en cause et ne renouvellent pas leur vision risquent fort de connaître des coups durs – surtout en des temps difficiles. Mais un changement de vision ne doit pas non plus être imposé d'en haut. Là encore, les salariés doivent avoir la liberté de la contester et de se l'approprier ou non. Toute résistance doit entraîner un afflux d'informations encore plus abondant – *dire* aux salariés comment faire leur travail *à cette étape* est encore plus destructeur qu'au début, parce qu'ils se sentiront trahis en se voyant privés d'une liberté qui était désormais acquise à leurs yeux et qu'ils ont appris à apprécier. Cela dit, si l'opposition est suffisamment forte et résiste à tous les efforts du leader pour communiquer et expliquer l'évolution de la vision, elle n'est peut-être pas injustifiée. Si ce dernier finit par se convaincre que ses salariés ont raison et que l'évolution envisagée n'est pas raisonnable, il doit être prêt à changer de cap ou à reprendre l'ancienne vision. Un des grands avantages d'une entreprise libérée est qu'elle n'attend pas que les clients, le cours de la Bourse ou une récession viennent remettre une vision en question – le cas échéant, il est généralement trop tard. Des salariés libres sont libres non seulement d'agir, mais de contester les grands virages stratégiques – à un moment où il est encore temps de s'engager sur une autre voie.

Bob Davids recherche ce genre de consultation quand il se rend dans le vignoble, entre ses campagnes de consolidation de la marque et ses expéditions de pêche au bar – deux activités qu'il mène, affirme-t-il, simultanément. « Je pars sur l'Atlantique et je vais pêcher pendant des jours et des jours d'affilée. Je sors, ma canne à la main, je lance la ligne et je réfléchis. Voilà à quoi je réfléchis : "Comment assurer la réputation de la marque à long terme ?" Je peux réfléchir comme ça trois ou quatre jours de suite, pendant que Victor est là-bas, dans les vignes, à se battre contre les dragons quotidiens. » Davids présente ensuite ses idées – celles « d'un libre penseur qui a le temps de penser » – à Gallegos et à toute l'équipe. Il y consacre suffisamment de temps pour transmettre toutes les informations possibles sur leur lien avec sa vision en constante évolution de la production et de la commercialisation d'un pinot noir de niveau mondial. Dans certains cas, ses nouvelles idées sont immédiatement adoptées en interne ; dans d'autres, il faut un peu plus de temps ou d'informations à ses experts maison pour évaluer les résultats de son brainstorming de pêche au bar. Et, parfois même, certaines idées – comme celle d'offrir gratuitement chaque année l'intégralité de la production de chardonnay – contrarient tellement les instincts des œnologues qu'ils y résistent. C'est ce qu'ont fait Curran et Kennison, alors que Davids jugeait cette stratégie parfaitement justifiée. L'impossibilité de rattacher celle-ci à la vision d'un vignoble de niveau mondial les a incitées à faire des économies en utilisant des fûts usagés. Et Davids a compris qu'il n'avait pas suffisamment expliqué les réflexions qui avaient présidé au lancement de Gratis.

Il n'est pas facile de sacrifier son pouvoir de dire aux autres « comment » faire et de partager avec eux sa vision d'un niveau mondial – son rêve. Ce ne sont pourtant que deux préalables – il faut aller bien plus loin si l'on veut vraiment transformer et libérer une entreprise, comme peut en témoigner Davids grâce à son expérience à Sea Smoke Cellars, une petite entreprise, et aux longues années qu'il avait passées auparavant dans des sociétés bien plus importantes.

Sea Smoke Cellars existait depuis une dizaine d'années quand nous l'avons visité, et, à cette date, l'entreprise avait réussi à développer sa culture de liberté tout en réalisant sa vision d'un vin de qualité mondiale. Il est vrai que Davids avait également réussi à conduire sa jeune entreprise précédente, Radica Games, au rang de troisième fabricant de jouets des États-Unis, juste derrière Mattel et Hasbro[8]. Au cours de cette phase de croissance, il s'était toujours obstinément refusé à dire à ses salariés de Radica – ils étaient huit mille au moment où il a passé la main – quelles actions entreprendre. Il a continué à en faire autant même après l'introduction de la société en Bourse, avec, qui plus est, une main-d'œuvre habituée à un régime politique d'autocratie oppressive : en effet, 94 % des salariés de Radica résidaient et travaillaient en République populaire de Chine ; ils n'avaient jamais vu de leader libérateur de leur vie. Nous examinerons plus loin quelques-unes des méthodes que Davids a appliquées pour insuffler cette culture dans une entreprise qui connaissait une croissance insensée et dont les salariés avaient encore moins d'expérience de la liberté – au travail ou ailleurs – que la plupart de leurs homologues occidentaux.

La tactique personnelle employée par un leader pour changer les habitudes et les postulats de ses salariés dépend de plusieurs facteurs. La résistance ou le scepticisme de ces derniers peuvent être la conséquence de leur expérience professionnelle dans d'autres sociétés, de facteurs culturels ou tout simplement de leur personnalité. Par ailleurs, des entreprises différentes exigent des méthodes différentes. L'attitude de Bill Gore avec ses ingénieurs n'était pas celle de Zobrist avec ses opérateurs ni celle de Davids avec ses viticulteurs et œnologues. Mais il existe une vérité immuable : le changement doit commencer par le leader lui-même. Il est impératif qu'un libérateur potentiel s'abstienne entièrement de dire aux autres ce qu'ils doivent faire, parce que tout le monde l'attend au tournant : va-t-il vraiment faire ce qu'il dit ? Les leaders libérateurs doivent vivre les valeurs qu'ils cherchent à insuffler à leur entreprise. Le chapitre qui suit est consacré à ce qui a poussé ce groupe de leaders à se lancer dans l'aventure.

5

Pourquoi ils l'ont fait

Deux déclencheurs de la campagne de libération

Dans le chapitre qui précède, nous avons décrit les premières tâches d'un leader qui s'engage dans une campagne de libération. Avant de passer aux étapes suivantes, nous voudrions nous concentrer sur le pourquoi de cette décision.

Cette question, qu'on a tendance à négliger, vaut pourtant qu'on s'y arrête un instant. Les histoires de succès sont toujours captivantes, qu'il s'agisse d'un grand champion sportif ou d'un obèse qui a perdu trente kilos. Mais si l'on ne comprend pas ce qui les a poussés à accomplir ces efforts si laborieux et à serrer les dents jusqu'au bout, le récit de leur réussite sera de peu d'utilité pour ceux qui voudraient reproduire leur exploit. Obtenir des performances de niveau mondial et cultiver des valeurs de liberté sont deux conditions indispensables à la libération d'une entreprise, mais ce sont deux types d'expérience tout à fait particuliers – l'*exaspération* et l'*admiration* – qui ont incité nos leaders à se lancer dans leur campagne de libération.

Accéder à un niveau mondial signifie dominer le marché et enregistrer des résultats financiers qui rendent ses concurrents envieux – rien de moins. C'est une ambition indispensable pour mettre sur pied une entreprise libérée, car elle offre une vision à laquelle les salariés peuvent adhérer affectivement. Il va de soi que la plupart des leaders, une fois responsables de la destinée d'une entreprise, se soucient de ses résultats. Mais il y a de la marge entre se soucier des résultats et vouloir accéder à un niveau mondial.

Prenons un exemple dans l'univers du sport. Certains entraîneurs de la NBA, qui ne l'admettront pourtant jamais, cherchent à former une bonne équipe – et des clubs qui ne sont que « bons » font tout de même gagner beaucoup d'argent à leurs propriétaires. Lenny Wilkens, par exemple, qui a enregistré plus de victoires – et de défaites – que tout autre entraîneur de la NBA, « est connu pour son style de coaching calme, raisonnable et optimiste[1] ». Mais « sa carrière a été jalonnée par plus de bons résultats réguliers que de coupes de championnat ». D'autres, comme Phil Jackson, l'entraîneur des Los Angeles Lakers, qui a remporté onze titres de la NBA, ont pour ambition de constituer des équipes de championnat qui feront date dans l'histoire du basket – et si les propriétaires ou l'équipe ne partagent pas cet objectif, ces entraîneurs mettent la clé sous la porte. C'est ce qu'a fait Jackson en 2004, quand il a renoncé à entraîner les Lakers. Le jour où il a été prêt à reprendre du service, plusieurs équipes, dont les New York Knicks, ont voulu l'embaucher. Mais Jackson est retourné chez les Lakers en 2005 – non par sentimentalisme, mais parce qu'il était convaincu que, même si elle ne jouait pas très bien à l'époque, cette équipe était capable de remporter le championnat de la NBA. Il a failli réussir en 2008, puisqu'il a conduit les Lakers en finale, et, en 2009 et 2010, il a remporté ses dixième et onzième titres – un record dans l'histoire de la NBA.

De nombreux bons chefs d'entreprise sont comme Lenny Wilkens. Ce n'est pas une insulte – Wilkens a remporté un championnat, en 1979, avec les Seattle SuperSonics. Ils enregistrent de bons résultats et leurs actionnaires sont contents. Mais cela n'a rien à voir avec des performances de niveau mondial.

La volonté de créer une entreprise de rang mondial n'est que l'une des deux conditions requises pour lancer une campagne de libération. L'autre est ce que nous appelons des « valeurs de liberté ». Évidemment, un leader qui ambitionne de jouer en catégorie d'exception peut très bien choisir d'autres approches et voir si elles sont efficaces. Robert McDermott, le PDG qui a libéré les assurances USAA, a expérimenté une tactique différente à l'Air Force Academy quand il était à la tête de cette organisation. De même, le livre de Jim Collins *De la performance à l'excellence* décrit plusieurs cas aujourd'hui célèbres de patrons qui ont fait passer leur entreprise de la catégorie « bons résultats » à la classe d'exception. Aucun n'a adopté une démarche de liberté radicale. Mais nos leaders libérateurs n'ont pas cherché à obtenir des résultats de niveau mondial en essayant de restructurer une société « comment ». Ils avaient beau savoir que des entreprises « comment » peuvent accéder à ce niveau, leurs valeurs de liberté leur avaient fait perdre foi dans ce type de culture. Ils estimaient qu'un environnement différent – fondé sur la liberté – était nécessaire. Toutefois, il leur manquait encore une expérience particulière qui les conduirait à rompre avec la culture « comment » et à s'engager dans leur campagne de libération. Notre enquête nous a fait découvrir deux de ces expériences déterminantes. La première a été l'exaspération face aux conséquences des efforts qu'exige la direction d'une entreprise « comment » ; la seconde a été l'admiration pour d'autres entreprises libérées.

Leçons de leadership autour d'une table de cuisine

Jeff Westphal avait toujours été convaincu de l'importance de la liberté, mais il ne savait absolument pas comment mettre ses valeurs en pratique dans sa vie professionnelle, même après être devenu, au début des années 1990, dirigeant d'une petite société de logiciels fiscaux appartenant à son père. Lecteur assidu, il avait étudié plusieurs approches remettant en cause l'environnement « comment », et plus particulièrement *Les Sept Habitudes de ceux qui réalisent tout ce qu'ils entreprennent*, de Stephen Covey. Mais, avant 1993, il n'en avait appliqué aucune à son entreprise. Cette année-là, le projet de développement d'un logiciel phare tourna au fiasco. Alors qu'il s'apprêtait à jouer les patrons et à annoncer aux membres de son équipe qu'ils allaient devoir « redoubler d'efforts, reculer d'un pas, se réorganiser, et… se remettre au boulot[2] », Westphal a trouvé une solution à un autre problème, d'ordre personnel – avec sa femme.

À l'époque, il ne comprenait pas pourquoi sa femme n'avait jamais envie de partir pour une petite expédition improvisée dans la nature, en camping, juste tous les deux. Il le prenait comme un affront personnel. Ce refus l'exaspérait tellement qu'il commençait à douter intérieurement de la santé mentale de son épouse. Mais, un soir où ils étaient ensemble à la cuisine, il s'est rappelé un passage du livre de Covey et a eu envie d'essayer de suivre son conseil. Il s'est efforcé de renoncer à tout jugement et de se mettre simplement à la place de sa femme, de l'écouter. « C'est alors, nous a raconté Westphal, que j'ai eu une révélation : elle se soucie plus de la sécurité des enfants que de notre couple. » Sa réticence n'avait rien à voir avec lui ni avec leur vie conjugale, elle était entièrement due à ses inquiétudes pour leurs enfants. Mais Jeff avait été trop obnubilé par ses propres intérêts et par ses envies personnelles pour en avoir conscience.

« Je me suis rendu compte que je n'avais jamais compris, poursuit Westphal. Ça a complètement changé ma vie, au sens propre. J'avais toujours cru comprendre tout le monde, et à cet instant j'ai pris conscience qu'en fait je n'avais jamais vraiment compris personne. Je comprenais d'eux ce que je voulais comprendre, sans savoir qui ils étaient vraiment et quels étaient leurs besoins. Et alors je me suis dit : "Bon sang, combien de fois est-ce que je me suis déjà trompé comme ça ?" »

Ce n'est pas une entrée en matière habituelle de la part d'un patron qui reçoit des visiteurs venus étudier la façon dont il dirige son entreprise. Mais, alors que nous commencions à nous demander s'il ne nous avait pas pris pour des conseillers conjugaux itinérants, il nous a expliqué où il voulait en venir : « L'application de cette découverte au monde de l'entreprise était la suivante : "Ça alors ! Je passe mon temps à croire que je comprends tout, alors que je suis complètement à côté de la plaque. C'est pareil pour les autres, ils sont convaincus d'avoir pigé, mais ils se fourrent le doigt dans l'œil." » Dans une entreprise où tout le monde ne travaille que dans son intérêt personnel, les conflits avec chaque individu ou chaque service sont inévitables, et insolubles. Il *paraît* donc naturel de mettre en place un supérieur – un chef – qui pourra arbitrer ces intérêts rivaux en appelant cela « coordination ». Mais le chef est lui-même prisonnier de son propre cadre de référence ; il est incapable d'écouter et habitué à dire aux autres ce qu'ils doivent faire, ce qui engendre les petits jeux et les intrigues de bureau que nous ne connaissons tous que trop bien. « Une fois que vous avez pris conscience que, dans le fond, personne ne comprend rien à ceux qui sont en relation avec lui, poursuit Westphal, vous savez qu'il *faut* faire quelque chose pour y remédier. C'est une obligation ; vous ne pouvez pas ne *rien* faire. Parce que, maintenant, vous pouvez imaginer ce que pourraient être les performances de votre boîte si les gens se comprenaient vraiment » : en travaillant ensemble, ils pourraient aboutir à des résultats qu'aucun d'eux n'aurait pu obtenir en restant prisonnier de sa propre perspective étriquée.

« Le tout premier "programme" que nous avons mis en place, raconte encore Westphal, a été la modification de *mon* comportement. Je me suis mis à *écouter*, à faire vraiment participer les gens à mes prises de décision. » Westphal s'est rendu compte que c'était à cause de son approche hiérarchique, de son habitude de dire aux autres comment faire leur travail, que ces derniers s'accrochaient à leurs perspectives individuelles et opéraient des choix conformes à leurs propres intérêts, générateurs de conflits, au lieu de communiquer et de définir collectivement la meilleure action à entreprendre pour faire progresser la vision d'entreprise. Si bien que, plutôt que de continuer à « dire, dire, dire », il a fait l'essai d'une autre méthode : « Le lendemain de cette histoire avec ma femme, je suis arrivé au boulot et je me suis mis à écouter. » Et cette première démarche, apparemment insignifiante, de construction d'un environnement libre n'a pas mis longtemps à livrer un résultat de grande portée.

Au cours d'une réunion dont l'objectif était de tenter de faire sortir de l'ornière le projet de développement de logiciel embourbé, un manager a fait remarquer que l'évolution des logiciels fiscaux avait, de toute évidence, pris une direction différente de celle du projet initial. Les ERP, les progiciels de gestion intégrée : voilà l'avenir de la boîte, a-t-il déclaré. « Après l'échec de ce projet, raconte Westphal, j'avais pensé qu'il fallait redoubler d'efforts [...] parce que j'avais tendance à me concentrer exclusivement sur la cible actuelle. Mais je me suis mis à écouter. Gerry Hurley, notre actuel vice-président du marketing, avait remarqué que les choses bougeaient beaucoup dans le secteur capital pour nous des logiciels de TVA*. Je lui ai demandé : "Qu'est-ce qu'on doit faire ?" Notre entreprise était relativement modeste à l'époque, puisqu'elle comptait soixante ou soixante-dix salariés. Il a dit : "Il faut qu'on s'adapte et qu'on accorde la priorité à ce domaine-là, parce que si on n'y prend pas garde, on va dans le mur." J'ai écouté, et j'ai acquiescé. »

Westphal a accepté l'idée qui a ouvert la voie à la croissance de la société. Il reconnaît que, s'ils s'étaient contentés de replâtrer l'ancien projet comme il avait l'intention de le faire, c'était la fin de Vertex. « Heureusement qu'on l'a fait, parce qu'on s'est positionnés juste à temps pour bénéficier des possibilités de croissance du secteur des ERP. Ce sont eux qui ont vraiment fait décoller la boîte. Autrement, on n'existerait sans doute plus aujourd'hui. »

Il n'en a évidemment pris conscience qu'*a posteriori*. Mais, sur le moment, comment a-t-il vécu le fait de laisser son équipe prendre une décision stratégique majeure ? « Je ne me suis pas senti diminué parce qu'il ne s'agissait pas de *mon* idée, explique-t-il. Mon seul critère de jugement, c'est le résultat final de la boîte. L'alternative est simple : exercer un minuscule effet de levier grâce au pouvoir différentiel

* Un défi pour les entreprises américaines étant donné que les taux de TVA diffèrent dans chacun des cinquante États. (N.d.T.)

de mon tout petit cerveau, ou exercer un immense effet de levier grâce au pouvoir différentiel de six cents cerveaux. Peu importe qui est l'auteur de la meilleure idée. L'important, c'est que *nous* l'ayons. Au début, ça n'a pas été facile, c'est vrai : on se sent très vulnérable. »

Notez bien que ce n'est pas l'écoute en soi qui a décidé Westphal à s'engager dans sa campagne de libération. C'est la réalité qu'il a découverte après avoir commencé à écouter qui l'a excédé, et lui a inspiré cette décision.

En voyant s'améliorer les résultats de Vertex, Westphal – qui avait désormais renoncé à la fois à dire aux autres « comment » et à son ego – s'est rendu compte que l'environnement qui régnait dans sa société se rapprochait de ce qu'il a appelé la « loi de la jungle ». Il encourageait les salariés à s'accrocher à leur optique personnelle, à pousser les décisions favorables à leurs propres intérêts et à créer ainsi des conflits permanents, avant d'aller trouver le « chef » pour qu'il les règle. C'était un environnement hiérarchique, conflictuel, avec tout le stress et le désengagement que cela implique. Et, à l'image du problème qui l'avait tant exaspéré dans son couple, Westphal a compris que, dans son entreprise, ces conflits interminables venaient de ce que les gens disaient au lieu d'écouter. Il a décidé de transformer son entreprise « comment » en entreprise libérée, en encourageant les employés à s'écouter mutuellement, à s'entendre sur un objectif commun qui refléterait la vision de l'entreprise et à suggérer les décisions et les mesures les plus pertinentes pour réaliser cet objectif.

Au terme de quinze ans d'efforts, Westphal estimait que la culture de Vertex était à mi-chemin sur la voie vers son idéal et qu'il lui faudrait « encore dix ou quinze ans » pour l'atteindre. Néanmoins, malgré ce jugement sévère, il était tout prêt à nous donner un aperçu du trajet qu'il avait déjà parcouru sur le chemin de la liberté : « Je me rappelle que j'avais l'impression de devoir tout le temps donner [...] la bonne réponse. Maintenant [...] je sais qu'il faut simplement que je pose la bonne question. Peu importe d'où vient la réponse. »

La culture du « comment » a inspiré des moments d'exaspération comparables à un grand nombre de nos leaders libérateurs. Stan Richards, propriétaire et directeur général de la plus grande agence de publicité indépendante des États-Unis, le Richards Group, établi à Dallas, a lui aussi constaté un jour avec irritation que l'environnement des agences traditionnelles étouffait les idées créatives et provoquait des dissensions entre les services. L'inimitié sectaire entre « commerciaux » et « créatifs » était d'une telle âpreté que Richards faisait le parallèle avec l'Irlande du Nord, où l'on avait édifié de vrais murs au milieu des rues de Belfast pour séparer protestants et catholiques. Ces sociétés, affirme Richards, sont comme « l'Ulster, avec des heures de bureau normales ». Cette expérience l'a incité à quitter l'univers des agences de pub traditionnelles pour lancer sa propre entreprise, fondée sur la liberté.

Bob Koski est le fondateur, et a longtemps été le directeur général, de Sun Hydraulics, un important fabricant de valves hydrauliques à haute performance installé à Sarasota, en Floride. Mais il n'a lancé Sun qu'après avoir été excédé par l'hostilité qui caractérisait les relations de travail dans son précédent emploi. Dirigeant à l'époque, Koski passait beaucoup de temps à l'usine à écouter les préoccupations des ouvriers. Quand il a prédit que le personnel voterait pour la syndicalisation parce que la base avait perdu toute confiance dans la direction, on lui a ri au nez. Le syndicat l'a emporté par dix fois plus de voix pour que contre, et Koski a quitté l'entreprise pour se mettre à son compte – non pas parce que le syndicat avait remporté les élections, mais parce qu'il en avait plus qu'assez que les autres membres de la direction refusent d'admettre le désengagement, et même le désengagement *actif*, de la main-d'œuvre. Quant à Robert McDermott, son exaspération était due à une autre conséquence de la gestion « comment » : au cours de ses six premiers mois à USAA en tant que futur directeur général désigné, il a constaté que les habitudes bureaucratiques de la société empêchaient les employés du service consommateurs de donner satisfaction aux clients.

Ces leaders ont ceci de particulier qu'ils ne se sont pas contentés de porter un jugement critique sur leur entreprise. La situation leur était devenue intolérable. Ils ne se sont pas bornés à condamner leur employeur ou à se plaindre des dysfonctionnements sans prendre pour autant aucune mesure concrète. Ils ont décidé d'agir. La distinction entre critique et exaspération n'a rien d'une subtilité psychologique. Après tout, quand des hommes d'affaires critiquent quelque chose, ils agissent rapidement pour y remédier, non ?

Pas si vite. Nous connaissons un chef de division dans une célèbre entreprise américaine qui aime raconter, en interne, une histoire à propos de son propre père, lequel était grutier. Un soir au dîner, son père lui annonce qu'un nouveau patron est arrivé et a déclaré que l'objectif de l'en treprise était d'améliorer sa productivité de 30 %.

« Tu vas y arriver ? a demandé le fils.

– Certainement pas, a répondu le père.

– Mais tu saurais comment faire ? a insisté le fils.

– Naturellement », a répondu le père, exprimant ainsi un profond désengagement à l'égard de son entreprise et de ses patrons adeptes du « comment », ainsi qu'un refus de les aider. S'ils veulent lui dire comment faire son boulot, très bien, parfait. Mais qu'ils ne lui demandent pas comment l'améliorer. Le père était résigné à ce que la direction n'accorde de toute manière aucune valeur à ses idées, et ne voyait donc aucune raison de lui donner un coup de main.

Le dirigeant qui raconte cette histoire aux autres membres de sa direction est convaincu que les salariés ont des solutions géniales pour améliorer les résultats, et il critique l'environnement « comment » qui les empêche de les appliquer. Cependant, malgré le regard impitoyable qu'il pose sur les résultats de son entreprise – où, parmi les vendeurs, la rotation du personnel a atteint 40 % –, il n'est pas *exaspéré*. Ses efforts pour créer un environnement qui libère les salariés de sa propre société se sont limités, à peu de chose près, au récit de cette anecdote. Dire aux gens que c'est eux qui détiennent la clé d'une amélioration des résultats n'est après tout qu'une autre façon de leur dire ce qu'ils ont à faire. La libération ne peut pas se contenter de cela.

Et pourtant, à l'image de ce dirigeant, des milliers de patrons qui enregistrent des résultats médiocres et critiquent leur environnement « comment » ne font rien pour le changer. Un grand nombre d'entre eux rament deux fois plus dur, voilà tout. Ils rendent responsables de la situation certains salariés ou des modes de management adoptés par l'entreprise – ou, pis encore, des éléments extérieurs à celle-ci. D'où les nombreuses saignées et les fréquents « régimes » périodiques.

Il en est d'autres qui ne rament même pas plus dur. Ils passent leur temps à critiquer et à attendre une solution miracle. Pendant ce temps, ils n'entreprennent pas les transformations nécessaires à la construction du bateau solide susceptible de conduire leur entreprise à une destination de niveau mondial. Comme l'a écrit Robert Greenleaf, célèbre spécialiste du leadership et lui-même ancien dirigeant :

> Tant de gens [...], après avoir pris fermement position contre l'injustice et l'hypocrisie, ont du mal à se transformer en *bâtisseurs affirmatifs* d'une société meilleure. Combien chercheront leur accomplissement personnel en faisant des choix difficiles et en entreprenant la préparation rigoureuse qu'exige la construction d'une société meilleure ? [...] La critique a sa place, mais, en tant que préoccupation générale, elle est stérile. [...] Si de trop nombreux bâtisseurs potentiels sont entièrement absorbés par l'autopsie de ce qui ne va pas et recherchent fébrilement la perfection immédiate, le mouvement que nous sommes si nombreux à souhaiter sera retardé. Le danger, peut-être, est de trop écouter l'analyste et pas assez l'artiste[3].

Comment, concrètement, s'est opéré ce choix difficile, comment s'est passé ce moment où les « artistes », les « bâtisseurs affirmatifs » des entreprises libérées, ont décidé d'agir, de se lancer dans la première étape d'une campagne de libération ? Pour la plupart, ils ont dû se retenir de dire à un subordonné comment résoudre un problème qui n'était pas directement de leur ressort. Il a fallu qu'ils s'obligent à poser cette question : « *Vous*, que proposez-vous ? » Et si le subordonné n'avait pas d'idées – ils en ont très souvent, mais hésitent à les faire connaître parce qu'ils ne sont pas habitués à ce qu'on leur demande leur avis –, les leaders libérateurs ont dû dire : « C'est vous qui êtes compétent dans ce domaine. Je suis sûr que, si vous y consacrez un peu de temps, vous trouverez la solution. »

Il n'est pas facile de faire preuve de cette retenue. Comme l'a écrit Albert Camus, se libérer, c'est « accepter tout ce qui vient, avec les conséquences[4] ». Cela vous rend vulnérable – ainsi que l'a reconnu Westphal. Camus donnait le conseil de « ne rien craindre ». Tout de même, le jour où, à la tête d'une société encore débutante, vous laissez pour la première fois vos subordonnés prendre une décision à 1,8 million de dollars, vous aurez certainement un nœud à l'estomac. Et, comme le dit encore Camus, personne ne vous viendra en aide.

De l'admiration à l'exécution

L'exaspération devant les conséquences pernicieuses de l'environnement « comment » a été un moteur pour de nombreux leaders libérateurs. Mais prendre simplement le contrepied de ce qu'on aurait fait dans une société « comment », c'est évidemment un plan d'action un peu vague[5]. Certains leaders – comme Zobrist – ont puisé des idées dans les écrits de théoriciens du management. D'autres, plus nombreux, ont agi comme Bob Koski, de Sun Hydraulics, qui a transformé son exaspération en programme de libération en s'inspirant des approches différentes qu'il avait observées dans des entreprises qu'il admirait.

« Quand j'ai lancé Sun avec trois employés (John Allen, ma femme Beverly et moi), en étant convaincu que l'entreprise se développerait et finirait par employer plusieurs centaines de personnes, il m'a semblé que c'était une occasion en or de minimiser les effets destructeurs de la politique et des ego[6]. » Voilà comment Bob Koski décrit ce qui l'a poussé, en 1970, à s'engager dans un programme de libération en créant Sun Hydraulics, une entreprise qui est aujourd'hui cotée en Bourse, régulièrement classée par *Fortune* parmi les cent petites sociétés par actions américaines qui enregistrent la plus forte croissance et que *Forbes* range parmi les deux cents meilleures PME. Bob Koski voulait créer une entreprise débarrassée de ces « effets destructeurs », dont les salariés se sentiraient respectés et libres d'agir à leur guise. Il évoque en ces termes une des premières réunions avec les collaborateurs de sa nouvelle société : « Je leur ai dit avec une fausse humilité : “Je ne sais pas quoi faire, mais je sais parfaitement ce qu'il ne faut *pas* faire[7].” » Il songeait à l'entreprise où il avait travaillé précédemment et aux conflits sociaux majoritairement provoqués par des dirigeants à l'ego boursouflé qui passaient leur temps à dire aux autres comment faire leur travail, n'arrêtaient pas de les contrôler et ne les écoutaient jamais – même après que les salariés eurent voté par dix contre un, comme nous l'avons dit plus haut, la syndicalisation de leur entreprise. Avant de lancer ce projet, il fallait cependant que Koski définisse un plan approprié. En effet, pour lui comme pour d'autres leaders libérateurs, liberté n'était pas synonyme d'anarchie ; c'était au contraire « un environnement hautement orchestré et discipliné qui cherchait à utiliser les forces et l'intelligence du personnel[8] ».

Pendant son année de planification et de lectures, une histoire a retenu son attention : celle des laboratoires de DuPont dans les années 1920 et 1930. Ces labos ignoraient les organigrammes et les titres formels. Ils étaient organisés autour de petites équipes autogérées de chercheurs qui partageaient les responsabilités et pouvaient prendre librement des décisions, à condition d'en informer les autres membres de leur groupe. Les chercheurs passaient souplement d'un projet à un autre. Koski a relevé que cette liberté avait permis à DuPont d'enregistrer des résultats de niveau mondial : « La DuPont Chemical Company a prospéré. Le réservoir de talents de DuPont faisait l'objet d'une grande estime. La place de DuPont dans le monde de la chimie s'est développée rapidement[9]. » Sans le savoir, Bob Koski décrivait les caractéristiques qui avaient conduit Bill Gore à se demander s'il ne serait pas possible d'organiser toute une entreprise sur ce modèle.

Inspiré par l'environnement des labos de DuPont, Koski a conçu celui de sa propre société et l'a décrit, en même temps que ses arguments financiers et commerciaux, dans un modèle économique manuscrit de trente-quatre pages [voir la traduction de sa partie « soft », philosophique, dans les notes en fin de volume[10]]. Ce n'est qu'à ce moment-là qu'il a appuyé sur la gâchette en adressant son document aux banques locales et à d'autres investisseurs potentiels.

Chose étonnante, les banques ne l'ont pas jeté à la corbeille et se sont laissé convaincre par la rigueur de ses chiffres et de ses projections, passant probablement outre à ses paragraphes philosophiques. Bob Koski ne s'en est pas offusqué – il a accepté l'argent que lui proposait l'une d'elles, ce qui était l'essentiel à cette étape –, et il a lancé son entreprise avec un complément d'investissement fourni par des membres de sa famille et des amis. Mais, dès les tout premiers jours de vie de sa société, il n'a jamais cessé de souligner l'importance de la partie « soft » par rapport à la partie « hard » (les actifs matériels), autrement dit l'importance de la liberté comme condition et garantie d'une performance durablement remarquable.

> Une méthode très utile pour les actionnaires soucieux d'évaluer la qualité d'investissement à long terme dans des entreprises comme Sun Hydraulics consiste à rassembler des éléments d'information sur la manière dont une société a tendance à penser et à se comporter. […] Personnellement, je pense que les industriels qui s'appuient exclusivement sur les chiffres de fonds propres commettent une lourde erreur. Les sociétés dont la direction cultive les actifs « soft », comme la connaissance de l'entreprise et les relations, enregistreront de meilleurs résultats à long terme. […] Nous sommes convaincus que notre avantage concurrentiel repose sur la créativité, le talent et l'engagement de nos salariés[11].

Ce sont les premières lignes du rapport annuel 2003 que Sun Hydraulics a adressé à ses investisseurs, sous un intitulé un peu différent il est vrai : *Observations de Bob Koski et Clyde Nixon* (alors président du conseil d'administration). Sachant que les mots ne suffisent pas à convaincre des investisseurs potentiels, Koski leur proposait de venir voir par eux-mêmes : « Si vous êtes, ou souhaitez devenir, un "investisseur" sérieux de Sun Hydraulics, venez à Sarasota, en Floride, à Coventry, en Angleterre, ou à Erkelenz, en Allemagne, et rencontrez votre investissement : les gens qui sont le cœur et l'âme de notre société[12]. » Selon Koski, l'observation personnelle – par opposition aux chiffres bruts – est la meilleure manière d'évaluer les actifs « soft » de son entreprise. Bien sûr, des actionnaires dispersés sur tout le continent, voire toute la planète, feront difficilement le déplacement, ce qui explique que Sun Hydraulics se donne beaucoup de mal pour décrire ces actifs « soft » dans son rapport annuel.

Bob Koski n'a pas fait l'expérience personnelle des bienfaits d'un environnement libre chez DuPont. Il les a étudiés à travers ses lectures. Comme lui, d'autres leaders libérateurs ont découvert ce genre d'environnement par le biais d'autres entreprises et se sont servis de ces leçons pour lancer leurs propres plans d'action de libération. Bob Davids, par exemple, s'est lié d'amitié avec Robert Townsend – l'ancien patron d'Avis – et a étudié attentivement son expérience, qu'il a ensuite appliquée à la libération de ses propres sociétés. Jeff Westphal est allé voir ce qui se passait chez Gore et chez Harley-Davidson et a utilisé ses observations pour préparer sa campagne de libération chez Vertex.

Quant à Rich Teerlink, de Harley, ses liens avec une société libérée allaient bien plus loin qu'une simple visite : il travaillait dans l'une d'elles. Dirigeant chez Herman Miller, un fabricant de meubles, il avait fait l'expérience quotidienne d'un environnement fondé sur la liberté et avait pu discuter de leadership libérateur avec Max De Pree – le directeur général, qui a beaucoup écrit sur le sujet. Après avoir lui-même pris la tête de Harley et avoir transformé en favorite de Wall Street cette société que la popularité des motos japonaises avait conduite au bord de la faillite, il a analysé les raisons de son succès. Armé de ses valeurs de liberté, il a pris conscience du fait que ce n'étaient pas seulement le Total Quality Management ou les principes de l'amélioration continue qui avaient permis à son entreprise de se redresser, mais la liberté dont disposaient ses salariés de base pour prendre des mesures en matière de qualité et d'amélioration. L'admiration de Teerlink pour la culture d'Herman Miller a joué un grand rôle dans sa décision d'instaurer un environnement comparable dans sa propre entreprise. (Nous étudierons la façon dont Teerlink a libéré Harley-Davidson au chapitre 6.)

Le cas de Bill Gore est plus étonnant à première vue. La société qui a inspiré Bob Koski – DuPont – a été pour lui à l'origine d'expériences d'exaspération aussi bien que d'admiration. D'exaspération parce que, comme nous l'avons vu plus haut, après avoir travaillé dix-sept ans chez DuPont dans les années 1940 et 1950 et avoir observé de près ses dysfonctionnements bureaucratiques, il a décidé de partir pour créer sa propre boîte. D'admiration, aussi, parce que, quand DuPont avait voulu stimuler l'innovation, il avait temporairement mis sur pied une organisation libérée, celle que Bob Koski a découverte à travers ses lectures. Ainsi, c'est à la fois l'exaspération et l'admiration – pour les pratiques d'une seule et même entreprise, en l'occurrence – qui ont poussé Gore à édifier sa propre société autour de la liberté[13]. Toutefois, il ne s'est pas arrêté aux entreprises et aux groupes industriels ; il a étudié de près le comportement animal, les primates, les groupes primitifs et les tribus[14]. La lecture de *La Loi naturelle*, de Robert Ardrey, lui a fait découvrir que les interactions émotionnelles fondées sur l'amitié avaient permis l'existence de groupes humains primitifs d'une grande efficacité, dont l'évolution avait abouti à la naissance d'*Homo sapiens*. En réfléchissant au rôle clé de la communication, de la confiance et de la compréhension au sein de ces groupes, Bill Gore a défini le défi majeur de la *lattice organization*, l'organisation en treillage, sa « philosophie d'entreprise » :

> À deux, la coopération peut être excellente. […] Plus le nombre de participants augmente, plus la communication devient complexe, plus elle perd en efficacité et plus les modes de communication possibles diminuent. La coopération subit une chute vertigineuse dès que le groupe devient assez important pour que tout le monde ne se « connaisse » plus. À cette étape, on entend le « *nous* avons décidé », ou fait, ou pensé, etc., se transformer en « *ils* ont décidé », etc. Il est difficile d'empêcher cet effondrement de la coopération dans les groupes qui comptent plus de cent cinquante personnes environ. Au-delà, il devient indispensable d'imposer des règles, des régulations, des procédures et d'autres mesures de ce genre, qui dictent la façon dont la coopération doit se faire[15].

L'organisation en treillage définie par Gore se caractérise encore par d'autres principes : « pas d'autorité établie ou attribuée ; des sponsors, pas de patrons ; un leadership naturel défini par un followership [l'adhésion volontaire des autres] ; une communication d'individu à individu ; des objectifs fixés par ceux qui doivent les réaliser ; des tâches et des fonctions organisées par le biais d'engagements[16] ». À l'origine, il existait des chefs de service dans son entreprise, mais, comme l'a raconté Les Lewis, le développement des principes de l'organisation en treillage a conduit Bill Gore à décider de mettre en place un environnement plus radicalement libéré.

Pèlerins et sceptiques

La décision de libérer n'a rien de simple ni d'évident – même pour ceux qui n'ignorent rien des résultats des entreprises libérées et qui les admirent. Plusieurs centaines de dirigeants sont venus en pèlerinage chez Harley-Davidson et chez FAVI, où ils ont été reçus dans des salles de réunion plaisamment surnommées par les employés « chapelle », « cathédrale » et autres appellations du même genre. Ces salariés se rendent bien compte que, vu de l'extérieur, le fonctionnement de FAVI pourrait faire penser à un culte et que Zobrist a tout du sauveur de leurs « âmes perdues ». Tant de gens sont venus voir comment les choses se passaient chez Harley que l'entreprise a commencé à faire payer les visites pour compenser le temps perdu. Mais, qu'ils aient ou non payé ce privilège, la grande majorité de ces visiteurs en quête de recettes d'excellence, une fois rentrés chez eux, ne changent strictement rien à leurs environnements « comment », parce qu'ils ne sont pas armés des valeurs de liberté. Ces visites relèvent du simple *benchmarking*, de l'évaluation des performances – ils admirent les résultats d'Harley, mais ne comprennent rien à sa liberté.

Surpris par le raisonnement déficient de tant de chefs d'entreprise, Bob Koski a remarqué un jour : « Je me demande bien ce qu'on enseigne dans les écoles de commerce. » On y enseigne, entre autres, comment fonctionnent *son* entreprise et son environnement de liberté. Sun Hydraulics constitue en effet l'étude de cas favorite de la Harvard Business School sur l'environnement libéré. Bien que l'histoire de Sun soit enseignée dans l'une des plus grandes écoles de commerce du pays, Richard Arter, responsable des relations avec les investisseurs chez Sun, n'a pas connaissance de l'existence d'une seule société qui, à la suite de cet enseignement, aurait pris modèle sur « la structure organisationnelle de Sun – ou sur l'absence de structure ». Il a même fallu que Bob Koski et d'autres dirigeants viennent prendre la parole à Harvard de temps en temps pour prouver aux étudiants de MBA sceptiques que Sun n'est pas un exemple imaginaire, mais une vraie société[17].

L'étude de cas de Harvard traite en long et en large des valeurs de Sun. Mais la véritable avancée intellectuelle que doit accomplir un libérateur consiste à rattacher ces valeurs à une vision de niveau mondial. En fait, seuls les leaders personnellement et profondément attachés à la liberté ont été en mesure de comprendre au cours de leur visite – ou de leurs lectures et de leurs études – que des performances de niveau mondial sont la *conséquence* de la liberté de l'entreprise. Ils ont su faire de cette prise de conscience et de cette admiration le déclencheur de la libération de leurs propres entreprises.

Interrogé sur les résultats exceptionnels de Sea Smoke Cellars tant dans le domaine de la qualité du vin que dans celui des résultats commerciaux, Bob Davids a répondu : « Si l'environnement est bon, nous pouvons faire un bon produit et gagner beaucoup d'argent, tout en prenant notre pied. Gagner de l'argent et prendre son pied, ça ne se fait pas de force. » Il a ajouté : « C'est une culture où il y a zéro tension. Et où règne une confiance absolue. Katie fait confiance à Kris pour faire le vin. Je fais confiance à Don pour s'occuper des fûts. Kris fait confiance à Katie pour bien s'occuper des ventes et prendre les décisions les plus pertinentes. Tout le monde fait confiance à tout le monde pour faire son boulot[18]. » Nous rappelant l'épisode de Katie et des fûts usagés, nous avons relevé avec satisfaction que Bob avait confiance dans la capacité de son nouvel œnologue assistant – Don – à s'occuper des fûts, ce qui veut dire qu'il est sûr que Don s'est approprié la vision d'entreprise d'un vin de qualité mondiale. L'œnologue, Kris Curran, établissait, elle aussi, un lien entre liberté et résultats de niveau mondial : « Nous pouvons avoir le meilleur raisin du monde, mais si on travaille dans de mauvaises conditions, on ne fera pas de grand vin. Tout repose sur la culture, sur les conditions de travail, sur la possibilité de prendre personnellement certaines décisions et de posséder cette liberté pour exprimer son art, son métier et sa passion[19]. » C'est peut-être la première fois de l'histoire de la viticulture que l'on rattache aussi directement la liberté à la grandeur d'un vin. Mais c'est aussi la première fois de l'histoire qu'une entreprise – désignée meilleur nouveau vignoble des États-Unis en 2006 par *Food & Wine* – produit un vin qui figure sur la liste des cent meilleurs du monde, établie par *Wine Spectator*, dès sa première année d'existence puis pendant quatre années de suite – dont l'année 2003, celle où Victor avait décidé de vendanger en vert pour un coût de 1,8 million de dollars. Ce millésime, en fait, a été une réussite totale – *Wine Spectator* l'a classé en cinquantième position à l'échelle mondiale, la meilleure place jamais atteinte par un millésime de Sea Smoke. Pour le moment.

Contrairement à un grand nombre de patrons d'entreprises traditionnelles, les leaders libérateurs ne croient pas que des résultats de niveau mondial s'obtiennent de force. Selon eux, ils sont la conséquence d'un bon environnement – d'un environnement libre. Mais les premières années d'édification d'un environnement libre ne sont pas une partie de plaisir. Tous les leaders qui s'engagent dans une campagne de libération ne réussissent pas. Comment font ceux qui y parviennent et comment persuadent-ils les autres de participer à cette campagne de libération – car ils ne peuvent pas y arriver seuls ? C'est ce que nous allons voir maintenant.

6

Quel est votre problème (et celui de vos salariés) ?

Inventer un environnement qui traite les gens en égaux

> Tous les êtres humains naissent libres et égaux en dignité et en droits. Ils sont doués de raison et de conscience et doivent agir les uns envers les autres dans un esprit de fraternité.
>
> Article 1 de la Déclaration universelle des droits de l'homme, Nations unies, 1948

Telluride, dans le Colorado, est aujourd'hui une station de ski pittoresque, mais au début du XXe siècle c'était une cité minière crasseuse, ravagée par les conflits sociaux, qui n'étaient que trop courants à l'époque. Une plaque apposée dans la grand-rue témoigne de ce passé violent, relatant un affrontement meurtrier entre mineurs grévistes et briseurs de grève.

Cette époque n'est plus qu'un lointain souvenir pour la petite bourgade moderne où Richard Teerlink, PDG de Harley-Davidson à la retraite, a élu domicile sept mois par an. Mais, à ses yeux, la leçon reste d'actualité. « Vous voyez, explique-t-il tandis que nous traversons la ville, quand les patrons traitent les salariés comme de la merde, il arrive que ceux-ci en viennent aux pires extrémités[1]. »

Teerlink s'y connaît en relations patronat-salariat. Quand il est entré chez Harley-Davidson en 1981, l'entreprise battait de l'aile : elle ne cessait de perdre des parts de marché et était au bord de la faillite. Quand il s'est retiré en 1999, elle avait renoué avec le succès, et ses bénéfices dépassaient le total de ses revenus au moment où il avait pris les rênes. Sa capitalisation boursière était supérieure à celle de GM, et ce avant les épreuves qu'a subies le fabricant automobile au XXIe siècle. Comme celle de GM, la main-d'œuvre de Harley était syndiquée. Mais, à la différence des propriétaires de mines et des ouvriers d'il y a un siècle, c'est ensemble que Teerlink et son personnel ont réussi à redresser leur entreprise de fabrication de motos. Une réalité qui explique largement la surprenante sympathie de Teerlink pour les mineurs dont la plaque de Telluride honore la mémoire. L'expérience lui a appris que, quand les relations entre personnel et direction s'enveniment, les torts sont souvent partagés. Il sait également que traiter les salariés en égaux est une des clés de la mise en œuvre d'une campagne de libération.

Les événements qui ont agité Telluride en 1901 et dans les années suivantes furent d'une violence extrême, même pour l'époque. Au-delà des échanges de coups de feu entre grévistes et briseurs de grève, la direction et la main-d'œuvre s'étaient enfermées dans un conflit pervers, autodestructeur. Deux mois avant la fusillade, les mineurs s'étaient mis en grève pour réclamer un salaire de trois dollars par jour et la journée de travail de huit heures. Bien décidés à ne pas céder, les patrons de la mine de Smuggler-Union engagèrent des briseurs de grève – qu'ils payèrent trois dollars par jour et à qui ils accordèrent la journée de huit heures qu'ils refusaient au syndicat. Avec pour conséquences non seulement la fusillade meurtrière du 3 juillet 1901, mais des années de conflits du travail dans la ville. Et toute l'affaire avait commencé par un avantage salarial que la mine avait accordé sur-le-champ à ses propres briseurs de grève. Plus de trois ans après le déclenchement de la première grève, les propriétaires de la mine décidèrent de dissoudre le syndicat[2]. Sans résultat. À l'époque, les esprits résolus ne manquaient pas plus chez les patrons que chez les salariés, et on ne reculait pas devant la violence. Un siècle plus tard, celle-ci appartient au passé ; le droit de grève et le droit de se syndiquer sont plus largement reconnus. Mais l'héritage de cet antagonisme pèse toujours sur les relations qui règnent dans de nombreuses entreprises, les syndicats et la direction tombant trop facilement dans le piège perdant-perdant qui consiste à essayer d'arracher systématiquement le maximum de concessions à l'autre partie.

Cette tendance n'est pas l'apanage des entreprises syndiquées. Elle est en réalité regrettablement répandue. Une entreprise tente de booster ses performances et de supprimer quelques dépenses inutiles en établissant une série de contrôles et de normes sur la manière dont les salariés devraient faire leur travail et sur le volume de travail qu'ils sont censés réaliser. Ces contrôles peuvent avoir pour objectif de définir le plancher des résultats à atteindre, mais, dans les faits, ils finissent par fixer un plafond. Tout le monde commence à faire la grève du zèle, à faire le « minimum syndical » – une expression tout à fait révélatrice, soit dit en passant. En théorie, les syndicats négocient toutes ces règles de travail pour savoir clairement comment faire leur boulot. Mais pas plus que la direction ils n'ignorent que, si les salariés se contentent d'appliquer la règle à la lettre, ils peuvent mettre l'entreprise à genoux. Les deux camps négocient donc des règles qu'aucune partie n'a l'intention de respecter, sinon dans l'éventualité d'un conflit plus général – les règles devenant alors des armes brandies contre l'un ou l'autre des deux camps. La direction et le personnel savent fort bien que ces règles, qu'elles soient appliquées de façon vindicative ou tranquillement ignorées, ne constituent en aucun cas un mode de management.

Même dans les cas les plus bénins, ces règles et ces normes de résultats n'ont que trop tendance à se transformer en objectifs ou à être interprétées à tort comme tels. Jeff Westphal, de Vertex, remarque très justement qu'il faut remplir son réservoir d'essence pour aller à Big Sur, mais qu'on ne se rend pas à Big Sur simplement pour continuer à faire le plein. Ou, pour dire les choses autrement, parce que vous obtenez ce que vous mesurez, votre mesure devient votre résultat. Et, à brève échéance, au lieu d'encourager votre entreprise à se développer de plus en plus rapidement et à devenir de plus en plus compétitive, votre main-d'œuvre s'emploie à « atteindre les objectifs », un petit jeu qu'elle adore parce que c'est un merveilleux exutoire à son hostilité à l'égard d'une entreprise « comment », et parce qu'il présente l'avantage supplémentaire de saper ses performances plus subtilement que ne le ferait une grève.

En un sens, Teerlink a eu de la chance. Quand il est arrivé chez Harley en 1981, l'entreprise était, nous l'avons dit, au bord du gouffre. Comme il le raconte dans *More Than a Motorcycle*, la plupart de ses connaissances estimaient qu'il était fou d'accepter un emploi dans une boîte qui semblait condamnée. En 1999, quand il a pris sa retraite, ses collaborateurs et lui-même auraient pu se flatter d'avoir accompli un des redressements les plus spectaculaires de l'industrie américaine. Mais cet homme d'un naturel doux, originaire de Chicago, est trop modeste pour se vanter de quoi que ce soit. Il n'empêche que les faits parlent d'eux-mêmes : en l'espace de quelques années, Harley, qui avait été à deux doigts de faire faillite, a dégagé des marges bénéficiaires de 30 % et plus – des résultats plus courants dans les sociétés de logiciels et de technologie de pointe que dans l'industrie manufacturière américaine.

Une des clés du redressement de Harley a été de repenser entièrement les relations patronat-salariat, ce qui a permis une complète transformation de l'ensemble des relations de travail. Tout a commencé par une idée aussi radicale, en un sens, que l'était en 1901 la notion de journée de travail de huit heures. « La vie est entièrement faite de relations, a déclaré Teerlink. Pourquoi ne pas entretenir de relation avec le responsable syndical ? Je ne parle pas d'une relation superficielle, mais d'une vraie relation humaine. »

Grâce à l'effondrement presque total de Harley à la fin de la décennie 1970 et au début de la décennie 1980, les syndicats et les cadres ont collaboré étroitement pendant plusieurs années après l'arrivée de Teerlink ; ils savaient en effet, les uns comme les autres, qu'il y allait de la survie de l'entreprise. Mais, en 1986, une fois la crise jugulée et après l'introduction en Bourse de Harley, qui était redevenu rentable et avait renoué avec la croissance, Teerlink a commencé à s'inquiéter. Si l'entreprise reprenait ses mauvaises habitudes et sa mentalité « ce n'est pas à moi de le faire », une nouvelle crise était inévitable. Il a voulu profiter de ce moment pour se livrer à une transformation définitive de la société, une transformation qui survivrait au climat de crise à l'origine de l'engagement collectif initial.

Sa première idée a été d'instaurer un plan de participation aux bénéfices, immédiatement rejeté par le syndicat. Après consultation d'un certain nombre de chercheurs et d'experts, il a compris qu'il faudrait entreprendre une transformation de l'entreprise beaucoup plus profonde, laquelle ne pourrait se faire qu'avec les syndicats. Lee Ozley, spécialiste du conseil en entreprise, a expliqué à Teerlink et à son équipe que, si l'on impose quelque chose aux gens, ils freinent des quatre fers – alors qu'ils l'accepteraient peut-être de bon cœur s'ils avaient l'impression de l'avoir décidé eux-mêmes. C'est une idée que Teerlink allait faire sienne et qu'il répéterait fréquemment sous cette forme : « Les gens ne s'opposent pas au changement ; ils s'opposent à ce qu'on *les* change. » C'est aussi une vérité immuable. Rappelez-vous que les propriétaires de la mine de Smuggler-Union n'avaient pas hésité à payer trois dollars la journée de huit heures – mais c'était aux briseurs de grève : ils n'avaient pas l'intention de laisser les grévistes leur imposer ces conditions.

Dans le même esprit, Teerlink, Ozley et l'équipe de dirigeants ont pris deux initiatives. Pour commencer, ils se sont adressés aux syndicats pour essayer de leur expliquer leurs objectifs. Certains syndicats ont manifesté leur désintérêt – celui de l'usine de York, en Pennsylvanie, notamment, a refusé de participer à la transformation[3]. Teerlink n'a pas insisté dans un premier temps, préférant chercher des partenaires bien disposés dans les usines du Wisconsin.

Il a franchi un pas supplémentaire en 1988. La convention collective de trois ans de Harley avec les syndicats arrivait à expiration quelques mois plus tard. Au lieu de présenter aux dirigeants syndicaux la traditionnelle liste d'exigences concernant la modification de telle ou telle règle de travail ou la nécessité d'améliorer la production dans tel ou tel secteur, Teerlink a abordé les négociations avec une seule requête : collaborez avec nous pendant un an sur la définition d'une vision collective pour Harley-Davidson. Asseyons-nous ensemble et essayons d'imaginer ce que nous voulons faire de cette entreprise et ce que nous voulons qu'elle fasse. Au lieu de négocier une nouvelle convention de trois ans, il préférait renouveler la convention existante pour un an et mettre ce délai à profit pour réfléchir à la façon d'amorcer la transformation de l'entreprise.

Cette proposition a eu deux conséquences : elle a brisé le cycle infernal de l'échange de petits avantages contre quelques améliorations raisonnables des règles de travail – et elle a fait comprendre aux syndicats que la direction souhaitait sincèrement se lancer dans une expérience différente en collaborant avec eux. En renonçant à ses propres exigences coutumières au moment de la renégociation de la convention collective, la direction a montré qu'elle était prête à payer un prix pour engager le processus de transformation. La direction de Harley a cherché à mettre fin à la surenchère des demandes d'avantages matériels en commençant par renoncer volontairement à une partie de ses prérogatives traditionnelles.

La volonté opiniâtre de Rich Teerlink de mettre en place un partenariat « vrai, humain » avec ses syndicats n'était pas le fruit d'une foi idéaliste dans la fraternité de tous les hommes, du genre Nations unies. Teerlink n'a aucun objectif universel, même dans le monde des affaires. Son insistance reflète uniquement les réalités d'une grande entreprise fortement syndiquée où il est généralement impossible à un leader libérateur de surmonter la méfiance du personnel et d'établir des relations authentiques avec lui tant qu'il n'en a pas fait autant avec ses syndicats. Réciproquement, en présence d'un personnel non syndiqué – sans parler des petites entreprises et des start-up –, un leader libérateur peut entreprendre de nouer des relations authentiques avec les salariés en les traitant d'emblée comme égaux « en dignité et en droits ».

Le leader en troisième ligne centre

> N'imprimez jamais d'organigrammes et n'en faites pas circuler. Ils ne font que vous inciter, vous et tous les autres, à perdre votre temps à vous arnaquer mutuellement. [...] Le responsable du service du courrier ou la standardiste-chef peuvent avoir votre sort entre leurs mains un jour. Essayez de repérer qui est important pour votre efficacité puis traitez-le (ou la) en conséquence.
>
> En un mot, il ne peut pas nuire de partir de l'idée que tout homme – et toute femme – est un être humain, pas un rectangle.
>
> Robert Townsend, 1970[4]

Pour convaincre ses salariés qu'ils seront traités en égaux, un patron qui se veut libérateur doit faire tomber les barrières de méfiance et de fonction que l'on rencontre dans la plupart des entreprises. Nous avons déjà expliqué à quel point il est important qu'un leader libérateur cesse de « dire » pour se mettre à « écouter », mais ce n'est qu'une première étape. Bob Davids a créé ou dirigé sept boîtes différentes au cours de sa carrière. Quand nous lui avons demandé quelle est la qualité indispensable d'un leader qui veut s'engager dans une campagne de libération, il a répondu : « Savoir se subordonner à ses salariés. » Il ne voulait pas seulement dire écouter, mais aussi passer le balai, comme il lui était arrivé de le faire dans sa dernière entreprise en date, Sea Smoke Cellars, parce que c'était nécessaire et que son personnel avait des tâches plus importantes à accomplir. Cela pouvait également vouloir dire, très littéralement, se mettre pieds nus dans la boue pour creuser une rigole avec ses collaborateurs, comme il l'avait fait dans son entreprise précédente, Radica Games. Dans un cas comme dans l'autre, Davids suivait les conseils de Robert Townsend, un ami, un mentor, qui est finalement entré au conseil d'administration de Radica. L'ancien directeur général d'Avis estimait qu'un leader est comme « un troisième ligne centre chaque fois qu'on a besoin de lui et partout où on a besoin de lui – aucune tâche n'est indigne de lui si elle aide un de ses coéquipiers à progresser en direction de son objectif[5] », et comme un porteur d'eau « qui apporte à boire aux gars de son équipe pour qu'ils puissent faire le boulot[6] ». Se subordonner à ses salariés est le contraire de faire usage de son pouvoir et de son autorité. C'est donc une façon d'établir une relation authentique avec eux – une relation « égalitaire », comme disent Davids et Townsend.

Vu sous cet angle, il est tout naturel que les leaders libérateurs, les « troisième ligne centre », les serviteurs de leur équipe, renoncent aux symboles matériels du privilège[7]. Les grands bureaux tout en haut de l'immeuble contenant des meubles de prix, les limousines avec chauffeur et les places de stationnement nominalement réservées sont quelques-uns des signes d'inégalité de statut qu'ils évitent.

Dans une entreprise, les portes elles-mêmes peuvent être révélatrices de statut. Aussi a-t-on estimé chez Harley que laisser les portes ouvertes ne suffirait pas à créer des relations authentiques. Si vous pénétrez dans le légendaire siège de briques rouges de l'entreprise à Milwaukee, vous découvrirez qu'il n'y a pas de portes du tout : elles ont toutes été retirées, sauf là où l'intimité est absolument nécessaire – le bureau du directeur des ressources humaines et, cela va sans dire, les toilettes. Ces mesures peuvent paraître purement symboliques ; si elles ne s'accompagnent pas de vrais changements dans le fonctionnement de l'entreprise, elles le seront effectivement et les salariés n'en seront pas dupes bien longtemps. Quand un patron prétend être disposé à prêter l'oreille à ses salariés mais fait passer toute leur correspondance par une boîte différente de sa principale adresse e-mail « de travail », ils comprennent rapidement l'arnaque. Et un PDG aura beau ouvrir sa porte, s'il a mis en place plusieurs niveaux de gardiens de « porte ouverte », sa cote de confiance sera considérablement ébréchée. Ni dans un cas ni dans l'autre les salariés n'auront l'impression qu'il est véritablement à leur écoute. Quand il a construit l'usine chinoise de Radica Games, Bob Davids a installé sa table de travail – « la plus vieille, la plus branlante de l'entreprise[8] », selon ses propres termes – au beau milieu du bureau. « Une fois que nos salariés ont constaté que j'étais bien décidé à jouer le jeu et à les soutenir, nous a-t-il dit, j'ai pu compter sur leur respect et sur leur loyauté. »

Mais la preuve la plus concrète d'égalité intrinsèque elle-même échouera à convaincre certains. Il ne faut pas leur en vouloir. Nous sommes prêts à parier que vous avez été sceptique dans un premier temps à l'idée qu'une entreprise puisse ne pas *contrôler* son personnel, ne pas lui dire comment faire son travail, et que vous vous êtes demandé si tous ces patrons « égalitaires », habillés comme tout le monde, ne dissimulaient pas quelque chose. Il va de soi que beaucoup de salariés n'y croient pas non plus, au début du moins. Nous avons raconté plus haut que, un an encore après le retrait de la pointeuse chez FAVI, les ouvriers continuaient à jeter des regards nostalgiques vers l'endroit où ils avaient eu l'habitude de la voir. Certains se demandaient sûrement avec méfiance si, sans la pointeuse, ils n'étaient pas sous-payés. Ricardo Semler – qui a transformé Semco, la petite entreprise « comment » dont il avait hérité, en une société libérée, emblème mondialement connu de l'industrie brésilienne – a raconté que, au tout début de sa campagne de libération, alors qu'il avait ordonné aux agents de sécurité de cesser de fouiller les salariés à la sortie de l'usine pour vérifier s'ils n'avaient rien volé, certains lui ont demandé de rétablir les fouilles[9]. Ils lui ont expliqué qu'ils *voulaient* être fouillés parce qu'au moins ils avaient ainsi une preuve de leur innocence si quelque chose disparaissait. De toute évidence, ils soupçonnaient que, quelque part, les contrôles – et les sanctions – restaient en place. En effet, les gens ne croient et n'interprètent pas ce que *disent* les leaders, mais ce qu'ils les voient *faire* – jour après jour, mois après mois. Si tout ce que fait un leader satisfait le *besoin des salariés d'être traités comme intrinsèquement égaux*, il gagnera leur respect.

Ne flinguez pas les managers !

Chez Harley, l'édification de la confiance a été jalonnée de pannes et de difficultés. Elle reposait initialement sur ce que Teerlink appelait le « processus de vision commune ». C'était le projet auquel il avait essayé de faire adhérer les syndicats pendant les négociations de la convention de 1988 afin qu'ils puissent définir ensemble, à travers des apports de tous les niveaux, une « vision de l'avenir idéal ». Cette adhésion était capitale, car elle devait assurer que tout le monde ramerait dans le même sens, vers une destination approuvée – que les salariés feraient usage de leur liberté pour réaliser une vision définie *en commun*. Il s'agissait d'un *processus*, parce qu'il fallait éviter d'imposer une réponse. Pris au sérieux, le processus permet de glaner de précieuses informations dispersées dans toute l'entreprise concernant ce qu'elle devrait faire. Les salariés ne peuvent pas s'approprier une prétendue vision imposée d'en haut – accompagnée parfois d'un plan de « communication » – tant qu'ils n'ont pas apporté « leur » pierre à l'édifice. Sans cela, ils n'adopteront pas cette vision affectivement, ne se l'approprieront pas et ne s'engageront pas activement à la mettre en œuvre.

Cependant, même si le leader libérateur réussit à impliquer les salariés de base, son travail n'est pas encore terminé. En effet, une entreprise ne se résume pas aux dirigeants et aux salariés de base. Pour que le succès soit au rendez-vous, il importe que le management intermédiaire – avec lequel les salariés entretiennent bien plus de contacts qu'avec le grand patron – participe aux efforts pour établir des relations authentiques. Et la relation que le patron libérateur réussit à nouer avec les *managers intermédiaires* compte pour beaucoup dans leur décision d'y participer.

Rich Teerlink a eu un peu de mal à mettre en place des relations authentiques avec les managers. Il faut dire que, obnubilé par la nécessité de créer des relations avec les syndicats, il les a purement et simplement oubliés. Ce sont les syndicats eux-mêmes qui l'ont alerté sur le mécontentement de certains cadres intermédiaires qui se sentaient mis sur la touche. Le 20 mai 1988, les syndicats et la direction se sont retrouvés pour mettre la dernière main au document de douze pages exposant la « vision commune » de Harley – dont l'élaboration avait duré un an. Tout s'est bien passé jusqu'au moment où un responsable syndical a demandé s'il pouvait poser une question à Tom Gelb, le vice-président chargé de la fabrication.

« Que se passera-t-il si les managers qui sont sous vos ordres ne respectent pas les termes de l'accord ? a-t-il demandé.

– Rien de plus simple, a répondu Gelb, impassible. On les flingue[10] ! »

Mais avant qu'on n'ait pu constituer le moindre peloton d'exécution, l'étape suivante du processus de vision commune a exigé que cette fameuse vision soit partagée avec les salariés, management intermédiaire compris. Un représentant de la direction et un délégué syndical étaient chargés de faire les présentations en tandem.

La première séance, qui rassemblait environ deux cents ouvriers, s'est passée « comme sur des roulettes » – selon Teerlink. C'est à peine si l'on pouvait distinguer un dirigeant d'un représentant syndical – jusqu'au moment où Teerlink a demandé à la salle s'il y avait des questions. La première main à se lever fut celle de Tom, responsable des comptes fournisseurs.

« Rich, tout ça, c'est bien beau », a-t-il commencé. Teerlink a pris une profonde inspiration – chaque fois que Tom disait que quelque chose était « bien beau », il fallait s'attendre au pire. Il ne se trompait pas. « Mais qui a représenté les gens comme *moi* dans ce processus ? »

Teerlink en est resté bouche bée. Concentrée sur les relations avec les syndicats, la direction n'avait pas même pas pensé que le management intermédiaire devait être représenté pour pouvoir apporter sa contribution. En réalité, Teerlink avait supposé que les intérêts de l'équipe de direction et ceux des managers se recouvraient : « Nous n'avions pas tenu compte des [managers et du personnel administratif] ; nous pensions pouvoir répondre à leur place. » En temps normal, les managers ont parfaitement conscience de cela et leur soif de considération se limite – comme l'a exprimé l'un d'eux, employé dans une grande entreprise – à tenter de passer du statut « cc : » au statut « à : » dans les e-mails que leur envoient les dirigeants. Laisser les managers à l'écart – autrement dit les reléguer dans le statut « cc : » – est une erreur courante chez les leaders libérateurs aspirants. Pourtant, il est presque impossible de changer la culture d'une entreprise sans leur coopération.

Grâce à la question de Tom, le peu d'égards naturel des dirigeants pour le management intermédiaire a laissé place au respect, ce qui a permis à ces managers de participer à la campagne. Au cours de la décennie suivante, ils feraient l'objet d'autres ouvertures, mais, au moins, les fondements de leur implication avaient été posés.

Les cadres dirigeants constituaient un autre groupe d'acteurs indispensables à toute transformation. Teerlink a donc rapidement essayé d'obtenir leur implication.

Dès l'instant où Teerlink a été nommé PDG de Harley Motorcycle Division, en 1986, il a entrepris de faire comprendre à deux autres dirigeants – Tom Gelb, celui qui parlait de flinguer les managers, et John Campbell, vice-président chargé des ressources humaines – que, à ses yeux, Harley ne pouvait « survivre et prospérer que si chaque salarié assumait la responsabilité de leader de l'entreprise[11] ». Après avoir abandonné un projet de participation aux bénéfices au profit d'une transformation globale de Harley, ils ont admis unanimement que les structures traditionnelles « comment » de la boîte incitaient les salariés à se dérober à leurs responsabilités personnelles. Le syndrome « ce n'est pas mon boulot » les encourageait à limiter leurs suggestions et leurs initiatives et à obtempérer – fût-ce à des règles absurdes concernant la manière de faire leur travail –, au lieu de s'engager activement dans l'intérêt de l'entreprise. Comme l'a résumé Jim Paterson – le quatrième cadre dirigeant à rejoindre le groupe –, dans une société « comment » on « finit par se retrouver avec une tribu d'Indiens qui ne savent pas quoi faire sans le chef[12] ».

Paterson lui-même était un exemple de l'implication progressive des cadres dirigeants dans le processus de transformation lancé par Teerlink. « En mars 1988, raconte-t-il, Rich m'a pris à part : "Je veux te nommer président de la boîte." Quelques semaines plus tard, il m'a dit : "À propos, on va lancer ce processus de vision commune, et il faut que tu nous donnes un coup de main[13]." » Ensemble, ils ont restauré une pratique antérieure de Harley, celle de grandes réunions rassemblant tous les salariés, et en ont organisé plusieurs pour débattre et communiquer à tous les informations sur les questions opérationnelles et stratégiques. Puis, après avoir pris conscience qu'un groupe de dirigeants membres du nouveau comité de direction qu'il présidait ne se conduisaient pas en modèles de la transformation en cours, Paterson a décidé de les intégrer eux aussi dans le processus de vision commune. Teerlink n'était plus obligé d'agir seul – il disposait de cadres supérieurs prêts à partager la responsabilité de la transformation avec lui.

Avec l'aide de consultants, les dirigeants ont appris à renoncer à certaines mauvaises habitudes, notamment celle consistant à attribuer des intentions aux absents sans avoir discuté avec eux au préalable : « Je crois que Jane est hostile à cette proposition », pouvait dire quelqu'un qui n'en avait jamais parlé avec Jane. Cela permettait à un dirigeant de se retrancher derrière l'objection imaginaire d'un manager absent pour tuer dans l'œuf une proposition que *lui-même* n'approuvait pas. Ils ont également appris à ne plus élever des objections *après* la réunion alors qu'ils ont gardé le silence pendant : « Hé, je n'ai rien voulu dire pendant la réunion, mais ce truc-là, ça ne marchera jamais chez moi. » C'est une tactique courante pour éviter les conflits, mais en réalité elle ne fait qu'escamoter des désaccords bien réels.

Alors que dirigeants et managers s'efforçaient de changer d'habitudes et de prendre le leadership de la transformation, ils ont été de plus en plus nombreux à constater que la structure organisationnelle « comment » de Harley entravait toute évolution en dissuadant les gens d'entretenir des relations ouvertes et de collaborer efficacement entre eux. La situation s'est envenimée en 1991, avec une grève de deux semaines à l'usine Harley de York, en Pennsylvanie – celle qui, trois ans plus tôt, avait refusé d'adhérer au processus de vision commune.

Les managers de cette usine avaient cherché à imposer un mode de travail par équipe sur le modèle de Toyota et de certaines autres grandes entreprises industrielles. Mais, comme ne l'ignoraient pas les syndicats de York, la liste des établissements où ce modèle a été mal appliqué est longue. Les équipes autogérées ne peuvent réussir que si les salariés – ainsi que leurs syndicats, là où il en existe – et le management intermédiaire ont participé dès le premier jour à la mise en place de ce mode de travail et ne sont pas simplement là pour l'appliquer, comme c'est si souvent le cas dans les entreprises « comment ».

Les responsables syndicaux n'étaient pas contents, ce qui n'a rien d'étonnant.

Teerlink et son équipe ont écouté. Qui plus est, ils se sont livrés à leur propre analyse de l'histoire de cette pratique, mettant ainsi le doigt sur un paradoxe qui aurait pu passer inaperçu aux yeux d'autres responsables : les comités de direction des entreprises fonctionnant sur le principe de l'équipe autogérée ne travaillaient pour ainsi dire jamais eux-mêmes selon cette méthode, malgré ses avantages supposés. Si « les leaders se font connaître par leurs actions[14] », comme aime à le dire Teerlink, ils ne donnaient pas vraiment l'exemple pour ce qui était du mode de fonctionnement par équipe.

Travailler en cercles

Après enquête, Teerlink et son comité ont donné raison au syndicat et ont cherché à le faire participer, en même temps que les salariés, à l'édification d'un mode de travail par équipe. Le comité a estimé que des équipes fixes pouvaient être un handicap, car chacune rechercherait son propre intérêt et non celui de l'entreprise. Finalement, Teerlink et ses collaborateurs ont défini ce qu'ils ont appelé des « groupes de travail naturels » : « Obtenir que les bonnes personnes se réunissent pour faire le bon travail, et le faire bien[15]. » Chaque mot de cette définition était important. Un groupe de travail naturel ne serait pas prisonnier des voies hiérarchiques figurant sur un organigramme ni de fiefs fonctionnels au sein de l'entreprise. Les bonnes personnes étaient celles qui étaient nécessaires à l'exécution d'une tâche, quelle que soit leur place dans l'ancienne hiérarchie. Et les groupes ne devaient pas être constitués par plaisir, mais parce que c'était la façon naturelle de faire le « bon travail », en accord avec la vision de l'entreprise.

En toute logique, ils ont décidé d'appliquer cette structure à l'ensemble de l'entreprise, des ateliers au bureau de la direction. Ce concept de groupes de travail *naturels*, ou auto-organisés, rejoint celui qui est appliqué chez Gore, où il existe deux sortes de groupes naturels et de leaders de groupe : le type « business » – chargé du fonctionnement des processus de production de la valeur économique, comme la fabrication, les ventes, etc. – et le type fonctionnel – chargé du fonctionnement des processus de soutien, comme la formation, la comptabilité, etc. À leur insu, Teerlink et son comité ont abouti à une organisation très comparable, qu'ils ont appelée une « structure circulaire », formée de trois cercles : « créer la demande », « produire le produit » et « assurer le soutien ».

Chaque cercle constituait un vaste groupe de travail naturel transversal doté d'un objectif commun, et tous les cercles se recoupaient dans un diagramme de Venn. La coordination entre ces cercles n'étant pas d'une évidence absolue, la nouvelle organisation a estimé avoir besoin de conseils éclairés et compétents. C'est ainsi qu'a été prise la décision des cadres dirigeants la plus spectaculaire et symboliquement la plus importante : de leur propre chef, Tom Gelb, vice-président de la fabrication, et Jim Paterson, qui avait demandé précédemment, pour des raisons personnelles, à passer de la présidence de la division des motos à la vice-présidence du marketing, ont accepté de démissionner et de devenir les coaches de leur cercle respectif, sans exercer le moindre pouvoir hiérarchique de type « chef indien ». Teerlink, président intérimaire de la division, est devenu le coach du cercle « assurer le soutien ». Afin de démontrer que cette réorganisation n'était pas qu'une marotte éphémère de la direction, deux des trois plus hauts cadres dirigeants de Harley ont ainsi effectivement renoncé à leur poste et au pouvoir qui l'accompagnait pour la mettre en place. Teerlink suivrait leur exemple quelques mois plus tard.

Entre le milieu de l'année 1991 et la fin de 1992, Teerlink et son groupe se sont mis à discuter de la nouvelle structure avec d'autres membres de l'entreprise. Après en avoir présenté les grandes lignes, Teerlink lançait : « Y a-t-il des questions ?

– Qui est responsable des cercles ? » lui demandait-on fréquemment d'emblée.

L'ambiguïté, expliquait-il, était délibérée. Teerlink tenait à conserver une structure un peu nébuleuse, capable d'évoluer organiquement pour répondre aux vrais besoins de l'entreprise au fur et à mesure qu'ils se feraient sentir, au lieu d'obliger tout le monde à travailler au sein d'une structure arbitrairement imposée d'en haut. Teerlink décrirait plus tard le caractère évolutif, expérimental, du concept : « C'est un mode d'organisation. Il s'agissait d'essayer de le mettre en place, et de voir ce qui se passait. Il n'était pas question évidemment de généraliser le concept de groupe de travail naturel en l'espace de quelques semaines ou de quelques mois, ni même peut-être de quelques années. Mais c'était notre objectif[16]. » Le leadership serait partagé, à la fois à l'intérieur des cercles et entre eux, et apparaîtrait, espérait-on, là où il était nécessaire, au lieu de se diffuser depuis le centre. Cette méthode expérimentale, provisoire – parfois baptisée « prototypage » –, est typique des leaders libérateurs que nous avons rencontrés. Ils ne décident pas d'agir parce qu'ils sont persuadés d'avoir toutes les réponses, mais parce qu'ils savent qu'ils ne les ont pas. Ce n'est qu'en lançant différentes idées, en sollicitant l'aide et le feedback des autres, qu'ils pourront déterminer ce qui est efficace et ce qui ne l'est pas.

Quand nous avons interrogé Teerlink sur la transition spectaculaire qui a conduit les cadres dirigeants à assumer chacun un rôle de coach, il s'est levé et nous a montré, sur l'étagère de son bureau, chez lui, une statuette représentant trois cercles interconnectés.

« Vous voyez ça ? C'est le Functional Leadership Group de Harley-Davidson qui l'a sortie en février 1999. Elle dit simplement : "Rich Teerlink, le leadership est ton héritage." J'ai pris ma retraite en février 1999 », a-t-il précisé, les larmes aux yeux.

Nous voulions poursuivre, mais Teerlink en était incapable ; ces souvenirs l'avaient tant ému qu'il a dû s'interrompre un moment. Quand nous avons repris notre entretien, nous lui avons demandé pourquoi cela le touchait autant.

« Parce que ce groupe vivait littéralement avec le processus que nous avions tous élaboré ensemble. [...] [Un jour], Lee Ozley et moi étions assis à discuter. Nous étions d'accord, dans le fond, pour juger que le fonctionnement de toutes ces cases et de toutes ces lignes [dans les organigrammes] interdisait toute forme de progrès. Et puis Lee a dit : "Que devrait faire une entreprise ? Créer des services, et aider." Alors nous avons dessiné ces trois cercles, là. Et, en les regardant, nous avons pensé : "Il faut faire en sorte que les gens travaillent en se concertant davantage." Bon sang ! Quand on dessine un diagramme de Venn et qu'on le regarde, il livre automatiquement un message d'interdépendance. [...] Il affirme que nous sommes responsables collectivement. Et débarrassons-nous des directeurs exécutifs. »

Harley-Davidson était une grande entreprise industrielle, fortement syndiquée. Y lancer un mouvement de libération, mettre en place un environnement considérant tous les salariés comme intrinsèquement égaux, exigeait avant tout de traiter les *syndicats* comme des partenaires égaux. Mais toutes les entreprises existantes ne sont pas fortement syndiquées. FAVI, par exemple, ne l'était pas. Cette situation a permis à Jean-François Zobrist de nouer des relations authentiques directement avec la base. Le chapitre suivant va nous faire découvrir comment.

7

Libérer une entreprise déjà existante

Comment communiquer directement avec vos salariés

Quand on écoute Jean-François Zobrist parler avec autant de passion que d'impertinence, on ne peut s'empêcher de penser aux révolutionnaires français, et peut-être même aux hussards de la mort, cet escadron de cavalerie formé de quelques centaines de volontaires qui, au début des années 1790, avait adopté cette devise pleine de fougue : « Vivre libre ou mourir ».

Il se trouve que Zobrist a un passé militaire – et rebelle[1]. À dix-sept ans, après la lecture d'un article, il décide de s'engager dans les paras. La limite d'âge inférieure est de dix-huit ans mais, convaincu qu'il sera un excellent parachutiste et pourra faire œuvre utile, Zobrist se vieillit d'un an en falsifiant sa date de naissance sur sa carte d'identité. Plus tard, alors qu'il a été admis à l'école des élèves officiers d'artillerie, il découvre le pouvoir de la hiérarchie en apprenant que son transfert est bloqué. « Tu n'es qu'un para, tu ne seras pas élève officier », lui déclare son supérieur.

Zobrist renoue alors avec ses méthodes de hussard : tirer d'abord, viser ensuite. Une nuit, il s'introduit par effraction dans la mairie du village où se trouve son régiment pour se procurer le *Journal officiel*, où est publiée la liste de tous les candidats admis dans les grandes écoles, dont celle des élèves officiers. Il arrache la page où figure son nom et l'apporte le lendemain au colonel pour lui prouver que son refus de ratifier sa nouvelle affectation est illégale

– justice rendue. Bien sûr, quand le colonel apprend que quelqu'un a pénétré clandestinement dans la mairie, il comprend immédiatement qui était le hussard.

« C'était toi ? demande-t-il à Zobrist.

– Oui. Vous m'avez pris pour un imbécile pendant quinze jours. J'ai voulu vous prouver que vous aviez tort », répond Zobrist.

Nous ne savons pas si le colonel lui a donné raison en son for intérieur. Toujours est-il que Zobrist a obtenu sa mutation (il finirait avec le grade de sous-lieutenant d'unité de missiles balistiques). Il nous a raconté cette histoire pour nous expliquer qu'il avait la mauvaise habitude d'agir d'abord et de réfléchir ensuite. Le sujet était venu sur le tapis après la description de son entrevue, à vingt-deux ans, avec le propriétaire de l'entreprise qui l'a embauché au lendemain de son départ de l'armée. C'était un homme au caractère bien trempé mais à l'esprit ouvert, qui faisait périodiquement le tour de son entreprise en demandant à tout le monde : « Tout va bien ? » La plupart du temps, il n'obtenait que des réponses convenues – il n'en attendait pas d'autre, d'ailleurs. Mais, quand il était arrivé devant Zobrist, celui-ci avait répondu : « Non, pas bien du tout, monsieur ! » Et il avait entrepris de lui exposer l'ensemble des dysfonctionnements et des habitudes ridicules qu'il avait relevés. Le propriétaire avait écouté cette forte tête et pris les mesures nécessaires pour remédier aux problèmes que Zobrist lui avait signalés. Seize ans plus tard, le 15 avril 1983, ce propriétaire – que nous avons rencontré au premier chapitre – le conduisait en hélicoptère à l'usine FAVI et annonçait aux salariés, à la surprise générale, que Zobrist était leur nouveau directeur. Zobrist a accepté la proposition. Pourtant, ce qu'il observait chez FAVI ne lui plaisait guère. Mais, cette fois, il a décidé de déroger à son habitude et de ne pas agir avant d'avoir réfléchi.

En fait, pendant ses quatre premiers mois de présence à l'usine, Zobrist a, comme il le dit lui-même, « fait du tourisme ». Il a profité de cette transition pour observer et écouter ce qui se passait dans l'entreprise. Il a demandé au directeur en exercice, qui devait partir en juillet, de ne rien changer pendant cette période. En bon touriste, il passait beaucoup de temps à écouter ce que les ouvriers avaient à dire sur leur famille, l'endroit où ils habitaient, leurs passe-temps – un comportement qui, pensait-il, ne mettait pas en danger l'autorité des chefs « comment » de l'usine. Il n'avait pas entièrement raison. En effet, chaque fois qu'il mettait les pieds sur le territoire d'un cadre, celui-ci le suivait pas à pas, jusqu'à la « frontière », où le cadre suivant était déjà prêt à prendre le relais. Zobrist décida de ne pas se laisser faire ; il voyait dans cette surveillance la manifestation d'une sorte d'instinct territorial primitif. Et il estimait que cette attitude n'était pas seulement préjudiciable à sa propre liberté, mais à celle de tous les autres membres de l'entreprise. Ces cadres considéraient Zobrist comme un visiteur, aux intentions suspectes qui plus est. Il a donc fini par les réunir et leur a déclaré tout de go : « J'ai bien compris que chacun d'entre vous a fait pipi autour de son service ou de son atelier. Mais ce que vous n'avez pas vu, c'est que moi, en arrivant, dès que je suis descendu de l'hélicoptère, j'ai fait pipi tout autour de l'usine. Donc je suis partout chez moi[2]. » C'était le premier avertissement de Zobrist aux cadres : il n'y avait plus de chasse gardée.

Le directeur en exercice le présenta à tous les partenaires extérieurs de l'entreprise – du maire aux responsables locaux de la sécurité sociale et de l'administration. Zobrist put alors constater la haute estime dans laquelle tout le monde tenait son prédécesseur. Il le respectait beaucoup, lui aussi. Doté d'une très haute éthique, le directeur ne se permit jamais d'influencer le jugement de Zobrist sur le personnel ou les pratiques de FAVI. Au premier abord, celui-ci trouva l'entreprise conforme à l'image d'une société bien gérée selon les règles en vigueur dans les années 1970. Le bureau du directeur avait une fenêtre qui donnait sur l'ensemble de l'usine, il y avait des pointeuses, les salariés arrivant avec plus de cinq minutes de retard se voyaient infliger des pénalités dont le montant augmentait en cas de récidive. Il y avait deux magasins fermés à clé, un distributeur de boissons – gratuites uniquement en été – et des clés à molette pour économiser l'outillage. Et il y avait l'administration. Tous les matins, en présence de quelques cadres, le directeur procédait à la cérémonie d'ouverture de l'ensemble du courrier adressé à l'usine – et il le parcourait –, quel que fût le destinataire. Il y avait un service des achats, un service du personnel, un service du planning ; il y avait des régleurs, des contremaîtres, des chefs d'atelier, des chefs d'équipe et des chefs de service.

Il y avait aussi des réunions : du comité de direction, des cadres, du planning, de synthèse des problèmes qualité du mois précédent. Il y avait le repas annuel des cadres, les primes mensuelles généralisées – des primes de qualité, des primes en fonction du tonnage produit, des primes de présentéisme, des primes de chaleur pour ceux qui travaillaient en fonderie. Enfin, il y avait régulièrement du chômage partiel en fin de mois – atelier par atelier – pour maintenir la pression sur les ouvriers. Zobrist reconnaît que, s'il n'avait pas commencé par ces quatre mois d'observation, il aurait continué à gérer l'entreprise comme elle l'était, car elle respectait les pratiques de l'époque. Mais il avait observé, et il avait écouté. Et, au cours de ces quatre mois, il avait pris conscience d'une réalité toute différente.

Une de ses premières révélations a été le fruit de sa rencontre devant le magasin de FAVI avec Alfred et ses gants – que nous avons décrite au chapitre 1. Armé du bilan comptable qu'il avait établi à la suite de cet épisode, Zobrist l'a appliqué à la machine à café. Il a calculé que la présence d'un unique distributeur pour toute l'usine faisait perdre entre trois et cinq minutes de trajet aux ouvriers qui allaient se servir. Le coût *réel* d'un gobelet de café pour l'entreprise était ainsi *cent fois supérieur* au prix du café lui-même, fourni par FAVI. Quant aux boissons « gratuites » offertes en été, elles revenaient encore plus cher. La machine fonctionnait en effet avec des jetons qu'il fallait aller chercher, pour chaque gobelet, chez la standardiste, ce qui allongeait encore le temps de déplacement.

Zobrist a relevé des fausses économies de ce genre d'un bout à l'autre de l'usine. Les clés à molette, par exemple, censées économiser l'outillage, finissaient par émousser les angles des boulons des machines. Il fallait alors les débloquer avec des clés à griffe, ce qui faisait perdre encore plus de temps, endommageait davantage les boulons et accélérait l'usure de tout le matériel.

La plupart des réunions hebdomadaires « de planning » se passaient à écouter les explications des cadres qui n'avaient pas respecté le planning de la semaine précédente et cherchaient à en imputer la responsabilité à autrui. Il restait ensuite très peu de temps pour préparer la production de la semaine *à venir*, ce qui était pourtant la raison d'être de ces réunions.

Le directeur passait toute une journée par mois à calculer les primes mensuelles des salariés avec les cadres. Ces primes, d'ailleurs, étaient arbitraires. La prime au tonnage produit était injuste, parce que les ouvriers n'avaient aucune influence sur le volume des commandes passées par un client d'un mois sur l'autre. Et que dire de la prime accordée lorsque la température de la fonderie était trop élevée ? Il ne lui avait pas échappé que certains ouvriers n'hésitaient pas à fermer les fenêtres en été pour faire monter la température dans l'atelier : un effet pervers inattendu…

Il y avait aussi le chômage partiel mensuel quand les affaires ralentissaient. Primo, cette mesure sanctionnait les ouvriers de la fonderie lorsque les résultats du commercial étaient médiocres, ce qui semblait injuste. Secundo, cela décourageait toute propension à travailler plus vite et de façon plus productive – le travail se dilate en fonction du temps qui lui est imparti, une loi inconnue de Newton et de Mariotte, mais familière à n'importe quel employé de bureau.

Zobrist s'est dit ensuite que, même si le commercial faisait du bon travail, l'entreprise ne pouvait pas se contenter d'avoir un seul employé dans ce service – économiser sur le personnel de vente était une fausse économie de plus. Cette situation lui a inspiré une autre de ses métaphores grivoises : « Je me rappelais quand je draguais dans ma jeunesse : le plus dur n'était pas de faire l'amour avec les filles, mais de les amener dans mon lit. Je me suis dit qu'il faudrait avoir plus de monde pour amener les clients dans le lit de l'entreprise[3]. »

Enfin, il remarqua qu'en fin de journée de nombreux salariés couraient aux pointeuses. Certains se rassemblaient même autour d'elles avant le déclenchement de la sonnerie pour être les premiers dehors dès la fin de leur poste.

Dans un premier temps, toutes ces observations ne furent pas autre chose que des observations. Zobrist était conscient qu'elles signalaient un problème, mais, comme beaucoup de nouveaux dirigeants qui découvrent une culture dysfonctionnelle, il ne savait absolument pas comment y remédier. Sa première réaction fut typique – il chercha conseil auprès de spécialistes, n'hésitant pas à faire deux heures de trajet pour aller assister à Paris à des séminaires sur les méthodes de gestion qui pourraient lui être utiles. Il apprit tout ce qu'il y avait à savoir sur le « contrôle de processus statistique », le « kanban », mais aussi sur la « maintenance productive totale », ou TPM, de Toyota, et alla jusqu'à s'initier à une théorie ésotérique d'auto-organisation enseignée par Jean-Christian Fauvet, consultant et philosophe d'entreprise. Mais il ne trouvait toujours pas de solution. À la fin du mois de juillet, le propriétaire de FAVI vint assister à la cérémonie de départ du directeur sortant, et, après les discours et les verres de l'amitié de rigueur, tout le monde partit pour le mois de vacances traditionnel.

Où il est question de tondeuses à gazon et de prostituées

La tondeuse avait des ratés. Zobrist, en bon bricoleur – il s'occupe lui-même de la mécanique des avions ultralégers qu'il aime faire voler –, la démonta, nettoya la bougie et remit le moteur en marche. Tout en recommençant à tondre sa pelouse, il se demanda ce qu'il aurait dû faire pour la réparer à FAVI aussi facilement, compte tenu des habitudes, des procédures et des règlements de l'entreprise. Il imagina l'opération suivante :

L'ouvrier, n'ayant pas le droit de toucher au matériel en panne, appelle le régleur qui, après avoir bricolé quelques instants, déclare que ce n'est pas un problème de réglage mais d'entretien. Il s'adresse alors au chef d'atelier, qui appelle à son tour le service d'entretien. Le patron de l'entretien envoie un mécanicien, qui commence par nettoyer le carburateur. Ne constatant aucun mieux, il prévient l'électricien, qui finit par trouver la bougie défectueuse. L'électricien, comme Alfred avec ses gants, va au magasin pour échanger la vieille bougie contre une nouvelle. Il revient, monte la bougie neuve et appelle le régleur. Le régleur remet la machine en route et appelle le contrôleur qui vérifie que la tondeuse marche effectivement. Il informe le chef d'atelier que la tondeuse a été réparée. Pour finir, le chef d'atelier va chercher l'ouvrier – qui a été mis sur une autre tondeuse en attendant – et lui donne l'ordre de reprendre son travail avec la première tondeuse.

« Au fur et à mesure que mon cerveau déroulait cette chronologie, raconte Zobrist, un sentiment d'angoisse, puis de panique, me prit aux tripes. Le cœur battant, je cessai de tondre, m'assis dans l'herbe et allumai une cigarette en me disant : "Je n'y arriverai jamais ! Jamais je n'arriverai à faire en sorte que Jules puisse un jour avoir la liberté de dépanner lui-même sa machine, de disposer de *sa* clé à bougie et d'une bougie d'avance. Et si j'y arrive, alors qu'est-ce que je vais faire des régleurs, des contrôleurs, des chefs d'atelier, des chefs de service ? !" »

Toutefois, son bon sens interdisait à Zobrist de renoncer : « Ce qui était vrai dans un jardin devait l'être aussi à l'usine. »

C'est ainsi qu'il en tira des conclusions révolutionnaires sur les mesures à adopter chez FAVI :

– Pour que l'entreprise soit réactive, il fallait que les décisions soient prises par les ouvriers eux-mêmes, en temps réel, sur le terrain.

– Un bon ouvrier était un ouvrier qui prenait des initiatives.
– Tous les ouvriers, chez eux, prenaient des initiatives.
– La structure de fabrication ne se justifiait que par le phagocytage de la prise d'initiative.
– Il fallait donc supprimer cette structure, ou du moins la réorienter vers d'autres missions.

C'est l'exaspération face à cette structure du « comment » qui a été le moteur de sa campagne de libération. Si bien que, en septembre, le matin de la reprise du travail, Zobrist a réuni ses cadres et leur a fait l'annonce suivante :

> Un, je ne partirai jamais ! Nous irons dans le mur ensemble ou nous nous développerons ensemble. […] Deux, je vous donnerai ma démission tous les cinq ans, car je sais que le pouvoir rend fou, d'autant plus que Max [le propriétaire] laisse tout pouvoir à ses directeurs, et je veux vous donner l'opportunité de préserver l'intérêt de la collectivité qu'est l'entreprise si cela m'arrivait. De plus, je peux présenter les qualités et les défauts qu'il faut à un moment donné de l'histoire de l'entreprise, mais ces mêmes qualités et défauts peuvent se révéler incompatibles avec l'intérêt de la collectivité à un autre moment de son histoire. Trois, je ne veux plus rien faire dans les trois ans qui viennent. Pour le reste, l'usine marche, et marche bien, je ne vois pas l'intérêt de changer quoi que ce soit dans l'immédiat.

Cette dernière remarque était destinée à désarmer l'opposition. La formation qu'il avait suivie à Paris et ses nombreuses lectures ne lui avaient pas livré de manuel de démantèlement de la structure d'encadrement existante, mais il n'ignorait pas que de nombreux cadres intermédiaires se sentiraient menacés par le processus qu'il enclenchait. Connaissant sur le bout des doigts l'œuvre de Douglas McGregor, un théoricien du management, Zobrist a suivi ses conseils en matière de transformation des structures d'encadrement : « Il est évidemment nécessaire de mettre en place dans le processus même le plus grand nombre possible d'échappatoires pour que les individus puissent rejeter les idées et les conséquences qui les menacent (par exemple garder ouverte une vraie liberté de choix)[4]. » Les échappatoires prévues par Zobrist ont effectivement rassuré le quart des cadres, ceux de la fabrication surtout, mais elles ont déçu un autre groupe qui *voulait* des changements. Le reste des managers s'est retranché dans une neutralité apparente.

En même temps, Zobrist a engagé certains changements qui devaient ne pas paraître menaçants pour les cadres fidèles au « comment » – tout en donnant un signal au reste du personnel. Pour ce faire, il s'est inspiré de Jean-Christian Fauvet et, par son intermédiaire, de Sun Tzu, stratège militaire chinois taoïste. Il y a plus de deux mille ans, Sun Tzu a conseillé aux chefs militaires de ne pas affronter l'ennemi de face et de préférer le contourner ou passer dessous, comme un cours d'eau qui évite un rocher, dans l'idée d'occuper une superficie de plus en plus importante du terrain. Zobrist a cédé au service de la comptabilité son vaste bureau de directeur et a fait murer la grande fenêtre qui donnait sur les ateliers (et permettait de surveiller en permanence ce qui s'y passait). Puis il s'est installé définitivement dans le bureau temporaire qu'il avait occupé pendant la période de transition. La porte de son nouveau bureau, qui était juste en face des toilettes pour hommes, était toujours ouverte, ce qui lui donnait l'occasion d'échanger quelques mots avec presque tous les salariés de sexe masculin à un moment ou à un autre de la journée. Il a également supprimé la cérémonie quotidienne d'ouverture du courrier de toute l'entreprise – une intrusion dans l'intimité de chacun sous prétexte que le courrier reçu à l'usine est forcément de nature professionnelle – ainsi que la séance hebdomadaire de « planning » – autrement dit de règlements de comptes et de dénonciations.

En plus de ces petits « riens », Zobrist a tout de même changé quelques « petites choses », tout en veillant à ne pas toucher aux prérogatives des cadres. Il a remarqué qu'une commande dont l'exécution ne prenait pas plus d'une journée traînait souvent plusieurs semaines dans le bureau de l'assistant commercial. Il a donc décidé que les commandes arriveraient d'abord au service de fabrication, avant d'être transmises au service commercial pour enregistrement. À cette époque, les tarifs étaient entre les mains d'un comptable, à qui il pouvait arriver de mettre deux semaines à les transmettre au commercial. Il a donc donné au commercial le pouvoir de fixer lui-même les prix.

Une autre « petite chose » concernait un cadre qui avait l'habitude d'arpenter l'atelier, la mine revêche, terrorisant ses subordonnés et piquant au moins une colère par jour. Zobrist s'est décidé à lui passer un savon à sa manière, devant tout le monde. « Vous êtes cocu ? lui a-t-il demandé. Ou bien malade ? Vous avez un gosse malade ? Non ? Alors, qu'est-ce qui cloche ? Rien ? Dans ce cas, arrêtez de faire la tronche. C'est de la lâcheté. » Zobrist savait déjà ce que les études citées au chapitre 2 ont démontré : se faire mal traiter par son supérieur est une des principales causes de stress – et donc de résultats médiocres – pour les subordonnés. Il savait également que l'inverse – traiter les gens comme intrinsèquement égaux – était une nécessité dans l'entreprise.

En racontant cette anecdote, Zobrist a simplement fait remarquer qu'aucun salarié ne peut faire du bon travail si son supérieur passe son temps à lui jeter des regards noirs. « Être de bonne humeur » ferait partie un jour des quatre valeurs de l'entreprise.

Après cette mise au point, Zobrist en est revenu à la stratégie de Sun Tzu : l'occupation du terrain par des mesures minimes qui ne menaçaient personne. Le point suivant sur sa liste consistait à essayer d'obtenir des salariés qu'ils fassent ce qu'ils avaient envie de faire au lieu de faire ce qu'on leur disait de faire. Il s'est donc promené dans cette entreprise de plusieurs centaines de salariés en posant à tous ce genre de question : « Ça fait combien de temps que tu fais ce boulot ? Tu n'en as pas un peu marre de faire ça depuis tout ce temps ? » Il est revenu à la charge quelques semaines plus tard : « Et si c'était à refaire, quel genre de boulot te plairait ? » Et puis il essayait de déplacer les gens en fonction de leurs penchants.

« Pour le reste, je n'ai rien changé », conclut Zobrist.

Fidèle à sa volonté de ne pas heurter les cadres adeptes du « comment » – les « rochers » du cours d'eau –, il a laissé en place un grand nombre des outils et des pratiques de gestion qu'il avait trouvés à son arrivée – les primes, les réunions qualité, les magasins fermés à clé, les distributeurs de boissons, les pointeuses et même les clés à molette. Pourtant, il n'ignorait pas que c'était mauvais pour l'entreprise.

L'organigramme de FAVI ressemblait à celui de n'importe quelle autre société – il indiquait qui devait dire à qui comment faire son travail, dans quel sens se dirigeaient les chaînes de commandement, etc. Un jour, en l'étudiant, Zobrist s'est rendu compte qu'il contenait un autre type d'information, très différent. Le message inscrit dans la structure même de la société était que *l'homme est inintelligent*. Si tel n'était pas le cas, à quoi bon employer des surveillants et des ingénieurs pour dire aux autres comment faire correctement une tâche qu'ils accomplissaient plusieurs centaines de fois par jour ?

L'organigramme déclarait également que *l'homme est irresponsable*. Autrement, il serait inutile d'avoir des contrôleurs, lesquels sont eux-mêmes contrôlés par d'autres, et ainsi de suite.

L'homme est paresseux, affirmait aussi l'organigramme. Voilà pourquoi il faut qu'un supérieur lui impose des cadences.

L'organigramme suggérait même que *l'homme est voleur*, puisque tout ce dont il a besoin doit être mis sous clé, soigneusement gardé par des salariés chargés de protéger le matériel de l'entreprise, et par des cadres chargés d'examiner les demandes d'articles neufs.

Bref, a conclu Zobrist, « l'organigramme était bâti autour du postulat que *l'homme est mauvais* ». Il était grand temps, s'est-il dit, que le cours d'eau passe au-dessous des pratiques de gestion « comment ». Il a donc organisé une réunion de cadres. La force du cours d'eau, a expliqué Zobrist, était celle de ses convictions, et il espérait qu'elle réussirait à éroder celle des cadres.

« Et si on considérait que l'homme est bon ? » leur a-t-il proposé.

« Ce fut un tollé, raconte-t-il, résumé par cette formule d'un cadre : "Un bon fondeur est un con musclé !" »

Sans doute s'agissait-il d'un émule de Frederick W. Taylor, un des premiers théoriciens et conseillers en management du monde, qui un jour a défini un ouvrier d'aciérie comme un homme « assez flegmatique et stupide pour choisir ce métier[5] ».

Zobrist a bien dû se rendre à l'évidence : les rochers ne se laisseraient pas aisément emporter par le courant. Il a donc décidé de les contourner et de faire directement appel à la base. Le 24 décembre 1983 à 11 heures, il a rassemblé tout le personnel de l'entreprise dans l'usine pour lui présenter ses vœux. Montant sur une estrade improvisée formée de quelques palettes empilées, il s'est adressé à ses salariés. Son discours de Noël vaut la peine d'être cité intégralement :

> Ça fait neuf mois que je suis parmi vous… Neuf mois que je vous regarde, et que je vois des gens courageux, de grands professionnels qui aiment leur métier, mais qu'on empêche de bien travailler. J'en suis arrivé à la conclusion que des gens comme vous, qui ont vos qualités, n'ont plus besoin de carotte, ni de bâton, d'ailleurs.

Ainsi commença Zobrist, qui vit alors blêmir quelques cadres de la fabrication.

> La carotte et le bâton, poursuivit-il, sont indignes de professionnels comme vous. C'est pourquoi, quand vous reprendrez le travail en janvier, les pointeuses seront démontées. Il n'y aura plus de pointage [parce que] vous n'êtes pas payés pour faire des heures mais des pièces, et des pièces bonnes. C'est pourquoi les sonneries seront aussi supprimées. Il n'y aura plus de primes non plus. [À la place,] nous prendrons la moyenne [des primes] que chacun a reçu[es] au cours des deux dernières années et nous l'ajouterons au salaire. Il n'y a pas de voleur parmi nous, c'est pourquoi la porte

du magasin sera démontée. On va mettre quelque part un panneau et un marqueur, et chacun indiquera, non pas son nom, car cela n'est d'aucune utilité, mais ce qui a été pris, de façon à pouvoir lancer les commandes de réassort. Il n'y aura plus non plus de distributeurs de boissons payantes, mais dans chaque atelier deux distributeurs d'eau fraîche avec des sirops, et d'eau chaude avec des dosettes de café et de sucre. Nous allons supprimer les clés à molette et doter chaque machine d'un lot d'outillage, et de plus, pour que chacun puisse s'équiper comme il l'entend, tous les salariés de l'entreprise vont disposer d'un chèque de 500 francs* pour acheter ce que bon leur semble, du moment que cela a un rapport avec le travail.

Zobrist s'interrompit pour observer la réaction de son auditoire. La stupéfaction était générale. On aurait entendu une mouche voler. Il reprit :

Il n'y aura plus jamais de chômage partiel. Si un jour nous sommes contraints de recourir à de telles mesures, alors je mettrai d'abord les cadres au chômage, même moi. Il n'y aura plus jamais, non plus, de repas de cadres : nous mangerons tous ensemble ou nous ne mangerons pas !

Puis il se tourna vers les cadres, qui se serraient les uns contre les autres comme pour se protéger mutuellement de la menace manifeste brandie contre leurs pratiques, et poursuivit :

Comment allons-nous faire pour fonctionner à l'avenir ? À vrai dire, je ne sais pas. Je suis certain que vous méritez que nous fonctionnions autrement, mais je n'ai pas de modèle de remplacement. Je propose que, tous ensemble, nous faisions *en allant*[6], en gens de bonne foi, de bon sens et de bonne volonté.

---

* 76 euros selon le taux de conversion, mais beaucoup plus en valeur actuelle, car il s'agit de francs de 1983. (N.d.T.)

Après ce dernier geste d'apaisement à l'adresse des rochers-cadres, Zobrist continua de plus belle :

> Il y a bien quelque chose dont on pourrait s'inspirer, ce sont les règles de fonctionnement du plus vieux métier du monde : celui de prostituée ! Si ce métier a traversé des millénaires, c'est qu'il a assurément des principes dont on doit pouvoir s'inspirer.

Même pour un Français, c'était pousser la provocation un peu loin. Un certain nombre de leaders libérateurs que nous avons rencontrés sont d'ailleurs favorables à cette tactique – prendre leurs auditeurs au dépourvu pour leur faire passer un message qu'ils seraient incapables d'entendre dans d'autres circonstances. Quoi qu'il en soit, cette provocation délibérée avait un petit côté très français : en 1983, cela faisait dix ans que le film érotique *Emmanuelle* était toujours dans les salles, et des millions de gens l'avaient vu. Ayant produit le choc voulu, Zobrist a développé :

> Le premier principe de fonctionnement de la prostituée est qu'elle se montre. Si elle reste enfermée dans sa chambre, elle ne trouvera pas de nouveau client. Donc, nous allons nous montrer. Nous montrer à nos clients, bien sûr, à nos prospects, à nos familles, à nos amis, au maire, au préfet, bref à tous ceux qui peuvent nous être utiles.

Par la suite, ce principe ne se traduirait pas seulement par l'existence d'un leader commercial pour une vingtaine de salariés de fabrication, mais par des efforts pour encourager tout le personnel à être en relation avec les clients et les autres partenaires, notamment à leur rendre visite – même à l'étranger – sans avoir à en demander l'autorisation si un opérateur le jugeait nécessaire.

> Le deuxième principe de la prostituée est qu'elle se maquille à outrance pour attirer le regard. Eh bien, nous ferons de même, nous nettoierons les machines, les peindrons en rouge, en vert, en jaune…

Ce principe a effectivement conduit FAVI à nettoyer et à repeindre tout son équipement – une chose qui n'était pas courante au début des années 1980 –, faisant d'elle la première entreprise française à adopter la méthode japonaise des 5S, qui crée une culture autonome d'environnement de travail ordonné, propre, sûr et efficace.

> Son troisième principe de fonctionnement – et le ton de Zobrist commençait à ressembler à celui de Michael Scott dans la série *The Office* – est qu'elle a assurément une ou deux spécialités. Si elle ne fait rien de plus ou de mieux qu'à la maison, chacun reste chez soi. Eh bien, nous ferons de même. Nous qui ne faisons que des pièces brutes de fonderie, nous allons essayer de les usiner, de les assembler, de les livrer, et, en aval, de les concevoir, de les optimiser, de les tester, bref, nous allons tous ensemble essayer de faire plus et davantage pour nos clients.

Selon Zobrist, ce troisième principe a tenu lieu de stratégie d'entreprise chez FAVI pendant des années. En conséquence de quoi, les produits spécialisés ont fini par représenter 97 % des ventes contre 4 % à son arrivée à la direction.

> Son quatrième principe, enfin, est de ne pas transmettre de maladie à ses clients. Il y a trois maladies dont il faut qu'on se guérisse. La première est le retard de livraison. Si on a promis quelque chose le lundi, il faut à tout prix tenir cette promesse, sinon il sera impossible de faire croire au client que des choses qui ne se voient pas tout de suite, comme la qualité ou le prix, sont aussi respectées dans son produit.

FAVI ne tarderait pas à pouvoir se flatter d'un respect absolu des délais de livraison. Cette caractéristique s'est maintenue pendant les trente années suivantes.

> La deuxième maladie est le prix. Comment prouver à nos clients que nos prix sont bons ? Je ne vois qu'une seule solution : ne plus jamais augmenter nos prix de vente.

FAVI et Zobrist respecteraient également cet engagement, s'abstenant de toute hausse des prix, fût-ce pour tenir compte de l'inflation. Par conséquent, les prix de FAVI ont en réalité baissé en chiffres réels, année après année, pendant près de trente ans et jusqu'à ce jour. Ses tarifs sont invariablement les plus bas d'Europe, ce qui a permis à l'entreprise de surmonter toutes les épreuves qui ont mis ses concurrents européens au tapis – qu'il s'agisse de l'essor de la Chine ou de la récession mondiale. En fait, l'efficacité de FAVI est telle qu'elle exporte aujourd'hui une partie de sa production *en* Chine. Et, en 2008-2009, alors que la crise mondiale ébranlait l'industrie automobile et ses fournisseurs, Zobrist se frottait les mains à l'idée de s'emparer de nouvelles parts de marché en profitant de ces remous. Ajoutons que FAVI a constamment conservé des marges de cash-flow à deux chiffres dans une branche – les équipementiers – connue pour être étranglée par ses clients, les gros fabricants automobiles.

> La troisième et dernière maladie est la non-qualité de ce qui est fourni aux clients. Et là, je n'ai pas de remède miracle. Mais c'est vous, ouvrières et ouvriers, qui pouvez tout. Tout ce qu'on peut faire, nous, dans les bureaux, c'est vous écouter et essayer de vous aider. Mais retenez bien ceci : c'est vous et vous seuls sur votre machine qui pouvez tout faire.
>
> Je vous regarde travailler depuis presque un an, a conclu Zobrist, et votre sérieux, votre maîtrise du métier m'ont convaincu que vous aviez entre les mains les solutions à nos problèmes.

Puis il est reparti comme il était venu.

Il s'adressait aux opérateurs de FAVI et recourait à une puissante métaphore pour transmettre la vision d'entreprise qu'il voulait instaurer. Mais il savait que la plupart de ses propos menaçaient directement ses cadres fidèles à la doctrine du « comment ». De toute évidence, les opérateurs allaient ruminer les idées qu'il leur avait livrées, mais le moment était venu de s'occuper des rochers-cadres. Zobrist a raconté plus tard que l'irréversibilité des mesures qu'il prenait et la tension accumulée au cours des neuf mois passés à « couler autour et au-dessous » des pratiques de gestion de l'entreprise lui avaient donné l'impression qu'il venait de sauter en parachute – une sensation qu'il connaissait bien.

Une délégation à rebours

Zobrist a organisé sa toute première réunion de cadres et en a profité pour leur annoncer qu'il en était fini de leur rôle traditionnel – dire au personnel comment faire son travail, contrôler, récompenser et sanctionner. Désormais, les cadres animeraient, guideraient et aideraient les salariés à mesurer leurs propres résultats. Il en a profité pour leur faire savoir que cette première réunion de cadres serait également la dernière.

À la place de l'échelon des cadres, Zobrist a divisé l'usine en une vingtaine de « mini-usines » auto-dirigées. Chacune, chargée d'un produit unique et centrée sur un client spécifique, était responsable de tous les aspects de son activité, de l'embauche et de la formation jusqu'aux achats, au budget et, bien sûr, à la fabrication. Il a ensuite supprimé le département des ressources humaines et le service juridique. Il a conservé une personne au service informatique. Puis il a renoncé au processus et aux contrôles budgétaires traditionnels, qu'il a remplacés par une unique réunion annuelle des leaders de toutes les mini-usines, au cours de laquelle ils définiraient le programme d'activité de l'année à venir. Comme dans les usines de cent cinquante personnes de Gore, la duplication des activités de support – chaque unité ayant les siennes – n'était un gaspillage qu'en apparence. En réalité, compte tenu des coûts cachés de la centralisation des processus bureaucratiques, déplacer les activités de support vers la base a entraîné un accroissement spectaculaire de l'efficacité et, partant, des économies.

En rendant chaque mini-usine responsable de ses propres coûts, Zobrist a inversé les motivations bureaucratiques traditionnelles. Dans une entreprise « comment », tous les services – et notamment les services de « support », qui occasionnent des coûts et ne génèrent pas de profit – ont pour objectif premier d'obtenir la plus grosse part possible du gâteau budgétaire. Ils se débrouillent ensuite pour la dépenser entièrement avant la fin de l'année – de crainte que leur budget de l'année suivante ne soit revu à la baisse. Dans la nouvelle organisation de Zobrist, chaque mini-usine était jugée à ses résultats, comme une entreprise autonome. Et, comme la plupart des fonctions de support avaient été réduites ou intégrées dans les mini-usines elles-mêmes, les leaders ne cherchaient pas à extorquer le maximum de ressources à l'entreprise, mais à présenter les meilleurs résultats pour leur unité en fin d'année.

Trois autres principes ont guidé Zobrist dans son entreprise de libération de cette usine traditionnelle, bureaucratique, fidèle au « comment ». Le premier a été la « délégation à rebours », inspirée de Jean-Christian Fauvet. Son livre *Comprendre les conflits sociaux*[7], écrit en 1973, analysait les raisons pour lesquelles l'organisation d'une entreprise du haut vers le bas entraîne inéluctablement des conflits et des résultats médiocres. À l'image de Townsend, qui écrivait au même moment, et de McGregor, qui avait écrit dix ans plus tôt, Fauvet croyait à la gestion « par les hommes » et non « par les procédures ». S'il reconnaissait que certaines règles étaient indispensables, il affirmait opiniâtrement qu'elles devaient être inventées par ceux qui sont sur le terrain et proposait des méthodes d'auto-organisation que pouvaient appliquer les entreprises. Zobrist avait découvert sa théorie en assistant à un de ses séminaires à Paris, et désormais ces idées d'auto-organisation coïncidaient avec ce qu'il essayait de mettre en place chez FAVI.

En fait, l'idée de « délégation à rebours » n'était nouvelle que dans le monde de l'entreprise. Saint Thomas d'Aquin, le théologien du XIIIe siècle – qui s'intéressait, entre autres, aux méthodes de gouvernement –, avait épousé ce principe il y a sept siècles déjà sous le nom de « subsidiarité ». Appliqué aux entreprises, il signifie que toute autorité part de la base, et non du sommet. Les salariés de base délèguent ensuite à des niveaux supérieurs de la chaîne le pouvoir de prendre certaines décisions ou de réaliser certaines actions qui leur paraissent secondaires pour leur travail. Autrement dit, ce qui reste au PDG, ce sont les décisions et les tâches que personne de ceux qui sont en dessous de lui n'a eu envie ou n'a été capable de prendre ou de faire. Remarquez que cela se rapproche de l'idée de Robert Townsend, qui considérait le PDG comme un troisième ligne centre ou un porteur d'eau, pour qui aucune tâche n'est trop insignifiante si elle aide les autres joueurs à atteindre leurs objectifs. Cela correspond également à l'intention première de Zobrist de ne plus avoir de décisions à prendre au bout de trois ans.

Les mini-usines assumaient tous les rôles qu'elles jugeaient essentiels à la bonne exécution de leurs tâches. Cela ne couvrait pas seulement la fabrication, leur unique sphère de responsabilité traditionnelle, mais également les achats, la finance, le recrutement, la formation, et bien d'autres fonctions. Quant aux ingénieurs de FAVI, déjà en place ou nouvellement recrutés, on leur a simplement demandé, comme chez W. L. Gore & Associates, d'indiquer les domaines dans lesquels ils souhaitaient apporter une contribution. Évidemment, ces derniers se sont finalement trouvés être ceux dont les équipes de fabrication ne se chargeaient pas, comme la recherche et développement ou la mise au point de méthodes d'amélioration continue.

Cette approche n'a rien à voir avec le modèle de délégation traditionnel, où les ordres partent du haut en direction du bas, chaque strate de management s'emparant de la tranche d'autorité disponible et attrayante pour laisser le reste à ceux du bas. Elle se distingue tout aussi fondamentalement de certaines formes de « décentralisation » qui ont périodiquement le vent en poupe. La plupart d'entre elles partent de l'hypothèse selon laquelle tout le pouvoir réside au centre et doit être distribué stratégiquement et au compte-gouttes *par le centre*. Cette démarche peut aboutir à confier aux gens une autorité ou des responsabilités qui interfèrent avec leur mission tout en leur refusant la moindre liberté d'action dans des domaines essentiels à leur travail. Chose plus importante, la « délégation » et la « décentralisation », loin de remettre en cause les pratiques de management « comment », contribuent peut-être à les légitimer en rendant leurs effets moins pernicieux. La « délégation à rebours », au contraire, laisse les opérateurs de base définir eux-mêmes les sphères d'autorité dont ils ont besoin pour effectuer leurs tâches avant que ceux qui sont situés au-dessus d'eux ne puissent le faire. Il s'agit en un sens d'une rupture complète avec les pratiques managériales traditionnelles, si complète qu'elle peut sans doute *se passer entièrement* de managers traditionnels.

Le deuxième principe concernait moins la transformation des pratiques de management que le rôle que le patron y jouait. Zobrist – passionné par la Chine ancienne et par l'histoire en général – ouvre son livre, *La Belle Histoire de FAVI*, sur cette devise, inspirée par François Julien, spécialiste de la Chine : « Le bon prince est celui qui, en supprimant les contraintes et les exclusions, permet que chaque existant puisse s'épanouir à son gré. » Zobrist a supprimé de façon spectaculaire tout ce qui, à ses yeux, dans l'ancienne structure, traitait les gens comme s'ils étaient « mauvais » et les empêchait d'être « bons », de « faire du bon travail » en satisfaisant le client, et d'accéder au bonheur personnel tout en permettant à l'entreprise d'enregistrer de bons résultats. Comme il l'a dit dans son « discours de la prostituée », il est incapable de faire lui-même le travail, de sorte que la qualité ultime du produit et le succès de l'entreprise sont entre les mains des ouvriers. Il considère que sa mission consiste à éliminer les barrières qui leur interdisent d'accomplir leur travail aussi bien qu'ils le pourraient. Cela implique presque toujours de supprimer des contraintes – au lieu de les durcir.

Le dernier principe était que la transformation d'une entreprise fondée sur le concept du « commandement et contrôle » constitue une démarche radicale – une rupture, dit Zobrist. Il compare certains prétendus réformateurs à Louis XVI. À son image, ce sont des gens parfaitement intelligents et extrêmement cultivés, mais la moindre opposition de la caste au pouvoir les fait céder. Zobrist a expérimenté plusieurs méthodes pour essayer d'obtenir l'implication – et l'évolution – de sa « caste au pouvoir », les cadres, sans les menacer, en s'efforçant de les « contourner » pour imposer ses idées. Mais, contrairement à Louis XVI, il n'a jamais cédé face à leur résistance et à leur contestation ouverte. Au contraire, il a foncé, parce que les opérateurs avaient besoin d'être bien traités pour pouvoir agir librement dans leur propre intérêt et dans celui de FAVI.

Un radical prudent manquera d'efficacité, et le caractère « tire d'abord, vise ensuite » de Zobrist se prêtait bien à des interventions et à des prises de décision rapides. En fait, les neuf premiers mois qu'il a passés chez FAVI ont peut-être été la plus longue période d'inactivité de sa vie. Il était réputé pour avoir la gâchette si facile que, lorsqu'ils entraient dans son bureau, certains de ses collaborateurs posaient immédiatement la main sur le combiné du téléphone avant de commencer à parler : « Je vous en prie, disaient-ils, écoutez-moi jusqu'au bout avant d'appeler qui que ce soit. » Zobrist n'en tenait pas moins sa tendance à agir impulsivement pour une forme de vertu. « C'est une question de prise de risque, nous a-t-il expliqué. Certains tiennent à la contrôler intégralement, alors ils étudient différents scénarios : “Si je fais ceci, l'autre risque de faire cela, dans ce cas je pourrai agir comme ci…” Ils ont trop de respect pour l'intelligence, […] [si bien qu']en réalité ils n'agissent jamais. Je respecte le bon sens et l'intuition. J'agis d'abord, je gère les conséquences ensuite. S'il se révèle que mon action était inopportune, je change de cap, voilà tout. »

Pour dire les choses autrement, Zobrist n'attendait de décisions irréprochables ni de son personnel ni de lui-même. Quand ils envisagent de renoncer aux structures « comment », de nombreux leaders ne peuvent s'empêcher d'imaginer tous les problèmes susceptibles de se poser. *Et si un salarié fait ceci ou cela ? S'il appelle un client et nous fait perdre un compte ? S'il a un accident avec une voiture de l'entreprise pendant un déplacement personnel ?* Il est possible, pour peu qu'on y soit enclin, de poursuivre à l'infini cette liste de catastrophes imaginaires. Et les erreurs ne sont pas rares – il s'en produit même tout le temps, jusque dans les entreprises soumises au contrôle le plus rigoureux. Les cadres dirigeants ne sont pas plus à l'abri des bévues que les autres. La disposition de Zobrist à admettre qu'il pouvait se tromper et faire des faux pas avait pour pendant son aptitude à laisser les autres prendre des risques eux aussi. Comme aimait à le dire Bill Gore, sur un autre continent : « Si vous n'avez pas fait la moindre erreur, c'est que vous n'avez pas pris suffisamment de risques. » Zobrist considérait, lui aussi, ses propres erreurs comme le prix de l'action. Et il avait la sagesse de ne pas en attendre plus – ni moins – de son personnel.

« La vie, c'est le risque, disait-il souvent. Dès qu'on se réveille le matin, on court un risque. Il n'y a qu'une situation à risque zéro – c'est la mort. » Qui parlait de « vivre libre » – avec des risques – « ou mourir » ?

Traiter les gens avec grâce afin qu'ils agissent avec audace

Obtenir du patron qu'il change d'attitude et se mette à écouter au lieu de parler, supprimer les symboles et les pratiques bureaucratiques qui affirment l'infériorité intrinsèque des salariés et transformer radicalement les habitudes « comment » des cadres en « pourquoi » est un processus difficile, souvent risqué et toujours de très longue haleine. Les charges à la hussarde – « tire d'abord, vise ensuite » – peuvent permettre de briser quelques rochers particulièrement coriaces, mais il faut du temps pour modifier le comportement des gens. Zobrist a passé neuf mois à essayer de faire évoluer les pratiques des cadres en exercice avant de renoncer, et d'éliminer purement et simplement la totalité de cette strate.

Dans certaines entreprises, cette transformation a pris des mois – comme chez FAVI. Dans d'autres, par exemple chez USAA, Vertex et Harley, elle a duré plus longtemps encore. Mais, dans toutes, l'évolution de l'attitude de l'entreprise et de ses managers – devenus des leaders – à l'égard des salariés a entraîné une évolution de la manière dont ces derniers *agissaient*. Au lieu d'appliquer à la lettre les ordres de leurs supérieurs sur la façon dont ils étaient censés travailler – ce qui entraînait dans bien des cas de la mauvaise volonté, voire une hostilité ouverte –, ils ont pu s'engager dans des initiatives tous azimuts parce qu'un de leurs besoins universels fondamentaux avait été satisfait : être traités comme des êtres intrinsèquement égaux. Une fois cet obstacle surmonté, ils se sont sentis suffisamment en confiance pour exprimer leurs autres besoins – réprimés jusque-là – de développement personnel et d'autodirection. Ils ont tout naturellement cherché à satisfaire ces besoins dans leur nouvel environnement, se démenant pour assurer à la fois leur propre bien-être et le succès de l'entreprise. Voilà pourquoi nos leaders libérateurs ont commencé par satisfaire le besoin des salariés d'être traités en égaux et ont entrepris ensuite de transformer tous les aspects de l'environnement d'entreprise – comportement, pratiques et symboles – qui entravaient la satisfaction de ce besoin. Tant que celui-ci n'était pas comblé et que l'on traitait les salariés comme des « ressources », d'autres besoins majeurs étaient dans l'impossibilité de se manifester, et les cadres avaient l'impression que la seule chose que voulaient leurs « ressources » était des avantages matériels.

Nous cherchions un terme pour décrire aussi pertinemment que possible un environnement susceptible de satisfaire de façon permanente le besoin des salariés d'être traités équitablement et comme des êtres intrinsèquement égaux. Bob Koski, leader libérateur de Sun Hydraulics, a trouvé, nous semble-t-il, le mot le plus juste : la *grâce*. Celle-ci, disait-il, présidait à tout ce qu'il faisait dans son entreprise. La grâce – que l'on pourrait définir comme une disposition à la gentillesse, à la compassion, à une bonne volonté bienveillante – caractérise parfaitement tous les aspects de cet environnement que nous avons observé dans les entreprises libérées, depuis le comportement de ceux qui exercent d'importantes responsabilités jusqu'aux différentes pratiques organisationnelles et aux conditions de travail matérielles, autant d'éléments qui visent à traiter l'ensemble des salariés avec équité et comme intrinsèquement égaux.

Un environnement qui traite les gens avec grâce n'est pas seulement agréable à vivre. Il a des conséquences directes sur les relations des salariés avec tous ceux qui les entourent : collègues, partenaires, fournisseurs et, bien sûr, clients. Un jour, un opérateur de FAVI qui travaillait dans la mini-usine produisant des fourchettes de boîte de vitesses pour Volkswagen a remarqué un défaut sur une pièce – un cas exceptionnel, car, au moment où nous l'avons visitée, l'entreprise avait livré plus de vingt millions de pièces sans le moindre rejet. Il a arrêté la production et vérifié s'il ne se trouvait pas d'autres pièces défectueuses sur la chaîne de montage ou dans le stock de produits à livrer. N'en ayant pas repéré – mais n'étant pas entièrement rassuré pour autant –, il a consulté le leader commercial de la mini-usine et, ensemble, ils ont décidé de faire les plus de six heures de route pour se rendre à l'usine Volkswagen de Kassel, en Allemagne. À leur arrivée, ils ont simplement demandé à vérifier si, par hasard, une pièce défectueuse ne s'était pas glissée dans la dernière livraison. Il n'y en avait pas. Cette visite n'a pas manqué d'étonner les cadres de Volkswagen, qui en ont informé le chef de leur service achats. C'est ainsi que FAVI est devenu le fournisseur européen privilégié de Volkswagen. Mais si l'opérateur avait agi ainsi, c'était simplement parce que, chez FAVI, on traite les clients équitablement.

De nombreuses entreprises demandent à leur personnel de « bien » traiter les clients, mais elles n'obtiennent ni cette attitude, ni les résultats qu'elles attendent, parce qu'elles n'ont pas bien appris leur leçon. Comme l'a écrit Koski dans son modèle économique pour Sun Hydraulics, c'est en traitant les salariés avec dignité et courtoisie à l'intérieur de l'entreprise qu'on obtient d'eux la même attitude vis-à-vis de l'extérieur, ce qui cntraîne des renouvellements de commandes, de la croissance, des marges plus élevées et d'autres facteurs qui sont la clé de résultats de niveau mondial.

Il existe bien d'autres preuves des conséquences favorables sur la performance individuelle et sur celle de l'entreprise en général que l'on obtient en traitant les salariés comme intrinsèquement égaux, avec respect, dignité, considération, confiance, justice, équité, courtoisie, grâce – appelez cela comme vous voudrez. Lorsque ce besoin est satisfait, les salariés font suffisamment confiance à l'entreprise pour pouvoir exprimer leurs autres besoins fondamentaux. La satisfaction de ces derniers favorise à son tour toute une série de comportements relevant de ce que les psychologues appellent la recherche de la maîtrise et du bonheur – du bien-être et de la vitalité – et dont découlent encore plus directement d'excellents résultats pour l'entreprise. Nous verrons de plus près dans le prochain chapitre quels sont ces besoins et comment leur satisfaction engendre un comportement hors pair. Mais, avant cela, un exemple plus littéraire peut vous montrer à quel point il est important d'être traité en être humain.

On présente souvent Vassili Grossman (1905-1964) commc le Tolstoï de la littérature russe du XXe siècle pour son roman intitulé *Vie et destin*. Cctte épopée de plus de mille pages décrit la vie pendant et après la Seconde Guerre mondiale sur le front est, sous l'occupation allemande, dans les camps de concentration nazis, au goulag et à l'époque soviétique. Comme Grossman dénonçait dans cet ouvrage le totalitarisme soviétique et l'antisémitisme de la population soviétique sous l'occupation allemande, le régime communiste en a interdit la publication au début des années 1960, transformant pour de bon son auteur en dissident. Le manuscrit de son livre est sorti clandestinement d'URSS et a été publié et traduit pour la première fois en français en 1980. La version russe n'a vu le jour que sous Mikhaïl Gorbatchev.

Grossman s'est lancé dans sa carrière d'écrivain avant la Seconde Guerre mondiale, mais ce sont les quatre années au cours desquelles il a travaillé comme correspondant de guerre, puis les recherches qu'il a menées sur les crimes contre l'humanité, qui lui ont permis de rassembler la documentation nécessaire à la rédaction de ce livre. En juillet 1941, alors qu'il s'était engagé comme volontaire dans l'Armée rouge, sa mère s'est retrouvée bloquée par l'avance des troupes nazies dans leur ville natale de Berditchev, en Ukraine. Parquée dans le ghetto, elle a été fusillée en même temps que plusieurs dizaines de milliers d'autres Juifs quelques semaines plus tard.

Dans *Vie et destin*, le héros, Victor – surnommé Vitia –, reçoit une lettre de sa mère, médecin, prisonnière du ghetto. Elle lui décrit ce qui sera, pense-t-elle, les derniers jours de sa vie, car elle est convaincue qu'on va la tuer. Voici un passage décrivant le moment où elle quitte son appartement pour le ghetto et le sentiment qu'elle a d'être abandonnée de tous – à l'exception d'un chien et d'un homme qui a continué à la traiter comme un être humain.

> Peu de temps après, on a annoncé la création d'un ghetto, chaque personne avait le droit de prendre avec elle quinze kilos d'affaires personnelles. On avait collé sur les murs des maisons de petites affiches jaunes : « Tous les habitants juifs sont invités à déménager dans le quartier de la Ville Vieille avant le 15 juillet à 6 heures. » La peine de mort pour ceux qui n'obéiraient pas.
>
> Et voilà, mon petit Vitia, moi aussi, j'ai préparé mes affaires. J'ai pris un oreiller, un peu de linge, la tasse que tu m'as un jour offerte, une cuiller, un couteau, deux assiettes. Que faut-il de plus ? J'ai pris ma trousse de médecin ; j'ai pris tes lettres, les photos de maman et de l'oncle David, la photo où l'on te voit avec papa, le petit recueil de Pouchkine, *Les Lettres de mon moulin* et le Maupassant en français, là où il y a *Une vie*, un petit dictionnaire, j'ai pris le Tchekhov, celui où il y a *Une banale histoire* et *L'Évêque* et mon panier était plein. Que de lettres je t'ai écrites sous ce toit, que de larmes j'y ai versées, je peux te le dire maintenant, sur ma solitude.
>
> J'ai dit adieu à la maison, au jardin, je suis restée quelques minutes assise sous l'arbre, j'ai dit adieu aux voisins. Certaines

personnes sont bizarrement faites, quand même. Deux de mes voisines se sont mises à se disputer mes affaires en ma présence, qui prendrait les chaises, qui prendrait mon petit bureau ; mais quand est venu le moment de se dire adieu, elles ont pleuré. J'ai demandé à des voisins, les Bassanko, de tout te raconter en détail si tu viens ici aux nouvelles, après la guerre, et ils me l'ont promis. J'ai été émue par Toby, le chien de la maison, il a été spécialement affectueux le dernier soir. Si tu viens, donne-lui à manger en souvenir d'une vieille Juive.

Alors que je m'apprêtais à partir et me demandais comment faire pour traîner mon lourd panier jusqu'à la Ville Vieille, un de mes anciens patients, un certain Chtchoukine, un homme sombre et, pensais-je, au cœur sec, vint me voir. Il me proposa de porter mon panier, me donna trois cents roubles et me dit qu'il m'apporterait du pain une fois par semaine. Il travaille dans une imprimerie, on ne l'a pas mobilisé à cause d'une maladie des yeux. Je l'avais soigné avant guerre, et si l'on m'avait proposé de nommer des gens purs et sensibles, j'aurais donné des dizaines de noms mais pas le sien. Tu sais, Vitia, après sa venue, je me suis sentie de nouveau un être humain, ainsi, les cabots n'étaient pas les seuls à avoir une attitude humaine[8].

8

De la motivation à l'automotivation (1)

Au-delà de la grâce et de l'égalité intrinsèque

> Quand les gens sont bien informés, on peut les laisser se gouverner eux-mêmes.
>
> Thomas Jefferson[1]

En adressant ces mots à un philosophe politique gallois, Thomas Jefferson énonçait à la fois la *possibilité* de l'autonomie en matière de gouvernement et ses conditions. Si cette phrase constituait une défense, et un complément, de la Déclaration d'indépendance que Jefferson avait rédigée treize ans plus tôt, elle contenait également en germe une vision qu'il ne développerait que plusieurs dizaines d'années plus tard, celle d'« un système d'enseignement général qui toucherait nos citoyens de tout genre, du plus riche au plus pauvre[2] ». Il accordait une grande importance à ce projet, comme en témoigne sa volonté de voir figurer sur son tombeau ses trois plus grandes réalisations : la Déclaration d'indépendance, la loi sur la liberté religieuse en Virginie et la fondation de l'université de Virginie, fruit de ses ambitions éducatives. Créer une université aurait dû être chose facile pour un génie politique, ancien président américain de surcroît, en 1814, date à laquelle Jefferson s'est engagé dans cette entreprise. Voyons cela de plus près[3].

Il lui fallut cinq ans, mais Jefferson réussit à faire voter par l'Assemblée générale de Virginie les lois nécessaires à la fondation de l'université. Le financement allait être une autre paire de manches. Entre-temps, Jefferson, passionné d'architecture, participa à la conception de la célèbre rotonde et du Colonnade Club. Pendant sept mois, il consacra quatre heures par jour à constituer une bibliothèque de 6 860 titres, une collection impressionnante pour l'époque. Avec l'aide d'un autre Virginien, James Madison, lui aussi ancien président des États-Unis, il définit un cursus d'études. Enfin, il recruta les huit premiers professeurs, dont cinq venaient tout droit d'Angleterre.

La mise en place d'une organisation autonome constitue peut-être la plus caractéristique des entreprises de Jefferson. Pour commencer, son projet renonçait à toutes les règles et procédures en vigueur dans les autres établissements d'enseignement supérieur d'Amérique. Les étudiants ne se voyaient imposer aucun cours, aucun programme ; ils étaient entièrement libres de choisir ce qu'ils avaient envie d'étudier[4]. Afin de renforcer encore cette liberté de choix et d'inciter les professeurs à rivaliser pour proposer des cours captivants, Jefferson imagina un système de prime à l'intention des enseignants : à leur salaire annuel de base de mille cinq cents dollars s'ajoutaient vingt-cinq dollars par étudiant inscrit dans leur classe. La distinction entre étudiants de première, deuxième et troisième ou quatrième année fut supprimée. On élimina également la hiérarchie chère aux universités traditionnelles – président, doyen et autres postes de pouvoir. L'université devait être gouvernée de façon totalement autonome par le corps enseignant, avec un délégué tournant, placé sous la surveillance d'un conseil de personnalités extérieures : Jefferson, Madison, Monroe, plus un certain nombre d'autres noms tout aussi imposants. Quant aux étudiants, Jefferson avait élaboré pour eux « un projet d'autonomie, car il était convaincu que l'on pouvait compter sur les jeunes gens des meilleures familles pour se gouverner eux-mêmes et continuer à se conduire raisonnablement bien[5] ».

En mars 1825, après de longues années d'efforts, Jefferson assista à l'inauguration de l'université de Virginie sur le campus idyllique de Charlottesville. L'établissement accueillit ses quarante premiers étudiants, un effectif qui grossit dans le courant de l'année pour dépasser cent seize. Comblé, Jefferson, qui avait alors quatre-vingt-un ans, se retira sur son domaine de Monticello, à moins d'une dizaine de kilomètres de l'université. Il invitait de petits groupes d'étudiants à venir dîner chez lui le dimanche et, parfois, prenait son télescope pour observer sa jeune création à travers une brèche qu'il avait fait tailler dans les arbres de sa propriété. Jusqu'au jour où…

Moins d'un mois après le début de ce premier trimestre, une information navrante parvint aux oreilles de Jefferson. Un groupe de quatorze étudiants ivres et masqués s'était rassemblé sur la pelouse à la nuit tombée en criant : « À bas les professeurs européens ! » Quand deux enseignants attirés par le vacarme étaient arrivés sur les lieux et avaient tenté de retirer son masque à un étudiant, ils avaient été accueillis par des injures. Cela ne s'était pas arrêté là. L'un d'eux avait été attaqué à coups de canne et l'autre avait été visé par une brique. Pour couronner le tout, le lendemain, soixante-cinq étudiants signèrent une résolution condamnant les deux professeurs qui avaient eu l'audace de chercher à démasquer leur camarade. Coup de grâce : le propre arrière-petit-neveu de Jefferson faisait partie des quatorze émeutiers.

Debout dans la fameuse rotonde en présence de James Madison et de James Monroe – respectivement ancien et actuel présidents des États-Unis –, face aux « quatorze ivrognes », Jefferson commença par déclarer que ce qui s'était passé était l'un des événements les plus douloureux de son existence. Puis, terrassé par l'émotion, les larmes aux yeux, il dut s'interrompre et s'asseoir. Les autres prirent le relais. La réunion se poursuivit, et les « quatorze émeutiers », dont l'arrière-petit-neveu de Jefferson, furent renvoyés.

Sur la recommandation de Jefferson, on adopta alors un règlement très strict : chaque étudiant se lèverait à l'aube, ne sortirait plus de sa chambre après 21 heures, porterait un uniforme et confierait son argent à un surveillant qui ne le lui remettrait que par petites sommes. Le jeu, le tabac et l'alcool étaient interdits. Tant pis pour la liberté et l'autodiscipline.

C'est le genre d'anecdotes qui hantent les leaders libérateurs. On traite enfin les gens en égaux et, au lieu d'assumer cette liberté et la responsabilité qui l'accompagne, ils se révoltent[6]. La liberté et l'autodirection dont rêvait le leader se muent en anarchie, et celui qui aurait voulu ne plus avoir de décisions à prendre est rappelé pour tenir le rôle de patron autoritaire, ce qu'il déteste évidemment faire. Si Thomas Jefferson lui-même n'a pas réussi à établir une organisation fondée sur la liberté, ne serait-ce pas parce que cette idée même est utopique ?

Pourtant, Gore, Zobrist, Koski, Teerlink, Westphal et Davids ont lancé leurs campagnes de libération sans plonger leurs entreprises dans l'anarchie. Certains ont crié à l'utopie, bien sûr – mais ils ont réussi. Et ils ne se sont pas contentés de créer un environnement dans lequel les salariés étaient traités comme intrinsèquement égaux. Ils sont allés plus loin : l'environnement qu'ils ont mis en place a permis au personnel de trouver la motivation nécessaire pour assumer sa liberté et ses responsabilités ; en réalité, le personnel s'est automotivé. Nous retournerons à l'université de Virginie pour essayer de comprendre pourquoi les choses se sont mal passées pour Jefferson. Mais, au préalable, voyons dans le détail comment nos leaders libérateurs ont réussi à obtenir de leurs salariés qu'ils participent à leurs campagnes de libération au lieu de se révolter contre elles ou d'y résister.

Est-il possible de motiver les gens ?

Depuis 1943 au moins, date à laquelle Abraham Maslow a publié un célèbre article sur les besoins et les motivations de l'homme, cette question agite les psychologues. Pourtant, dans le monde économique, cela fait des dizaines d'années que la plupart des entreprises considèrent qu'elle est réglée. Rien de plus facile, affirment-elles, que de motiver les gens ; il suffit de trouver le bon mélange de récompenses tangibles pour faire coïncider les intérêts matériels des salariés avec les objectifs de l'entreprise. Le problème est que plus les psychologues étudient les niveaux de motivation – ou d'engagement – du personnel, moins les récompenses tangibles paraissent importantes. En réalité, ce qui compte le plus, ce sont les choses que les gens font *eux-mêmes*.

Arrêtons-nous un instant sur cette « expérience naturelle ». Un jour, un psychologue a été dérangé par le bruit d'un groupe d'enfants qui étaient venus jouer au football sous ses fenêtres. Il est sorti de chez lui et leur a dit : « Vous jouez super bien, les gars. J'aime tellement vous regarder que, chaque fois que vous viendrez jouer ici, je vous donnerai un dollar chacun. » Et il a donné un dollar à chaque gosse. Le lendemain, les enfants sont revenus disputer une partie de foot endiablée. Il est ressorti et leur a dit : « J'aime vraiment vous regarder, malheureusement je n'ai pas de billets aujourd'hui, je n'ai que des pièces. Je peux vous donner cinquante cents chacun. » Les enfants ont un peu tordu le nez devant cette baisse de salaire, mais ils ont empoché l'argent et ont continué à jouer. L'histoire se poursuit sur le même mode, jusqu'au jour où le psychologue ne donne plus qu'un cent à chaque enfant. L'un d'eux refuse avec dédain en protestant : « Ça ne va pas, non ? On ne va certainement pas jouer ici pour un malheureux cent. » Les enfants ne sont jamais revenus, pour la plus grande satisfaction du psychologue.

Beaucoup de psychologues pensent que cette histoire est apocryphe, mais elle n'en continue pas moins de circuler parce qu'elle reflète parfaitement ce que leur ont appris d'innombrables expériences réelles. Si vous prenez des gens très engagés dans une activité qui leur plaît et que vous leur offrez une récompense tangible pour continuer à l'accomplir, il se produit un changement. Mentalement, ils établissent un lien de cause à effet entre ces récompenses et leur activité – ce que les psychologues appellent un « locus de causalité perçu » –, et ce lien tend à affaiblir la raison première, intrinsèque, qui les avait poussés à se livrer à cette activité – le plaisir ou l'intérêt qu'ils y trouvaient, par exemple.

Les entreprises donnent à ces récompenses tangibles le nom de « bonus » ou d'« avantages divers », et elles sont convaincues qu'elles motivent le personnel.

Une célèbre entreprise de la Silicon Valley qui emploie des milliers de jeunes geeks brillants et enthousiastes était connue pour les excellents repas gratuits qu'elle offrait à tout le monde, visiteurs compris. Les jeunes geeks se répandaient dans la blogosphère en commentaires dithyrambiques sur le supertravail qu'ils faisaient – et sur la qualité des repas. Mais, un beau jour, les affaires ont un peu ralenti ; un grand patron a alors rédigé une note de service expliquant que les repas gratuits faisaient l'objet d'abus et que des mesures d'économie s'imposaient. Cette décision a envoyé des ondes de déception d'un bout à l'autre du Net – ce qui ne surprendra pas les psychologues, mais a pris la direction au dépourvu. Il se trouve que, paradoxalement, dès qu'un avantage est acquis, il perd de son pouvoir de motivation et se transforme en handicap potentiel.

En dehors des récompenses tangibles accordées indépendamment de tout engagement particulier dans une activité – le salaire, par exemple – ou des récompenses imprévues – une prime inattendue –, toutes les autres formes de récompenses tangibles ont tendance à exercer des effets contre-productifs et à dissuader les salariés de s'engager dans une activité pour la simple raison qu'elle les intéresse. Cela ne pose sans doute pas de problèmes aux entreprises « comment »[7]. En l'occurrence, les récompenses tangibles sont une méthode comme une autre pour obtenir que le personnel fasse ce qu'on lui dit de faire. La difficulté est bien plus grande pour les leaders libérateurs – ce que Bob Davids a exprimé sans détour : « Il est absolument impossible à un être humain d'en motiver un autre[8]. » Ils n'en continuent pas moins de chercher la façon de conduire leur personnel à participer à la campagne de libération au lieu d'y résister. L'amorce d'une solution leur est apparue quand ils ont adopté une approche *créative* pour essayer de résoudre un problème différent – un problème *redéfini*.

Faire preuve de créativité

La recherche sur la créativité est un domaine multidisciplinaire en plein essor qui s'intéresse prioritairement à la naissance de l'intuition créative, au phénomène d'« Eurêka ! » : la pomme qui tombe sur la tête d'Isaac Newton, Alexander Fleming qui repère une moisissure en train de tuer des bactéries dans une boîte de Petri, Spence Silver, de 3M, intrigué par une colle qui tient mal et qui invente le Post-it… Pour tenter de résoudre cette énigme, les chercheurs considèrent le phénomène de l'intuition créative comme un double phénomène : problème + solution. En dernière analyse, l'intuition est une solution originale et utile. Mais, bien souvent, il faut une grande créativité pour mettre le doigt sur le bon *problème* ou redéfinir celui qui se pose. Comme le disait John Dewey, philosophe américain du début du XXe siècle : « Un problème bien posé est à moitié résolu[9]. » C'est ainsi que l'« Eurêka ! » de l'intuition créative passe souvent par la redéfinition du problème que l'on cherche désespérément à résoudre, surtout quand on est pressé par le temps[10]. C'est ce que confirme l'histoire vraie que voici, racontée par deux grands spécialistes de la créativité, Todd Lubart et Robert Sternberg.

> Un cadre supérieur d'une des trois grandes sociétés automobiles des États-Unis se trouvait devant un dilemme. D'un côté, il appréciait beaucoup son travail et l'argent qu'il gagnait en le faisant. Après tout, les cadres supérieurs de Detroit sont bien payés, que les voitures se vendent ou non. De l'autre, il détestait son patron plus que tout au monde. Il avait supporté ce tyran pendant un certain nombre d'années mais, cette fois, la coupe était pleine. Après avoir soigneusement pesé le pour et le contre, il décide d'aller voir un chasseur de têtes – dont la spécialité est de trouver d'autres emplois à des cadres supérieurs. Le cadre prend donc rendez-vous, sans très bien savoir

à quoi s'attendre. Heureusement, le chasseur de têtes le rassure : il n'aura aucun mal à le recaser.

Le soir, le cadre raconte l'entrevue à sa femme et lui dit qu'il est confiant : il trouvera certainement un nouvel emploi. Après l'avoir écouté, sa femme lui raconte sa propre journée. À l'époque, elle enseignait l'« intelligence appliquée[11] », un programme destiné à améliorer la réflexion des lycéens et des étudiants. Elle lui décrit la technique qu'elle a abordée ce jour-là : la redéfinition d'un problème. L'idée de base consiste à examiner le problème devant lequel on se trouve et à le mettre cul par-dessus tête. En d'autres termes, il s'agit d'envisager le problème sous un angle nouveau – un angle qui, non content d'être différent de celui qu'on avait choisi précédemment, se distingue également de l'approche qu'adopteraient probablement la plupart des gens. Pendant qu'elle lui explique tout cela, le cadre a une idée. Il a compris comment appliquer à son propre cas la technique que sa femme enseigne.

Le lendemain, il retourne voir le chasseur de têtes et lui donne le nom de son patron. Puis il lui demande de se mettre en quête d'un nouveau poste – pas pour lui, mais pour son patron. Le chasseur de têtes accepte et trouve rapidement quelque chose d'intéressant. Le patron reçoit donc un coup de fil lui proposant un nouvel emploi, sans se douter bien sûr que cette offre est le fruit de la collaboration de son subordonné et du chasseur de têtes. Comme il se trouve qu'il en a assez de son emploi actuel, il s'empresse d'accepter la proposition en question.

Cerise sur le gâteau : le poste de son patron étant devenu vacant à la suite de son départ pour une autre entreprise, notre cadre supérieur s'est porté candidat et s'est ainsi retrouvé à la place de son patron[12].

Nous ne suggérons pas nécessairement de tenter le coup. Nous avons entendu parler – à ce jour – de deux tentatives réussies, mais il est à parier que, un jour ou l'autre, les patrons commenceront à trouver un peu louches ces offres d'emploi non sollicitées – d'autant plus que la ruse a inspiré un épisode de la série télévisée *The Office*. Cette anecdote n'en montre pas moins comment une intuition créative, qui redéfinit un problème apparemment insoluble, peut déboucher sur une excellente solution.

Face au problème de la motivation dont la solution leur échappait, nos leaders libérateurs ont eu une intuition créative de ce genre. Ils ont entrepris de le redéfinir ainsi : *comment mettre en place un environnement où les salariés se motivent* eux-mêmes ?

Cette redéfinition leur a permis de renoncer immédiatement à toutes les solutions qui ont cours dans le monde de l'entreprise, des solutions qui ne visent pas à l'automotivation mais cherchent à exercer sur la motivation un contrôle extérieur au moyen de récompenses tangibles telles que les primes, l'avancement, les avantages annexes, les récompenses et les distinctions, sans oublier la menace de sanctions. Nos leaders libérateurs ont commencé par supprimer un grand nombre de ces mesures d'incitation fonctionnant sur le mode « carotte et bâton ». Ils ont ensuite trouvé de multiples solutions grâce à la redéfinition du problème. Chacune était spécifique à leur personnel, à leur entreprise et à leur secteur, mais elles ont toutes contribué à mettre en place des *environnements d'entreprise* permettant aux salariés de trouver en eux-mêmes la motivation nécessaire pour participer à la campagne de libération.

Nous ne savons pas comment tous nos leaders libérateurs sont arrivés à l'intuition créative qui les a poussés à redéfinir le problème et à passer de « comment motiver les gens » à « comment élaborer un environnement où les salariés s'automotivent ». Nous savons cependant que certains – comme Bill Gore, Robert Townsend et Jean-François Zobrist – connaissaient bien le travail de Douglas McGregor, dont l'une des préoccupations majeures était de motiver les salariés non seulement à prendre part aux efforts de transformation de l'entreprise, mais également à agir au mieux des intérêts de celle-ci. McGregor écrivait : « La réponse à la question que les managers posent fréquemment […] "Comment motiver les gens ?" est : "On ne les motive pas. L'homme est motivé par nature. […] Son comportement est influencé par les relations entre ses caractéristiques en tant que système organique et l'environnement.

[…] Créer ces relations se fait en libérant de l'énergie de certaines façons plutôt que d'autres. Nous ne le motivons pas, parce qu'il *est* motivé. S'il ne l'est pas, c'est qu'il est mort[13]. »

McGregor opposait aussi l'approche « manufacturière » traditionnelle à ce qu'il appelait l'approche « agricole » : « L'individu se développera pour devenir ce dont il est capable pourvu que nous créions les bonnes conditions de cette croissance[14]. » Robert Townsend a traduit ces idées par sa propre métaphore agricole sur la façon d'encourager l'automotivation : « Fournissez le climat et les nutriments qu'il faut, et laissez les gens pousser tout seuls. Ils vous surprendront[15]. » Autrement dit, si l'environnement est suffisamment nutritif, les gens trouveront seuls la motivation nécessaire pour participer aux efforts de transformation ou exécuter leurs activités normales. Une question se pose : qu'est-ce qu'un environnement suffisamment nutritif ?

Les bons nutriments

> L'homme n'est qu'un roseau, le plus faible de la nature ; mais c'est un roseau pensant. Il ne faut pas que l'univers entier s'arme pour l'écraser : une vapeur, une goutte d'eau, suffit pour le tuer. Mais, quand l'univers l'écraserait, l'homme serait encore plus noble que ce qui le tue, puisqu'il sait qu'il meurt, et l'avantage que l'univers a sur lui, l'univers n'en sait rien. Toute notre dignité consiste donc en la pensée. C'est de là qu'il faut nous relever et non de l'espace et de la durée, que nous ne saurions remplir. Travaillons donc à bien penser : voilà le principe de la morale.
>
> Blaise Pascal[16]

Pascal, le philosophe du XVIIe siècle, a utilisé cette image pour opposer la fragilité de notre organisme à la force de notre esprit. Mais on peut filer la métaphore et observer le roseau dans son environnement naturel. La plupart des roseaux, évidemment, ne sont pas écrasés par la nature mais en tirent ce dont ils ont besoin pour croître et se développer, comme ils ont été programmés pour le faire. En revanche, si un roseau n'obtient pas de la nature de quoi satisfaire ses besoins – de l'eau, de la lumière, des minéraux –, sa croissance sera entravée. Il peut même mourir si la nature le prive gravement de ce qu'il lui faut.

Ce développement de la métaphore de Pascal reflète la vision des besoins *humains* élaborée depuis trente ans par les psychologues américains de l'université de Rochester Edward Deci, Richard Ryan et leurs collaborateurs, dans le cadre de ce qui est peut-être l'étude contemporaine théorique et empirique sur la motivation la plus ambitieuse jamais entreprise[17]. Dans la première moitié du XXe siècle, les behavioristes et les psychologues spécialistes des besoins considéraient que l'homme cherchait naturellement l'*apaisement* (du corps) et était donc motivé à supprimer la tension créée par ses besoins physiques inassouvis. En caricaturant un peu, on peut dire que l'homme est comme un python qui s'activera pour trouver une proie, mais qui n'est jamais plus heureux que quand il peut rester au soleil, sans bouger, à digérer la malheureuse souris qu'il a avalée. En 1943, Abraham Maslow a élargi cette analyse pour affirmer que l'homme ne recherche pas seulement l'apaisement du corps, mais aussi celui de l'esprit ; il est donc également motivé à éliminer la tension créée par ses besoins psychologiques inassouvis – sentiment d'appartenance, estime de soi et épanouissement personnel. Pour poursuivre notre caricature, une fois rassasié, notre python rechercherait la compagnie d'autres pythons susceptibles de l'accueillir en criant : « Super ! Bonne prise ! » Ayant trouvé cette compagnie et reçu son approbation, il poursuivrait ensuite paisiblement sa digestion au soleil. À la différence de leurs aînés et à l'image de nos leaders libérateurs, Deci et Ryan sont convaincus que l'homme ne recherche pas seulement la paix du corps et de l'esprit, mais qu'il est programmé pour la *maîtrise* – d'activités et de champs d'étude, pas d'autres hommes – et pour le *bonheur* (vitalité et bien-être)[18].

Ainsi que l'ont montré Jean Piaget et Lev Vygotsky, spécialistes du développement psychologique de l'enfant, nous nous engageons très tôt dans toutes sortes d'activités ludiques pour maîtriser différents aspects de notre environnement. Ces activités nous comblent au point de nous faire ignorer la faim, la fatigue et les risques de blessure – à l'instar des jeunes joueurs de foot sous les fenêtres du psychologue[19]. De même, une fois adultes, nous recherchons la maîtrise et le « plaisir » dans beaucoup de nos activités de loisir. Et si nous avons la chance de bénéficier d'un environnement d'entreprise *approprié*, nous recherchons la même chose dans notre travail. Mais il faut, évidemment, que l'environnement soit approprié, un détail qui n'a rien d'insignifiant. Comme le roseau de Pascal qui cherche naturellement à se développer jusqu'aux limites de son potentiel, les activités humaines naturelles continues qui visent à la maîtrise et au bonheur exigent ce que Deci et Ryan appellent des *nutriments*. Les besoins fondamentaux du roseau – lumière, minéraux et eau – trouvent un équivalent dans les besoins fondamentaux de l'homme – affiliation, compétence et autonomie[20]. Si les nutriments sont présents, un individu accédera à la maîtrise et au bien-être. En leur absence, il ne pourra pas atteindre son plein développement. Aussi Deci et Ryan affirment-ils que la satisfaction de ces besoins fondamentaux est aussi indispensable au développement humain que la lumière, les minéraux et l'eau à celui du roseau. D'autres candidats au rang de besoins fondamentaux, comme le *pouvoir*, proposé par de précédents spécialistes de la motivation, sont exclus de leur analyse : leur non-satisfaction n'empêche pas la maîtrise et le bien-être. (Ce n'est pas parce qu'on n'exerce pas de pouvoir sur autrui qu'on ne peut pas maîtriser un sujet ou une activité et accéder au bonheur, ainsi que le prouvent les alpinistes et d'autres sportifs.) Et, à l'image du roseau, si un des nutriments est absent, le développement de l'être humain restera déficient quand bien même les deux autres seraient disponibles.

Dans le cadre de leurs recherches, Deci, Ryan et leur équipe ont analysé des journaux intimes. Ils ont découvert que les gens considéraient comme de « bons » jours ceux qui avaient été marqués par des expériences d'affiliation, de compétence et d'autonomie – les trois en même temps. Deci et Ryan ont recherché ces trois besoins/nutriments dans différentes cultures. Ils ont relevé leur présence dans toutes, bien qu'ils fassent l'objet d'interprétations variables selon les régions. Dans les pays occidentaux, par exemple, la satisfaction du besoin d'autonomie se fait individuellement, par opposition à autrui, alors que, dans les traditions asiatiques, c'est au sein de relations harmonieuses avec les autres qu'on peut le satisfaire. Ces découvertes ont amené Deci et Ryan à affirmer que ces trois besoins sont innés et universels.

En règle générale, leurs nombreuses études en laboratoire et sur le terrain ont établi qu'un environnement nutritif – marqué par des pratiques propres à satisfaire les trois besoins universels de l'homme – conduit à l'automotivation. Quand on traite les gens avec considération, qu'on leur accorde le soutien nécessaire à leur développement et à leur autodirection, ils se motivent eux-mêmes et prennent des initiatives, lesquelles entraînent à leur tour une amélioration de leurs résultats et un accroissement de leur bien-être personnel[21]. À l'inverse, quand l'environnement exerce un contrôle sur les gens et les empêche de satisfaire leurs besoins universels, la motivation passe sous contrôle extérieur et ils ne font que ce pour quoi ils sont récompensés ou sanctionnés. Cela n'entraîne aucun accroissement de leur bien-être et ne produit au mieux que des bénéfices à court terme en matière de résultats.

Le vaste travail empirique de Deci et Ryan leur a inspiré une conclusion qui rejoint celle de McGregor : la motivation humaine se passe de tout contrôle ; les individus trouvent en eux-mêmes la motivation d'agir pour accéder à la maîtrise et au bien-être quand on leur fournit un environnement « nutritif ». Face à la question : « Comment motiver les gens ? », McGregor a redéfini le problème en demandant : « Comment mettre en place un environnement où les gens s'automotivent ? » Deci et Ryan ont poussé la redéfinition encore plus loin : « *Quel est l'environnement qui empêche les gens d'obtenir les bons nutriments et comment le transformer de façon à ce qu'ils les obtiennent ?* »

Les leaders libérateurs se livrent à une redéfinition du même ordre. Ils écoutent systématiquement leurs salariés pour essayer de comprendre ce qui, dans leur environnement de travail, les empêche de satisfaire leur besoin d'être traités comme intrinsèquement égaux, de se développer et de s'autodiriger. Puis ils entreprennent de transformer cet environnement carencé en un environnement nutritif, comme nous le verrons plus en détail dans le prochain chapitre. Pour le moment, revenons à Thomas Jefferson.

Ce qui a mal tourné… avant de bien tourner

Nous sommes en 1824. Jefferson est mécontent des progrès de son projet d'université – qu'il considère, rappelez-vous, comme essentiel pour faire des États-Unis un pays dont le peuple se gouverne lui-même. Il a constitué une remarquable bibliothèque, il a défini les départements et les cours, lesquels comprennent les langues anciennes et modernes, la philosophie, les mathématiques, le droit et la médecine – il a ainsi engagé le premier professeur de médecine à temps plein des États-Unis –, à l'exclusion de la théologie, cela va sans dire. Le campus dessiné par Jefferson – que George Ticknor, alors professeur à Harvard, a décrit comme « un ensemble de bâtiments plus beau que toute l'architecture de la Nouvelle-Angleterre et mieux adapté à une université que l'on n'en pourrait trouver dans le monde entier peut-être[22] » – est en bonne voie d'achèvement, grâce à un prêt de 180 000 dollars et à une dotation de 50 000 dollars qu'il a obtenue de l'État de Virginie. Et, bien que la rotonde soit encore en travaux, il y reçoit un héros révolutionnaire de passage, le marquis de La Fayette, à qui il offre un repas somptueux. Alors que le jour de l'inauguration approche, tout semble être en place, sauf un détail d'importance : le corps enseignant.

Au grand désarroi d'un autre ancien président américain, John Adams, qui lui reprochait son manque de patriotisme,

Jefferson ne voulait pour son université que des professeurs européens. Mais les grands noms d'Europe refusaient de venir s'enterrer dans ce qui avait alors tout d'un désert intellectuel. Craignant que le retour de ses recruteurs « sans le moindre professeur ne réduise à néant tout espoir de créer cette institution[23] », Jefferson dut se résoudre à embaucher en Europe cinq jeunes enseignants. Le compromis le plus grave, toutefois, fut que ces jeunes professeurs étaient complètement imperméables aux principes d'autodiscipline et de respect des étudiants bien particuliers à cette université. Le plus redoutable d'entre eux était George Blaetermann, professeur de langues modernes, dont les cours étaient émaillés de violentes altercations avec les étudiants. Il lui arriva un jour de faire tomber d'un revers de main le chapeau d'un étudiant, qui répliqua par un coup de poing.

Rappelez-vous que Jefferson ne voulait pas seulement une université belle sur le plan esthétique, mais aussi d'un très haut niveau académique. Il tenait également à ce que l'établissement repose sur l'autodiscipline – un environnement opposé à celui de Yale, de Harvard et d'autres, qu'il traitait de « séminaires despotiques[24] ». Malheureusement, en négligeant les tendances autoritaires des enseignants européens, il obtint un résultat bien pire que la culture des universités de Nouvelle-Angleterre – il obtint la culture hiérarchique des universités européennes, dont les établissements de Nouvelle-Angleterre n'étaient qu'une pâle copie. Le climat pesant entretenu par les professeurs, s'ajoutant aux mesures de répression draconiennes imposées aux étudiants après l'émeute des « quatorze ivrognes », nourrit un ressentiment qui ne tarda pas à se manifester sous des formes bien plus extrêmes que l'état de saleté répugnante dans lequel les étudiants laissaient habituellement leurs chambres.

Une nouvelle révolte éclata en 1831. En 1836, des étudiants brisèrent les vitres des résidences des professeurs à coups de bâton et de pierres et déchargèrent même plusieurs mousquets, obligeant les enseignants à s'armer et à se réfugier, avec leur famille, aux étages supérieurs des bâtiments. En 1838, des étudiants attaquèrent une nouvelle fois une résidence de professeurs, fracassant les fenêtres et démolissant la porte. L'année suivante, on assista à de nouveaux troubles : deux étudiants s'en prirent au délégué des enseignants et le frappèrent à coups de cravache en présence de plus d'une centaine de leurs camarades, qui assistèrent à la scène sans broncher.

Puis vint le 12 novembre 1840. Ce jour-là, deux étudiants masqués tirèrent des coups de feu et firent du chahut sur la pelouse. Le délégué des professeurs, John A. G. Davis, sortit pour y mettre bon ordre. Lorsqu'il chercha à arracher son masque à l'un des deux trublions, celui-ci déchargea son arme, blessant mortellement Davis. L'affaire provoqua un scandale indicible – non seulement au sein de l'établissement, mais dans l'ensemble de la Virginie et au-delà. L'université tout entière était en ébullition.

Jefferson n'était pas là pour essayer d'arranger les choses – il était mort le 4 juillet 1826, près d'un an après l'inauguration de l'université et exactement cinquante ans après la naissance des États-Unis. Nous ne pouvons donc pas savoir si, constatant l'inefficacité de l'autodiscipline, il aurait porté un jugement critique sur les choix qu'il avait faits pour son établissement. Mais, rétrospectivement et grâce aux conclusions des recherches psychologiques les plus récentes, nous pouvons affirmer que l'environnement institutionnel que Jefferson avait mis en place ne fournissait pas les nutriments nécessaires aux besoins universels des êtres humains, et que les étudiants ne possédaient donc pas l'automotivation nécessaire pour participer à ce projet fondé sur la liberté.

Bien sûr, il s'agissait d'un environnement qui traitait les enseignants comme intrinsèquement égaux. Pour la première fois en Amérique – et peut-être dans le monde –, les professeurs n'avaient pas de comptes à rendre à un supérieur. Jusqu'en 1904, date à laquelle le premier président fut enfin nommé, l'université de Virginie continua à être autogouvernée. Aujourd'hui encore, son président possède beaucoup moins de pouvoirs que ses homologues d'autres universités. L'environnement que Jefferson avait instauré fournissait également tous les nutriments nécessaires à la croissance et à l'autodirection des jeunes professeurs. Aussi les enseignants soutenaient-ils entièrement le principe de l'autonomie, bien que ce fût une méthode tout à fait inhabituelle pour diriger un établissement universitaire. Ils allèrent même jusqu'à employer leur liberté d'action pour lutter contre le seul aspect institutionnel mis en place par Jefferson qu'ils estimaient injuste – la mesure d'incitation qui alignait leur salaire sur le nombre d'étudiants qu'ils parvenaient à attirer dans leurs cours. Pour des raisons que nous comprenons aujourd'hui, ils interprétaient à juste titre cette récompense tangible comme un outil de contrôle. Ils obtinrent sa suppression en 1850.

Contrairement au corps enseignant, les étudiants, eux, ne trouvaient pas cet environnement institutionnel nutritif. Dès le premier jour, leurs professeurs – habitués aux méthodes autoritaires des universités européennes – ne les traitèrent pas en égaux. Et, après les mesures de répression prises contre les « quatorze ivrognes », les étudiants furent littéralement infantilisés. Pendant toute cette période, ils furent obligés de porter l'uniforme et on leur imposa des horaires de lever (6 heures) et de couvre-feu (21 heures). L'argent de poche qu'on leur concédait ne suffisait même pas pour payer « un petit souper de poulet[25] ». Comme nous le savons aujourd'hui, quand leur besoin d'être traités en égaux n'est pas respecté, les gens ne peuvent pas se motiver, même si leurs deux autres besoins – le développement personnel et l'autodirection – sont satisfaits.

S'agissant d'éducation et de développement personnel, un groupe d'étudiants désireux de remédier aux carences de l'enseignement de la composition anglaise fonda en 1838 la revue *The Collegian*, qui, sous différents noms, a survécu jusqu'à aujourd'hui. Et, s'agissant d'autodirection, bien que Jefferson eût créé son université sur le principe de la séparation complète de l'Église et de l'État, des étudiants lancèrent en 1832 une collecte de fonds pour engager un aumônier. Cette initiative reçut l'approbation des enseignants et du conseil de personnalités extérieures, et le corps enseignant procéda chaque année à l'élection d'un aumônier, qui, cependant, était rémunéré sur les fonds collectés par les étudiants et n'était pas officiellement rattaché à l'université. En résumé et en nous appuyant sur nos connaissances actuelles de l'environnement propre à apporter les nutriments nécessaires aux besoins universels, nous pouvons dire que l'université de Virginie n'a pas réussi à inspirer l'automotivation.

Cette histoire ne montre pas seulement comment un projet d'organisation fondée sur la liberté peut échouer à obtenir l'adhésion des gens auxquels il s'adresse et les inciter, au contraire, à la révolte. Elle révèle également qu'il est possible de retourner la situation, et la façon de le faire. Parce que le projet a fini par être un succès – mais Jefferson n'était plus là pour le voir.

Peu après l'assassinat du délégué des enseignants en 1840, un éminent juge, Henry St. George Tucker, fut nommé à sa succession. Il prit progressivement conscience du ressentiment larvé des étudiants contre toutes les restrictions imposées à leurs libertés personnelles. Avec les autres enseignants, il se fixa alors pour tâche de les supprimer. Après avoir aboli les règles exécrées, Tucker s'attacha à faire reposer les relations entre professeurs et élèves sur de nouvelles bases.

Il constata que, pour les enseignants, le fait que les étudiants trichaient aux examens (ce que certains faisaient effectivement) était acquis. Au lieu de renforcer la surveillance, Tucker proposa une mesure révolutionnaire qui allait tout à fait dans le sens de la vision originale d'autodiscipline étudiante de Jefferson. L'université de Virginie lui donna le nom de « système d'honneur[26] ». Le 4 juillet 1842 – une date symbolique* –, Tucker proposa d'établir des relations de confiance avec les étudiants. « Décidé qu'à tous les examens futurs […] chaque candidat joindra à ses réponses écrites […] un certificat ainsi rédigé : "Par la présente, je soussigné X.Y. certifie sur l'honneur n'avoir pendant la durée de cet examen fait appel à aucune assistance

* Rappelons que c'est le 4 juillet 1776 qu'a été signée la Déclaration d'indépendance des États-Unis. Depuis, ce jour est celui de la fête nationale. (N.d.T.)

de quelque source que ce soit." » Les étudiants se sont empressés d'adopter ce principe et se sont chargés de protéger cette liberté fondée sur l'autodiscipline, et pas seulement dans les salles de cours. À la suite de la guerre de Sécession, par exemple, le système d'honneur a renvoyé les étudiants surpris à tricher aux cartes, tout comme ceux qui ne remboursaient pas leurs dettes ou qui insultaient des dames. Plus d'un siècle et demi après, le système d'honneur est toujours en vigueur, régi en parfaite autonomie par les étudiants eux-mêmes, qui, comme leurs ancêtres, continuent à boire, à jouer aux cartes et, bien sûr, à sortir avec des filles, mais en respectant des limites qu'ils ont eux-mêmes définies – sans intervention des autorités universitaires.

On peut tirer deux leçons des mesures prises par Tucker. D'abord, il a remis en place un environnement qui satisfaisait les besoins universels des étudiants, et la réaction de ces derniers aurait fait l'orgueil de Jefferson. Ensuite, l'incapacité de créer un tel environnement – qu'a malheureusement manifestée Jefferson – prive les gens de la motivation nécessaire pour participer à une campagne de libération. Voyons maintenant un exemple moderne qui fait écho aux premières années de l'université de Virginie : il met en scène Oticon, un fabricant danois de prothèses auditives.

Un miracle danois

Un siècle et demi après que le juge Tucker eut ressuscité la vision jeffersonienne au sein de l'université de Virginie, Lars Kolind décida de lancer sa propre campagne de libération. Sa cible semblait se prêter idéalement à cet objectif – une vieille entreprise tranquille de taille moyenne mais dotée d'un immense potentiel d'expansion et de croissance, pourvu qu'elle réussisse à s'affranchir des chaînes du passé[27].

En 1988, Kolind fut nommé directeur général d'Oticon, un des leaders européens de la fabrication de prothèses auditives. L'entreprise était menacée par la concurrence et par les évolutions technologiques, mais elle hésitait à prendre des mesures qui risquaient de compromettre son petit train-train. Quand Kolind arriva au siège le 1er septembre, il ne mit pas longtemps à prendre conscience de la culture élitiste qui régnait dans l'entreprise. Il n'eut aucun problème pour trouver une place de stationnement : son espace réservé, le plus proche de l'entrée, était indiqué par un panneau bien visible sur lequel figuraient déjà son nom et son titre. Le président et le directeur général sortant l'attendaient à la porte pour le conduire à la salle à manger de la direction, où plusieurs dizaines de cadres supérieurs lui souhaitèrent la bienvenue avec force champagne, canapés et discours.

Comme on l'expliqua à Kolind, cette entreprise familiale n'avait eu que deux directeurs généraux depuis sa fondation en 1904. Pour lui permettre de se familiariser avec les traditions de la société, le conseil d'administration souhaitait qu'il reste directeur général par intérim pendant six mois. Estimant que les traditions et les méthodes d'autrefois n'étaient pas ce dont Oticon avait besoin, Kolind réussit à convaincre le conseil qu'un mois de transition serait amplement suffisant. Avant de rentrer chez lui, il retira le panneau placé devant sa place de parking.

Au moment où Oticon avait fait venir Kolind, l'entreprise était en difficulté. En 1987, elle avait perdu l'équivalent de 5,5 millions d'euros sur un chiffre d'affaires de 48 millions. Ses coûts de fabrication étaient élevés mais elle produisait pourtant des articles technologiquement périmés. Ses concurrents dans le domaine des prothèses auditives – Sony, 3M, Philips, Siemens et d'autres – avaient déjà entrepris le passage au numérique, alors qu'elle restait scotchée à l'ère analogique. Selon Kolind, les gens d'Oticon se prenaient pour la BMW de la branche, alors que leurs produits ressemblaient plus à une vieille Coccinelle Volkswagen. Cette situation de déni posait un grave problème. Ce n'était pas le seul. La culture d'entreprise d'Oticon était « extrêmement hiérarchique, conservatrice et presque aristocratique, marquée par une forte résistance au changement », selon les termes de Kolind lui-même.

Or celui-ci était arrivé chez Oticon pour transformer l'entreprise. Les cultures bureaucratiques d'autres sociétés dans lesquelles il avait travaillé l'avaient exaspéré, et il croyait à la possibilité de reconstruire une entreprise sur un modèle de liberté radicale. Il s'était juré de réaliser son ambition dès qu'il le pourrait et était bien décidé à saisir cette occasion. Toutefois, pour commencer, il fallait qu'Oticon cesse de perdre de l'argent. Le 1er octobre 1988, jour de sa prise de fonction en tant que directeur général à part entière, il annonça que, dorénavant, il contrôlerait personnellement toutes les dépenses – les notes de frais ou les engagements financiers allant au-delà des achats déjà arrêtés des fournitures nécessaires à la fabrication. Évidemment, ce n'était pas ce qu'on pourrait appeler une première démarche libératrice, mais il ajouta une clause à cette mesure draconienne : s'il ne refusait pas une demande de dépenses sous vingt-quatre heures, elle serait automatiquement approuvée. Il cherchait ainsi à contrôler les coûts sans créer un énorme goulet d'étranglement administratif – ce serait à lui, et à nul autre, d'assumer la responsabilité des mesures autoritaires contre les dépenses inutiles. Même assortie de cette clause additionnelle, cette décision se révéla rapidement efficace. L'obligation de faire approuver n'importe quelle dépense par le directeur général et le refus opposé à quelques demandes permirent de contrôler suffisamment les coûts pour faire repasser la trésorerie du rouge au vert avant la fin de l'année.

En même temps, Kolind rendit visite à des prescripteurs et à des distributeurs de prothèses auditives pour se faire une idée de la mauvaise image d'Oticon et comprendre pourquoi ses produits étaient mal adaptés au marché. En novembre 1988, il organisa un séminaire de cadres pendant deux jours pour définir une nouvelle vision d'entreprise. L'ancienne devise – « Leader de la technologie auditive » – céda la place à : « Aider les gens (qui souffrent de problèmes auditifs) à vivre comme ils le veulent avec l'audition qu'ils ont ». Cette nouvelle vision – pas très enthousiasmante, il est vrai – permit tout de même de recentrer l'entreprise. La fermeture de plusieurs départements et le licenciement de

10 % des salariés suivirent. Les ventes se redressèrent rapidement, l'entreprise redevint rentable. Le conseil d'administration et le personnel avaient l'air satisfaits. Mais Kolind ne l'était pas.

Une analyse approfondie des opérations de l'entreprise lui confirma la justesse de son intuition première : il fallait transformer sa « culture très réglementée, départementalisée, hiérarchisée ». Kolind voulait être à la tête d'une société innovante qui appliquerait les principes d'autodirection et étonnerait le monde par des produits d'un niveau de qualité mondiale.

À la veille de Noël 1989, il diffusa une note de service de quatre pages intitulée « Pensez l'impensable ! ». Ses managers crurent à une plaisanterie. Mais Kolind était parfaitement sérieux. Il persuada son conseil – qui avait peut-être lu le document en diagonale – d'approuver le principe de son projet. Il le développa ensuite pour en faire un manifeste de six pages qu'il adressa aux cent cinquante salariés du siège social. Ses éléments clés valent d'être cités intégralement :

> Nous modifierons la conception des emplois pour qu'elle s'accorde mieux avec les talents de chacun. Chacun aura à accomplir plus d'une tâche, même s'il n'a pas les qualifications officielles pour en accomplir certaines (polyvalence de l'emploi).
>
> Nous renoncerons à la structure hiérarchique actuelle par départements et nous la remplacerons par des projets. Il y aura des leaders de projet pour les coordonner, des gourous pour veiller à ce que le niveau professionnel soit correct dans tout ce que nous ferons, et des mentors pour soutenir chaque salarié afin qu'il fasse de son mieux. Tous les titres actuels disparaîtront.
>
> 95 % de la paperasserie devra également disparaître. Nous mettrons en place un réseau informatique de pointe qui permettra à chacun d'entre nous de choisir librement où travailler tel ou tel jour. Nous encouragerons le dialogue oral et éviterons de nous adresser des notes de service par e-mail. C'est plus sympa de se parler.

> Nous créerons un lieu de travail ouvert et stimulant sans cloisons ni séparations. Il y aura des plantes et des arbres dans des caisses à roulettes, cinq cents ou mille, que nous déplacerons quand nous passerons d'un projet à un autre. Nous créerons le lieu de travail le plus exaltant et le plus créatif du pays. Il ne ressemblera pas du tout à un siège de société ordinaire.
>
> Il faudra que nous comprenions tous non seulement ce que nous faisons, mais aussi comment ce que nous faisons s'intègre dans la vision d'ensemble. Si tout le monde sait cela, nous aurons besoin de moins de direction et de contrôle conventionnels. Cela nous permettra de consacrer plus de temps à des tâches utiles aux clients.
>
> En résumé : nous ferons tous davantage ce que nous aimons faire et ce que nous savons faire. Nous nous débarrasserons de toutes les barrières et nous travaillerons comme une grande équipe. Cela nous rendra plus précieux, ce qui justifiera en retour un salaire plus élevé[28].

Puis, le 18 avril 1990, en fin de journée, il organisa une réunion non rémunérée, sur la base du volontariat, pour discuter de cette note – cent quarante-trois des cent cinquante salariés répondirent présents. Après un bref exposé, Kolind demanda s'il y avait des questions. Un long silence s'installa. Enfin, une secrétaire se leva et proposa que ce projet de transformation fasse l'objet d'un vote. Kolind, qui avait probablement retenu son souffle, écrira plus tard : « 80 % environ […] ont levé la main. Les cadres supérieurs étaient assis là. Paralysés. » On servit de la bière et des sandwiches, tout le monde était euphorique. Le personnel voulait ce changement. Mais les choses ne furent pas si faciles.

De nombreux cadres dirigeants étaient mécontents. Kolind a expliqué plus tard : « Je n'avais rien à leur répondre. Tout ce que je pouvais faire, c'était de suggérer à ceux qui étaient hostiles au projet de consacrer tout leur temps aux affaires courantes […] et de laisser le projet de changement aux autres[29]. » D'anciens cadres intermédiaires n'étaient pas satisfaits non plus : « Ils continuaient à administrer, à planifier, à contrôler et à diriger leurs anciens salariés ; mais ces derniers faisaient ce qu'ils voulaient[30]. » Devant ces résistances, Kolind décida de consacrer un peu de temps à la définition d'un ensemble de valeurs communes pour l'entreprise et de normes de management. Après plusieurs jours de réunions, l'équipe des dirigeants se mit d'accord sur huit valeurs. Si vous avez lu le début de ce livre, les trois premières vous paraîtront familières. Les voici :

- les salariés veulent être traités comme des individus indépendants prêts à prendre des responsabilités ;
- les salariés veulent se développer à l'intérieur de leur emploi et faire de nouvelles expériences au sein de l'entreprise ; des tâches passionnantes et stimulantes sont plus importantes que le statut et les titres officiels ;
- les salariés souhaitent avoir le plus de liberté possible, mais admettent la nécessité d'une organisation claire et structurée[31].

Les cadres dirigeants définirent également un certain nombre de pratiques précises qui leur permettraient d'appliquer ces valeurs dans leur vie quotidienne. Ce qui n'empêcha pas un certain nombre d'entre eux de ne pas adhérer au changement, persuadés que toute cette affaire retomberait comme un soufflé et qu'Oticon redeviendrait une entreprise « normale ». Kolind les convoqua dans son bureau un par un et leur adressa cet ultimatum : « Vous avez le choix : vous jouez le jeu ou vous partez. » Bien sûr, tous les cadres dirigeants acceptèrent – en théorie – de jouer le jeu du patron.

Il fallut ensuite trouver un nouveau siège social où Kolind pourrait réaliser sa vision. Il avait rêvé de faire construire un bâtiment de classe internationale juste à côté de la plus grosse usine de la société, au bord d'un fjord spectaculaire et pittoresque. Le gouvernement danois aurait même accepté de participer au financement du projet pour encourager le développement de cette région reculée. C'était le genre d'idée qui aurait pu plaire à Jefferson – mais la perspective d'aller s'installer à quatre cents kilomètres de

Copenhague, loin de tout, n'enchantait guère les salariés d'Oticon. Kolind jeta alors son dévolu sur un beau château renaissance déjà équipé d'un centre de conférences moderne – un projet qui aurait, lui aussi, bénéficié d'une aide du gouvernement régional. Bien que le prix ne fût pas excessif, ce projet n'obtint pas non plus l'adhésion du personnel : situé à quatre-vingts kilomètres de la capitale, il était encore trop éloigné pour les citadins d'Oticon. Pressé par le temps, Kolind consulta les petites annonces et dénicha une vieille brasserie de Tuborg désaffectée dans un faubourg de Copenhague, qu'il loua pour dix ans.

Le problème suivant était celui de l'informatique. Tous les revendeurs de matériel déclarèrent qu'il était impossible d'imaginer un bureau sans papier – où tous les ordinateurs seraient en réseau et tous les documents entrants et internes stockés électroniquement. Cependant, à l'image de Robert McDermott d'USAA vingt ans avant lui, Kolind arriva à ses fins : Hewlett-Packard et Andersen Consulting (devenu Accenture) relevèrent le défi. Et, pour s'assurer que le personnel – dont seulement 15 % savaient se servir d'un ordinateur – utiliserait l'ensemble de ces outils technologiques, l'entreprise offrit à tous ses salariés, pour Noël 1990, un ordinateur avec des logiciels professionnels et des jeux, qu'ils pouvaient donc utiliser pour leur travail et leurs loisirs. C'est à partir de là que les choses se mirent réellement en marche.

Les salariés furent autorisés à organiser eux-mêmes leur emploi du temps. Le nouveau mobilier de bureau était constitué de tables de travail identiques, sans tiroirs, qui pouvaient être utilisées indifféremment par tous, et de chariots à roulettes dans lesquels on pouvait ranger un certain nombre de dossiers ainsi que quelques objets personnels et que l'on pouvait déplacer facilement d'un bureau à un autre (ou dans un local de rangement si quelqu'un était en déplacement). Pour faciliter cette évolution, l'ancien mobilier de l'entreprise – et plus particulièrement les bureaux, les canapés, les lampes et les pendules anciennes des cadres dirigeants – fut mis aux enchères en interne un jour de l'été 1991. Tout fut racheté à bas prix par des salariés.

L'architecture intérieure comprenait également des salles de conférences et des espaces de réunion – par exemple des bars à café – tous dépourvus de chaises. Une enquête avait en effet montré que les ingénieurs de développement consacraient 75 % de leur temps à des tâches administratives – et à des réunions. Obliger les gens à rester debout – ou au moins à regarder leurs collègues et non la table – devait permettre de gagner du temps.

Puis, comme Jefferson, Kolind décida de présenter publiquement son projet, encore inachevé, qu'il baptisa « L'entreprise de l'avenir ». Il invita des représentants des médias et d'autres chefs d'entreprise. Dans la semaine qui suivit sa conférence de presse, tous les journaux et revues danois publièrent des articles sur l'« organisation spaghetti » d'Oticon. La construction du siège ne devait être achevée que quelques mois plus tard, mais le flot de visiteurs était déjà incessant – il finirait par atteindre cinq mille personnes par an.

Sur ces entrefaites, à l'image de ce qui s'était passé à l'université de Virginie, l'argent vint à manquer. Et, contrairement à Jefferson, qui avait fait appel avec succès au gouvernement de Virginie, Kolind rencontra un accueil assez froid de la part du conseil d'administration d'Oticon – ses membres avaient commencé à douter de la sagesse de l'aventure. Il proposa alors une autre solution : il rassemblerait les fonds nécessaires à l'achèvement des travaux auprès des salariés. La méthode se révéla fructueuse : après consultation de la base, les représentants syndicaux eux-mêmes investirent. La plupart, dont Kolind, contractèrent des emprunts personnels pour pouvoir le faire.

Vint enfin le jour de l'inauguration officielle, le 8 août 1991. À la surprise des salariés d'Oticon, l'événement ne fut pas seulement couvert par les médias danois, mais par les grandes chaînes d'information internationales, dont CNN. Toutes les télévisions diffusèrent les images de l'aspect le plus spectaculaire du nouveau bâtiment : un énorme tuyau de verre qui descendait depuis le service du courrier au premier étage et traversait le restaurant d'entreprise au rez-de-chaussée pour rejoindre le conteneur de recyclage au sous-sol. Tout le courrier entrant était scanné puis passé au broyeur avant d'aller « nourrir » le tube de verre. Les morceaux de papier y tombaient comme des flocons, rappelant constamment que l'entreprise sans papier de l'avenir n'était pas un rêve irréalisable.

La vision de Kolind ne se manifesta pas seulement par l'absence quasi totale de papier. Au cours des années suivantes, les salariés d'Oticon lancèrent spontanément plusieurs dizaines de nouveaux projets et de nouveaux produits potentiels – à un moment, Oticon eut simultanément en cours soixante-dix projets de ce genre. Et, faisant écho à la structure fluide de W. L. Gore & Associates, il n'était pas rare que les membres du personnel dirigent – ou participent à – trois projets en même temps, voire davantage. Pour gérer cette profusion d'innovations et de créativité, Kolind mit en place un comité des produits et des projets chargé d'examiner et de piloter toutes les initiatives nouvelles.

Le délai de mise sur le marché des nouveaux produits fut réduit de moitié, et Oticon commença à présenter un article innovant après l'autre. Deux ans exactement après l'inauguration du « siège de l'avenir » de Kolind, ces innovations représentaient la moitié du chiffre d'affaires total de l'entreprise. Dans le courant de l'été 1995, malgré les huit années de retard qu'elle avait prises sur ses concurrentes en matière de technologie numérique, Oticon lança DigiFocus, la première prothèse auditive interne entièrement numérique. Les ventes, qui avaient déjà doublé entre 1990 et 1994, furent encore multipliées par deux en 1999 – ce qui se traduisit par une augmentation du chiffre d'affaires de 400 % en dix ans, accompagnée de marges de profit à deux chiffres.

Kolind commençait à avoir le sentiment d'avoir réussi. En 1995, Oticon reprit un gros concurrent suisse et réussit son introduction en Bourse. Elle entreprit en même temps de se développer à l'international, ouvrant des succursales dans une demi-douzaine de pays européens, ainsi qu'aux États-Unis, en Australie et en Nouvelle-Zélande.

Mais tout ne se passait pas au mieux au siège, en dépit de tous ces succès à court terme. À l'insu de Kolind, le comité des produits et des projets était devenu une grave source d'insatisfaction et de frustration au sein de l'entreprise. Les salariés estimaient qu'il faisait du micromanagement, intervenant de façon intrusive dans les projets, les interrompant ou les retenant arbitrairement, et qu'en règle générale il ne respectait pas les valeurs prônées par Kolind et singées par le management. Kolind avait créé l'édifice matériel qu'il voulait et avait parcouru une partie du chemin vers la libération des salariés d'Oticon. Mais il ne s'était pas suffisamment concentré sur le maintien de cette nouvelle culture. C'est pourquoi il n'avait pas perçu les premiers frémissements de mécontentement de son personnel.

Un jour de 1995, la casserole déborda. Les salariés d'Oticon se rassemblèrent spontanément pour exprimer leur colère. Au cours de cette réunion, ils dénoncèrent énergiquement les violations régulières des valeurs d'Oticon commises par les cadres dirigeants. Le comité des produits et des projets fut vertement critiqué pour ses pratiques intrusives et son comportement apparemment arbitraire. La base le jugeait tyrannique et imprévisible. Des salariés qui s'étaient vu promettre une entière confiance estimaient qu'ils n'étaient pas traités en égaux et réclamaient des changements. Les anciens cadres intermédiaires qui avaient perdu leurs prérogatives d'autorité virent là une occasion rêvée et joignirent leur voix aux appels au changement. Quant aux cadres dirigeants auxquels Kolind avait lancé son ultimatum – « Vous êtes avec moi ou contre moi » –, ils s'en donnèrent, eux aussi, à cœur joie. Tous obtinrent les changements qu'ils réclamaient, ce qui ne fit qu'accélérer l'érosion de la culture que Kolind avait voulu édifier.

À la suite de cet affrontement, Oticon fut divisée en trois, en fonction des segments de marché : marché de masse, marché médian et haute performance. Cette stratification, commenterait plus tard Kolind, transforma l'organisation spaghetti en lasagnes. Le comité des produits et des projets fut remplacé par le centre de compétences – un nom aux consonances orwelliennes. Au lieu de remédier aux problèmes dont on avait fait grief à l'ancien comité, ce groupe de dirigeants les aggrava, s'attribuant la responsabilité du lancement des nouveaux projets et étouffant ainsi toutes les initiatives qui venaient encore des salariés de base. Il prétendit également nommer les leaders de projet et limiter la liberté qui leur avait été accordée de négocier le salaire des participants. C'en était fini de la campagne de libération.

Au cours de cette période, selon son entourage, Kolind lui-même céda à un désenchantement croissant. L'entreprise qu'il avait cherché à transformer commençait même à l'ennuyer. Il y resta encore quelques années, mais, peu avant le dixième anniversaire de son arrivée, démissionna.

Qu'est-ce qui a pourri au royaume du Danemark ?

Le cas d'Oticon est largement étudié dans les écoles de commerce du monde entier. Est-ce parce que l'échec des grandioses ambitions de Kolind réconforte les managers traditionnels ? Difficile à dire. Mais, à l'image de Sun Hydraulics – une autre société qui a le vent en poupe dans les écoles de commerce –, Oticon est davantage étudiée que comprise. Voyons donc de plus près ce qui a mal tourné.

Au début, Kolind a pris un grand nombre de mesures tout à fait judicieuses. De fait, la campagne de libération d'Oticon présentait des ressemblances frappantes avec beaucoup de celles que nous décrivons dans notre livre. L'idée, par exemple, de centrer son organisation sur des projets lancés par des « leaders naturels » se rapproche beaucoup de celle de Gore. L'élimination de la strate des cadres intermédiaires trouve un équivalent chez FAVI. L'administration affranchie du papier n'est pas sans évoquer USAA, tandis que l'architecture intérieure et la conception du siège font penser au Richards Group et à la société finlandaise SOL, que nous étudierons plus loin. Néanmoins, ce n'est pas à toutes ces campagnes de libération réussies qu'Oticon ressemble le plus, mais à une autre, qui a commencé par échouer : la création de l'université de Virginie.

Comme Jefferson, Kolind a cherché à lancer sa campagne de libération avec des directeurs (dans le cas de Jefferson, il s'agissait de professeurs) qui n'étaient pas convaincus par le projet ni par la nécessité de changer de mode de travail. Kolind avait compris dès le premier jour que les cadres dirigeants d'Oticon jouissaient d'un confort et de privilèges élitistes. Même en périodes de vaches maigres, ils s'étaient accrochés à leurs prérogatives. Il ne leur a pourtant pas retiré leurs positions d'autorité. Il leur a au contraire fait « une offre qu'ils ne pouvaient pas refuser », ouvertement en tout cas. Ensuite, étant devenus membres du comité des produits et des projets, ces mêmes directeurs n'ont pas agi en sponsors, contrairement à l'engagement qu'ils avaient théoriquement pris, mais ont continué, sous un nouveau nom, à se comporter comme les « chefs » d'avant la libération.

Pis encore, ils ont pris leurs décisions en appliquant des critères qui ne cessaient de changer, et sans se soucier de les expliquer aux personnes concernées – comme trop de managers « comment », ils estimaient ne pas devoir d'explications à leurs troupes. Non contente de décourager le personnel, cette attitude l'a conduit à se poser des questions sur la vision d'entreprise et sur sa propre « mission » en son sein. Ajoutons que, Kolind étant officiellement membre du comité des produits et des projets, il a été personnellement la cible d'une partie des reproches suscités par les agissements de ce comité.

En d'autres termes, la culture que Kolind avait mise en place présentait un certain nombre des caractéristiques d'une organisation libérée – et même la plupart –, mais il lui manquait plusieurs éléments indispensables pour préserver cette liberté. La vision d'Oticon n'était pas suffisamment claire, et elle n'avait pas été adoptée par tous. De plus, chose capitale, ni le directeur général ni d'autres leaders clés de la société ne s'étaient donné la peine de faire comprendre aux salariés la vision d'entreprise et leur rôle dans cette dernière – leur « mission », en d'autres termes. Les conséquences de ces lacunes ont été aussi naturelles que prévisibles : les salariés se sont mis à poursuivre leurs *propres* objectifs. Cela les a souvent conduits à pousser en avant un projet aux dépens d'un autre pour la seule et unique raison que c'était le leur, à faire du lobbying auprès du comité des produits et des projets pour obtenir des ressources et de la visibilité, et ainsi de suite. Kolind avait tenu à ce que les projets soient en concurrence ; tout ce qu'il a obtenu, c'est la « loi de la jungle », comme l'appelait Westphal chez Vertex. Le comité des produits et des projets, censé contribuer à orienter l'activité vers les objectifs de l'entreprise, s'est au contraire transformé en centre de lobbying et de rivalités internes – le niveau hiérarchique supérieur inévitablement chargé de résoudre les conflits des niveaux inférieurs. Et plus il exerçait de pouvoir, plus il était la cible des efforts et de l'attention des salariés, les détournant du travail qu'ils auraient dû accomplir. Les salariés ont commencé à mesurer leur succès à leur aptitude à mobiliser les ressources du comité, au lieu de le mesurer à leur rôle dans les ventes ou les profits de l'entreprise. Comme le reconnaissait l'un d'eux : « On finit par se retrouver dans une situation où on agit dans une sorte d'anarchie et où on vole les ressources que d'autres contrôlent[32]. » Ils se rendaient bien compte que quelque chose avait dérapé, mais, ne pouvant pas s'adresser à une direction prête à écouter au lieu de donner des ordres, ils n'ont pas trouvé d'exutoire à leurs frustrations, ce qui a empêché l'entreprise de redresser la barre en cours de route.

Il n'est pas exclu, au demeurant, que certains dirigeants aient su écouter. Cependant, comme ils n'avaient pas oublié qu'ils s'étaient fait rudoyer par Kolind au début, ils avaient d'excellentes raisons de préférer lui dissimuler les difficultés plutôt que d'attirer son attention sur elles – personne n'a envie d'être étiqueté comme un manager « à problèmes ». Quant à Kolind lui-même, il avait été trop occupé ailleurs pour écouter le personnel et se conduire en vrai garant de la culture. Les tensions et les frustrations se sont donc accumulées jusqu'à ce que la révolte ouverte éclate. La culture a été discréditée. Kolind n'ignorait rien de ce danger, en théorie du moins. Il avait même écrit : « En tant qu'entreprise, plus nous voulons accorder de liberté aux salariés, plus nous devons définir clairement la mission, la vision, la stratégie et les valeurs[33]. » Malgré tout, il s'est révélé incapable de préserver cette clarté.

La réaction était prévisible. Les salariés d'Oticon s'étaient vu promettre la liberté, mais la hiérarchie qu'on avait chassée par la porte était rentrée par la fenêtre – celle du comité des produits et des projets. Cette perte de contrôle a provoqué tout naturellement un retour de bâton contre la source de stress perçue – les dirigeants.

Les employés d'Oticon jouissaient d'un semblant de liberté : ils pouvaient fixer leurs horaires de travail et déplacer leurs bureaux – ou plutôt leurs tiroirs-chariots – d'un bout à l'autre de l'open space. Mais, s'agissant des aspects les plus importants de leurs tâches, les managers avaient continué à exercer un pouvoir de vie ou de mort sur les projets autour desquels, en théorie, les salariés de base étaient censés organiser leur travail.

Une réalité étrange mais indéniable veut que ceux à qui on a promis la liberté avant de la leur refuser – qu'il s'agisse des salariés d'Oticon ou des premiers étudiants de l'université de Virginie – ressentent l'absence de liberté avec beaucoup plus de force, et se comportent alors de façon imprévisible. Quelqu'un qui ne s'attend pas à bénéficier de liberté peut considérer que sa situation est normale et se montrer plus docile que quelqu'un à qui on l'a offerte d'une main pour la reprendre de l'autre. Kolind avait, en un sens, déchaîné son propre monstre en promettant davantage qu'il n'avait finalement tenu en tant que leader[34].

L'histoire de Kolind est importante parce que mener à bien une campagne de libération n'est pas chose facile ; le cas d'Oticon montre comment des erreurs ténues peuvent se transformer en obstacles majeurs en cours de route. Des trois besoins universels évoqués plus haut, c'est sur le plan de l'autodirection qu'Oticon a échoué le plus manifestement, et, comme cela s'était passé avec les professeurs de Jefferson, l'environnement nutritif a été court-circuité par la strate de responsables située entre le leader visionnaire et la base. Kolind aurait dû, comme Jefferson, être attentif aux premiers indices de difficultés, avant que les problèmes ne deviennent insurmontables. Il n'a pas su agir en « garant de la culture » d'Oticon – une notion que nous étudierons au chapitre 13 –, et ses salariés se sont sentis trahis.

Passons à présent à la construction d'un environnement capable de satisfaire ces besoins. Dans de bonnes conditions, celui-ci incitera les salariés à agir à la fois de leur propre initiative et d'une manière utile à la vision d'entreprise. Les leaders que vous rencontrerez dans les chapitres qui suivent prouvent que c'est possible.

9

De la motivation à l'automotivation (2)

Des pratiques de travail et de gestion nutritives

Robert Townsend a peut-être été le premier leader libérateur à transformer un environnement d'entreprise ignorant des besoins de ses salariés en un environnement nutritif. En 1962, quand il est devenu patron d'Avis, il avait déjà à son actif une campagne de libération, lancée à l'époque où il était dirigeant chez American Express. Il y avait appliqué une méthode radicale consistant à supprimer tout ce qui entravait l'initiative des salariés. Il est vrai que cette campagne s'était faite à une petite échelle, celle de la division de l'investissement et des activités bancaires d'American Express, où presque tout le monde travaillait dans le même bâtiment new-yorkais. Chez Avis, il a dû faire face à une autre réalité : un millier d'agences de location, dont chacune possédait de surcroît plusieurs succursales, dispersées sur l'ensemble du continent. De plus, il avait pris la direction d'une entreprise somnolente qui se débattait vainement depuis treize ans pour engranger des bénéfices. Assurer la rentabilité d'Avis devint donc sa priorité absolue. Pour que cela devienne également celle du millier d'agences, il transforma chacune d'elles en un centre de profits indépendant. En soi, cette mesure n'a rien d'insolite. Faisant reposer la responsabilité ultime de la création de bénéfices sur les managers de base, elle a permis à Avis de ne plus être dans le rouge – objectif premier de Townsend et condition préalable au lancement de la libération complète de l'entreprise. Cette délégation de responsabilités a été la première étape permettant d'indiquer clairement qui devait se charger de quoi. Mais la question de savoir à qui reviendrait le crédit du succès n'était pas réglée pour autant.

« Quand Avis est enfin redevenu rentable, raconte Townsend, notre direction a manifesté un grave syndrome de "nous" contre "eux" – "nous" représentant les génies du siège et "eux" les types en veste rouge qui sont sur le terrain, proposent les voitures en location, paient nos salaires et travaillent vraiment dur[1]. » Cela ne correspondait pas à l'approche « agricole » de Townsend – qui, d'emblée, traite les gens comme intrinsèquement égaux. Il a donc commencé par prendre une mesure destinée à mettre en place un environnement libéré.

Au cours d'une réunion du lundi, il a lancé, sans avoir l'air d'y toucher, l'information suivante : « À propos, nous allons tous suivre les cours de formation des agents de location d'Avis à O'Hare Field [l'aéroport de Chicago]. »

« Ces dirigeants géniaux et très occupés ont poussé des cris d'orfraie », se rappelle Townsend, qui leur a dit : « Écoutez-moi bien : ce n'est pas une obligation. Je ne vous donne aucun ordre. Tout ce que je vous dis, c'est que, tant que vous n'aurez pas suivi cette formation et obtenu la moyenne, votre nom ne figurera pas dans le plan de primes d'encouragement[2]. » Et, pour prouver son sérieux, il a ajouté : « Je m'y suis moi-même inscrit pour la semaine prochaine. »

Cela n'a pas été facile. Les cadres logeaient au motel, ils suivaient des cours l'après-midi, passaient un test tous les soirs, potassaient la nuit et louaient des voitures à de vrais clients toute la matinée en arborant le badge « Je suis stagiaire ». Townsend raconte :

Un matin, j'étais à O'Hare pour proposer des voitures en location, et un client s'est pointé au guichet. J'ai mis un moment à trouver les clés, à faire passer la fiche de contrôle de la voiture, à enregistrer la carte de crédit, sans cesser de sourire à tous ceux qui faisaient la queue pour qu'ils ne filent pas chez nos concurrents. Alors le client a dit : « Vous ne voulez pas vous dépêcher un peu ? Je suis pressé. »

J'ai répondu : « Laissez-moi souffler, je suis stagiaire.

– Vous avez l'air tellement empoté et ignorant que ça m'étonnerait que vous réussissiez votre formation.

– Vous voulez savoir le pire ? ai-je rétorqué. Je suis le PDG de cette société. »

Alors il m'a complètement pardonné et a dit : « Eh bien, vous, au moins, vous vous bougez pour aller voir comment les choses se passent. Mon PDG à moi ne quitte jamais son bureau[3]. »

Ce programme de formation – pas tout à fait volontaire – destiné aux cadres a transformé l'environnement au siège. « Après avoir suivi ce cursus, raconte Townsend, nous avons tous porté des vestes rouges. L'opposition entre "nous" et "eux" était du passé[4]. » Forcer un peu la main à ses cadres afin qu'ils suivent cette formation – avec la menace de les priver de récompenses tangibles – était pour lui une nécessité. Il *devait*, s'il voulait mettre en place un environnement libre, venir à bout du sentiment de supériorité des dirigeants d'Avis à l'égard du personnel de base : il n'avait pas le choix.

Peut-être doutez-vous qu'il suffise de former des dirigeants à faire le travail des autres pour que leur attitude change et puisse transformer l'environnement d'une entreprise. Vous avez raison d'être sceptique. Mettre en place un environnement égalitaire exige d'éliminer *tous* les symboles et pratiques caractéristiques de l'opposition entre « nous » et « eux » – places de stationnement réservées comprises. En même temps, il ne suffit pas de traiter les salariés comme intrinsèquement égaux pour les conduire à s'automotiver et à assumer leur liberté et leur responsabilité. D'autres éléments de l'environnement – ses nombreuses *pratiques de travail* – doivent eux aussi être transformés pour nourrir les besoins de développement et d'autodirection du personnel. Chez Avis, c'est le programme de formation qui a lancé cette mutation des pratiques de travail.

Pendant leur stage, Townsend et les autres cadres supérieurs ont compris qu'ils exigeaient des agents de location « une tâche impossible ». Remplir à la main les contrats de location était fastidieux et stressant – surtout lorsque de longues files de clients attendaient leur voiture (cela se passait dans les années 1960). Il était inenvisageable de supprimer la rédaction de ces contrats, élément essentiel de la location de véhicules. Mais, de même que la rame a laissé la place à la voile et au moteur, l'informatique a révolutionné tous les travaux d'écriture. Avis a été un des premiers loueurs de voitures à adopter l'ordinateur – pour diminuer le stress imposé à ses agents de location. Par ricochet, cette mesure a permis à ces derniers de se concentrer davantage sur les besoins de la clientèle et sur l'aspect le plus important de leur travail : faire en sorte que les clients reviennent.

Townsend et ses milliers de directeurs d'agence se sont ensuite efforcés d'identifier toutes les autres pratiques qui empêchaient les salariés de donner le meilleur d'eux-mêmes. Ils ont élaboré un long questionnaire qui abordait tous les points : « Qu'est-ce qui vous a fait enrager aujourd'hui ? », « Qu'est-ce qui vous a pris trop de temps ? », « Qu'est-ce qui a provoqué des réclamations aujourd'hui ? », « Y a-t-il eu des malentendus aujourd'hui, et si oui, de quelle nature ? », « Qu'est-ce qui coûte trop cher ? », « Quelles ont été les sources de gaspillage ? », « Qu'est-ce qui s'est révélé trop compliqué ? », « Qu'est-ce qui vous a paru franchement idiot ? », « Quelle tâche a exigé trop de monde, ou trop d'opérations ? »[5]… Il n'est pas utile, a expliqué Townsend, de poser l'intégralité de ces questions à tout le monde. On en pose une à quelqu'un, puis on se rend dans un autre secteur et on pose la suivante à quelqu'un d'autre. Townsend et ses managers ont ensuite essayé de défaire les cordages et de racler les bernaches qui y étaient agrippées, empêchant les salariés de montrer avec quelle rapidité et à quelle distance ils pouvaient faire naviguer leur bateau. Cela leur a également ouvert la possibilité de régler la voilure sur-le-champ à la moindre saute de vent.

Il est facile de réclamer ces améliorations. Il n'est pas facile, mais indispensable, de faire preuve de rigueur dans leur application. Si votre entreprise n'est pas en mesure de supprimer *toutes* les pratiques qui empêchent le personnel de se développer et de s'autodiriger, si elle en laisse une seule en place sciemment – par exemple les achats obligatoires auprès d'un unique fournisseur, choisi par un organe central –, les salariés la dénonceront et justifieront ainsi la médiocrité de leurs performances. Au lieu d'être *auto*motivés, ils feront de la résistance. C'est ainsi qu'on en arrive à faire miroiter des récompenses tangibles extravagantes pour motiver – acheter – les salariés et leur faire faire ce qu'ils n'ont pas envie de faire ou ne croient pas possible de faire en raison des obstacles qu'ils rencontrent.

La bonne nouvelle est que les leaders ne sont pas obligés d'abattre tous les obstacles et de résoudre tous les problèmes par eux-mêmes. Ils doivent couper les cordes et racler les bernaches pour que le bateau avance, mais, dès que les salariés constatent le changement, dès qu'ils voient que le bateau avance *pour de bon* sans personne à la barre pour leur dire comment faire leur travail, des *leaders naturels* surgissent pour surmonter les nouveaux obstacles et relever les inévitables défis. Nous vous en présenterons quelques-uns un peu plus loin.

Dans tout cela, que devient le timonier du bateau, autrement dit le management de l'entreprise ? On peut objecter que, aussi casse-pieds que puisse être l'homme de barre, il est impossible de le supprimer purement et simplement ; en effet, le management assume le rôle vital consistant à coordonner les activités de l'entreprise, à veiller à ce que les trains et les bateaux partent à l'heure. Ce raisonnement serait parfaitement recevable si nous n'avions pas déjà vu – chez Gore, FAVI et Harley – que la présence d'hommes de barre, de managers « comment », n'est pas le seul moyen d'arriver à cette fin. En plus de *pratiques de travail* différentes – la manière dont on accomplit telle ou telle tâche et les conditions dans lesquelles on le fait –, il existe des *pratiques de management* différentes – la manière dont on guide et dont on assume le rôle de leader. Pour que les salariés participent à une campagne de libération, il faut réviser les pratiques de management. Jacques Raiman, le président de GSI, leader européen de l'externalisation des services de paie, en a été plus conscient que n'importe qui en France.

Des timoniers aux leaders nourriciers

Après tout, peut-être que non. En 1979, Raiman ne se demandait pas encore comment transformer les pratiques de ses managers. Inspiré par l'ouvrage de Townsend *Faites décoller vos hommes et vos entreprises*, il a démoli et reconstruit plusieurs dizaines de pratiques de travail chez GSI – parmi lesquelles l'abolition des rapports financiers et des notes de frais. Mais, à l'époque, il n'envisageait pas de modifier le comportement des managers. Il avait l'esprit bien trop occupé par une question de première importance : les relations de travail conflictuelles dont il avait hérité dans deux sociétés de taille moyenne récemment acquises. Le directeur des ressources humaines chez GSI, Jean-François Cottin – qui était hostile à la « gestion des ressources humaines » et limitait son « département de RH » à une seule personne, lui-même –, a présenté Jacques Raiman à Yves Tillard, un consultant dont l'approche a séduit Raiman. Tillard a analysé la situation et a identifié une cause commune des relations tendues entre syndicat et direction : les pratiques de gestion « comment ». En mars 1980, il a transmis ses conclusions à Raiman et ils ont élaboré ensemble un plan destiné à faire évoluer les habitudes des managers de GSI grâce à une série de séminaires de deux jours.

Vous avez bien lu. Des séminaires. Bien entendu, nous avons tous assisté un jour à l'un ou l'autre de ces séminaires « résidentiels » inutiles où nous étions censés nous rattraper mutuellement pour éviter de tomber à la renverse afin de construire un climat de confiance, ou parler de nos émotions tout en caressant secrètement une pensée dont nous n'aurions jamais cru qu'elle pourrait un jour nous traverser l'esprit : « Si seulement je pouvais retourner au bureau... » Comme on le dit : « Si les séminaires changeaient quoi que ce soit aux pratiques quotidiennes, ça se saurait depuis trèèèès longtemps. » Vous seriez parfaitement en droit d'en penser autant des séminaires de GSI – à quelques nuances près.

Pour commencer, Raiman, le président n'a pas seulement accepté de laisser Tillard animer ces séminaires : il n'a pas hésité à payer de sa personne. Il n'a pas assisté à toutes les réunions – la moitié à peu près –, mais chaque fois les gens s'attendaient à ce qu'il soit là et s'y préparaient. Au total, il a tout de même assisté à près de cent cinquante séminaires – en France, en Italie, en Espagne, en Suisse, aux Pays-Bas, en Belgique, en Allemagne, au Royaume-Uni et dans deux États américains. Ce qui, multiplié par deux jours, équivaut à plus d'une année complète de temps de travail du président de la société – voyages non compris. Chez GSI, on n'entendait donc guère parler du patron qui se fiche pas mal des séminaires « inutiles ». Et quand Raiman ne pouvait pas venir, il se faisait remplacer par le directeur général, Jacques Bentz, ou par le patron d'une des divisions concernées. De plus, un patron de la filiale locale de l'entreprise était systématiquement présent. Nous en arrivons ainsi à la deuxième grande caractéristique qui distingue les séminaires de GSI des autres : ils n'étaient jamais imposés d'en haut. Ils n'étaient organisés que lorsque le patron de la filiale locale le demandait *et* s'engageait à y participer personnellement. Quant au troisième élément, il est encore plus impressionnant. Au total, sur une période de quinze ans, GSI a organisé trois cents séminaires destinés à faire évoluer les pratiques des managers dans ses différentes divisions et filiales.

Ce dernier point montre que Raiman et Tillard ne prévoyaient pas de pouvoir transformer les pratiques de management immédiatement, ni même rapidement. Les gens ne changent pas d'habitudes du jour au lendemain, et ils n'en changent jamais s'ils n'en ont pas envie. Comme le dit Rich Teerlink, « les gens ne s'opposent pas au changement ; ils s'opposent à ce qu'*on* les change[6] ». Les deux journées de séminaire de GSI se terminaient toujours de la même manière : les managers qui y avaient participé choisissaient eux-mêmes les pratiques qu'ils s'engageaient à revoir. Personne ne les obligeait à s'engager à en modifier une seule, mais, le cas échéant, leur décision était rendue publique et faisait l'objet d'un suivi lors d'un autre séminaire – toujours en présence du responsable de la filiale locale et, généralement, de Raiman ou de son directeur général – destiné à évaluer les progrès accomplis. Bien que certains managers aient préféré ne toucher à rien – certains patrons de filiale s'y refusèrent eux aussi –, la plupart renoncèrent aux habitudes « comment » qui ne répondaient pas aux besoins des salariés en pratiques de leadership nutritives. Ce résultat n'a pas seulement été le fruit des séminaires, mais aussi du dévouement extraordinaire du président et de son directeur général – qui l'ont prouvé par leurs actions, et ne se sont pas contentés de paroles. Le choix laissé aux responsables des filiales de prendre l'initiative d'un séminaire, le choix laissé aux managers de changer de pratiques et l'échelle remarquable – en quantité, en temps et en espace géographique – de ces séminaires au sein de l'entreprise ne sont pas non plus étrangers à ce succès. Raiman a pris sa retraite en 1995 lors du rachat de l'entreprise par ADP, la plus grande société américaine d'externalisation de la paie et des ressources humaines. Mais les séminaires destinés aux nouveaux managers et salariés se poursuivent chez ADP-GSI.

Harley-Davidson a organisé des séminaires d'un autre genre pour modifier sa culture « comment », des séminaires animés par des consultants venus apprendre aux cadres dirigeants à cesser de faire semblant d'écouter, à cesser de manipuler les débats, et ainsi de suite. Dans les deux sociétés, l'envergure de l'opération a été dictée par leurs dimensions et par leur structure organisationnelle préexistante. Dans des entreprises plus modestes, les managers peuvent être formés directement par leurs supérieurs – éventuellement autour d'un dîner – à adopter des habitudes nutritives. C'est ce que Bill Gore avait fait aux premiers jours de sa société.

Développer des leaders nourriciers dès le départ

Bien que ce soient les équipes autonomes de recherche et développement de DuPont qui aient inspiré à Bill Gore l'idée d'un environnement de liberté pour sa jeune entreprise, il n'avait pas pour seul objectif de créer de bonnes conditions de travail pour des chercheurs et des ingénieurs[7]. W. L. Gore & Associates était une petite entreprise industrielle qui devait faire face aux difficultés classiques de production, de vente, de recrutement, de croissance et de rentabilité. Gore savait pourtant que le succès ne serait pas le fait de chefs d'équipe, mais de salariés automotivés qui prendraient des initiatives quotidiennes pour régler ces difficultés. Le rôle du management – selon lui – était d'être à l'écoute des autres salariés et de satisfaire leurs besoins. Cela n'a cependant pas été aisé. Certains chefs d'équipe s'intéressaient moins aux besoins universels des salariés qu'à la rédaction de règlements et aux économies que l'on pouvait faire sur l'équipement ou sur les conditions de travail. Mais, contrairement à la plupart des entreprises – y compris DuPont –, Gore n'a pas traduit ces défis en un problème de ce genre : « Quelle est la *structure managériale* optimale pour diriger et coordonner toutes ces activités économiques ? » Il a préféré s'en tenir à sa redéfinition créative : « *Quel genre de leaders nous faudrait-il pour obtenir des salariés qu'ils s'automotivent et arrivent à assurer eux-mêmes la bonne marche et la coordination de leurs activités professionnelles ?* »

Bill Gore savait que les pratiques « comment » des managers et des chefs d'équipe ne permettaient pas à son personnel de s'automotiver pour construire un environnement libéré et donner quotidiennement le meilleur de lui-même. Après s'être heurté à la « formule d'échec » du manager Les Lewis consistant à *ne pas* se soucier des besoins des salariés, il a organisé ses fameux dîners de dialogue socratique avec ses chefs d'équipe. Dès qu'il a constaté que ces derniers changeaient leurs habitudes, il a renoncé à la fois aux titres managériaux et à l'autorité qui leur était liée. Les chefs d'équipe sont devenus des leaders nourriciers. Mais ce n'était pas suffisant.

En 1961, quand les ventes de l'unique article que produisait alors l'entreprise – les fils et câbles métalliques recouverts de téflon – ont démarré, Gore a cherché à développer leur réseau de vente. Cela ne faisait pas très longtemps que l'entreprise avait quitté le sous-sol de sa propre maison pour emménager dans une petite usine, un peu plus loin dans la même rue, où elle est toujours en activité. La même année, Burt Chase a rejoint les cinquante salariés de Gore. Frais émoulu de l'université, il ne savait pas très bien ce qu'il voulait faire et a commencé comme inspecteur des produits, son rôle étant de vérifier que l'isolation des câbles et des fils était correcte. Cela ne faisait pas très longtemps qu'il était là quand Bill Gore s'adressa à lui : « Nous aimerions bien essayer d'avoir notre propre commercial. Ça vous dirait d'aller en Californie ?

– Je ne connais pas du tout le coin. Je ne connais pas la clientèle. Je n'ai aucune expérience de la vente, objecta Chase.

– Vous savez, ça s'apprend, vous devriez y arriver. La question est la suivante : est-ce que la proposition vous tente ?

– Oui. Franchement, oui, ça me plaît bien. Quand voulez-vous que je parte ?

– Ça dépend un peu de vous. Et si vous essayiez de trouver vous-même le bon moment ? répondit Gore, fidèle à son habitude de ne jamais dire à personne ce qu'il fallait faire.

– De quoi d'autre aurai-je besoin ? continua Chase.

– À vous de voir, essayez de trouver. »

Telle fut la seule réponse, ou plus exactement la seule non-réponse, que Burt Chase obtint de Gore[8].

Et Chase – parce qu'il aimait la vente et était encouragé par l'environnement nutritif de l'entreprise – partit effectivement en Californie pour trouver tout seul les réponses à ses questions.

Vous vous dites peut-être : excellente formule d'échec. Envoyer un débutant – en vente comme en gestion –, sorti de la fac depuis deux ans à peine, dans une vaste région, loin du siège, pour qu'il y trouve lui-même ses réponses : difficile de ne pas y voir une décision irresponsable de la part de Bill Gore. Mais ce n'est pas tout. Bill Gore savait que Chase s'intéressait à la vente, mais que ses références en la matière n'étaient pas à proprement parler brillantes. Quand il était entré chez Gore, il avait reconnu avoir postulé auparavant à des postes de commercial dans plusieurs compagnies d'assurances – et avoir échoué aux tests de vente.

Au vu de tous ces handicaps, l'expression « formule d'échec » ne décrit peut-être pas très pertinemment la mission que Gore avait confiée à Chase. « Recette de catastrophe » serait sans doute plus juste. Mais le souci premier de Gore n'était pas de mettre en place une structure d'encadrement des ventes en Californie, et il ne cherchait donc pas un manager spécialisé pour en prendre la direction. Qu'il s'agisse des ventes en Californie ou de la production dans le Delaware, Gore cherchait des leaders nourriciers, non des managers qui diraient aux salariés « comment » faire leur travail. Et comme il ne disposait pas d'un grand nombre de leaders de ce genre dans sa jeune entreprise, il fallait bien qu'il en cultive lui-même. Il était prêt à courir le risque et à faire preuve de la patience nécessaire pour qu'ils se développent. Burt Chase en fit rapidement l'expérience.

Après avoir réussi à faire décoller les ventes dans la moitié ouest des États-Unis, Chase s'est rendu compte qu'il avait besoin de plus de monde s'il voulait qu'elles continuent à se développer. Un jour, il a donc téléphoné à Bill Gore.

« Je n'ai aucune expérience [d'embauche], lui a-t-il dit. Comment faire ? Aidez-moi, envoyez-moi quelqu'un !

– Ah, mais c'est que je n'ai personne à vous envoyer. Vous n'avez qu'à embaucher quelqu'un, c'est tout.

– Comment voulez-vous que je fasse ? a demandé Chase, perplexe.

– Je ne sais pas, moi, essayez de trouver. Vous savez bien comment les gens obtiennent un emploi et tout ça. Vous devriez essayer de trouver comment on fait. » Comme vous l'avez peut-être remarqué, « essayez de trouver » était le refrain favori de Gore.

Celui-ci prenait de toute évidence un risque avec Chase, surtout au vu de ses piètres résultats aux tests de vente dans les compagnies d'assurances. Il aurait très bien pu faire échouer tout le projet (ce qui n'a pas été le cas). L'autre solution – assumer les responsabilités à la place de Chase, lui dire comment embaucher et comment gérer les opérations – revenait à échanger le risque que Chase commette des erreurs contre la certitude qu'il ne se développerait jamais dans son nouveau rôle et n'en prendrait jamais pleinement possession. Qui plus est, si Bill Gore pratiquait une gestion « comment » avec Chase, celui-ci en tirerait des leçons sur la manière de traiter l'équipe qu'il était censé constituer à l'ouest. Selon Chase, ce que Bill Gore attendait d'un futur leader, c'était « la capacité, pas l'expérience ». Gore ne proposait pas des rôles de leadership à des hommes qu'il ne jugeait pas capables de les assumer. Sans doute Chase avait-il échoué aux tests des sociétés d'assurances, mais Gore estimait certainement que ces derniers n'avaient pas mesuré ce qui comptait pour lui. Le fait que Chase ait postulé à ces postes prouvait qu'il avait *envie* de monter une équipe de commerciaux, ce qui était évidemment plus important aux yeux de Gore que la prétention à savoir comment faire (d'autant plus qu'il n'en savait rien). Selon Chase, Gore « vous faisait confiance et disait : "Vous allez faire une nouvelle expérience, ça vous aidera à évoluer, à être plus fort, et si vous avez à embaucher quelqu'un d'autre, vous apprendrez à le faire plus efficacement, avec une meilleure productivité. […] Essayez de trouver comment les former et faites-leur acquérir un peu d'expérience." »

« Il s'y ajoutait une attente, poursuit Chase : "S'il vous plaît, communiquez avec nous, dites-nous ce que vous faites, ce qui se passe là-bas. Il faut que nous le sachions, parce que si vous avez besoin d'aide […] nous devons le savoir. Nous devons savoir quel est le bon moment pour venir vous voir, savoir quand il peut être utile qu'un de nos techniciens vous accompagne chez le client. […] Servez-vous de nous pour obtenir les informations dont vous avez besoin, et ensuite prenez votre décision ; ne nous la transférez pas." » Autrement dit, Gore ne voulait pas donner de réponses à Chase, mais ce n'était pas non plus « loin des yeux, loin du cœur ». Le siège était là pour lui apporter de l'aide – pas pour le décharger de ses responsabilités.

Tandis que Chase se développait en leader au sein de l'entreprise, l'activité qu'il était parti monter à l'ouest prit de l'envergure. À un moment, Chase eut le sentiment qu'un grand nombre de ses clients potentiels et existants s'attendaient à voir sur ses cartes de visite le mot magique de « manager » au lieu de la mention « associé » qui, chez Gore, figurait sur toutes les cartes, conformément à la décision de suppression des titres que Bill Gore avait imposée. Chase profita d'un passage au siège pour exposer la situation à Gore. Lui expliquant qu'il lui semblait que cette absence de titre nuisait aux ventes, il lui demanda de l'autoriser à faire imprimer « manager régional » sur ses cartes. Cette requête fit perdre patience à Bill Gore. Il infligea à Chase – chose rare – un sermon d'une bonne demi-heure, selon ce dernier, sur les titres et leur propension à gonfler les compétences de ceux qui les portent.

« Le mot "manager" ne veut rien dire, lui expliqua-t-il. Qu'est-ce que vous managez, quels sont vos points forts ? Le leadership, l'administration, l'organisation, la planification, l'analyse ? Allez-vous prétendre que vous êtes bon dans tous ces domaines, si c'est ce que j'attends de vous en tant que manager ? » Face au silence de Chase, il enfonça le clou : « Il y a d'autres gens dont j'ai besoin qui sont très compétents dans certains de ces domaines », et il cita plusieurs collaborateurs sur lesquels il comptait pour exécuter certains aspects du « management ».

En définitive, après avoir clairement fait savoir qu'il « n'aimait pas le mot "manager" », Gore dit à Chase : « Faites ce que vous voulez, mais [...] n'apportez pas cette carte ici. Si vous décidez de mettre ça dessus, je ne veux pas voir cette carte. Et que personne d'autre ne la voie. Elle sera destinée au marché, un point c'est tout. »

« Et alors, conclut Burt, j'ai fait imprimer "manager régional" [...] sur ces foutues cartes. »

Aide accordée, affaire réglée ? Pas si vite.

Pourquoi ces « foutues » cartes ? Apparemment, le sermon de Bill Gore n'était pas resté sans effet. Chase estimait toujours avoir besoin de ces cartes, mais désormais elles ne lui apportaient pas plus de satisfaction qu'à Gore.

« "Manager régional" paraissait plutôt inoffensif, raconte Chase. Mais quand même [...] maintenant, j'avais de l'expérience et je contribuais à affirmer la culture. [...] J'étais un modèle [...] et je voulais mettre cette culture en pratique. Je tenais à ce que les autres appliquent ce que nous voulions faire, et moi, j'avais fait imprimer sur ma carte un titre [qui y faisait] obstacle. »

C'était la conclusion à laquelle Gore espérait bien que Chase parviendrait tout seul, c'était le genre de leader nourricier qu'il espérait que Chase deviendrait. Et, bien que Gore eût pris un risque et dû mobiliser une patience infinie, Burt Chase démontra qu'il en était digne. « Telle que Bill Gore l'avait définie, nous étions une organisation sans titre, et il a pris cet exemple pour me le prouver », explique Chase. Mais voici la chute de l'histoire : « J'ai compris que ce n'était pas simplement en tant qu'associé [de mes collègues] que je ne devais pas porter ce titre ; de toute façon, il ne m'était d'aucune utilité non plus sur le marché. » Le titre de « manager », poursuit Chase, ne se bornait pas à donner aux autres un sentiment d'infériorité. Il l'empêchait de nourrir leur développement personnel, « parce que, pour développer des relations, des relations loyales, honnêtes, ouvertes, franches, il faut apprendre à connaître les autres, apprendre à les connaître pour ce qu'ils savent, de manière à ce qu'ils puissent profiter de vos forces et de ce qu'ils savent de vous ; il faut se parler, et évidemment ce n'est pas le titre qui figure sur votre carte qui leur donne ces informations, c'est la conversation que vous avez avec eux ».

Le leadership nutritif de Bill Gore avait converti Chase et lui avait donné envie non seulement de participer à la construction d'un environnement libéré au sein de l'entreprise, mais aussi de devenir lui-même un leader nourricier. De « simple associé », Chase est devenu un *leader nourricier*, appliquant dans son nouveau rôle des pratiques de management qui satisfaisaient pleinement le besoin de ses propres salariés d'être traités en égaux, de se développer et de s'autodiriger. Cette affaire illustre encore autre chose : l'histoire de Chase est également celle d'un « simple associé » devenu un *leader naturel* prenant la responsabilité de résoudre les problèmes que posaient certaines situations professionnelles.

Pour favoriser le développement des leaders naturels, Bill Gore employait une méthode toute simple, comme l'explique Chase : « Saisir l'occasion et donner à quelqu'un la possibilité » d'assumer le leadership. Si vous privez quelqu'un de cette possibilité, il ne trouvera pas l'automotivation nécessaire pour participer à la construction d'un environnement libéré – ni pour devenir un leader dans les affaires.

Les choses se sont très bien passées pour Burt Chase. Il a travaillé chez Gore pendant l'intégralité de ses quarante années d'activité professionnelle. Il a assumé de plus en plus de responsabilités de leadership, est devenu un théoricien autoproclamé de la culture de Gore et a fini par lui consacrer un livre. C'est Chase – pourtant à la retraite depuis quelques années déjà – que le responsable des relations publiques de Gore a appelé pour qu'il vienne nous expliquer la culture d'entreprise et son émergence. Une assez jolie carrière pour quelqu'un qui avait échoué aux tests de commercial avant d'entrer chez Gore.

À propos, voici un des tests que Chase a ratés, selon ses propres dires :

La question était : « Si vous arrivez chez un client potentiel et que la réceptionniste vous annonce qu'il est occupé pour le moment alors que vous l'apercevez par la porte, assis à son bureau, trouverez-vous le moyen de contourner la réceptionniste pour parler à ce client ? »

« Certainement pas », a répondu Chase. Ses examinateurs en ont conclu qu'il manquait d'agressivité.

Bill Gore a vu en Chase des qualités que les marchands d'assurances n'avaient pas vues. Et Chase allait lui donner amplement raison.

Toutes les organisations, des plus modestes start-up aux cent entreprises classées par *Fortune*, doivent affronter des problématiques d'entreprise qui exigent une attention particulière. La plupart réagissent en se demandant : « Quel manager devons-nous charger de gérer cette situation ? »

Les entreprises libérées ne font pas cela. Lasses des managers qui – peut-être – empoigneront la barre, « géreront la situation » mais oublieront de satisfaire les besoins des salariés qui font partie intégrante d'une solution durable, elles redéfinissent le problème de façon créative : « *Comment aider quelqu'un qui se trouve devant une problématique d'entreprise à en assumer naturellement le leadership ?* »

L'avènement des leaders naturels

Harry Quadracci, directeur général de Quad/Graphics, et son frère Tom, cofondateur et futur successeur, ont su, eux aussi, nourrir le leadership naturel. Quad/Graphics a été lancé en 1971. C'était alors une petite imprimerie de magazines installée à Pewaukee, dans le Wisconsin. Après dix années un peu léthargiques, l'entreprise a connu un développement rapide. Pour assurer une impression de haute qualité, elle a mis au point, au fil des ans, un équipement sophistiqué bien à elle. Au lieu de garder jalousement ses innovations, Quad a créé une branche spéciale, QuadTech, destinée à vendre son matériel, y compris à ses concurrents. Harry Quadracci était en effet convaincu qu'être talonné par la concurrence était un excellent stimulus.

Tom Quadracci a été le premier directeur général de QuadTech. Au début des années 1990, son responsable commercial Asie-Pacifique était le jeune Karl Fritchen. C'est au Japon que Fritchen a pu exprimer toutes ses qualités de leader. QuadTech y avait toujours travaillé avec des distributeurs locaux chargés de vendre ses produits. Un jour, à la veille d'un salon professionnel, Fritchen apprend par un journal local de langue anglaise que leur distributeur a fait faillite. Immédiatement, les organisateurs du salon, craignant de ne pas être payés, ferment le stand de QuadTech au ruban adhésif jaune. Fritchen commence par leur faire virer de l'argent depuis les États-Unis pour pouvoir accéder à son stand. Il met ensuite à profit cette semaine de salon pour rencontrer des représentants de plusieurs sociétés prêtes à distribuer le matériel de QuadTech au Japon. Mais il n'est pas convaincu. Il prend alors son téléphone et appelle Tom Quadracci, son patron, à Pewaukee, Wisconsin[9].

« Tom, je crois que nous devrions ouvrir notre propre agence ici. La faillite de notre distributeur n'est pas un cas isolé. Il est arrivé la même chose à un tas de gens qui finançaient des projets au moment où la bulle a éclaté. Ils se sont retrouvés en cessation de paiement. D'autres risquent de connaître le même sort, j'en suis sûr. » Fritchen assène alors un argument de poids contre les distributeurs locaux : « Ici, s'ils vendent un de nos produits à Mitsubishi, ils ne peuvent pas le vendre à Toshiba. Donc si on fait affaire avec l'un, on se ferme toute une autre part de marché.

– D'accord, répond Tom. Discutez-en avec quelques consultants locaux et voyez quelles seraient les implications. »

C'est ce que fait Karl Fritchen. Tous ceux à qui il s'adresse lui déconseillent de créer un réseau de distribution indépendant au Japon. Fritchen fait son rapport, l'envoie à Pewaukee, puis rappelle son patron pour en discuter.

« Qu'est-ce que vous en pensez ? lui demande Tom Quadracci.

– Je continue à penser que nous devrions ouvrir notre propre agence, répond Fritchen. Je sais que toutes les données tendent à nous dissuader de dialoguer directement avec nos clients. Mais je suis persuadé qu'ils nous suivront. Quad/Graphics a la réputation de bien connaître le marché de l'imprimerie, et c'est un gros atout pour nous.

– Un instant, ne quittez pas. » Tom Quadracci fait patienter Fritchen quelques instants avant de reprendre la parole : « Karl, j'ai Harry en ligne. Je voudrais que vous lui expliquiez ce que vous venez de me dire. »

Cela fait quatre ans que Fritchen travaille dans la vente et qu'il est constamment en déplacement. Il n'a donc jamais rencontré Harry Quadracci. Il lui repète ses arguments mot pour mot.

« D'accord, ça me paraît une bonne idée, acquiesce Harry. Restez au Japon, trouvez des locaux, engagez du personnel, et, quand ce sera fait, venez expliquer au comité exécutif pourquoi nous avons pris cette décision. »

« Il n'a pas dit : "Préparez un projet, présentez-le au comité exécutif, obtenez son approbation puis retournez l'appliquer" », nous a raconté Fritchen plus tard. C'est la réaction que l'on aurait attendue dans n'importe quelle autre entreprise. « Mon précédent employeur était tellement différent que je suis purement et simplement tombé amoureux de cette boîte dès que j'y ai mis les pieds. »

Contrairement à Bill Gore – un homme très calme qui exprimait exceptionnellement son mécontentement par des sermons –, Harry Quadracci était sujet à des sautes d'humeur fréquentes – et tonitruantes. Une des choses qu'il ne supportait pas était que, au lieu d'aider des leaders à émerger naturellement, on fasse appel à des personnes extérieures. Steve DeBoth, un directeur d'usine en poste depuis peu de temps, l'apprit à ses dépens[10]. Peu après avoir engagé un candidat extérieur en tant que commercial, il reçut un coup de fil d'Harry Quadracci.

« Il paraît que vous avez embauché quelqu'un ? » commença son patron.

DeBoth expliqua qu'il avait besoin d'une personne expérimentée et qu'il avait trouvé une femme qui venait de démissionner de son précédent poste.

« Comment avez-vous pu faire une chose pareille ? explosa Harry. Vous ne savez pas que ce poste est l'un des plus convoités dans l'entreprise par tous ceux qui travaillent à la fabrication ? Comment avez-vous pu les priver de cette chance ? » Quand il eut retrouvé son calme, Quadracci lui demanda : « Savez-vous combien de dizaines de millions de dollars j'ai dépensés en perte de productivité parce que j'ai refusé d'engager un imprimeur expérimenté et que j'ai préféré laisser un imprimeur assistant apprendre à faire fonctionner la presse ? Vous croyez que je ne sais pas ce que ça m'a coûté ? Et vous, vous foncez bille en tête et vous leur retirez une chance. Ne faites plus jamais ça. »

DeBoth ne refit pas cette erreur et dit plus tard : « S'il était en colère, c'était parce que ce qui le poussait, c'était d'offrir une chance aux salariés. Il prenait vraiment plaisir à voir quelqu'un faire quelque chose qu'il n'aurait pas pu faire quelques années ou quelques mois plus tôt, à voir son personnel se développer. »

Bill Gore et Harry Quadracci avaient des tempéraments différents – opposés, même. Mais ils ont créé l'un comme l'autre des environnements permettant aux salariés qui repéraient une problématique d'entreprise de s'affirmer comme des leaders naturels. Ces environnements aidaient également les leaders naturels à devenir des leaders nourriciers qui accroissaient l'automotivation des autres. Nous l'avons constaté avec Burt Chase aussi bien qu'avec Karl Fritchen : comme les frères Quadracci avaient aidé Fritchen à devenir un leader, il s'est montré prêt à en faire autant pour d'autres : « J'ai vécu cette expérience [bénéficier de la confiance nécessaire pour s'affirmer comme leader]. Le sentiment qu'on éprouve en tant que salarié quand une chose pareille vous arrive, on a envie de le faire éprouver à tous les autres ; on a envie qu'ils s'engagent eux aussi en faveur de votre boîte. » Aujourd'hui, Fritchen est lui-même directeur général de QuadTech.

Bien sûr, des patrons libérateurs comme Gore et les frères Quadracci ne font que faciliter l'émergence naturelle de leaders. Chez Gore, des associés expérimentés – qu'on appelle des sponsors, des parrains – orientent leurs jeunes collaborateurs vers des domaines dont les besoins correspondent à leurs talents et à leurs envies ; à charge ensuite pour ces individus de prouver leur utilité à ceux qui travaillent dans ce domaine. « Quand je les parrainais, raconte Burt Chase, je leur donnais une liste de noms et je leur disais : "Et si vous alliez voir ces gens pour leur parler de votre expérience, des endroits où vous êtes allé, découvrir ce qu'ils font, en quoi consiste leur travail ? Prenez quelques mois pour faire ça. Ils m'en parleront et vous m'en parlerez. Et peut-être pourrons-nous alors choisir le poste où vous pourriez vous engager, où vous pourriez commencer[11]." »

Chez FAVI, les membres d'une équipe de travail décident entre eux celui qui est, à leur avis, le plus à même d'être leur prochain leader. Chez Gore, tous ceux qui ont envie de prendre l'initiative d'un projet et d'en assumer le leadership peuvent se lancer, sans renoncer à leur rôle actuel. S'ils réussissent – en tant que leader – à attirer suffisamment de partisans, ils pourront progressivement assumer ce nouveau rôle, comme nous avons vu Dave Myers le faire au premier chapitre avec l'invention des cordes de guitare Elixir. Chez FAVI, cela va encore plus loin. Si aucun salarié ne se manifeste pour prendre la tête d'un projet, l'entreprise n'organisera pas de réunion pour chercher une personne intéressée. Puisque aucun leader ne s'est manifesté naturellement, on estime que le projet ne vaut pas la peine d'être développé. Voici comment Rich Teerlink a résumé l'approche très comparable de Harley-Davidson : « J'ai une philosophie très simple : si une décision doit être prise, elle le sera. [J'entends souvent dire :] "Il faut que telle ou telle chose soit faite." Pourquoi ? [...] Si nous [les leaders] laissons faire, le problème a de bonnes chances de se résoudre tout seul. Nous n'avons pas besoin d'intervenir. Qui a ce problème ? Moi ou un autre[12] ? »

Vous vous dites peut-être que cette attitude libérale est parfaite dans les périodes fastes, mais difficile à conserver en temps de crise. Si personne n'est concerné par un problème et ne se manifeste comme leader naturel pour le régler, ceux qui sont responsables de l'entreprise en dernière analyse n'ont-ils pas le devoir de prendre la barre et de dire aux autres ce qu'il faut faire ? Une crise vous fait éprouver la terrible tentation de réaffirmer votre contrôle et de « faire quelque chose ».

Rappelez-vous pourtant une des raisons pour lesquelles les leaders libérateurs ont initialement renoncé à ce contrôle : ceux qui disposent des meilleures informations pour juger de la gravité de la situation et des meilleures solutions existantes sont les hommes et les femmes qui sont *sur le terrain*. Dans les entreprises « comment », leur connaissance des problèmes est négligée parce que l'échelon supérieur est convaincu de tout savoir mieux qu'eux. Mais une entreprise libérée fait confiance à ces salariés et à leurs connaissances. S'ils estiment que leurs efforts et les ressources de l'entreprise seront plus judicieusement utilisés ailleurs, on écoute leur avis et, le plus souvent, on le suit. Rappelez-vous Vertex. Jeff Westphal avait commencé par prendre la barre et par exiger que tout le monde redouble d'efforts pour sauver un projet en péril. Puis il a changé de style de management et a écouté ceux qui avaient une meilleure connaissance du terrain. L'un de ces salariés s'est révélé un leader naturel et a aidé à réorienter les ressources de l'entreprise vers un nouveau projet de progiciel de gestion intégrée. Cette initiative a sauvé Vertex et a été à la base de la croissance continue de ses ventes au cours des années suivantes. En cas de crise, les cadres dirigeants ne deviennent pas soudain omniscients. En réalité, prendre la barre et essayer de redresser le navire risque fort d'aggraver le problème en coupant les dirigeants d'informations vitales.

Une chance à saisir

C'est peut-être chez GSI – dont vous avez déjà fait la connaissance du leader libérateur, Jacques Raiman – que nous avons rencontré le cas le plus spectaculaire d'un salarié ayant compris qu'une occasion commerciale – gagner un immense client – se présentait et assumé un rôle de leader naturel pour la saisir. En l'occurrence, aucun membre de l'entreprise n'a songé à prendre la barre pour la bonne raison que personne – à l'exception d'un salarié – n'avait pris conscience de cette chance.

Un jour, au début des années 1990, Jacques Szulevicz[13], commercial chez GSI, apprend par hasard – par des amis qui travaillent dans d'autres entreprises – que Disney, qui construit alors son parc d'attractions et son centre de loisirs européen à deux pas de Paris, lance un appel d'offres pour externaliser ses systèmes d'information. Szulevicz y voit immédiatement une occasion en or de gagner un client de réputation internationale – une première pour GSI. Il en parle à Jacques Raiman, qui l'encourage vivement. Mais, lorsqu'il cherche à en savoir davantage sur l'appel d'offres, il déchante : la date limite de dépôt des candidatures est passée. Fort ennuyé, parce qu'il vient d'exposer à son patron les remarquables perspectives de ce marché, il décide de s'accrocher.

Szulevicz apprend que Disney a confié l'organisation de cet appel d'offres à Price Waterhouse. Après plusieurs coups de fil, il arrive à mettre la main sur le responsable, Robert N., et l'appelle à Londres pour lui exposer l'affaire.

« C'est bien joli, tout ça, Jacques, répond Robert, mais le délai est passé.

– Je sais, mais vous n'avez rien à perdre », insiste Szulevicz. Puis il change de sujet pour évoquer Londres et la vie qu'on y mène. Apprenant que Robert est un fin gourmet, il lui fait une proposition : « J'arrive. Je viens vous voir et je vous invite à déjeuner. Vous n'avez rien à perdre, et vous avez au moins un bon repas à y gagner. » Robert accepte, ayant sans doute oublié le fameux adage généralement attribué à Milton Friedman : *« There is no such thing as a free lunch »* – « Un repas gratuit, ça n'existe pas[14]. »

Sans demander d'autorisation à qui que ce soit, Szulevicz part pour Londres et invite Robert à déjeuner. Il est agréablement surpris de découvrir que Robert parle très bien français et a d'ailleurs épousé une compatriote. Ils discutent très agréablement de tout et de rien en dégustant les entrées, arrosées d'un excellent vin. On leur apporte ensuite le plat principal.

« Vous savez, Robert, dit Szulevicz, je ne fais pas seulement ça pour moi ; je le fais aussi pour vous.

– Comment cela ? s'étonne Robert.

– Vous avez organisé un appel d'offres international, n'est-ce pas ? Vous avez pris contact avec les plus grandes sociétés, parmi lesquelles les leaders français, nous sommes bien d'accord ? EDS, IBM, mais… – Jacques ménage une pause – vous avez oublié le troisième : GSI.

– Peut-être, mais nous avons sélectionné les plus grandes sociétés européennes, réplique Robert, qui cherche à se justifier.

– Vous avez raison. Permettez-moi tout de même de vous rappeler que nous sommes numéro un en matière d'externalisation de la paie. » Après avoir laissé cette information faire son chemin dans l'esprit de Robert, il donne l'estocade : « Vous voyez bien, Robert, que nous sommes dans le même bateau. Disney est un de vos gros clients. Vous ne pouvez pas lui faire ça. » Robert, qui doit comprendre désormais la sagesse de Milton Friedman, ne reste pas sourd à l'appel de Szulevicz :

« Écoutez, Jacques, j'aimerais bien vous aider, mais vous savez combien les Américains sont pointilleux. Je vais vous donner le nom du chef du projet Euro-Disney. Il est le seul à pouvoir rouvrir l'appel d'offres. »

Szulevicz se répand en remerciements, bien sûr, mais il demande tout de même à Robert de prévenir le cadre de Disney de son appel. De retour à Paris, il téléphone à ce responsable pour plaider sa cause.

« Je ne demande qu'à vous aider, commence son interlocuteur, dûment informé de la situation par Robert. Mais ce genre de décision n'est pas une mince affaire chez Disney. La seule personne habilitée à la prendre est le président d'Euro-Disney ici, à Burbank, en Californie [il cite son nom]. C'est à lui qu'il faut vous adresser. »

Joindre cette huile n'est pas facile, évidemment, mais après plusieurs tentatives Szulevicz l'a enfin au bout du fil.

« Je vous prie d'excuser mon accent français », commence-t-il, puis il expose une nouvelle fois le problème.

« J'admire votre persévérance, répond le président, peut-être déjà averti qu'il aurait affaire à quelqu'un d'exceptionnellement déterminé. Mais j'ai bien peur de ne pas pouvoir vous aider.

– Vous savez, j'ai toujours été un fan de Disney, s'obstine Szulevicz. Travailler sur ce projet, ce serait vraiment le rêve pour nous. » Et pour prouver qu'il connaît son Disney sur le bout des doigts, il ajoute : « *Make a dream a reality !*

Que les rêves deviennent réalité ! Je ne fais qu'appliquer votre slogan.

– Je vais voir ce que je peux faire.

– Monsieur le président, reprend Szulevicz, je vous propose un marché. Si je vous apprends sur Disney des choses que vous ignorez, aurai-je gagné un peu de crédit à vos yeux ? » Son interlocuteur, qui a déjà vingt-cinq ans de carrière chez Disney, éclate de rire :

« D'accord, allez-y !

– Parfait. » Szulevicz se lance : « Au début, Mickey ne s'appelait pas Mickey.

– Comment ça ? s'étonne le président.

– Vous savez que Walt Disney travaillait dans la publicité ?

– Oui, bien sûr.

– Alors, écoutez bien. C'est à cette époque-là, dans les années 1920, qu'il a dessiné la souris. Elle n'avait pas d'oreilles, pas de short. Et cette première souris s'appelait Mortimer ; elle n'a pris le nom de Mickey que bien plus tard.

– Vous en êtes sûr ? demande le président, de plus en plus captivé.

– N'oubliez pas notre marché, monsieur le président.

– Jacques, je vais vérifier ce point et, si vous avez raison, vous aurez de mes nouvelles », réplique le président, mettant fin à la conversation.

Le téléphone de Szulevicz ne tarde pas à sonner.

« Sautez dans un avion. On va organiser un entretien », entend-il. Il en conclut que le président envisage de rouvrir l'appel d'offres.

Il réserve une place sur le premier vol pour Los Angeles, puis court annoncer la bonne nouvelle à son patron, l'interrompant au milieu d'une réunion. Raiman l'écoute et se met à applaudir à tout rompre, avant de se tourner vers les autres en s'exclamant : « C'est un bon commercial ! »

Szulevicz se rend donc à Burbank, en Californie, le siège de Disney, et en revient avec l'autorisation de faire une offre de la part de GSI pour la mise sur pied du système d'information d'Euro-Disney. Pour l'entreprise, le simple fait de remplir le dossier officiel de candidature et de se présenter sous son meilleur jour aux éliminatoires de ce « concours de beauté », avant même d'être formellement invité à y participer, représente déjà un énorme investissement. La candidature va mobiliser des ressources non négligeables, et les dirigeants de l'entreprise se divisent en deux camps. Les uns estiment que c'est de la folie : GSI n'a aucune chance de l'emporter face à EDS ou IBM. Les autres disent : « Pourquoi pas ? » Le président Raiman prend parti pour le second groupe et accorde une nouvelle fois son soutien à Szulevicz : « On se lance. Ça vaut le coup d'essayer. »

Szulevicz repart donc sur le terrain. Cette fois, il a besoin d'une équipe. Il rassemble vingt spécialistes des systèmes d'information qui travaillent alors sur le projet le plus astreignant qu'il ait décroché pour GSI : gérer le système d'information d'un géant de l'acier dans le nord de la France. « Ils commençaient tous les matins à 6 heures et vivaient dans une région où il n'y avait strictement rien à faire d'autre que bosser, bosser, bosser, racontera-t-il plus tard. Je ne pouvais rien y faire. Quand je venais les voir, je les invitais à déjeuner, on prenait un peu de bon temps, je leur remontais le moral. Alors je me suis dit que tous ces types qui transpiraient sur ce projet avaient bien mérité d'aller passer trois semaines en Floride. En tant que commercial, je n'avais pas l'autorité pour les nommer, mais je l'ai fait quand même. Et ils se sont lancés dans cette mission corps et âme, avec une vraie volonté de se battre pour décrocher ce contrat. »

Malgré l'absence de toute autorité officielle, Szulevicz n'est pas seulement devenu le leader naturel d'une occasion de remporter un gros contrat, mais aussi le leader nourricier de ceux qu'il a enrôlés pour ce projet.

Après les éliminatoires du concours de beauté, qui se sont déroulées aux États-Unis, Szulevicz a affronté l'épreuve décisive – qui n'avait pourtant rien d'officiel – en France. Il n'a pas tardé à apprendre, sans en être surpris, qu'Euro-Disney se heurtait à des difficultés absolument kafkaïennes dans ses rapports avec les collectivités françaises et les organismes gouvernementaux de réglementation. Il a décidé d'organiser un cocktail dans un hôtel chic et, exploitant son réseau personnel de relations, a invité tous les maires et administrateurs concernés, en même temps qu'un certain nombre de dirigeants d'Euro-Disney. « Imaginez, raconte-t-il, l'étonnement des dirigeants de Disney, qui cherchaient depuis des mois à joindre tel ou tel responsable français ! Je leur apportais tous ces types sur un plateau ! Ne me demandez pas combien cette soirée a coûté… » Pourquoi a-t-il fait cela ? « Je voulais leur montrer que si nous travaillions ensemble, je pourrais les aider à relever les défis les plus complexes de la gestion de leur entreprise, ici, en France. » Dans un spectacle, l'attraction est parfois plus importante que le numéro principal, surtout si elle est française.

En se présentant contre EDS, numéro un incontesté de l'externalisation de systèmes d'information, GSI avait tout d'un débutant français de la NBA de 85 kilos (Tony Parker, par exemple, engagé en 2001), assurant la défense face à Shaquille O'Neal, 150 kilos, le pivot légendaire du championnat américain. Il fallait que Szulevicz trouve le moyen d'éviter l'attaque frontale. Grand amateur de dessins animés – d'où sa bonne connaissance du passé de Disney –, il eut une illumination : au lieu de rédiger un document conventionnel, il réaliserait un dessin animé dans lequel le spectateur pourrait découvrir GSI et sa proposition comme s'il visitait un parc de Disney. Quand il présenta son plan au conseil de direction, le directeur financier, qui avait jusque-là avalé bon gré mal gré les dépenses extravagantes de Szulevicz, explosa. Il était convaincu à présent que toute cette histoire n'aboutirait jamais à la signature d'aucun contrat. Mais Szulevicz s'obstina et dénicha un grand réalisateur de dessins animés remarquablement créatif – avec lequel il fut convenu, pour calmer le directeur financier, que seuls ses frais seraient pris en charge, moyennant une promesse de participation aux recettes à venir si GSI décrochait le contrat. Szulevicz eut bientôt entre les mains un film qu'il jugeait vraiment bon. Il l'envoya à Disney et attendit.

Le verdict tomba rapidement. Comme prévu, EDS, qui avait son siège au Texas, l'emporta, obtenant 75 % de ce contrat de 300 millions de dollars par an ; mais la deuxième place revint à… GSI, avec 25 % du marché. Szulevicz apprit par la suite que le coup de main qu'il avait donné aux administrateurs américains en France et la qualité du dessin animé de présentation avaient convaincu Disney que son entreprise pouvait être un partenaire à la fois précieux et créatif.

Fou de joie et débordant de fierté, il courut annoncer la bonne nouvelle à Raiman. Le président l'écouta calmement, tout en allumant, comme souvent, un cigare. Puis il lui dit : « *I want it all.* » Pas en français – « Je le veux tout entier » –, mais en anglais, pour bien marquer le coup. Szulevicz n'en croyait pas ses oreilles. Il était venu annoncer à son patron qu'il avait décroché le plus gros contrat que GSI ait jamais obtenu, avec le plus gros client que la société ait jamais eu, et son patron n'était pas content. Mais il y avait dans cette histoire quelqu'un d'encore plus mécontent que le président de GSI : EDS. Et le géant ne cacha pas son irritation. Imaginez Shaquille O'Neal en train de *dunker**, bloqué par le débutant Tony Parker et s'étalant de tout son long devant le public de sa ville ! « EDS était d'une incroyable prétention, a raconté plus tard Szulevicz. De remarquables techniciens, d'immenses ressources, mais des commerciaux exécrables. En fait, ils n'ont jamais remporté un seul appel d'offres contre GSI. »

Mais n'anticipons pas. Pour le moment, Szulevicz se retrouvait dans la mêlée à se demander comment obtenir le contrat « tout entier ». N'étant pas français pour rien, il continua à faire bénéficier les cadres d'Euro-Disney de son immense réseau de connaissances pour les aider à résoudre tous les problèmes qu'ils rencontraient dans leurs activités en France, ce qu'EDS n'était évidemment pas en mesure

* En basket-ball, le *slam dunk* ou *dunk* est une action qui consiste à marquer en s'accrochant à l'arceau à une ou deux mains. Shaquille O'Neal est célèbre pour avoir cassé beaucoup de paniers durant sa carrière à cause de ses *dunks* surpuissants. (N.d.T.)

de faire. En outre, ayant noué d'excellentes relations avec la principale assistante de direction d'Euro-Disney, il était informé des problèmes qui se posaient et offrait son aide avant même que les cadres ne fassent appel à lui. Il élargit ensuite son assistance pour proposer un véritable service d'agence de tourisme. Grand amateur de théâtre et de concerts, il aida les Américains à obtenir des places pour les meilleurs spectacles parisiens et essaya de leur consacrer du temps pour qu'« ils ne se sentent pas trop seuls à Paris ». Grâce aux échanges qu'il put ainsi avoir avec ces dirigeants, il sut qu'il régnait une certaine tension entre Euro-Disney et EDS, lequel exigeait d'imposer ses solutions techniques de prédilection à son client. C'est alors qu'il apprit la grande nouvelle : le directeur opérationnel d'Euro-Disney responsable de l'externalisation des systèmes d'information, Larry Sullens, s'était fait tirer dans les pattes par EDS, qui, mécontent des choix qu'il faisait, était allé se plaindre de lui à ses supérieurs. De plus, sachant que Sullens était soumis à de terribles pressions afin que tout soit en place le jour de l'ouverture, EDS le poussait à lâcher GSI pour accélérer et simplifier certaines clauses du contrat, encore en négociation. Le directeur opérationnel était à la fois furieux et acculé – « cocufié », selon Szulevicz, et ce pour son plus grand bonheur.

Szulevicz invita promptement Sullens à déjeuner. Entre le fromage et le dessert, il aborda le sujet sensible.

« Je vais être honnête avec toi : EDS est notre concurrent, donc je ne prétendrai pas être impartial. Mais vous n'arriverez pas à travailler avec eux.

– Et pourquoi ? demanda Larry, intrigué.

– Tout d'abord, à cause de la façon dont ils se comportent avec leurs fournisseurs français, répondit Szulevicz, instillant le premier doute. Ils se sont engueulés avec tous les hôteliers du parc [Euro-Disney]. Je ne sais pas si tu te rends compte de ce qu'il faut pour pouvoir bien travailler avec les fournisseurs français. Et puis, EDS va devoir engager et gérer du personnel français ici. Il n'est pas facile de traiter avec la main-d'œuvre française.

– Tu as raison, mais que faire ? » Sullens donnait là à Szulevicz l'occasion de présenter sa proposition dans le détail.

Le repas s'acheva. Sullens appela le siège, à Burbank, et expliqua à ses supérieurs qu'il rencontrait de graves difficultés avec leur principal prestataire, EDS, qui leur imposait des retards considérables. En revanche, le deuxième prestataire, GSI, faisait un travail du tonnerre, se montrait coopératif et plein de ressources en toutes circonstances. Il ne serait sans doute pas inutile de relancer l'appel d'offres et de permettre à GSI de postuler pour l'ensemble du projet. Le patron américain demanda à rencontrer GSI. Sullens en informa immédiatement Szulevicz et lui conseilla de remonter au plus vite dans un avion pour Los Angeles avec un collègue.

À son arrivée, Szulevicz rencontra un groupe de dirigeants et commença par son entrée en matière favorite : « Vous nous avez demandé de venir, mais je tiens à ce que vous sachiez que vous n'avez rien à perdre. » Puis il poursuivit : « Le simple fait de rencontrer un autre fournisseur envoie un signal à EDS en lui montrant que vous restez libres et que vous avez un moyen de pression sur eux. Ça devrait les rendre plus souples. Mais, en ce qui concerne GSI, nous nous battrons avec toute l'énergie que vous nous connaissez. Vous recevrez une excellente proposition. Au minimum, vous obtiendrez de meilleurs prix et de meilleures conditions, mais surtout vous n'aurez ni les mains ni les pieds liés.

– Fort bien, mais je vois mal comment vous pourriez rattraper en un mois votre retard sur les éléments du contrat qui ont déjà été négociés avec EDS durant toute une année, a fait remarquer le patron américain.

– Vous me connaissez mal. Je me débrouillerai », a répondu Szulevicz. Soulevant le combiné, il a appelé le président Raiman et branché le haut-parleur.

« Bonjour. Je suis ici avec nos collègues de chez Disney qui se posent une question : pensez-vous que nous serions capables de rattraper notre retard par rapport à EDS dans le processus de négociation ? GSI est-elle en mesure de consacrer les ressources nécessaires pour que nous puissions rattraper ce retard en un mois ?

– Bien sûr, nous y arriverons », a répondu Raiman avant de souhaiter bonne chance à tout le monde.

Les dirigeants de Disney ont été visiblement impressionnés de constater que Szulevicz pouvait appeler son président chez lui, à Paris, tard dans la soirée, et obtenir de lui une réponse aussi facilement. Szulevicz a ajouté : « Nous réserverons une suite au Prince de Galles, à Paris, pendant un mois, et nous y réglerons tout ce qu'il faut régler.

– J'aimerais bien voir ça ! » a rétorqué le patron américain. Il appréciait beaucoup cet hôtel de luxe des Champs-Élysées, mais était déçu chaque fois qu'il essayait de réserver : l'hôtel était complet plusieurs mois à l'avance – une frustration dont Szulevicz n'ignorait rien grâce à ses sources d'information chez Euro-Disney.

« Bien, nous allons commencer par réserver au Prince de Galles, le reste se mettra en place ensuite. Nous travaillerons jour et nuit, mais nous y arriverons », a répété Szulevicz confiant.

De retour à Paris, il a fait un saut au bureau de son patron.

« On a une chance si on fait ça, ça et ça, a-t-il expliqué, détaillant tout ce qu'il envisageait de faire, Prince de Galles inclus, pour décrocher le contrat avec Euro-Disney.

– Tu es quand même gonflé, a remarqué Raiman.

– Il faut tenter le coup », a insisté Szulevicz, et son président a hoché la tête.

« Il acceptait toujours mes initiatives, nous a dit plus tard Szulevicz. Il me faisait confiance. Et c'était sacrément important. Ça redoublait mon énergie, parce que quand quelqu'un te fait confiance, quand quelqu'un te dit "je te fais confiance", tu engages ta boîte, tout son fric, tu te bats, mais tu te bats avec une telle énergie… »

Donc, une fois la réservation au Prince de Galles enregistrée grâce à des relations, Szulevicz et ses collaborateurs sont arrivés tous les matins à 7 heures pour travailler avec leurs homologues de chez Disney jusqu'à 2 heures du matin le lendemain. Ils ont même décidé de se nourrir uniquement de sandwiches, une mesure rarissime pour des hommes d'affaires français, mais que les Américains acceptèrent facilement. Szulevicz s'est fait un devoir de téléphoner à Raiman chaque fois que les Américains exprimaient le moindre doute, pour qu'ils sachent que son patron lui accordait un soutien sans réserve et qu'ils prennent conscience de l'autorité dont il jouissait.

En réalité, Szulevicz n'avait pas entière autorité sur tous les détails ; il mettait au point certains éléments du contrat en coulisse avec Raiman et un groupe de travail spécialement constitué à cette fin chez GSI. De plus, Szulevicz, comme tout autre salarié de GSI, devait respecter les « règles du jeu » de l'entreprise, en vigueur depuis les séminaires de Tillard au début des années 1980. Une de ces règles était le *devoir de consulter* avant de prendre la moindre décision susceptible d'avoir de graves conséquences pour l'entreprise (rappelez-vous le principe de *ligne de flottaison* de Gore). Néanmoins, après consultation, c'était à lui de faire son choix, d'en informer ceux qu'il avait consultés et d'assumer la responsabilité du résultat – bon ou mauvais. La possibilité qu'avait Szulevicz de prendre de nombreuses décisions en toute indépendance et d'obtenir un accord par un simple coup de fil à son président a permis d'accélérer les discussions et a eu une énorme importance pour les négociateurs d'Euro-Disney. Par rapport à la lenteur d'EDS, obligé de soumettre le moindre point à toute la hiérarchie et d'attendre une réponse pendant des jours, la rapidité de réaction de GSI était impressionnante.

Le mois s'est achevé. Le contrat était prêt, dûment tamponné et signé, toutes ses clauses validées par les deux parties. GSI était en mesure de faire une offre pour l'intégralité du marché du système d'information d'Euro-Disney. Et, finalement, GSI l'a décroché « tout entier », exactement comme Raiman l'avait demandé à Szulevicz – l'intégralité d'un marché de 300 millions de dollars par an. Le contrat s'est poursuivi alors que les deux hommes avaient déjà quitté la société depuis des années.

Szulevicz aurait-il pu échouer ? Bien sûr. Mais cette histoire n'en serait pas moins instructive, parce qu'elle illustre le genre d'initiatives et de prises de risque qui s'offrent à un leader naturel dans une entreprise libérée, et qui seraient impensables dans une société « comment ». C'est un excellent exemple de problématique d'entreprise où un salarié de la société, le commercial Jacques Szulevicz, a senti qu'il y avait une occasion à saisir. Il l'a senti instinctivement, sans calculs compliqués. Comme il nous l'a fait remarquer plus tard : « Du point du vue du contrôle de gestion, c'était une erreur fondamentale, et si un contrôleur m'avait dit : “Jacques, tu es complètement cinglé”, il aurait eu raison ; je n'aurais jamais réussi à le convaincre rationnellement. Tout ce que j'avais, c'était une intuition. » Mais chez GSI, une entreprise libérée, il a pu exprimer son intuition et la mettre à l'épreuve dans le jeu commercial où – comme on dit – « il faut échouer souvent pour réussir vite ». Le fait qu'en tant que commercial il ait travaillé essentiellement à l'extérieur de l'entreprise n'a pas changé grand-chose. Les commerciaux d'EDS étaient dans la même situation, mais il leur fallait téléphoner au siège et obtenir l'approbation de toute la chaîne hiérarchique avant de prendre la moindre décision. Cet environnement étouffant leur a fait perdre en définitive non seulement cet appel d'offres, mais tous les autres marchés où ils se sont trouvés en concurrence avec GSI.

Szulevicz savait tout cela. Quand EDS a viré son équipe de commerciaux à la suite de cet échec, l'entreprise l'a appelé et lui a offert un pont d'or pour qu'il vienne travailler comme commercial chez elle. Il a refusé. « J'aime l'argent, reconnaît-il. Je l'aime même beaucoup. Je collectionne de beaux objets. Mais, dans ce cas précis, je n'ai pas hésité une seconde. Moralement, quand je me rase le matin, je veux pouvoir me regarder dans la glace. » Il a ajouté : « Je n'ai jamais fait confiance à EDS », nous rappelant ses réflexions précédentes sur la hiérarchie suffocante de cette entreprise, qu'il a exploitée contre elle. « Vous acceptez un salaire deux ou trois fois plus élevé – et EDS n'est pas le seul à me l'avoir offert –, mais vous partez au bout d'un an parce que culturellement vous êtes différent et que ça ne peut pas coller. Si vous voulez, j'aimerais bien coucher avec Miss Monde, mais de là à l'épouser, c'est différent. »

En fait, la décision de Szulevicz de décliner cette offre, tout comme son leadership naturel général, correspondait aux « règles du jeu » que tout le monde appliquait chez GSI. Le directeur général de la société à l'époque, Jacques Bentz, a déclaré un jour que, chez GSI, « il y a autant de patrons que de salariés[15] ». La société de Jacques Szulevicz l'a fait bénéficier d'un environnement dans lequel il s'est motivé pour devenir un « patron » de ce genre, un leader naturel, dans une situation où une occasion exceptionnelle mais objectivement hors de portée s'offrait à l'entreprise. De fait, l'environnement de GSI satisfaisait en permanence ses besoins universels : un respect et une confiance sans faille des dirigeants de l'entreprise, par exemple, qui l'ont laissé engager les immenses ressources de GSI pour saisir une chance à laquelle il croyait ; la possibilité de se développer, en lui permettant par exemple de travailler sur le plus gros contrat jamais signé par l'entreprise ; et l'autodirection, en le laissant prendre presque toutes les décisions relatives à ce projet – dont celle d'encourager les autres à s'automotiver, comme il l'a fait avec l'équipe qui travaillait dans le nord de la France et qui l'a suivi en Floride pour se battre avec lui.

« J'aurais été incapable d'expliquer rationnellement pourquoi ça valait la peine de s'accrocher, mais j'avais l'entière confiance de [Raiman] et de quelques autres cadres dirigeants », raconte Szulevicz. Il ajoute que, lorsqu'il avait l'impression qu'on lui manquait de respect, il n'hésitait pas à le faire savoir à son président.

Raiman avait l'habitude – quand il était plongé dans ses pensées – de tirer sur son cigare, de s'interrompre et de détourner les yeux de son interlocuteur pour regarder le plafond. « Ça vous donnait l'impression d'être méprisé, explique Szulevicz. Alors un jour je lui en ai parlé, et il a été vraiment désolé. Il n'avait jamais pensé que cela pouvait donner aux autres le sentiment de n'être pas respectés. Il a présenté ses excuses et a changé d'attitude. »

Malgré cela – ou peut-être grâce à cela et à toutes leurs autres expériences communes –, les deux hommes sont restés amis bien après la fin de leur carrière respective chez GSI. Szulevicz éprouvait une sincère admiration pour son ancien PDG : « J'ai une totale vénération pour lui, c'est un homme que j'aime comme mon père, même s'il nous est arrivé de n'être pas d'accord. S'il m'appelait, là, tout de suite, et me demandait de faire quelque chose pour lui, je foncerais immédiatement. D'abord, parce que je lui dois beaucoup ; ensuite, c'est un devoir, parce que, dans tout ce qu'il a fait, il n'a jamais agi dans son intérêt personnel. Il aurait pu être ministre, il aurait pu faire tout ce qu'il voulait. Mais, simplement, quand il découvrait quelque chose qui lui paraissait bon, enrichissant pour les autres en un sens presque biblique, eh bien il le faisait, voilà tout. Il ne se posait pas beaucoup de questions. »

Il se trouve que Raiman appelle Szulevicz de temps en temps pour lui demander de l'aide, par exemple pour collecter des dons ou chercher des sponsors pour sa fondation. Et, chaque fois, il conclut sa requête par un tonitruant : « *I want it all !* »

10

À la recherche des bottes perdues

Laisser les salariés s'autodiriger et se développer, ça paye

Si Dante était encore de ce monde, il aurait peut-être réservé un de ses cercles de l'Enfer à un centre d'appels de service clientèle ; il y aurait expédié tous les patrons qui ont condamné leurs salariés à passer de longues heures à répondre à des appels de clients, à éluder leurs demandes et à être jugés non pas au nombre de problèmes réglés, mais au volume d'appels traités par heure. C'est un emploi au taux de rotation élevé, un emploi ingrat, insatisfaisant – dans de nombreuses entreprises. Robert McDermott, d'USAA, considérait que c'était « le travail le plus barbant qui soit ». Et pourtant, par bien des aspects, cette grande compagnie d'assurances constitue un unique et immense *call center*.

Un centre d'appels est également un des lieux où l'on a le moins de chances, pourrait-on penser, de rencontrer une main-d'œuvre libérée. On n'a pas trop de mal à concevoir que des commerciaux de talent, comme Burt Chase, Karl Fritchen et Jacques Szulevicz, libres de prendre des initiatives, puissent saisir leur chance et devenir des leaders naturels. Mais qu'en est-il de la majorité des salariés « ordinaires », que leur formation, leur personnalité ou leur occupation du moment ont moins bien préparés à saisir la balle au bond ? Pour une entreprise libérée, il est essentiel que ces salariés-là puissent, eux aussi, devenir des leaders naturels. Dans les sociétés libérées, aucun patron ne prendra la barre ; il faut donc que tous ceux qui repèrent un problème ou une opportunité s'en chargent personnellement. Difficile d'imaginer plus « ordinaires » que les agents des centres d'appels. Mais, chez USAA, McDermott était convaincu que, s'il offrait à ses salariés de bonnes conditions de développement et d'autodirection, ils seraient tout aussi capables que les collaborateurs « extraordinaires » d'exprimer leurs talents de leadership naturel.

Nous sommes nombreux à hésiter avant d'appeler un « service clientèle » – même l'agent le plus obligeant étant généralement impuissant à régler nos problèmes. Les vieux briscards qui s'y connaissent dans ces batailles savent qu'il ne faut guère espérer davantage qu'un « ce n'est pas de mon ressort » de pure forme, avant de voir sa demande transféré à un niveau, au maximum deux, au-dessus du salarié de base qui a pris l'appel*.

Chez USAA, c'est différent. Le centre d'appels de l'assureur de San Antonio, au Texas, est de ceux que les clients apprécient généralement. Non contents d'être enchantés de pouvoir rendre service, les représentants du service consommateurs sont *capables* d'être utiles. Bien des motifs de réclamation sont réglés, bien des problèmes résolus sur-le-champ, dès le premier appel, par la première personne à laquelle s'adresse un client. La solution des problèmes est du reste le critère essentiel des performances des agents – et non le nombre d'appels auquel ils répondent.

Les résultats sont incontestables. Pendant les vingt-cinq ans que McDermott a passés à la tête d'USAA, les fonds propres et gérés de la société ont été multipliés par 400, alors que le nombre de salariés n'était multiplié que par 7. En 1995, la revue *Money* a élu USAA meilleure banque d'Amérique pour la qualité de ses services financiers. Et, en 2007, lorsque *Business Week* a établi son premier classement des services consommateurs du pays, USAA est arrivée en tête – un exploit renouvelé chaque année. Elle représente aujourd'hui la cinquième plus grosse compagnie d'assurances de maison

* Cette tactique, courante aux États-Unis, fonctionne rarement en France, où l'on refuse généralement de vous passer un supérieur. Pour trouver quelqu'un qui vous écoute, il faut demander le service « résiliation ». (N.d.T.)

et de voiture d'Amérique, bien qu'elle limite volontairement sa clientèle, dans le domaine de l'assurance, aux militaires en exercice ou à la retraite et à leurs familles. C'est aussi la dix-neuvième plus grande banque des États-Unis.

Mais il n'en a pas toujours été ainsi.

Quand Robert McDermott est devenu PDG d'USAA en 1968, c'était une compagnie d'assurances hypertrophiée, inefficace, aux performances médiocres. Les malheureux salariés, dont un grand nombre d'épouses de militaires, étaient soumis à un contrôle rigoureux – la tâche la plus courante qui soit, telle que l'inscription d'un enfant sur une police d'assurance, n'exigeait pas moins de cinquante-cinq opérations différentes. McDermott a décrit en ces termes la méthode de travail qu'il a découverte à son arrivée : « La première personne ouvrait l'enveloppe et la passait à la suivante, qui sortait la lettre de l'enveloppe, et ainsi de suite – exactement comme sur une chaîne d'assemblage de voitures à Détroit. » On contrôlait jusqu'à la longueur des crayons des salariés – et ce n'est pas une façon de parler. À l'époque, en effet, une grande partie du travail se faisait au crayon, et il était impossible d'obtenir un crayon neuf tant que l'ancien mesurait plus de trois centimètres – ils étaient mesurés, littéralement. Par rapport à cette situation, la procédure que suivait Alfred pour échanger ses vieux gants chez FAVI était d'un incroyable laxisme.

Il ne faut pas s'étonner, dans ces conditions, que les salariés aient démissionné massivement. « Le taux de départ était élevé chez USAA », a reconnu le général à la retraite quand nous l'avons interviewé par une tiède soirée d'hiver au Texas[1]. C'était un euphémisme. La rotation du personnel « était de 41 %, contre 8 % dans l'ensemble du secteur de l'assurance ». McDermott comprit immédiatement que tous ces éléments – la bureaucratie, le carcan réglementaire, le taux de départ et les mauvais résultats de l'entreprise – étaient liés. USAA avait été fondée dans un hôtel de San Antonio par un groupe d'officiers qui avaient le projet de créer une mutuelle d'assurances destinée aux officiers d'active comme eux, que les autres compagnies avaient tendance à refuser dans leur clientèle, estimant que c'étaient des conducteurs à risques. Elle s'ouvrirait plus tard à tous les militaires et à leurs familles, mais, à l'arrivée de McDermott, elle n'avait pas su convaincre plus des trois quarts des militaires américains d'y adhérer. La solution, aux yeux de ce dernier, commençait par les salariés.

Personne ne rêve de travailler dans un centre d'appels. Mais USAA a toujours dépendu de ce service. C'est inévitable, car sa clientèle – des militaires en exercice pour beaucoup – est dispersée aux quatre coins de la planète. McDermott ne pouvait donc pas se dispenser de ces emplois ingrats, mais il pouvait essayer de les rendre plus gratifiants et – qui sait – peut-être même plaisants. « Il fallait que je donne plus de sens à ces emplois », explique-t-il. Dans ce but, il devait se débarrasser de toutes les contraintes bureaucratiques et accorder aux salariés l'autorité nécessaire pour qu'ils puissent faire ce que sous-entendait la dénomination de leur emploi – servir les clients. Afin de remplacer le processus bureaucratique, stratifié et interminable d'approbation des réclamations, il autorisa les agents à régler l'essentiel des problèmes sur-le-champ.

« J'étais prêt à approuver tout ce qui pouvait faciliter le travail », nous dit-il. Par exemple l'automatisation des tâches répétitives les plus fastidieuses. Ou l'insistance sur la formation – jusqu'à seize semaines avant qu'un agent ne soit autorisé à répondre au téléphone. Apprendre à ses salariés à savoir faire autre chose que lire aux clients un texte préparé d'avance leur permettrait de mieux faire leur travail et de mieux profiter de leur liberté nouvellement acquise.

Mais McDermott avait une raison plus profonde de vouloir développer les compétences et les outils de ses salariés. « Si vous enrichissez un emploi, dit-il, vous enrichissez les gens. » « Talent naturel » était une expression qui revenait souvent dans sa bouche. Selon lui, tout le monde était bon dans quelque chose – bon *à* quelque chose. Et, pour qu'un emploi soit gratifiant et rende les salariés heureux, il devait leur permettre d'exploiter ce talent et cet intérêt. Il n'est pas forcément fastidieux de répondre au téléphone si, au lieu d'être seulement chargé de décrocher le combiné, vous avez le pouvoir d'aider votre interlocuteur – dont les problèmes peuvent être considérables. La possibilité d'aider la clientèle correspondra peut-être exactement à ce que cherchaient certains salariés d'USAA. D'autres trouveront une satisfaction dans d'autres tâches. Voilà pourquoi la campagne de McDermott pour transformer USAA et en faire l'entreprise dotée du meilleur service clientèle de tout le pays présentait un autre volet : permettre à ses salariés de changer librement d'emploi au sein de l'entreprise. Si leurs intérêts et leurs talents les portaient vers l'informatique, il les formerait dans ce domaine. S'ils avaient le goût du droit mais ne possédaient aucun bagage juridique, il leur apporterait la formation nécessaire et les affecterait au traitement des réclamations. À l'image de Bill Gore chez W. L. Gore & Associates et de Jean-François Zobrist chez FAVI, il encourageait activement ses salariés à s'évader d'une activité dans laquelle ils avaient l'impression de ne plus progresser, ou simplement à essayer autre chose s'ils en avaient envie. Au lieu de les immobiliser, il leur donna les moyens nécessaires pour se développer et, à travers ce développement, la liberté de choisir ce qu'ils *voulaient* faire au sein de la société – voire, dans certains cas, ailleurs.

De nombreuses entreprises découragent ce genre de mobilité. Après tout, former quelqu'un à accomplir une fonction exige du temps et de l'argent, et un employeur n'aura pas envie de gaspiller ces ressources sous prétexte qu'un salarié souhaite passer à autre chose, à moins, bien sûr, que le service où il travaille ne fasse l'objet d'un dégraissage – ce qui représente malheureusement la façon la plus courante dont se pratique la « mobilité » dans le monde de l'entreprise. En réalité, il y a pire que ce prétendu gaspillage – maintenir des gens à des emplois qu'ils n'ont pas envie d'occuper. Nous avons raconté au chapitre 4 que Jeff Westphal, de Vertex, déclare à ses nouvelles recrues : « Bienvenue chez Vertex ; vous êtes libre de partir. » Ce que veut dire Westphal, c'est qu'il n'a pas envie que les salariés se sentent obligés de travailler chez lui s'ils n'y trouvent plus de plaisir. Tony Hsieh, de chez Zappos – rappelez-vous –, va encore plus loin puisqu'il offre à ses nouvelles recrues une prime de départ de 2 000 dollars si elles démissionnent au cours de leur formation rémunérée.

La liberté de partir est la forme ultime de mobilité – surtout si elle s'accompagne d'une prime. Mais, si vous n'avez pas d'autre emploi en vue, elle ne vaut pas davantage que la liberté d'aller dormir sous les ponts. McDermott ne payait pas les membres de son personnel pour qu'ils partent, comme le ferait Hsieh quarante ans plus tard. Mais il formait ses salariés dans les domaines qu'ils avaient choisis – leur offrant de vraies possibilités de développement et d'autodirection dans leur carrière, même si ces possibilités finissaient par les conduire à quitter USAA.

C'est ainsi que les programmes de formation que McDermott a mis en place se sont transformés en projet d'éducation du personnel. La plupart de ses salariés n'avaient jamais mis les pieds à la fac. McDermott a passé un accord avec les universités locales pour qu'elles délivrent des cours du soir – aux frais de l'entreprise et dans des matières que ses salariés avaient envie d'étudier, à condition qu'elles se rattachent de près ou de loin aux missions de l'entreprise. Tout se résumait au principe suivant : quand on satisfait les besoins d'équité, de développement et d'autodirection des salariés, ils sont contents, ce qui se répercute sur la clientèle. Et si les clients sont contents, les affaires marchent toutes seules.

Tous les patrons qui prennent les commandes d'une entreprise assoupie, aux résultats médiocres, n'auront pas l'idée de commencer par accorder à leurs salariés l'équité – dont l'égalité de salaire entre hommes et femmes –, l'éducation et une plus grande liberté d'action. En fait, nombreux sont ceux qui auront tendance à faire exactement le contraire : s'engager dans un programme de réduction des coûts, avantages compris, et renforcer les contrôles sur les résultats des salariés – autrement dit, serrer la vis.

Mais, à l'arrivée de McDermott, il existait chez USAA une forme de garantie tacite d'emploi à vie. Cette mutuelle d'assurances était essentiellement dirigée par d'anciens militaires, pour des militaires, et la plupart de ses salariés de base étaient les conjoints de militaires en garnison à San Antonio. Ce n'était pas le genre de boîte, selon McDermott, à bien réagir à des licenciements massifs ou à des mesures draconiennes. Le programme de prime au départ de Tony Hsieh fonctionne chez Zappos parce que c'est une jeune entreprise de Las Vegas à croissance rapide. Un patron comme McDermott, qui avait déjà plusieurs milliers de salariés, ne pouvait pas essayer d'influencer la culture d'entreprise par l'embauche. Il fallait trouver une autre méthode.

Par ailleurs, McDermott était persuadé que ses salariés en savaient bien plus long que lui sur l'entreprise qu'il était chargé de diriger – et pouvaient rapidement acquérir davantage de connaissances si besoin était. Il fallait simplement leur donner l'occasion d'appliquer ce qu'ils savaient. « Je ne pouvais pas m'asseoir au sommet et prendre toutes les décisions [concernant le service clients], nous a-t-il dit. Je ne savais pas me servir du matériel – même pas d'une machine à écrire. Mais ce n'était pas l'essentiel. [L'essentiel] était de donner [aux agents] la possibilité d'être en première ligne, là où se situent tous les services à rendre. On n'allait pas s'en sortir en faisant les choses *top-down.* » Autrement dit, McDermott ne considérait pas ses agents comme un problème, mais comme un élément de la solution. En même temps, il ne se considérait pas lui-même comme une solution, pas plus que comme le détenteur d'une solution. Il n'avait qu'une chose à faire : fournir à ses salariés les outils nécessaires – et les compétences, s'il leur en fallait – avant de les libérer.

Pour McDermott, l'éducation engagerait son personnel dans un voyage de découverte de soi dont les bénéfices retomberaient finalement sur USAA. « J'ai appris à l'armée [où il était pilote de P-38 Lightning], nous a-t-il raconté, à quel point le GI Bill of Rights* avait été une excellente chose pour l'Amérique. C'est ce qui a fait la grandeur de l'Amérique après la Seconde Guerre mondiale. Les Allemands avaient le plus haut niveau d'instruction quand ils l'ont déclenchée. Dix ans après la guerre, c'est nous qui

* Cette loi adoptée sous Roosevelt en 1944 accordait aux soldats démobilisés le financement de leurs études supérieures ou d'une formation professionnelle. (N.d.T.)

avions le plus haut niveau d'instruction du monde. Le choix et l'assistance ont été la clé. Et nous avons intégré cela dans notre [...] système ici, chez USAA. » Cet ancien doyen de l'Air Force Academy, qui était devenue sous sa direction un établissement universitaire de premier rang, nous a expliqué comment cela fonctionnait chez USAA : « Nous avions six établissements d'enseignement supérieur et universités [...] qui envoyaient des enseignants chez nous le soir et occupaient soixante-quinze salles de classe pour la formation. [...] Quand les salariés obtenaient des C ou mieux, nous payions les frais de scolarité de la licence. Et quand ils avaient des B ou mieux, nous faisions la même chose pour un master. Nous nous sommes ainsi retrouvés avec la main-d'œuvre la plus instruite de toute l'industrie des services financiers des États-Unis. » En n'importe quel jour de l'année, près du tiers du personnel d'USAA se trouvait en formation ou suivait un programme universitaire.

Une fois qu'ils avaient suivi cette formation – et n'oubliant pas sa propre ignorance –, McDermott les libérait dans leur propre entreprise. Les salariés « faisaient des propositions pour mieux faire le travail, mieux servir la clientèle, et à moindre coût », raconte-t-il. Là encore, l'éducation a joué un rôle. Si un salarié mettait le doigt sur un besoin de l'entreprise, McDermott le formait pour y répondre au lieu d'engager un expert extérieur, lequel pouvait être par exemple très fort en ordinateurs, mais ne saurait rien d'USAA. Voici comment il résumait les choses : « Nous avons enrichi les emplois [...] et nous avons enrichi ceux qui les exercent en leur apportant plus d'information et d'éducation. »

Tout cela reposait sur la règle d'or à laquelle McDermott a fait plusieurs allusions quand nous l'avons rencontré et qui est devenue pour USAA – et est encore à ce jour – un atout de poids face à la concurrence : « Servez les autres comme vous voudriez être servis. Le service est l'alpha et l'oméga de notre activité. Si nous servons les clients, ils reviendront chez nous. » Ils sont revenus et continuent d'affluer, ce qui explique qu'USAA domine presque intégralement son segment de marché – 97 % des personnels militaires y ont adhéré – et que le taux de satisfaction de ses clients crève le plafond.

McDermott parlait de « service » en termes religieux, et c'est bien sous cet angle qu'il l'envisageait personnellement. Quand nous lui avons demandé de nous exposer sa philosophie du leadership à USAA, il a évoqué son enfance à Readville, un petit hameau de ce qui était alors le Massachusetts rural. Aujourd'hui, Readville a été absorbé par la vaste conurbation du grand Boston. Mais, en ce temps-là, c'était « une petite amorce de bourg qui comptait peut-être deux ou trois cents habitants ». C'est à deux pas de là, à Canton, que le jeune Bobby McDermott vit pour la première fois des avions décoller et décida de devenir pilote. Et c'est à Readville même que McDermott apprit les leçons qu'il allait appliquer à la gouvernance d'USAA un demi siècle plus tard. « Pour paraphraser Robert Fulghum, qui dit : "C'est à l'école maternelle que j'ai appris tout ce que j'ai vraiment besoin de savoir", je dis : "C'est au catéchisme que j'ai appris tout ce que j'ai vraiment besoin de savoir" », nous a déclaré McDermott, avant de préciser : « Loin de moi l'intention de faire des sermons. » Malgré la dimension religieuse qu'il lui prête, son message est parfaitement profane et s'adresse à tous, avec ou sans confession particulière, et quelle qu'elle soit. Ce message rejoint le principe d'« équité » de Gore et celui de « courtoisie » de Sun Hydraulics : qu'il s'agisse de subordonnés, de collègues, de clients ou de fournisseurs, traiter les autres comme les êtres humains uniques et précieux qu'ils sont est bon pour les affaires. La règle d'or de McDermott est le vernis personnel qu'il applique à ce principe immuable.

Il ne faut pas s'étonner que ce concept fondamental réapparaisse constamment dans les entreprises libérées. Chacun des leaders que nous avons rencontrés et étudiés en est revenu à l'idée qu'il n'est qu'un individu et que, pour atteindre à l'excellence, il faut exploiter pleinement les connaissances et les capacités de tous les membres de l'entreprise.

Mais, si vous êtes Robert McDermott et que vous arrivez à la tête d'une boîte de plusieurs milliers de salariés, dont beaucoup ont subi la méfiance de leurs supérieurs – rappelez-vous les pratiques du remplacement des gants et des crayons –, voire leur mépris, il ne va pas être facile de les convaincre que vous les considérez comme des égaux et attendez d'eux qu'ils agissent comme tels. Les leaders de Harley, GSI, FAVI et USAA ont tous appliqué une méthode différente, conçue sur mesure pour l'entreprise qu'ils libéraient, en fonction de son histoire et de ses difficultés. Rich Teerlink a fait participer les syndicats aux décisions de l'entreprise, du jamais-vu pour eux, tout en abattant les barrières qui séparaient la direction des ouvriers. Jean-François Zobrist a d'abord essayé d'appliquer des méthodes qui ne mettaient pas en péril ses managers contrôleurs, mais il a fini par les priver de leur autorité, tout en maintenant leur salaire et en les laissant trouver dans l'entreprise d'autres rôles utiles ou, du moins, non pernicieux.

McDermott a libéré les membres de son personnel dans le cadre de leur travail, mais il a compris que, dans une grande entreprise bureaucratique, il y avait de fortes chances pour qu'un grand nombre de salariés, bien que n'ayant pas la moindre envie d'exercer leur emploi, n'aient pas la possibilité de partir. Zobrist a rencontré un problème un peu similaire, quoique sur une échelle réduite. S'agissant de McDermott, son programme d'éducation présentait un double avantage : il permettait d'améliorer les connaissances et l'instruction de la main-d'œuvre d'USAA, tout en lui montrant qu'USAA voyait en elle autre chose que la « paire de mains » chère à Henry Ford. Parallèlement à l'automatisation des tâches, à l'autorisation préalable de régler les problèmes et à la lutte contre la bureaucratie, il prouvait ainsi à ses salariés qu'USAA était une entreprise d'un genre nouveau. Dans le même temps, McDermott a également redéfini leurs emplois ; ils devaient désormais servir les *clients* – de fait autant que de nom. Tous ces éléments réunis ont constitué la campagne de McDermott pour passer du « comment » au « pourquoi ». Du même coup, il a changé la conception qu'avaient les salariés d'USAA de leurs relations avec leurs clients – transformant les robots du centre d'appels de Dante en leaders naturels de services.

Ce ne sont pas là simplement de beaux discours de relations publiques. En 2005, une femme a appelé USAA pour régler un problème concernant l'assurance de sa maison. L'agent qui a pris son appel, formée comme tous les salariés d'USAA à ne pas se contenter d'être professionnelle mais à se montrer cordiale et serviable, a senti une angoisse inhabituelle dans la voix de la cliente et a demandé : « Vous avez l'air inquiète : il y a quelque chose qui ne va pas ? » Son interlocutrice lui a alors confié que son mari, atteint de la maladie d'Alzheimer, avait disparu depuis quatre jours. La police ne l'avait toujours pas retrouvé.

Après un bref silence, l'agent a dit : « Je vois que avez une carte de crédit chez nous. Voulez-vous que j'appelle notre banque pour lui demander de jeter un coup d'œil aux opérations sur la carte de crédit de votre mari au cours des derniers jours ? Cela nous apprendrait peut-être où il se trouve. » La banque a transmis les informations souhaitées, et la salariée du service clientèle a eu le plaisir de les communiquer à l'assurée, lui conseillant de prévenir la police immédiatement. Grâce aux données de la carte de crédit, celle-ci a retrouvé son mari dans un hôtel, à plusieurs dizaines de kilomètres de chez lui. N'est-ce pas là une jolie démonstration de leadership au service de la clientèle de la part d'un agent de centre d'appels ?

Bien que, chez USAA, on estime que ce genre de service va de soi, ce cas précis – peut-être en raison de son impact émotionnel – n'a pas seulement eu droit à un article dans le bulletin d'informations interne de l'entreprise, mais a été choisi pour être publié dans son rapport annuel. Le message était clair pour les salariés comme pour les clients, appelés « membres » dans le vocabulaire d'USAA : « Nous faisons tout ce que nous pouvons pour aider nos membres. » Et, chez USAA, « tout ce que nous pouvons » veut vraiment dire « tout » – quitte à enfreindre les règles, comme le prouve cette histoire mettant en scène une autre salariée remarquable d'USAA.

Une cliente – pardon, membre – qui venait d'apprendre qu'elle était atteinte d'un cancer du sein a appelé USAA pour se renseigner sur les possibilités d'augmenter la couverture de son assurance-vie. L'agent de service d'USAA, June Walbert, a étudié avec elle tous les détails de l'opération, coût compris, et a fait rédiger la police. Quelques mois plus tard, la dame a rappelé. « Je suis désolée, a-t-elle dit à l'agent, mais je ne peux pas me permettre une telle dépense. Je ne sais pas comment m'en sortir. » Contractuellement, elle était coincée. Dans la plupart des sociétés d'assurances, la conversation se serait arrêtée là. Fin de non-recevoir. Mais l'agent de service a réexaminé le dossier et a dit : « C'est vrai, ce n'était pas raisonnable. Nous n'aurions pas dû faire les choses comme ça. »

Walbert continue son récit : « J'avais le sentiment qu'en tant qu'entreprise nous n'avions pas été à la hauteur. En réalité, nous aurions dû discuter un peu plus longuement avec elle, la dissuader de contracter cette nouvelle police. Alors, j'ai fait fi de toutes les règles et je lui ai dit : "Nous allons résilier cette police et remettre en place celle que vous aviez avant. Elle était très bien. Il n'y a qu'à la laisser comme ça." J'ai envoyé le dossier à notre service assurances. J'avais un peu peur qu'ils me passent un savon… Mais ils ont dit : "Vous avez raison. Nous n'aurions pas dû faire ça." C'était ce qu'il y avait de mieux pour notre membre[2]. »

Nous lui avons demandé ce qui l'avait aidée à prendre cette décision. « À mon sens, le sérieux de notre programme de formation est vraiment ce que j'appellerais le "secret du ninja" dans le succès d'USAA comme employeur libéré, a-t-elle répondu, insistant spontanément sur le rôle de l'éducation. Une formation suffisante augmente vos compétences techniques, ce qui, en retour, vous donne plus d'assurance pour bien servir les membres. » En l'occurrence, le leadership naturel voulait dire contourner, ou enfreindre, les règles pour agir comme il fallait. Pourtant, Walbert n'a absolument pas *l'air* d'une anticonformiste prête à jeter les règles de l'entreprise aux orties à la première occasion. C'est une femme d'âge moyen, blonde et menue, modeste de surcroît – rien d'héroïque en apparence. Mais, comme chacun sait, les apparences peuvent être trompeuses.

Il se trouve que June Walbert est lieutenant-colonel de réserve dans une unité de parachutistes. Voici comment elle décrit cette seconde activité : « On prend un hélicoptère pour se rendre sur une zone de combat et on en sort au bout d'une corde dès que possible pour intervenir. Voilà pourquoi j'analyse les choses en me demandant : "Qu'en pensent les ninjas ?" » Effectivement, les ninjas n'ont pas trop à se soucier des règles d'entreprise. À cet instant, nous nous sommes dit qu'elle aurait pu être un personnage d'un film de James Bond, une idée qu'un de ses collègues a approuvée en ajoutant : « En plus, elle aime le champagne. »

Mais notre agent-de-service-lieutenant-colonel-ninja a rétorqué, pince-sans-rire : « Je ne suis pas tout à fait sûre d'être assez canon en maillot de bain. »

Elle révélait ainsi un autre élément vital de la culture de liberté d'USAA : la liberté que pouvait prendre un salarié de base de plaisanter avec des visiteurs qui sortaient d'un tête-à-tête avec le directeur général de l'entreprise, et ce en présence du responsable des relations publiques. « Connaissez nos clients, comprenez leurs problèmes du moment et apportez-leur des solutions qui incluront ou non des produits USAA. »

« Faites tout ce que vous pouvez », effectivement.

La seule chose qui compte, c'est de faire du bon boulot

Certains jugeront peut-être que toutes ces belles paroles encourageant à traiter équitablement les salariés, à les aider à se développer et à s'autodiriger sont franchement de la guimauve face à la nécessité impérieuse de « faire partir les trains à l'heure » – surtout en période de difficultés économiques. Stéphane Magnan nous raconte sa propre découverte de l'importance d'un environnement nutritif pour la main-d'œuvre. En 1982, à trente et un ans, Magnan a été appelé à la tête de la fonderie d'aluminium de Montupet, qui englobait cinq usines et appartenait à Péchiney, le plus gros producteur d'aluminium d'Europe à cette date. Mais

Montupet n'était pas FAVI. De fait, les responsables de Péchiney n'avaient pas fait quitter à Magnan le poste de dirigeant qu'il occupait alors dans leur division aux États-Unis pour redresser les résultats de l'entreprise, mais pour la fermer définitivement à un coût minimal pour Péchiney et avec le moins de troubles sociaux possible. Le tout premier président socialiste de la France, François Mitterrand, venait de nationaliser d'importants secteurs de l'économie, et la direction de Péchiney pensait qu'il serait plus facile de faire fermer les usines à Magnan « l'Américain », que l'on pensait impitoyable.

Or Magnan n'était pas du tout dans cette disposition d'esprit. Il a rapidement pris conscience des relations épouvantables, malsaines même, que l'ancienne équipe de direction avait nouées avec la main-d'œuvre : « Les salariés regardaient leurs pieds quand je passais devant eux[3] ! » Magnan était consterné, mais il a compris en même temps que cette situation représentait peut-être une chance : l'entreprise avait un vrai potentiel – s'il était possible d'améliorer les relations avec les salariés. Au bout d'un mois d'observation, il a présenté à Péchiney un autre plan : transformer l'usine de fond en comble. Montupet ne valait pas grand-chose tel quel, et Péchiney lui a accordé un essai – à condition que cela ne lui coûte pas un sou. Magnan s'est alors engagé dans sa campagne de libération, reprenant un grand nombre des méthodes que nous avons observées chez Harley, FAVI, USAA, GSI et ailleurs. Yves Tillard, le consultant qui avait déjà aidé Jacques Raiman à libérer GSI, est venu lui prêter main-forte. En l'occurrence, c'est un chef d'équipe qui, ayant compris ce que Magnan cherchait à faire, a suggéré à son directeur général de prendre contact avec lui. En l'espace de deux mois, tous les managers – ce chef d'équipe compris – ont suivi des séminaires accélérés dirigés par Tillard pour comprendre le genre de changements qu'il allait falloir mettre en place. Puis, afin d'améliorer leurs propres pratiques de gestion, les managers et leurs équipes ont assisté à des séminaires collectifs de deux jours, comparables à ceux que Tillard avait animés chez GSI. Là encore, ce n'étaient pas des séminaires « inutiles »

– et, à l'image de Jacques Raiman, Magnan était systématiquement présent. Comme dans d'autres entreprises libérées, les salariés se sont mis à accomplir des prodiges.

Quand on lui demande à quel moment il s'est rendu compte que la campagne de libération avait pris et que la méfiance initiale avait disparu, Magnan ne réfléchit pas longtemps : « Les gens ont commencé à me regarder dans les yeux quand ils me croisaient – c'est énorme –, à me dire bonjour, à sourire au lieu de fixer leurs pieds comme si je n'étais pas là ! » Puis il ajoute promptement : « Et puis, j'avais les chiffres. Les taux de rebuts qui baissent, les jours de grève aussi. Ce sont vraiment des choses très concrètes et mesurables. [...] Quand je suis arrivé dans l'entreprise, les relations avec les syndicats étaient tellement conflictuelles qu'on planifiait un mois de grève par an ! » Évidemment, les directeurs généraux qui, après avoir exposé leur vision, prennent l'avis d'un chef d'équipe sur son application – et suivent immédiatement son conseil – ne courent pas les rues.

Les « prodiges » se poursuivent encore aujourd'hui. Un an exactement avant notre interview, l'entreprise a connu des difficultés techniques dans la livraison de culasses – son produit phare – à Renault et Nissan. Pis encore, la demande de ces deux clients s'est subitement accrue, et Montupet a fait l'objet de fortes pressions : il fallait expédier les pièces immédiatement. Personne ne savait comment s'en sortir, jusqu'au jour où, comme le font régulièrement les gens de FAVI, une équipe d'opérateurs a pris la route de sa propre initiative pour aller voir les opérateurs et chefs d'équipe de l'usine du client et leur expliquer les difficultés techniques. Cette démarche a renforcé la confiance et la coopération entre les équipes des deux sociétés, et les problèmes ont été rapidement réglés.

Autrement dit, ces grands discours sur la nécessité de « traiter les gens en égaux », sur le « développement personnel » et l'« autodirection » se résument en définitive à laisser la main-d'œuvre faire du bon boulot. Les redressements spectaculaires accomplis par Zobrist, Teerlink, Westphal, Raiman, McDermott et Magnan, ainsi que les nouvelles entreprises fondées par Gore, Davids, Forward, Quadracci et celles qu'il nous reste à découvrir dans ce livre l'attestent. Mais il n'est peut-être pas inutile d'aller y regarder de plus près. Dans les entreprises « comment », la plupart des décisions, des méthodes et des règles sont définies au sommet, ou juste en dessous. Dans ce type d'organisation, le besoin de « relation » entre entreprise et main-d'œuvre est limité : on donne des ordres aux salariés, on leur dit quoi faire et comment. Ils sont jugés – et contrôlés – à la docilité avec laquelle ils les respectent. Les salariés, à leur tour, jugent leur employeur à ce qu'ils obtiennent en échange de leur obligeance sous forme de compensations matérielles et d'avantages divers. Ces compensations sont souvent utilisées pour satisfaire les besoins universels – être traité en égal, se développer, s'autodiriger –, que l'entreprise est incapable de satisfaire. Quand un salarié restaure une maison à la sueur de son front pendant ses week-ends et ses vacances, par exemple, il en tire une grande satisfaction, il fait l'admiration de sa famille et de ses voisins, il acquiert de nouvelles compétences et gère son projet comme il le juge bon.

Néanmoins, un grand nombre de ces formes de contrôle – ces directives, ces procédures et cette bureaucratie – n'existent pas pour rien. Certaines, comme l'explique Gordon Forward, de Chaparral Steel, sont les reliques d'une mésaventure rare ou unique survenue par le passé et qui a incité à établir une règle – c'est ce qu'il appelle « manager pour les 3 % ». Mais de nombreuses règles ont également une autre fonction : elles représentent un moyen institutionnalisé de « communiquer » avec la main-d'œuvre, même si les messages transmis sont souvent démoralisants, voire dégradants, frustrants et générateurs d'inefficacité.

Les autres moyens de communiquer que nous avons décrits – les patrons qui écoutent au lieu de parler, qui suppriment tous les signes de privilèges de la direction, les dirigeants et les managers qui se métamorphosent en leaders nourriciers pour leurs équipes, n'élèvent pas la voix, éliminent les symboles et les pratiques bureaucratiques, transforment radicalement ou abolissent purement et simplement les services de RH et de contrôle financier – présentent une grande diversité. Cependant, dans l'esprit des leaders libérateurs, tous répondent à un seul et même objectif : créer un environnement d'entreprise qui satisfasse le besoin universel des salariés d'être traités comme intrinsèquement égaux, avec équité et respect, pour pouvoir faire du bon travail.

Plaidoyer pour la bureaucratie

En 1922, le sociologue Max Weber ignorait évidemment tout des entreprises libérées. Le monde émergent de l'entreprise était constitué de sociétés « comment ». Cherchant à comprendre leur succès, Weber rédigea un article sur la nécessité de la bureaucratie. Emboîtant le pas à G. W. F. Hegel, il expliqua que, contrairement aux organisations féodales, dans lesquelles les relations reposaient sur le favoritisme personnel accordé à leurs vassaux par ceux qui exerçaient le pouvoir, la bureaucratie traite tout le monde de façon impersonnelle et parfaitement équitable en appliquant à tous le même ensemble de réglementations opportunes. Oublions que de nombreuses réglementations d'entreprise peuvent être non seulement inopportunes, mais parfaitement stupides et injustes pour la plupart des salariés. Weber n'envisageait apparemment pas de troisième voie entre le favoritisme personnel et les réglementations « équitables » : il n'imaginait pas que les relations entre ceux qui exercent des responsabilités à différents niveaux puissent être à la fois personnelles *et* équitables. En fait, la libération du lieu de travail commence par la débureaucratisation et la réhumanisation des relations, qui doivent reposer sur l'équité humaine et sur un traitement égal, afin que les salariés aient le sentiment d'être des *êtres humains* et non des *ressources humaines*.

Pourtant, l'idée que l'on puisse aboutir à une équité absolue de la bureaucratie par la régulation est, elle aussi, utopique. Contrairement à la conception idéaliste de Weber, la plupart des bureaucraties réelles évoluent pour donner naissance à un type de « bureaucratie féodale » monstrueux[4], un gouvernement de *nomenklatura* – étymologiquement, de gens *appelés par des noms*. Les membres de la nomenklatura sont charmants et pleins de considération envers ceux qui appartiennent à leur groupe, mais ils traitent les autres de façon déshumanisante, n'hésitant pas, pour les désigner, à parler de « chiffres », de « dossiers », d'« équivalents plein-temps » ou même de « fluides », pour reprendre le terme par lequel une entreprise européenne évoque les intérimaires, qu'elle gère de la même façon que l'eau et l'électricité.

Toutefois, même si la bureaucratie est remplacée par un environnement qui satisfait les besoins universels des salariés, l'impératif de coordination demeure une réalité. Pour que les salariés agissent à la fois librement *et* efficacement, ils doivent d'abord comprendre et « s'approprier » la réponse à la question « pourquoi ? » de Zobrist, seul moyen de se diriger vers le bon objectif. En d'autres termes, ils doivent comprendre la vision de l'entreprise en même temps que la manière dont leurs propres actions s'intègrent dans cette vision. Rappelez-vous Bob Davids parcourant la liste des fournitures demandées par Kris, son œnologue. Il ne la vérifiait pas pour rogner sur les coûts, mais pour s'assurer que chaque choix opéré par Kris tenait compte de la vision de Sea Smoke : produire le meilleur vin humainement possible à partir de ce vignoble. C'étaient les tout premiers jours de ce qui est encore une entreprise jeune et modeste, et Davids jugeait essentiel de consulter cette liste pour renforcer la vision de Sea Smoke dans l'esprit d'une collaboratrice de première importance. Ce qui ne l'a pas empêché d'avoir à redresser la trajectoire et à rafraîchir occasionnellement la mémoire de ses salariés pour qu'ils ne perdent pas de vue cette vision, comme en témoigne l'épisode où Kris a voulu faire des économies de bouts de chandelle en transférant le vin blanc dans des fûts de chêne anciens au lieu de tout faire pour produire un vin de qualité mondiale.

De même, Rich Teerlink a passé plus d'un an à essayer de définir et de rédiger une « vision commune » pour Harley-Davidson – une vision élaborée et partagée par la direction et par les membres du syndicat. Si l'on veut se lancer dans une campagne de libération, il est essentiel d'établir une vision d'entreprise largement partagée, car il est impossible de remplacer quelque chose par rien. Bien sûr, même bien comprise, une vision peut être difficile à appliquer à des circonstances particulières. Voilà pourquoi les entreprises libérées mettent généralement en place un certain nombre de glissières de sécurité, si l'on veut, pour guider les choix des salariés.

Les principes d'équité, d'engagement et de ligne de flottaison de W. L. Gore & Associates offrent un exemple de telles glissières. Chez GSI, ils ont baptisé « règles du jeu » leur version personnelle de ces principes directeurs. S'ils présentent souvent des points communs, ces principes ne sont jamais les mêmes dans toutes les entreprises. En effet, ils apparaissent organiquement dans chaque société pour étayer l'autodiscipline des salariés. Dès qu'ils commencent à se scléroser en règlements formels – « Personne n'a le droit de porter de cravate ! » –, ils perdent leur vertu et se transforment en contraintes arbitraires. Voilà pourquoi les plus efficaces sont des règles simples, non écrites et appliquées librement par chacun. Le leader d'une entreprise traditionnelle qui se surprend à penser : « Ce qui nous manque ici, c'est un peu de discipline ! » devrait commencer par regarder autour de lui pour essayer de repérer les causes de ce manque de discipline. Il sera peut-être surpris par ce qu'il découvrira.

Toutefois, pour que la vision et ces principes directeurs animent le travail quotidien des salariés, ils doivent, eux aussi, renoncer aux habitudes qu'ils ont pu contracter lorsqu'ils travaillaient dans des entreprises « comment ». Certains seront disposés à le faire, d'autres non. D'autres encore y seront disposés, mais resteront sceptiques. Après tout, si le contrôle « comment » fonctionne plus ou moins, si imparfaitement que ce soit, et moyennant moins d'embarras et moins de risques, pourquoi ne pas le conserver ? De nombreuses entreprises ont prospéré pendant de longues années avec des cultures et des méthodes de prise de décision « comment ». Et, de même que l'on disait autrefois « *you never get fired for buying an IBM* » – « tu ne te feras jamais virer parce que tu as acheté un IBM » –, nous doutons que beaucoup de cadres dirigeants aient perdu leur emploi pour avoir serré la vis au personnel. On peut parler de « contrôle des coûts », de « réorganisation » ou d'autre chose encore. Quel que soit le nom qu'on lui donne, c'est une réalité que l'on observe dès qu'une entreprise est en difficulté : resserrer les boulons, supprimer les avantages – comme les repas gratuits –, vérifier toutes les notes de frais une troisième fois. Et, bien souvent, c'est efficace – en apparence, du moins. Rappelez-vous l'histoire d'Alfred et de ses gants, une forme de contrôle financier qui avait dû naître dans le cerveau d'un comptable soucieux de faire économiser à son entreprise quelques francs par an en empêchant les « 3 % » de Gordon Forward d'en chaparder une paire de temps en temps. À première vue, cette mesure était un succès : les dépenses de gants avaient baissé. Mais il est vrai que tous les coûts annexes en perte de productivité, en bureaucratie et en paperasserie – sans parler du salaire du « gardien » du magasin – ne sont jamais pris en compte dans cette ligne budgétaire. Sans parler de la commande qui risque de partir en retard, des produits qui ne seront pas fabriqués à cause de toutes ces procédures, lesquelles, alors qu'elles sont censées accroître l'efficacité d'exploitation, sont comme des bernaches sur la coque d'un bateau et rendent toute l'entreprise un peu moins rapide – nos leaders libérateurs vous diraient « beaucoup moins ».

L'illusion du contrôle

Jacques Raiman, de GSI, ne comprenait que trop bien ce phénomène. Il a même fini par concevoir l'idée radicale que tous les contrôles financiers n'étaient guère que fiction. Deux anecdotes illustrent cela.

La première se passe au début de GSI, en 1979. GSI se développe rapidement tandis que, en même temps, Raiman cherche à insuffler une nouvelle culture, plus libre, à l'entreprise. Celle-ci compte désormais mille salariés, et Raiman a commencé à organiser des séminaires réguliers avec des petits groupes d'entre eux pour leur expliquer les nouvelles « règles du jeu » informelles de GSI – et leur donner la possibilité d'exposer leurs problèmes éventuels.

« Sur la question des comptes rendus financiers, raconte-t-il, j'avais un système où le service financier faisait remonter des chiffres. C'était aussi des flics, le KGB interne. » C'était, autrement dit, l'instrument qui permettait à la direction de garder à l'œil tous les coins et recoins de l'entreprise et de faire appliquer les budgets et les politiques de dépenses. En théorie, du moins. Pendant l'un de ces séminaires, le directeur des opérations de la filiale à Grenoble a pris la parole.

« Écoutez, Raiman, on va vous dire comment ça se passe. On a établi un budget, d'accord ? Si un mois on dépasse les résultats, on est félicité. Si on est au-dessous des résultats, le ciel nous tombe sur la tête : enquêtes, pourquoi ceci, discussions. Donc, c'est pas compliqué. Quand on dépasse les résultats, on triche, on les met de côté. C'est la même chose pour les vendeurs. Alors, Raiman, vous croyez connaître la réalité. En fait, vous ne connaissez rien[5]. » Après les scandales qui ont secoué le monde de l'entreprise aux États-Unis en 2002 et 2003, on s'est engagé dans une immense et onéreuse tentative pour mettre un frein à ce genre de tripatouillages financiers. À la suite de quoi, on s'est mis à exiger des dirigeants d'une entreprise qu'ils signent une déposition sur l'honneur attestant la véracité et l'exactitude de leurs rapports financiers. Tous ceux qui signent un document de ce genre devraient savoir que l'histoire de Raiman n'a rien d'exceptionnel, et que ni le temps qui passe ni l'amoncellement de nouvelles lois n'ont changé quoi que ce soit au fait que les véritables experts des différents budgets de votre boîte sont ceux qui sont proches du terrain et qui les manipulent pour « faire leur chiffre » et marquer un point contre le système dès que possible.

Il n'en demeure pas moins que c'est une vérité que l'on n'exprime pas souvent en bonne société, et moins encore en présence du patron. Raiman a vu dans la sincérité de ce cadre le fruit des efforts qu'il avait faits jusque-là pour encourager l'honnêteté et la franchise. Raiman poursuit : « Alors, dans le train qui nous ramenait à Paris, on a dit, à partir de maintenant c'est fini. Le contrôle de gestion est simplement là pour aider les patrons à comprendre les chiffres. On ne va plus fonctionner comme ça, on arrête. Ce n'est pas l'œil de Moscou. S'il y a des problèmes, le patron les verra directement avec le patron de la filiale. » Autrement dit, les entités transmettraient toujours leurs chiffres à l'autorité centrale, mais le « KGB » serait démantelé. Un mauvais chiffre ne serait plus considéré comme un crime, car c'est en réalité le symptôme d'un problème. Et le traiter comme un crime encourage la dissimulation, retardant d'autant l'application d'un remède. On rétablirait la vérité des rapports chiffrés en éliminant la crainte qu'inspirait la police secrète financière.

Les contrôleurs financiers n'ont pas été contents. « Ça a provoqué un drame, raconte Raiman. Le directeur financier m'a accusé de vouloir détruire le contrôle financier, de ne plus les aimer, de tout foutre en l'air. » Raiman a cherché à le rassurer : il n'avait pas l'intention de se passer des services financiers, mais il voulait leur faire jouer un autre rôle. Quant au directeur lui-même, Raiman l'a laissé à son poste, tout en limitant ses attributions. « Je ne l'ai pas complètement convaincu, explique Raiman. Alors il est resté à la tête des activités comptables, et, en tant que directeur financier, il s'est chargé des relations avec les banques, les investisseurs, etc. »

Après avoir décidé de se débarrasser de ces contrôles financiers rigides, ils ont organisé une nouvelle série de réunions avec les cadres dirigeants pour leur exposer la nouvelle approche. « Je me rappelle un séminaire qu'on avait fait rue de l'Université, à Paris, raconte Raiman. Avec Jean-François Cottin [directeur des ressources humaines], on essaie d'expliquer à une dizaine de nos directeurs que ce respect des gens est un modèle réaliste. Contrairement à l'ancien système, où les chiffres étaient tous faux, où il y avait beaucoup de vérificateurs et où tout le monde trichait. »

Mais le résultat n'a pas été celui qu'attendait Raiman. « Ils nous ont dit qu'il nous fallait *plus* de contrôle, poursuit-il avec un sourire contrit. Et puis d'autres ont dit : “La décentralisation, ça vaut pour nous. Nous, on doit être respectés, on doit avoir de l'autonomie, mais vous n'allez pas faire ça dans un atelier de saisie avec des filles ignares. Elles, c'est la schlague [qu'il leur faut]" », pas la liberté.

Nous avons demandé à Raiman comment il avait fait face à cette opposition. Fidèle à lui-même, il a réagi avec affection, sans la moindre exaspération. « Je vais vous dire une chose, nous a-t-il lancé : je les aimais beaucoup » : il donnait ainsi la mesure du lien personnel qu'il entretenait avec ses collègues, même si certains ne partageaient pas ses idées en matière de gestion d'entreprise. Cottin, que nous interviewions en même temps que Raiman, s'en est fait l'écho. Il a ajouté : « La première règle est que, quand quelqu'un fait un truc idiot, il est plus important de le lui faire admettre que de le condamner. » Dans la mesure où ils réclamaient que ce principe soit appliqué aux rapports financiers, ils devaient essayer de l'appliquer dans leurs propres relations avec l'équipe de direction.

« Je me suis demandé comment les convaincre », continue Raiman. Il a envoyé ces cadres dirigeants suivre une formation en Amérique et a invité des personnalités extérieures à venir faire des conférences dans l'entreprise « pour montrer combien il est important de demander son avis à la base, de la faire participer aux décisions ». Raiman décrit la mise sur pied de cette culture fondée sur la liberté et le respect d'un bout à l'autre de l'entreprise comme une série de mesures très progressives, non menaçantes, à cent lieues d'un big bang. « Nous n'avons pas fait de grands discours, ajoute Cottin. Nous avons agi, c'est tout, de nombreuses petites actions, toute une succession d'étapes. » Pour un patron désireux de changer les pratiques de ses dirigeants et de ses managers, cette approche patiente, non menaçante, est la seule possible. Une de leurs tactiques a été de montrer la difficulté, voire la vanité, de réaliser des contrôles efficaces dans une atmosphère de méfiance et d'irrespect.

« Je vais vous raconter une très, très belle histoire, a annoncé Raiman, les yeux brillants, désireux d'illustrer son propos. Elle m'a été rapportée par le patron de la filiale française d'une entreprise américaine. Un jeune ingénieur employé dans le sud de la France est appelé en mission pour une usine de papeterie dans le grand nord de la Norvège. Il dit au revoir à sa femme et part pour quatre jours en mocassins, mais, arrivé là-bas, il a trop froid. Alors il s'achète une paire de bottes fourrées, et puis il revient et fait une note de frais. Dans la note de frais, il y a les bottes, 50 dollars. Il reçoit une réponse du contrôle de gestion : "RELISEZ LES PROCÉDURES : LES DÉPENSES DE VÊTEMENTS N'Y FIGURENT PAS." L'ingénieur a supprimé la mention des bottes, a mis trois dollars de plus par-ci et trois autres par-là, puis a renvoyé la même note avec le même total, assortie de ce commentaire : "TROUVEZ LES BOTTES." Le patron qui m'a raconté cette anecdote m'a donné une copie de la note de frais en question, et nous l'avons fait circuler dans tout GSI. » La morale de cette histoire, selon Raiman, est que les contrôles financiers rigoureux sont bien souvent illusoires. Et quand ils en arrivent à défier le bon sens, leur principale conséquence est que vous finissez par en savoir *moins* sur votre boîte et sur ses dépenses que si vous faisiez davantage confiance aux gens et à leur jugement. Mais, chez GSI, tout le monde n'en était pas convaincu.

« Nous perdions de l'argent en Espagne, raconte encore Raiman. Un beau jour, un Canadien – un contrôleur qui avait travaillé précédemment dans une entreprise américaine fidèle au modèle commandement-et-contrôle – est venu me voir : "Vraiment, vous voulez arrêter de perdre de l'argent en Espagne ? m'a-t-il demandé. Je m'en occupe. Je vais relever tous les écarts sur notes de frais, je vais vérifier toutes les notes de frais, et vous allez voir que je vais vous faire rentrer de l'argent." »

Raiman a répondu : « Ça ne marchera pas ; ça ne peut pas marcher comme ça. » L'autre a rétorqué que, si Raiman ne le soutenait pas, il démissionnait. Alors, nous a dit Raiman, « on s'est séparés du gars ». Il ne croyait pas un instant que l'examen minutieux de toutes les notes de frais pouvait améliorer les résultats des affaires espagnoles de GSI. Au contraire, il était convaincu que cela lui aliénerait les membres du personnel local, qui seraient furieux, se sentiraient harcelés et persécutés par la police secrète financière et commenceraient à trafiquer les chiffres pour « marquer un point contre le système ».

Raiman n'était pas le seul à penser pis que pendre de ces contrôles financiers dignes du KGB. Mais cette attitude ne s'accompagne pas obligatoirement d'indulgence pour les fraudeurs quand ils sont démasqués. Bien au contraire, en fait. La plupart de nos leaders libérateurs, Zobrist et Harry Quadracci compris, n'hésitaient pas à sévir contre ceux qui abusaient de leur liberté, parce qu'ils savaient pertinemment que tout le monde dans l'entreprise était au courant des fraudes et attendait de voir comment réagirait le patron. La plupart – mais pas Raiman. Quelqu'un qui a travaillé avec lui chez GSI raconte qu'il aimait tant ses salariés et leur faisait une si grande confiance, et qu'il était tellement attristé d'apprendre que certains faisaient mauvais usage de leur liberté – par exemple en trichant sur les notes de frais –, que personne n'avait le cœur de l'en informer. C'est ainsi que, involontairement, Raiman s'est privé de tout moyen d'agir contre ces fraudeurs. Une impuissance qui ne pouvait que démoraliser la majorité de ceux qui, à de nombreux postes, respectaient les « règles du jeu » de l'entreprise.

Abstraction faite de Raiman, on peut pourtant se demander si une approche aussi confiante est encore possible dans un monde post-Sarbanes-Oxley*, avec ces nouvelles strates de bureaucratie fédérale exigeant de plus en plus de précision de la part des contrôleurs internes des entreprises. Richard Arter, directeur des relations avec les investisseurs chez Sun Hydraulics, présente les choses sous cet angle : « Nous partons du principe que nous devons réussir l'épreuve. Mais nous ne sommes pas obligés d'obtenir la note de 20 sur 20[6]. » Autrement dit, il est possible de se conformer aux lois sur les rapports financiers, même pinailleuses, sans renoncer à faire confiance à son personnel.

En réalité, c'est peut-être même plus facile : comme le suggère Jaques Raiman, un système de rapports financiers

* Les sénateurs américains Sarbanes et Oxley ont fait adopter en 2002, à la suite du scandale d'Enron, une loi renforçant radicalement les contrôles financiers internes des entreprises. (N.d.T.)

punitif incite plus aisément à des édulcorations et autres faux-fuyants qu'un système moins oppressif. « En tant qu'économiste, nous a-t-il dit, j'ai appris dans ma jeunesse qu'il y avait un *trade-off* entre efficacité et justice. » Il a ajouté : « Or ce qu'on apprend dans une entreprise, c'est que la justice est la *base* de la performance, pas l'inverse. Pour moi, un patron juste est un patron qui vous reconnaît pour ce que vous faites. À partir du moment où diriger une entreprise est cohérent avec les principes moraux que l'on apprend dans son enfance, ça devient un bonheur. »

Cette dernière déclaration fait écho à une des remarques de Zobrist, selon laquelle, en faisant la tournée quotidienne de l'usine pour écouter les opérateurs et discuter avec eux, il cherchait le bonheur. Mais c'est la réflexion de Raiman sur le lien entre justice et résultats qui nous a intrigués. De fait, Raiman emploie le mot de justice dans deux sens : économique et moral. En parlant de trade-off, il fait allusion à l'*in*justice économique de la concurrence qui – depuis Adam Smith – passe pour le fondement même de la performance économique d'un pays. Mais, quand il affirme que la justice constitue la base de la performance d'une entreprise, il fait référence à la justice morale, à la manière dont une entreprise et ses dirigeants traitent les salariés. Dans le premier cas, il évoque la notion toute simple qui sous-tend l'économie de marché de Smith : l'intérêt matériel personnel est le moteur de l'action et de la performance économiques. Dans le second, il formule un précepte plus complexe : *quand le besoin des gens d'être traités avec justice morale est satisfait, cela entraîne une amélioration de leur efficacité et de la performance de l'entreprise*. Cette amélioration des résultats économiques – gains de productivité, des profits, etc. – permet à son tour d'accorder aux salariés la *justice économique* par le jeu de la participation aux bénéfices, des primes et de l'actionnariat.

On peut avoir du mal à croire que les salariés préfèrent la justice et le respect à un chèque de paie un peu plus généreux. Inutile de dire que, dans un monde parfait, on voudrait les trois – la justice, le respect et une rémunération aussi importante que possible. Mais nous ne vivons pas dans ce monde, et il faut donc faire des choix. Dans deux cas au moins dont nous avons eu connaissance, les syndicats d'entreprises libérées ont, quand on leur a donné la possibilité de choisir, préféré la justice et le respect à un portefeuille plus gonflé.

Les syndicats « théorie Y »

Le premier de ces cas a eu pour cadre GSI. Une grande chaîne de distribution avait lancé un appel d'offres pour l'externalisation de ses services de paie. Conformément aux pratiques habituelles dans ce type d'externalisation, tout le service de paie de la chaîne, syndicat compris, devait être intégré dans GSI. Mais la chaîne avait déjà externalisé d'autres fonctions de support auparavant et, dans un cas, l'intégration de ses salariés dans la nouvelle société s'était très mal passée. Les syndicats de la chaîne étaient donc sur leurs gardes. Ils ont exigé de mener leur propre enquête sur les entreprises candidates, et notamment de rencontrer les représentants syndicaux d'ADP-GSI. Quand la chaîne a rendu sa décision, ADP-GSI a eu une bonne surprise : non seulement il avait remporté l'appel d'offres, mais il était le seul candidat, a-t-il appris, à avoir passé avec succès l'examen du syndicat. Gardant un souvenir cuisant des antécédents d'externalisation, la direction de la chaîne n'avait aucune intention de s'opposer aux syndicats et de risquer une grève ; l'avis favorable du syndicat sur GSI avait donc joué un rôle déterminant dans l'obtention de ce contrat.

Beaucoup de gens sont persuadés que les syndicats n'ont qu'une idée en tête : arracher aux employeurs des avantages matériels pour les salariés. Mais ce syndicat français avait fait passer l'aptitude de GSI à satisfaire les besoins supérieurs – d'équité et de respect – des salariés avant ces considérations matérielles. D'autres syndicats en feraient peut-être autant – pourvu qu'on leur offre le même choix et qu'on ne se contente pas d'avantages matériels. Quoi qu'il en soit, Jean-Luc Barbier, patron de la division de grands comptes d'ADP-GSI, était convaincu que traiter décemment les salariés de l'entreprise avait des retombées économiques bénéfiques : « Cela nous donne certainement un avantage concurrentiel pour obtenir des clients[7]. » On ne peut certainement pas en dire autant du refus opposé à un commercial de lui rembourser les bottes fourrées qu'il a dû s'acheter en Norvège.

Le deuxième cas est celui de Harley au beau milieu de la campagne de libération de Rich Teerlink. Au début de 1994, les nouvelles paraissaient si bonnes chez Harley-Davidson que la direction a commencé à s'inquiéter de l'avenir de l'entreprise. Un nouveau modèle de moto avait suscité un engouement incroyable, au point qu'il y avait une liste d'attente de dix-huit mois, et Wall Street – qui s'était rapidement habituée aux grosses marges de Harley – ne cessait de relever les normes de performance financière de l'entreprise. La pression montait, et, sans capacités de production nouvelles, Harley risquait de toute évidence la surchauffe. Cela imposait l'ouverture d'une usine supplémentaire. Mais Teerlink ne voulait pas n'importe quelle usine. Il avait un projet radicalement différent de tout ce qui existait déjà : il voulait une usine conçue pour encourager la flexibilité du travail, un meilleur engagement des salariés et plus de liberté d'action.

Pour la plupart des entreprises américaines, tous ces éléments auraient pointé dans une direction : le sud, où il est possible de créer un établissement sans syndicat dans un État fédéral appliquant la loi du *right to work**. La plupart des dirigeants et des managers de Harley ne demandaient du reste qu'à aller s'installer dans un État du Sud. Mais, aux yeux de Teerlink et de certains de ses collaborateurs, pareille décision risquait de nuire aux relations qu'ils avaient nouées avec les syndicats au fil des ans. Ils

* Littéralement, « loi sur le droit de travailler ». Il s'agit de textes législatifs adoptés par 22 États américains, majoritairement du Sud et de l'Ouest, qui interdisent les accords entre patrons et syndicats rendant obligatoire l'affiliation des salariés à un syndicat. Si elles veulent constituer un syndicat, les centrales syndicales doivent recueillir suffisamment de signatures pour organiser le vote, puis obtenir un important pourcentage de voix favorables. (N.d.T.)

ont donc persuadé leurs collègues et – chose encore plus difficile – le conseil d'administration de ne pas faire l'impasse sur les syndicats, et ont présenté le projet d'une nouvelle usine complètement différente aux présidents des deux centrales syndicales. Les syndicats ont accepté de soutenir ce projet, qui transformerait profondément les règles et les pratiques de travail existantes.

Qui plus est, les responsables syndicaux locaux ont déclaré qu'ils étaient prêts à changer les règles de travail dans les usines existantes pour les aligner sur celles que l'on envisageait de mettre en place dans la nouvelle usine. Toutefois, recourant à la célèbre stratégie de négociation du « oui, mais », ils ont demandé à la direction de renoncer finalement à la construction de cette nouvelle usine. Mieux valait tirer parti des gains de productivité que permettrait la modification de la structure de travail pour augmenter la capacité de production des usines existantes. Ayant prêté l'oreille à cette proposition, la direction a accepté de réduire l'échelle de son projet de construction d'une nouvelle usine, sans y renoncer pour autant. Une équipe de trois personnes – un manager et deux représentants syndicaux – s'est mise à la recherche d'un nouveau site. Partout où ils allaient, les autorités municipales s'empressaient de leur présenter leur argumentaire habituel destiné à attirer les entreprises. Ils ont constaté avec amusement que, lorsqu'ils apprenaient que deux des trois visiteurs étaient des syndicalistes, les édiles municipaux passaient très rapidement sur les diapositives destinées à montrer combien l'environnement local était excellent *pour les patrons*.

L'équipe est revenue de tous ces déplacements avec une liste de trois emplacements favorables, dont, en tête de liste, Kansas City, dans le Missouri, où l'usine a finalement été construite. Mais c'est le choix numéro deux qui a laissé Rich Teerlink bouche bée. Ce groupe de trois hommes, dont deux représentants syndicaux, avait fait figurer en deuxième position une ville située dans un État qui appliquait le *right to work*, où les centrales ne pourraient donc jamais espérer syndiquer les ouvriers.

Cet esprit de collaboration est demeuré intact jusqu'à ce jour. Steven Sleigh, directeur des ressources stratégiques de l'International Association of Machinists – l'un des deux principaux syndicats de Harley –, déclarait récemment :

> L'œuvre de [Douglas] McGregor a fait école et a incité les managers aussi bien que les responsables syndicaux à repenser l'environnement de travail « commandement et contrôle ». Aujourd'hui, une génération et demie plus tard, mon propre syndicat a consacré des ressources substantielles à encourager des systèmes de travail à haute performance, profondément enracinés dans l'idée de McGregor que les salariés peuvent penser, prévoir, et être créatifs. En cette ère de l'information, cette idée devrait être dominante et non plus exceptionnelle, comme elle l'est encore aujourd'hui[8].

11

Les anti-Mad Men*

Un publicitaire en quête de paix et de liberté

S'il paraît difficile de faire d'un emploi en *call center* une partie de plaisir, la tâche que s'était fixée Stan Richards était sans doute plus ambitieuse encore : il avait décidé de mettre sur pied une agence publicitaire qui ne souffrirait pas du dysfonctionnement si courant dans cette branche. Richards, en d'autres termes, était un publicitaire qui détestait l'industrie de la publicité. Et ce qui était pour lui une source d'exaspération a eu pour résultat final la libération de son entreprise. Il a quitté au bout d'un an l'agence où il était salarié pour créer une agence indépendante qui a donné naissance au Richards Group. Son objectif était de prouver que ce n'était pas parce qu'« on a toujours fait comme ça » que cela devait obligatoirement continuer[1].

Quand son agence a compté près de cent cinquante salariés – la cote d'alerte, dit-il, faisant écho aux réserves de Bill Gore à propos de ce chiffre –, Richards a redouté de voir apparaître la rivalité entre services qui s'installe dans toute agence de pub – les commerciaux méprisant les « créatifs », et les créatifs considérant les commerciaux comme des beaufs. Il voulait créer ce qu'il a appelé le « Peaceable Kingdom », le « Royaume pacifique », titre du livre qu'il a consacré plus tard au récit de son parcours[2]. Même

* Allusion à la série américaine *Mad Men*, qui décrit l'essor des agences publicitaires concentrées sur Madison Avenue, à New York, dans les années 1950 et 1960. (N.d.T.)

s'il n'était pas question de faire coucher les lions avec les agneaux dans son bureau de Dallas, les commerciaux et les créatifs devaient s'entendre et travailler ensemble.

Cela lui tenait personnellement à cœur, mais cette volonté relevait également d'un impératif économique – des salariés qui ne passeraient pas leur temps à soupçonner et à dénigrer leurs collègues auraient davantage d'énergie et d'attention à consacrer aux clients. Ils contribueraient donc au sain développement de l'entreprise au lieu de créer un environnement toxique, qui serait finalement cause d'échec.

Évidemment, il ne suffit pas pour que cela se produise de s'asseoir avec les commerciaux et avec les créatifs et de les supplier de s'entendre. Enfin, on peut toujours essayer. Mais ce sera à peu près aussi efficace que l'appel au calme de Rodney King pendant les émeutes de Los Angeles*. Tout le monde sourira et hochera la tête, tout le monde promettra de redoubler d'efforts. Puis chacun regagnera sa tanière et commencera à se demander qui, dans l'autre service, l'a accusé de sabotage, cause supposée de cette petite réunion, et comment donner une bonne leçon au coupable.

Richards a donc fait preuve de créativité. Dans une agence de pub traditionnelle, les commerciaux et les créatifs ont leurs sphères réservées – et, si possible, des étages séparés, ce qui leur assure un confortable isolement. C'est donc sur ce plan-là que Richards a frappé un premier coup. Dès les tout premiers jours, il a décidé que les salariés se verraient attribuer des places plus ou moins aléatoires – des commerciaux s'installeraient à côté de créatifs et vice versa –, avec néanmoins une contrainte : un créatif et un commercial travaillant pour le même client ne pouvaient pas être assis côte à côte. En fait, Richards tenait même à ce qu'ils soient séparés chaque fois que cela était possible. Si un créatif voulait discuter d'un point avec le commercial chargé de son dossier, il devrait se déplacer.

* Allusion aux émeutes qui ont fait une cinquantaine de morts à Los Angeles en 1992 après que des policiers responsables du brutal passage à tabac de Rodney King eurent été acquittés. Au troisième jour des émeutes, ce dernier fit une apparition à la télévision pour lancer un appel au calme. (N.d.T.)

Dans l'esprit de Richards, cet arrangement présentait plusieurs avantages. En mélangeant tout le monde, il rappelait aux salariés qu'ils étaient tous dans le même bateau ; cela réduisait la dynamique « nous contre eux » que l'on rencontre dans beaucoup d'agences. La familiarité, selon Richards, engendrerait le respect.

Mais son plan était encore plus retors que cela. En répartissant les places de manière à obliger les gens à se déplacer d'un bout à l'autre des locaux, il les encourageait à se mélanger. Il voulait qu'ils se croisent, qu'ils se rencontrent, et peut-être qu'ils en apprennent ainsi davantage sur ce que les autres membres de l'agence faisaient.

Richards était si profondément convaincu des vertus de la circulation du personnel que, quand il a été obligé de louer un étage supplémentaire pour abriter sa société en pleine croissance, il a fait creuser un énorme trou dans le plafond et a construit un atrium ouvert avec un escalier reliant les deux niveaux. Il ne voulait pas perdre l'unité d'espace qu'il avait obtenue en mélangeant les différents départements, ni créer un nouvel étage séparé dont quelqu'un risquerait de faire son fief. Puis il a recommencé, une fois, deux fois, créant un spectaculaire atrium de quatre étages au cœur de ses bureaux. Il aurait voulu le faire une quatrième fois, mais les règlements de lutte contre les risques d'incendie l'ont obligé à y renoncer. Il a donc fait monter à contrecœur son quatrième escalier jusqu'à une porte coupe-feu au lieu de la galerie comme sur les étages inférieurs.

S'il n'est pas interdit aux salariés de prendre l'ascenseur pour passer d'un étage à un autre, ils s'exposent cependant en le faisant aux quolibets de leurs collègues, qui ne manqueront pas de leur demander, narquois, s'ils se sont cassé la jambe pendant le week-end. L'atrium constituant un espace lumineux, aéré, ouvert et agréable, les gens sont plutôt contents de s'y retrouver – et de se transmettre ainsi tout naturellement des idées et des informations. Aucun de ces échanges n'aurait lieu, cela va de soi, si tout le monde prenait l'ascenseur. En effet, l'étiquette de la vie de bureau en vigueur presque partout interdit les réunions impromptues dans les ascenseurs. « C'était un vrai danger », reconnaît Richards. Il considère que, dans la plupart des agences, prendre l'ascenseur pour se rendre dans un autre service revient à franchir « Checkpoint Charlie », ce point de contrôle que, pendant la guerre froide, les visiteurs devaient emprunter pour passer de Berlin-Est à Berlin-Ouest[3]. L'atrium de Richards est au contraire une frontière ouverte.

Richards a apporté encore d'autres innovations à l'espace de bureau. Dans la plupart des sociétés traditionnelles, les locaux de photocopie et de préparation des documents sont des « donjons », comme il dit, des endroits sombres et sans fenêtre où l'on envoie des malheureux « copier, coller et assembler des trucs ». Chez Richards Group, ces locaux sont dotés de grandes baies vitrées donnant sur l'extérieur, la lumière du jour y entre à profusion et on a une jolie vue. Comme le dit Richards, chacun de ces espaces « pourrait parfaitement servir de bureau à un PDG ».

Il explique : « L'idée est de faire clairement comprendre à tous ceux qui entrent ici pour accomplir des tâches de routine dont il faut bien que quelqu'un se charge qu'on ne les considère pas comme quantité négligeable, qu'il n'existe aucune fonction insignifiante et que tout le monde, dans cette entreprise, sera traité avec le plus grand respect, quelle que soit la tâche effectuée. Après tout, choisir un bel espace pour en faire un local de travaux n'est pas un investissement considérable. Et le bénéfice que nous en retirons est multiplié par cent, parce que tout le monde reconnaît ainsi l'importance de son activité. Conséquence : le travail est mieux fait. » Richards ajoute que, dans une agence de pub, une faute de frappe dans un texte est l'une des pires catastrophes qui soient. Sauf, bien sûr, quand cette faute d'orthographe est commise par une des vaches que l'on voit dans les publicités de Chick-fil-A – une chaîne de restauration rapide spécialisée dans le poulet –, conçues par le Richards Group. Cette campagne publicitaire de longue durée met en scène des vaches qui se livrent à une opération de marketing, une véritable guérilla, pour dissuader les consommateurs de manger des hamburgers. « Il faus mangé plus de poulé », peut-on lire sur certaines affiches. Tout le monde sait que les vaches sont nulles en orthographe.

Mais, en général, ce sont des détails à ne pas négliger, et la personne chargée de vérifier ces broutilles ou de rassembler les présentations pour l'argumentaire d'un gros compte joue un rôle aussi capital que les autres pour l'entreprise. Et Richards tenait à montrer que son agence n'ignorait rien de l'importance de cette tâche en attribuant à ceux qui s'en acquittent un espace de travail agréable.

Arrivé à ce point, vous aurez certainement compris qu'il ne suffit pas de modifier la géométrie et la géographie d'un bureau. On peut même considérer qu'une telle mesure relève de la manipulation – des salariés vraiment libres ne devraient-ils pas l'être également de se déplacer dans l'espace de bureau à leur convenance et de choisir leur place en fonction de leurs préférences personnelles ? Nous admettons que certains leaders libérateurs jetteraient un regard soupçonneux sur la politique de places de travail instaurée par Stan Richards. Mais ces leaders ne dirigent pas une agence de pub, théâtre par excellence de rivalités intestines dont il est parfois très difficile de se protéger – surtout quand chaque groupe occupe un étage particulier – et qui peuvent avec une grande efficacité empêcher chacun de servir les intérêts de l'entreprise.

L'objectif de la libération d'un lieu de travail *n'est pas* de revenir à un état de nature rousseauiste où l'individu, affranchi des chaînes de la société, mène une existence parfaitement libre et individualiste. Si pareil état était possible ou souhaitable, nous n'aurions plus du tout besoin d'entreprises. Or ce n'est pas le cas. C'est pourquoi, dans le monde réel, nous travaillons ensemble, car, comme l'a démontré de façon convaincante Ronald Coase, prix Nobel d'économie, c'est une méthode moins coûteuse et plus efficace que de travailler chacun pour soi[4]. Voilà pourquoi, lorsqu'une agence de publicité gaspille des ressources ou laisse passer de précieuses occasions à cause d'une guerre de territoire entre directeurs commerciaux et directeurs artistiques, on ne peut pas parler de mise en œuvre de la liberté. Il s'agit plutôt de la conséquence de l'érection d'obstacles institutionnels à la liberté, et plus particulièrement de l'idée spécifique à l'univers de la pub que certaines questions sont du ressort exclusif des créatifs alors que d'autres sont la chasse gardée du service commercial. C'est ainsi que, comme l'a écrit Richards, « supprimer les portes des bureaux et, plus tard, les cloisons [...] a probablement été la mesure de libération culturelle la plus radicale que nous ayons jamais prise[5] ».

Remarquez que, si ce problème *spécifique* est propre à l'activité du monde de la publicité, les leaders que nous avons rencontrés ont dû en affronter un certain nombre du même genre dans les entreprises qu'ils ont libérées. Chez FAVI, un machiniste ne pouvait pas réparer lui-même son matériel – il devait s'adresser au service d'entretien. Chez Harley, des règles très strictes définissaient ce que les salariés ayant tel ou tel profil de poste pouvaient ou ne pouvaient pas faire. Et, chez USAA, une personne était chargée, au sens propre, d'ouvrir les enveloppes, tandis qu'une deuxième en retirait les formulaires, qu'une troisième les dépliait et les triait, et ainsi de suite.

À l'image de Zobrist, de Teerlink, de McDermott et d'autres, Richards a voulu supprimer ces cloisons. Et il connaissait suffisamment bien la dynamique de son métier pour savoir qu'une fête de bureau ou une exhortation à collaborer n'y suffiraient pas. Il devait démanteler physiquement les fiefs pour faire tomber les barrières mentales.

Tous les directeurs du service création, hormis les plus dogmatiques, admettront, au moins en privé, qu'il peut arriver à un commercial de faire une suggestion de création qui n'est pas complètement inutile, et inversement. Richards a cherché, et ce n'était pas si facile, à faire appliquer les bonnes idées émanant des « mauvaises » sources. Sa recette a consisté à obliger les gens à se rencontrer – en les séparant et en les rassemblant tour à tour.

Il a également employé d'autres moyens pour libérer les salariés de Richards Group – mais le choix de l'heure d'arrivée au bureau n'en faisait pas partie. Stan Richards tient à ce que ses salariés arrivent à l'heure au travail – avant 8 h 30 à Dallas. Il est alors 9 h 30 à New York, et, comme le dit Richards, il veut que tout le monde soit sur le pont dans l'éventualité où un client de la côte est voudrait parler à quelqu'un. Cela lui tient même tellement à cœur que tous les membres de son entreprise ont un code personnel et sont censés « pointer » en le tapant sur un des claviers situés à l'entrée de chaque étage de bureaux avant 8 h 30 tous les matins. C'est une pointeuse, si vous voulez, mais où on ne pointe qu'en arrivant, pas en partant.

Cette exigence est une source d'angoisse autant que de plaisanteries chez Richards Group. Un certain nombre de salariés portent ainsi des T-shirts arborant l'inscription « 8 : 29 : 59 ». Lors de notre visite, nous avons été présentés au personnel au cours de ce qu'on appelle dans l'agence un « atrium » – une brève réunion, parfois bruyante, qui se tient dans l'atrium de quatre étages au cœur des locaux. Les salariés avaient préparé un concours de poésie pour décrire leur entreprise aux visiteurs, et plusieurs de ces poèmes évoquaient la course folle à laquelle se livrent certains d'entre eux – une traversée du parking et de l'entrée ventre à terre – pour taper leur code avant que l'horloge ne sonne 8 h 30. Nous voyons dans ces taquineries à l'adresse de leur patron le signe que les salariés de Richards Group considèrent cette règle du pointage comme une excentricité plus que comme un vrai motif de ressentiment.

Ce qui n'empêche pas Richards d'être tout aussi convaincu que Zobrist et d'autres qu'il est inutile de faire pointer les salariés pour qu'ils fassent leur travail. « Certains patrons, déclare Richards, craignent que les salariés carottent sur la durée de leur journée de travail. C'est une inquiétude, de toute évidence, autrement personne ne fabriquerait de pointeuses. Personnellement, j'ai observé que l'assiduité est la règle, et ce n'est pas parce que nous en *faisons* une règle » – à part celle qui concerne l'heure d'arrivée au bureau, bien sûr. « Si on leur donne les moyens et la liberté nécessaires pour exploiter leur talent, écrit-il dans son livre, les gens ne demandent qu'à travailler dur. [...] L'expérience que j'ai faite ici est que, si certains ont une approche déséquilibrée du travail, la balance penche généralement du côté d'un excès de travail. [...] Il peut y en avoir quelques-uns [...] qui manifestent une certaine tendance à être tire-au-flanc […] mais la culture se charge d'y remédier. […] La majorité travailleuse donne le ton et le rythme. […] Un espace de travail ouvert incite remarquablement à l'autodiscipline[6]. » Et pourtant, il oblige tous ses salariés à pointer et inflige des corvées supplémentaires – quelques menues tâches administratives – à ceux qui arrivent régulièrement en retard.

Il est difficile de dire s'il s'agit d'un travers personnel ou d'une concession pragmatique aux habitudes de sa branche. Une chose est sûre, c'est que cette exigence contraste curieusement avec les discours que tient Richards dans son livre et ailleurs sur la confiance à accorder aux autres : en règle générale, ils font ce qu'ils ont à faire, il en est persuadé. Mais Richards n'est pas un philosophe de la gestion. Certains des leaders libérateurs présentés dans cet ouvrage entretiennent des relations mutuelles directes ou sont liés par un héritage intellectuel commun – celui de McGregor ou de Townsend – qu'ils ont acquis indépendamment. Richards est de ceux dont les idées ont été le fruit d'une combinaison entre foi dans son prochain, comme nous l'avons vu plus haut, et désir de supprimer les obstacles qui l'empêchaient de faire un travail qu'il aimait. Quand nous avons demandé à Robert McDermott ou à Rich Teerlink ce qui les a poussés à agir comme ils l'ont fait chez USAA et Harley, ils ont, l'un comme l'autre, évoqué leur enfance et leur éducation. Tom Quadracci a expliqué que le mobile de son frère Harry était une réaction contre les âpres querelles entre salariat et direction auxquelles il avait assisté au début de sa carrière dans le secteur de l'imprimerie commerciale. Bill Gore, Bob Koski et Gordon Forward ont tous évoqué l'exaspération qu'ils avaient éprouvée en voyant de grandes entreprises étouffer l'esprit d'initiative et la créativité de leur personnel.

Stan Richards, lui, a parlé de la publicité. « Vous savez, nous a-t-il dit, je n'ai jamais pensé que les mesures que j'ai prises étaient radicales. Elles me paraissaient simplement naturelles. » Puis il a conclu : « Il faut que vous compreniez que je suis entièrement concentré sur notre travail. J'ai suivi une formation de directeur artistique ; c'est le domaine dans lequel j'ai travaillé pendant toutes ces années. Forcément, tout tourne autour du travail. Comment faire du bon travail ? Peut-il être meilleur ? Comment faire pour qu'il soit encore meilleur ? Tout ce que j'ai fait va dans ce sens. » Autrement dit, s'il y a une contradiction apparente entre son insistance sur la responsabilité personnelle et certaines de ses marottes, comme son exigence obsessionnelle de ponctualité, Richards s'en défend en affirmant que c'est une nécessité pragmatique « pour le travail ».

Dans *The Peaceable Kingdom*, nous avons relevé ce passage, qui est celui qui se rapproche le plus d'un énoncé philosophique :

> Je préfère me brûler les ailes de temps en temps que de traiter mes salariés comme des gens sournois. [...] De plus, l'expérience montre que je perdrais mon temps si je jouais les pions chargés de veiller à ce que tout le monde reste constamment bien dans le rang. Mes [...] collaborateurs sont des gens honorables, et ils le prouvent quotidiennement par leurs actions dans un environnement professionnel où ils pourraient parfaitement devenir cinglés s'ils y étaient enclins. Ce n'est pas leur genre, voilà tout. Les exceptions sont si rares que soumettre l'ensemble de la main-d'œuvre à une surveillance rigoureuse simplement pour essayer de contrôler les agissements de quelques moutons noirs serait de l'autosabotage de grande ampleur. Nous nous priverions d'avance du potentiel des salariés libres[7].

Richards a fait don de son entreprise à une fondation qui n'est pas autorisée à la vendre – une mesure qui prendra effet à sa mort. Il s'est ainsi assuré que l'environnement de liberté qu'il a créé pour son personnel ne sera jamais détruit par une agence de pub de Madison Avenue susceptible de racheter sa société.

À l'heure actuelle, cependant, Richards possède 100 % des parts de son agence. Ce qui ne l'empêche pas de communiquer beaucoup sur toutes les nouvelles – bonnes ou mauvaises. Dès qu'« il se passe quelque chose », que ce soit la perte d'un gros client ou l'obtention d'un nouveau, il organise un « atrium » pour transmettre l'information à tout le personnel. Il explique ainsi cette volonté de communication : « La seule façon de vaincre la paranoïa est de ne pas avoir de secrets, et d'autoriser tout le monde à tout savoir. »

C'est une des raisons pour lesquelles Stan Richards organise ses atriums de cinq minutes. « Dans la plupart des entreprises, dit-il, l'information s'adresse d'abord aux gens importants, avant de redescendre vers les moins importants. Ici, il n'y a pas de gens moins importants. Aussi l'information doit-elle être transmise à tous exactement au même moment. » Second avantage de l'atrium : il permet de présenter à tous les salariés les clients potentiels ou actuels ainsi que les visiteurs. Pourquoi est-ce un *avantage* ? « En règle générale, explique Richards, un client qui travaille avec nous connaîtra une vingtaine de nos salariés. Mais il y en aura deux à trois cents autres qui mettront le nez dans son dossier et travailleront pour lui d'une manière ou d'une autre. Or ils ne [le] rencontreront jamais [...]. Le fait qu'ils [le] voient et participent à l'expérience de l'atrium améliore nos performances, parce que ces salariés entretiennent désormais un lien personnel avec ce client. [...] Et ce deuxième bénéfice est bien plus important que le premier. »

L'ouverture est donc la règle chez Richards Group, à une exception près : la rémunération. Dans cette agence, discuter de sa paie avec ses collègues est un motif de licenciement. Quand on lui demande comment il concilie cette pratique avec ses idées sur la communication, la confiance et l'ouverture, Richards répond que cela rend les choses « plus faciles ». Pour lui, indéniablement. Pourtant, ses propos sur la paranoïa cités plus haut pourraient s'appliquer à ce domaine aussi bien qu'aux autres. Richards prétend que c'est aux salariés eux-mêmes de décider s'ils s'estiment correctement payés, sans faire de comparaison avec leurs collègues, dont le salaire peut prendre en compte des éléments qui ne s'appliquent qu'à eux. Son argument peut se comprendre, mais, tout comme la pointeuse, cette mesure manifeste un paternalisme que Richards évite dans d'autres domaines.

Justifiées ou non, il s'agit là d'exceptions. L'essentiel de ce qu'il a accompli chez Richards Group accorde à ses salariés beaucoup plus de liberté et d'autonomie que n'en possèdent leurs collègues d'autres agences. La satisfaction de leur besoin d'autodirection ainsi que de leurs besoins de respect et de développement assure à la fois de meilleurs résultats pour l'entreprise et le bonheur des salariés.

Faible rotation, boomerang et autres phénomènes surnaturels

Comme dans toutes les entreprises libérées, les heureux salariés du Richards Group le quittent beaucoup moins souvent pour aller travailler ailleurs que leurs pairs d'autres agences. Richards a estimé que le taux de rotation de son personnel était d'environ 7 % par an – contre plus de 30 % pour la branche. « D'un point de vue pratique, dit-il, on peut se demander si la rotation de membres clés de l'agence permet d'améliorer le travail. La réponse est négative. Il ne sera pas meilleur. Il sera plus mauvais, et les clients ne seront pas bien servis. » Il fait ainsi écho à Zobrist et aux autres – sans les nuances religieuses de McDermott : des salariés qui ont le sentiment d'être traités correctement auront tendance, à leur tour, à traiter correctement leurs collègues et leurs clients. « Je conclus toutes nos réunions en lançant : “Maintenant, allons nous amuser !” C'est comme ça que ça devrait se passer. Parce que, si nous nous amusons, le travail sera meilleur » – et les clients plus satisfaits.

L'approche de Stan Richards est éminemment pragmatique, d'où les quelques anomalies que nous avons relevées. Le Richards Group n'en a pas moins réussi à fonctionner selon les mêmes principes que d'autres entreprises libérées. Par exemple, il se méfie profondément du contrôle de la hiérarchie et des privilèges ostensibles du pouvoir. Si elle est aléatoire en un sens, la disposition des places n'en respecte pas moins un principe : ceux qui se trouvent dans l'entreprise depuis le plus longtemps, quel que soit leur rang, occupent les places les plus proches des fenêtres. Un principe de prime à la fidélité comparable s'applique aux places de stationnement. Contrairement à un grand nombre d'entreprises libérées, le Richards Group dispose d'un petit nombre d'emplacements réservés près de l'entrée du bâtiment. Toutefois, ceux-ci ne sont pas attribués aux cadres supérieurs, mais aux plus anciens de l'entreprise, qu'ils soient secrétaires, responsables compte client, directeurs artistiques ou autres. De plus, si la personne à qui un emplacement a été attribué n'en a pas besoin ou préfère de ne pas l'utiliser, elle est libre de le louer à un autre membre de l'entreprise au prix qu'elle pourra en obtenir. Ainsi, ce qui pourrait faire figure d'avantage arbitraire revient en définitive à ceux qui lui accordent le plus de prix. Enfin, dernier hommage à la loyauté, les salles de réunion de l'entreprise ne portent pas les noms de sommités quelconques, mais ceux de ces salariés fidèles – une prime d'ancienneté, en quelque sorte.

Stan Richards lui-même dispose d'un peu plus d'espace autour de sa table de travail que la plupart des autres salariés, c'est vrai, mais son bureau n'a ni murs ni portes. Toutes ces mesures doivent remplacer les privilèges traditionnels du pouvoir par un message différent : nous traitons notre personnel avec respect et dignité, et nous attachons une grande valeur à la loyauté. Si ce message contribue à expliquer le faible taux de rotation du personnel, nous doutons sérieusement que la majorité des membres du Richards Group choisissent de rester dans l'entreprise dans l'espoir de donner un jour leur nom à une salle de réunion. La faiblesse du taux de rotation est une caractéristique que l'on retrouve dans toutes les entreprises libérées. C'est une réalité, et ce bien qu'aucune des sociétés que nous avons décrites dans ce livre ne verse les plus hauts salaires de son secteur. Stan Richards estime que les salaires de base du Richards Group sont, en moyenne, légèrement inférieurs à ceux de ses concurrents – mais il précise que ce désavantage est compensé par des primes et des programmes de retraite plus généreux.

C'est peut-être vrai. Mais lorsqu'on cherche à éviter de laisser partir les talents chez la concurrence, le revenu psychique – comme l'appelait McDermott – qu'apporte le fait de travailler dans un environnement libéré est encore plus important que ces formes de compensation financière. Cela explique un autre trait universel des entreprises libérées : le « boomerang » – le salarié qui se voit proposer un poste mieux rémunéré ailleurs l'accepte, regrette sa décision et revient. Nous avons rencontré des cas de boomerang, comme Les Lewis, de W. L. Gore & Associates, dans presque toutes les entreprises que nous avons visitées. Le Richards Group, qui compte quelque sept cents salariés, en avait lui-même une centaine – un des poètes de l'« atrium » auquel nous avons assisté a lu une ode en leur honneur. Pat Pelino, une leader du service de conseil de Vertex, admirait ouvertement la façon dont cette entreprise accueillait ses boomerangs. Elle en possédait vingt-sept, soit 4,5 % de sa main-d'œuvre totale – dont trois des huit dirigeants de la boîte. Dans d'autres entreprises où Pat Pelino avait travaillé, raconte-t-elle, « c'était du genre, tu es parti, tu es parti. Il n'y avait pas moyen de revenir, même si les relations étaient excellentes au moment de ton départ[8] ». Elle avait ainsi mis le doigt sur une singularité des entreprises libérées. Quand Jeff Westphal annonce à ses nouvelles recrues : « Vous êtes libre de partir », le corollaire naturel est : vous êtes libre *de revenir*. Refuser l'un ou l'autre porterait atteinte à la dignité personnelle des salariés – cela donnerait à penser qu'ils sont incompétents ou qu'il n'est pas bien vu de prendre la décision la plus personnelle qui soit, ou de jouir de la liberté la plus individuelle qui soit : faire ce qu'on veut de sa vie.

Le nombre élevé de ces retours nous apprend encore autre chose – et c'est une expérience que partagent presque toutes les entreprises présentées ici. Ces salariés avaient trouvé dans la manière dont une entreprise libérée les avait traités, dont ils avaient pu se développer et s'autodiriger, une valeur qu'aucune augmentation de salaire, aucun titre ronflant n'avaient pu entièrement remplacer. Pour employer le jargon de la psychologie, et même si ce n'était pas en ces termes qu'*eux-mêmes* l'auraient formulé, leurs besoins universels avaient été satisfaits.

Pendant ce temps, à l'autre bout du monde, un autre leader libérateur, ou plus exactement une leader libératrice, avait elle aussi fait son affaire – au sens propre – de la réorganisation de la manière dont ses salariés et ses clients appréhendaient l'espace de travail.

12

Le secret du leadership libérateur

Comment les paradoxes et la sagesse contribuent à la liberté

> Ce ne sont pas les réalisateurs qui remplissent les salles de cinéma. […] Le plus important au cinéma, ce sont les acteurs […], et la décadence du cinéma tient à la glorification du réalisateur en tant que maître des acteurs et non plus comme leur serviteur. Le travail de réalisateur consiste à extraire de tous les acteurs le maximum de richesse humaine. Il faut donc les respecter, les aimer, et les aider à être exceptionnels, parce que ce sont eux qui rendent le cinéma inoubliable.
>
> Orson Welles[1]

> Mieux vaut boiter lentement sur le bon chemin que marcher à grands pas dans la mauvaise direction.
>
> Marc Aurèle[2]

Liisa Joronen est présidente de SOL, le numéro deux finlandais des services de nettoyage, une entreprise qui compte dix mille salariés et enregistre un chiffre d'affaires annuel de 207 millions d'euros. Un matin de septembre, elle est venue en personne nous chercher de bonne heure à notre hôtel.

Cet hôtel confortable a été aménagé dans l'ancienne prison d'Helsinki. Les chambres sont des cellules reconverties dont les petites fenêtres donnent sur le ciel. D'où le léger émoi que nous avons ressenti en arrivant dans le hall pour y rencontrer la personne qui a mis sur pied l'entreprise la plus libre de Finlande et peut-être de toute l'Europe. Cette petite femme blonde et menue en imperméable jaune vif nous attendait en jouant avec un enfant d'âge scolaire, tout aussi blond qu'elle. Elle nous a souri spontanément.

« Bonjour, je suis Liisa. J'espère que ça ne vous ennuie pas que j'accompagne mon petit-fils à l'école avant que nous allions à l'entreprise[3] ? »

Nous avons accepté, bien sûr.

« Ça ne vous ennuie pas qu'on prenne le tram ? a-t-elle poursuivi. Je n'ai pas de voiture. »

Nos échanges d'e-mails nous avaient appris que Liisa passe désormais l'essentiel de son temps dans sa ferme du sud de la France. « Il faut que je laisse un peu d'espace à mes enfants [sa fille et son fils, tous deux dirigeants chez SOL], nous avait-elle écrit quelques mois plus tôt. Il n'est pas facile d'être l'enfant de Liisa Joronen. Je n'ai vu que trop de pères incapables de céder la place et qui “tuent” leurs enfants[4]. » Il nous a fallu un moment pour comprendre ce qu'elle voulait dire. Et, plus tard, nous avons été franchement surpris d'apprendre qu'elle était venue de France pour quelques jours simplement pour nous faire visiter son entreprise.

Après un assez long trajet en tram, elle nous a annoncé qu'il était temps de descendre. Mais nous n'étions pas encore arrivés à l'école. « Il faut prendre un autre tram. Ça ne vous ennuie pas ? » Le second tram n'arrivait pas. Nous avons donc fini par appeler un taxi, qui a déposé son petit-fils à l'école avant de nous conduire enfin à SOL City, alias SOL Studio. Le siège de la société doit ce surnom au fait qu'en 1991, au moment où Joronen a repris une partie des activités de son père, le seul local qu'elle a eu les moyens de louer était un studio de cinéma désaffecté. C'est toujours le siège de SOL, mais son aspect n'évoque plus beaucoup le septième art.

Joronen était entrée dans l'entreprise familiale, Lindström, dix ans auparavant, en 1981, après avoir travaillé quatorze ans dans la banque. À cette époque, Lindström assurait toute une gamme de services de nettoyage, depuis le ménage de commerces et de bureaux jusqu'au nettoyage à sec et à la blanchisserie industrielle. Son père l'avait nommée directrice générale de Lindström à trente-cinq ans, et les problèmes avaient commencé presque immédiatement. La crise aboutirait dix ans plus tard à la division de la société.

Joronen avait des idées bien arrêtées sur la façon de gérer une entreprise, des idées qu'elle n'avait pas pu mettre en pratique à la tête de la banque où elle travaillait.

> Je rêvais d'une entreprise où les salariés seraient contents d'eux-mêmes et satisfaits de leur travail, où ils pourraient exercer une certaine autorité sur leur propre travail et sur les relations avec la clientèle. Je rêvais d'une entreprise sans règles ni réglementations stériles, sans patrons ni hiérarchie inutiles qui empêchent les salariés de faire du bon travail. Je crois profondément que ces derniers travaillent bien s'ils ont la liberté de prendre eux-mêmes un certain nombre de décisions concernant leur travail au lieu de laisser les patrons décider à leur place[5].

Mais les obstacles à la réalisation de son rêve ne manquaient pas dans l'entreprise familiale. Son père était un homme de la vieille école, un patron dominateur qui refusait de « lâcher prise » et passait encore presque tout son temps dans l'entreprise, alors qu'il avait officiellement passé la main à Liisa. Pour éviter une guerre civile familiale tous azimuts, il a divisé son royaume. Il a confié à Liisa la branche ménage et la petite entité de gestion des déchets – qui n'étaient rentables ni l'une ni l'autre –, soit le cinquième de l'entreprise initiale, tandis que son frère et ses trois sœurs héritaient des activités de blanchisserie et de location de linge, plus stables. Son père lui a également annoncé, en même temps qu'à une femme cadre supérieur qui avait décidé de la suivre dans la nouvelle entreprise, qu'elles pourraient revenir toutes les deux. « Il était convaincu que nous ferions la culbute. Et nous, nous avons dit que nous nous prouverions, et que nous prouverions à mon père et au reste du monde, que nous allions y arriver », a raconté plus tard Joronen.

La nouvelle société manquait cruellement de fonds. Joronen n'était même pas sûre du nombre de salariés qui la suivrait – tous sont restés finalement –, mais, avant tout, il lui fallait un siège. Le studio de cinéma ne constituait pas à proprement parler un espace de bureaux traditionnel, mais il offrait une toile blanche à la transformation créative dans laquelle la nouvelle patronne de SOL et ses salariés se sont immédiatement lancés. Entre leurs mains, l'entreprise a commencé à se distinguer de toutes les autres. Par son audace et ses couleurs vives, son design intérieur ressemblait aux futurs bureaux de Google. À cette différence près que, chez SOL, la rénovation intérieure a été conçue et réalisée en cinq semaines par le personnel lui-même (voir image ci-contre).

Dès le premier jour, Joronen a organisé son entreprise selon ses convictions, remettant en cause les pratiques « comment » traditionnelles : « Pourquoi faudrait-il avoir des bureaux qui aient l'air de bureaux ? Pourquoi travailler de 9 heures à 17 heures ? » Les deux cents salariés de la société ont été invités, lors d'une journée de brainstorming, à soumettre des idées sur le cadre de travail dont ils avaient envie. Ils ont présenté 1 146 suggestions. Ce sont également eux qui ont proposé le nouveau nom de l'entreprise – SOL – ainsi qu'un logo aux couleurs vives, ensoleillées, symbolisant « l'esprit positif, le bonheur de travailler, la créativité et le courage ».

Les propositions de transformation de l'environnement comprenaient notamment la suppression de tous les bureaux personnels – celui de Joronen compris. Au rez-de-chaussée se trouvent de grands cabas où les salariés rangent leurs affaires quand ils ont fini de travailler et débarrassé leur bureau. Deux personnes ont tout de même des bureaux attitrés : l'une à l'entrée, chargée d'accueillir les candidats à un emploi – mais elle débarrasse tout de même son bureau quand elle n'est pas là afin que quelqu'un d'autre puisse s'en servir –, et le représentant syndical, qui a son bureau sur la galerie du premier étage. C'est là que Joronen nous a conduits pour commencer notre visite du siège de SOL.

« C'est très calme en ce moment, a-t-elle remarqué en observant l'espace au rez-de-chaussée. Il peut y avoir trois cents personnes ici en même temps, et il y a des jours où on se croirait au cirque ou dans un parc de loisirs. »

Nous lui avons demandé de quoi cela dépendait.

« Du temps », a-t-elle répondu, et, voyant notre étonnement, elle s'est expliquée : « Mais oui, bien sûr. En été, c'est vide parce que les gens préfèrent aller dans leurs petits chalets d'été au bord d'un lac. Et s'il pleut, le dimanche soir, et même le dimanche après-midi, beaucoup de gens viennent ici. Et puis le jeudi, aussi… à cause de la soupe gratuite. Ils viennent pour la soupe et se débrouillent pour organiser leurs réunions ce jour-là. J'invite toujours des partenaires et des clients le jeudi, parce que c'est très animé et qu'il y a de la soupe. »

Nous n'avons pas pu nous empêcher de jouer les avocats du diable et de lui demander pourquoi, puisque les gens apprécient tant la soupe, il n'y en a pas tous les jours.

« Ça coûte trop cher, a répondu Joronen. Et puis je ne veux pas que les gens passent tout leur temps ici. Je veux qu'ils le passent avec les clients à démarcher, que les gens du marketing s'occupent de marketing… Ici, c'est notre siège. Que font-ils ici ? Ils sont très peu à devoir être sur place. […] Plus vous avez de monde ici, plus il y a de problèmes internes. Ils s'inventent du travail et ils inventent de la bureaucratie. Et alors, vous avez besoin de plus de personnes en RH et de plus de monde, simplement pour s'occuper de vos propres salariés. »

Nous avons commencé à déceler un curieux schéma mental chez cette présidente et propriétaire de grande entreprise circulant en tram. Ayant renoncé à ses fonctions de directrice générale en faveur de ses enfants, elle prétend éviter de venir trop souvent, mais, le cas échéant, cela lui procure un plaisir manifeste (puisqu'elle n'hésite pas à prendre l'avion depuis la France pour l'occasion)[6]. Elle fait l'éloge de la soupe servie gratuitement le jeudi aux salariés et aux visiteurs, mais elle estime qu'elle coûte trop cher pour qu'on puisse en faire une habitude quotidienne. Au cours de nos dix premières minutes de conversation,

Joronen nous a déclaré – en deux phrases – qu'elle « vit dans le chaos », mais en même temps, a-t-elle insisté, « je ne vais pas *là*, ni *là*, ni *là* », tendant la main dans trois directions différentes, « je vais quelque part ». Elle nous a également fait clairement savoir que, dès qu'elle a « décidé quelque chose », elle est prête à « abattre des murs » pour y arriver – mais ne prend « jamais de trop grands risques ». En un mot, une femme pétrie de paradoxes.

Nous en avons eu un nouvel exemple quelques instants plus tard. Remettant sur le tapis la question des sièges d'entreprise, nous lui avons demandé si, à son avis, les sociétés qui construisent de vastes sièges commettent une erreur.

« Oh, je les adore ! s'est-elle écriée avec son chaleureux sourire et une toute petite pointe de malice. Je les adore parce que c'est *nous* qui y faisons le ménage. Chaque fois que je tiens un discours à un client, je conclus par : "Mais ne faites pas comme nous. Je vous adore, vous et votre immense siège social, parce que vous êtes mon client." »

Elle plaisantait, bien sûr, mais nous avons perçu une vérité plus profonde dans ses propos. Rappelez-vous ce que disait Teerlink au sujet de Harley : « Les gens ne s'opposent pas au changement ; ils s'opposent à ce qu'on les change. » Au-delà de l'humour, la remarque de Joronen contenait un peu de cette sagesse. Nous n'avons pas besoin d'avoir un immense siège social et de nombreux services de support, a-t-elle poursuivi. « Mais vous savez, c'est leur affaire. Je dis toujours : "Il y a de multiples façons de bien gérer son entreprise. C'est *notre* façon de faire." » Puis elle ajouté : « Il faut que je me tienne correctement en société, parce que je suis le contraire de presque tout ce qu'on trouve dans la société. Et pourtant, il le faut bien, parce que je ne peux pas me passer de la société, ce sont mes clients. »

Vous pouvez ajouter « conformiste rebelle » à la liste des paradoxes de Liisa Joronen. Nous en sommes revenus au point de départ : quand son père lui a offert la division la moins solide, la moins rentable de l'entreprise familiale, a-t-elle hésité ?

« C'était un gros risque, mais pas excessif. Je ne fais pas de calculs, jamais. J'ai fait des études d'économie, mais [je ne fais jamais de calculs], parce que quand ça fait cinq ans qu'on dirige une entreprise, année après année, jour après jour, ce sont des choses qu'on sait. » Puis, pour montrer à quel point elle était sérieuse, elle a ajouté : « En 2009, pour la première fois, nous avons renoncé au budget. Nous n'établissons plus de budget. »

Comment dirige-t-on une entreprise sans budget ? Dès le départ, explique-t-elle, SOL a eu pour philosophie d'éviter les budgets d'entreprise centralisés et de les remplacer par des budgets individuels, chef d'équipe par chef d'équipe. Or SOL venait de décider d'abandonner également ces derniers. Désormais, les chefs d'équipe ne prévoiraient que les résultats finaux : leurs « croissance et profits ». L'objectif, après tout, n'est pas de dépenser son budget, mais de gagner plus qu'on n'a dépensé.

Cela peut paraître d'une simplicité outrancière, mais cela nous a rappelé une conversation que nous avions eue avec Zobrist. Faisant allusion à l'acquisition d'Arcelor, le géant européen de l'acier, par Mittal, il nous a demandé : « Vous savez combien d'indicateurs économiques avait Arcelor ? Cent cinquante. Et combien en a Mittal ? Quatre. Une entreprise très intelligente. » Pour le moment, les résultats de Joronen parlent d'eux-mêmes. En 2007, SOL a enregistré une croissance de 15 %, avec une marge bénéficiaire de 8,7 %, contre 3 à 4 % en moyenne dans ce secteur. La crise de 2009 n'a pas plombé les profits, bien que SOL ait décidé de facturer ses prestations au-dessous du tarif contractuel à un certain nombre de ses clients en difficulté, comme les sociétés hôtelières et les compagnies de ferry[7].

Nous avons donc supposé que, si les marges de SOL étaient aussi importantes, c'est parce qu'elle avait très peu de frais.

« Ne croyez pas cela, a rétorqué Joronen ; les prix de revient sont affreusement élevés à cause du coût de la main-d'œuvre ; 90 % de nos frais sont des coûts humains » – ce qui ajoutait une nouvelle dimension à l'énigme.

Nous lui avons alors demandé comment elle expliquait l'importance de ces marges.

« Nous dépensons très peu en frais généraux. Nos frais généraux sont très faibles. [...] Et même si nous sommes très rentables, nous comptons le moindre sou. Nous sommes, comment dire... chiches. Chiches et même radins. » Puis, passant soudain du monde de l'entreprise à celui de la famille : « Notre famille est radine aussi. » Comme nous voyions mal le lien entre la pingrerie familiale et la faiblesse des coûts, nous lui avons demandé comment l'entreprise maîtrisait ces derniers sans une armée de contrôleurs.

« Non, non, non, a protesté Joronen énergiquement. Il ne s'agit pas de contrôle. Je pense que si nous, les managers, dépensions des sommes folles en avions, en hôtels de luxe, en voitures, les salariés feraient comme nous. Mais ils comprennent le message que nous leur faisons passer. Nous sommes une entreprise familiale, une entreprise 100 % familiale, nous l'avons toujours été. C'est donc à la famille de donner l'exemple. Ça me paraît essentiel. Si j'avais un grand bureau ici, tout le monde en voudrait un aussi. Je suis convaincue qu'il est très important de donner l'exemple. »

La propriétaire d'une grande entreprise qui prend l'avion en classe économique ? Notre sac de paradoxes était sur le point d'éclater. Mais, avant de tenter de les résoudre, examinons les réalisations de Joronen chez SOL.

Adieu au personnel d'entretien, bienvenue aux agents de service

Le siège de la société, dont Joronen, fidèle à elle-même, déclare qu'il est « affreux » mais que c'était « l'endroit le mieux adapté et le plus économique » disponible à l'époque, n'a pas changé d'emplacement. Toutefois, Joronen a toujours voulu que l'action se passe ailleurs. SOL est une société d'entretien, et on ne gagne pas grand-chose à faire le ménage de ses propres bureaux – encore moins en y restant assis. Joronen tenait à ce que ses salariés soient sur le terrain à exercer leur « liberté de décider », comme elle dit, et au contact direct avec la clientèle. La première démarche a consisté à mettre en place un environnement qui traiterait les personnes chargées de l'entretien en égales. Comme Bill Gore avant elle, Joronen a commencé par changer leur nom – elles sont devenues des « agents de service ». À leur demande, elle leur a également attribué des uniformes jaune et rouge vif, ce qui leur a donné une grande visibilité. Alors que les agents d'entretien sont généralement vêtus de couleurs ternes et se fondent plus ou moins dans le décor aux yeux d'un grand nombre des salariés qui les entourent, les agents de service relookés de SOL auraient du mal à passer inaperçus ou à être confondus avec d'autres – d'autant plus qu'ils travaillent au vu et au su de tous. La plupart des sociétés d'entretien font venir leur personnel dans les bureaux de nuit, à l'abri des regards et des pensées. Ce n'est pas le cas de SOL. Ce point a constitué un grand changement dans la façon de procéder de l'entreprise : elle a négocié avec ses clients la possibilité de venir faire le ménage *de jour*, devenant la première société de nettoyage finlandaise à adopter une telle mesure. Cette décision n'a pas été prise pour les nombreux avantages qu'elle présente en matière de développement commercial – nous en reparlerons dans un instant –, mais parce que SOL voulait que ses agents vêtus de couleurs vives soient visibles et fiers d'eux-mêmes et de leur travail.

Une fois ce travail de base accompli, Joronen a consacré presque toute sa première année à faire la tournée des studios régionaux – baptisés ainsi d'après le premier local de la société et conçus, comme lui, par ceux qui y travaillaient. Elle a répété inlassablement le même message d'encouragement : « Nous sommes les meilleurs. Rien ne vous est impossible. » Il va de soi qu'il ne suffit pas du soutien et de la sympathie du directeur général pour que les salariés développent leurs compétences et que rien ne leur soit plus impossible. Tous les agents de service se sont vu proposer une formation approfondie destinée à leur apporter les compétences nécessaires pour donner entière satisfaction à leurs clients – une satisfaction qu'ils pouvaient mesurer et recueillir eux-mêmes auprès de ceux-ci. Ils ont aussi acquis quelques notions de comptabilité pour mieux comprendre la logique commerciale du travail de leur équipe, sa rentabilité et même sa tarification, et devenir ainsi des leaders de service.

Joronen s'est ensuite attaquée au besoin d'autodirection. Les agents de service ont été organisés en équipes autonomes affectées à des clients précis avant d'être lâchées dans la nature. En s'appuyant sur sa connaissance locale du marché, chaque équipe fixait ses prévisions de croissance et de profits et mettait en place un budget à cette fin. Joronen avoue avoir été « très inquiète » la première année. Elle attendait d'additionner les chiffres pour voir ce que toutes ces unités en autodirection auraient décidé à propos du budget de SOL : « Si le budget avait été très faible, qu'aurait-il fallu faire ? Et, à l'inverse, s'il avait été très élevé ? » Joronen s'est souvenue du petit jeu auquel elle s'était elle-même livrée dans la banque où elle avait travaillé, où tout le monde se fixait des objectifs de développement modestes en sachant que les supérieurs relèveraient systématiquement la barre.

Quand elle a eu sur son bureau les budgets des différentes équipes, elle a été agréablement surprise : la plupart avaient fait des prévisions ambitieuses et, chose remarquable, les avaient réalisées – malgré une situation économique plutôt morose à l'époque. Ces équipes autodirigées ont continué sur leur lancée : de 1992 à 2010, elles ont enregistré une croissance annuelle moyenne de 15 % et généré des marges bénéficiaires de 8 à 9 %. Un autre phénomène s'est produit quand ces salariés traités de façon équitable et hautement qualifiés se sont trouvés en présence de leurs clients. Au lieu de se contenter de fournir des services d'entretien à l'entière satisfaction de leur clientèle, ils se sont mis à *vendre* des services. Tout en faisant le ménage et en vivant au contact du client – ils travaillaient de jour, rappelez-vous –, et tout en analysant la satisfaction de celui-ci, ils ont souvent mis le doigt sur d'autres besoins. Un client pouvait être mécontent parce qu'un plancher devait être ciré ou des vitres lavées. Quelle que fût la raison, ces agents allaient voir le chef du service achats du client concerné, lui exposaient les besoins qu'ils avaient repérés et proposaient un tarif pour ce travail. Ils étaient en position de le faire notamment parce qu'ils n'ignoraient rien de la politique tarifaire de leur entreprise, de ses marges et de ses finances. De même, ils savaient que les marges sur ces prestations supplémentaires sont bien plus fortes que sur le contrat de nettoyage principal, qui doit être décroché dans le cadre d'un appel d'offres.

C'est ainsi que l'environnement libre de SOL – « ne pas avoir de règlement intérieur est un règlement intérieur d'entreprise » –, lui au moins, était dépourvu de paradoxes. Il reposait sur une logique cohérente consistant à automotiver les salariés en satisfaisant leurs besoins universels. Mais quel est le rôle du directeur général une fois que l'environnement de liberté est en place ?

« Allons *lui* demander », a répondu Joronen, suggérant de poser la question à l'actuelle patronne de SOL, Anu Eronen, son ancien bras droit, qui l'a remplacée en 2002. Eronen sortait du « chalet d'été » destiné aux réunions, et Joronen l'a hélée depuis la galerie où nous nous trouvions. Sans manifester la moindre surprise, la directrice générale a réfléchi un moment avant de répondre : « Diriger, c'est organiser le succès, organiser le genre d'environnement matériel et, chose plus importante, mental […] et fournir les moyens […] de rendre le succès effectif. » Joronen a ajouté que, quand elle-même était directrice générale, Anu Eronen l'aidait, mais qu'aujourd'hui c'était Anu qui « organis[ait] l'environnement mental », mettant l'accent, par exemple, sur la croissance de l'entreprise, ses profits ou autre chose. « Ce que l'on dit clairement, on l'obtient », a-t-elle conclu. Cela peut paraître, une fois de plus, d'une simplicité outrancière, mais ce principe coïncide avec l'importance qu'accordent d'autres leaders libérateurs au partage constant de la vision d'entreprise avec l'ensemble de leurs salariés. La directrice générale actuelle a préservé l'environnement de liberté, et la présidente n'a donc plus grand-chose à faire. Retirée dans sa ferme française, Joronen prend de temps en temps l'avion pour la Finlande afin d'accueillir des visiteurs comme nous ou de participer à des événements extérieurs. Elle a également continué à préparer ses enfants à prendre la succession d'Eronen. (Ce qu'ils ont fait en 2011. En 2014, SOL employait 11 000 salariés et réalisait un chiffre d'affaires de 343 millions de dollars.) Pour le reste, elle se tient à l'écart du fonctionnement de l'entreprise. Pourtant, quand nous avons demandé à son fils comment il vivait l'absence de sa mère, la réponse de Juppe Joronen a été limpide : « Liisa est là, partout, tous les jours. » Paradoxe ultime : Joronen n'était nulle part et était partout à la fois.

Ces paradoxes n'ont rien de fortuit. En réalité, les contradictions apparentes que nous avons relevées aussi bien chez Joronen que chez tous les autres leaders libérateurs ne signalent pas un manque de réflexion, mais plutôt une grande sagesse. Une petite digression est indispensable pour expliquer *ce* paradoxe.

Il n'y a pas de David Trezeguet chinois

Tout le monde comprend ce qu'est la sagesse, au sens courant du terme. Une étude psychologique récente la définissait, pour une part, comme « un excellent jugement dans les questions de la vie associant le bien personnel et le bien collectif[8] ». Mais les recherches sur les influences qui pèsent sur notre appréhension du monde nous permettent de mieux comprendre ce qui fait la sagesse d'un individu – par opposition à l'intelligence, par exemple, ou au sens pratique. Correctement comprise, la sagesse ne tient pas à ce que nous savons – ça, c'est de l'information, rien d'autre. Elle n'a rien à voir non plus avec l'intelligence au sens du QI ou de la puissance intellectuelle. Dans le fond, la sagesse est une fonction de *la manière dont nous pensons*.

Il y a trois siècles et demi, René Descartes a présenté une proposition fort simple à première vue : si je peux percevoir quelque chose clairement et distinctement, cette chose est forcément vraie[9]. Mais Descartes tenait pour admis un principe que nous savons aujourd'hui erroné – celui selon lequel nous pouvons lire dans notre propre esprit comme dans un livre – et voulait que l'introspection nous permette de découvrir toutes les erreurs auxquelles nos esprits peuvent être sujets.

La réalité est plus complexe que ne le croyait Descartes. Nos processus de réflexion sont influencés par une multiplicité de facteurs dont nous sommes, bien souvent, inconscients. Un certain nombre d'études passionnantes consacrées aux « styles cognitifs », comme disent les psychologues, se sont attachées à examiner en quoi ils se distinguent d'une culture à l'autre. Ces différences culturelles ne nous concernent pas directement ici, mais les recherches effectuées dans ce domaine ont éclairé certains aspects de notre façon de penser que nous pourrions avoir tendance à tenir pour admis, ou qui pourraient nous rester invisibles.

Prenons le cas de l'« erreur fondamentale d'attribution », également appelée « biais de surattribution ». Ces expressions désignent la tendance, en présence d'une situation donnée, à attribuer une trop grande responsabilité, positive ou négative, à tel ou tel individu sans tenir compte des circonstances ou de l'environnement. C'est ce qui nous pousse à désigner un héros ou un bouc émissaire quand notre équipe de football favorite gagne ou perd, et à faire reposer tout le poids de la victoire ou de l'échec sur ses frêles épaules. Le malheureux David Trezeguet, l'attaquant des Bleus qui a raté le penalty lors de la finale de la Coupe du monde 2006, est une victime exemplaire de l'erreur fondamentale d'attribution. Les Bleus avaient accumulé les déboires au cours de ce match – dont le fameux « coup de boule » de Zidane –, et pourtant, à la question : « Qui est David Trezeguet ? », on vous répondra certainement que c'est celui qui a coûté aux Bleus la victoire en Coupe du monde cette année-là.

Les psychologues estimaient autrefois que l'erreur fondamentale d'attribution était, précisément, fondamentale – que c'était une caractéristique universelle du fonctionnement mental. Or, depuis les années 1980, les recherches ont montré qu'il s'agit en réalité d'un trait culturel plus qu'universel[10]. Dans les années 1990, une équipe de psychologues s'est attaquée de front au problème héros/bouc-émissaire en comparant le compte rendu des mêmes événements sportifs par des commentateurs chinois et américains[11]. Ils ont découvert que les journalistes américains expliquaient les résultats en mettant l'accent sur les interventions de tel ou tel joueur, tandis que leurs homologues chinois insistaient sur le contexte. La pensée occidentale, en d'autres termes, a tendance à isoler les acteurs et les objets de leur environnement. En Asie du Sud-Est, en revanche, le contexte est roi. Une accumulation d'études a montré que les habitants de cette région sont beaucoup moins enclins à l'erreur fondamentale d'attribution que les Occidentaux. Il s'agit en outre d'une caractéristique acquise, et non innée ; en effet, les individus élevés hors de leur culture ancestrale tendent à adopter les modèles de pensée du lieu où ils grandissent. Les Sino-Américains occupent ainsi une position médiane dans ce domaine, entre les Chinois et les Américains d'ascendance européenne. Des études sur la manière dont les mères parlent à leurs enfants ont révélé un schéma intéressant : les mères occidentales ont tendance à privilégier les substantifs quand elles s'adressent à leur bébé ; elles prennent des objets et les désignent par des mots – « biberon », « couche », « berceau », et ainsi de suite. Les mères asiatiques, en revanche, ont tendance à utiliser davantage de verbes, concentrant ainsi l'attention des jeunes enfants sur les interactions entre un objet et son environnement plus que sur l'objet lui-même[12].

Évidemment, si ces modes de pensée et ces habitudes mentales relèvent de l'acquis, ils peuvent être modifiés. Les plus sages des leaders ne sont prisonniers d'aucun de ces milieux culturels dominants, mais puisent aux deux sources. Au cours des trente dernières années, les spécialistes en psychologie du développement ont montré que les individus les plus à même de résoudre des problèmes en ont une approche « holistique » et « dialectique ». Autrement dit, ils examinent l'ensemble des relations qu'un problème peut entretenir avec son environnement et avec les circonstances existantes – holisme –, et n'hésitent pas à cultiver les deux propositions d'une contradiction apparente si cela peut les aider à progresser – un procédé qui relève de la démarche dialectique.

L'explication des paradoxes

Après cette petite digression, revenons au style de leadership de Liisa Joronen et à sa manière d'aborder les problèmes. Elle s'est chargée d'un service – le nettoyage de bureaux – que l'on réalise en général dans la plus grande discrétion, elle a habillé ses salariés de couleurs vives et les a fait patrouiller dans les couloirs des bâtiments de ses clients en plein jour, d'une manière qui ne pouvait qu'attirer l'attention. Il ne faut pas voir là l'expression d'un simple esprit de contradiction. Cette décision répondait à la prise de conscience que des salariés visibles seraient *vus* pendant leur travail, ce qui leur conférerait une certaine valeur aux yeux des clients. Par ailleurs, des salariés visibles permettraient que l'on mette des visages sur la société SOL. Au lieu de fureter la nuit dans les immeubles de bureaux comme des petites souris en quête de miettes, ils ont été incités à ne pas se contenter d'accomplir leur travail avec fierté, mais à rechercher toutes les occasions d'élargir leurs relations professionnelles avec leurs clients.

La logique de cette attitude est évidente, et convaincante – à condition de s'être débarrassé de tous les préjugés sur la nature du travail qui vous empêchaient de voir les possibilités qui s'offraient. *Dialectiquement*, Joronen a su dépasser les inconvénients apparents de la présence d'un personnel plus visible chez les clients pour découvrir les avantages qui pouvaient en résulter. Et sa pensée *holistique* lui a permis de comprendre que tous ces éléments – une plus grande visibilité, un personnel libéré et des horaires de travail peu orthodoxes – étaient liés. Des agents de service travaillant de jour mais habillés comme des souillons n'auraient rien apporté à son entreprise. Et, chose plus importante encore pour notre sujet, aucun de ces changements n'aurait entraîné le moindre profit pour SOL – tout en occasionnant des coûts logistiques élevés – si ces agents, désormais visibles, n'avaient pas disposé de l'autorité nécessaire pour agir de façon autonome et vendre aux clients de nouveaux produits et de nouveaux services lorsque l'occasion s'en présentait au cours de leur travail quotidien.

Les innovations de Joronen étaient holistiques – et pleines de sagesse – sous un autre aspect majeur. Elles ne tenaient pas seulement compte de ses besoins de propriétaire et de patronne, mais également de ceux de ses salariés. Les uniformes et les horaires de jour sont une manifestation de respect dans un métier qui en est souvent cruellement privé. Ils encouragent les salariés à redresser la tête et à faire leur travail avec fierté.

D'autres paradoxes s'éclairent également lorsqu'ils sont replacés dans le contexte global de l'approche de Joronen. Elle a fait le voyage depuis la France pour recevoir un visiteur, par exemple, mais elle l'a fait circuler dans tout Helsinki en tram. Il ne faut pas y voir une simple manifestation de parcimonie. Cela relève du souci souvent exprimé par les leaders libérateurs d'éviter de faire deux poids deux mesures. De même que Bob Davids parle de « se subordonner à ses salariés », Joronen montre aux salariés de SOL qu'ils sont traités en égaux en ne s'accordant aucun privilège à elle-même et en ne prenant pas prétexte de la visite d'un « dignitaire » pour se faire véhiculer par un chauffeur quand eux empruntent les transports en commun. L'application des mêmes règles pour tous ne se traduit cependant pas forcément par des mesures d'économie. Le fondement de ces règles est l'équité et la justice. Pendant longtemps, FAVI a eu dans son parc de voitures d'entreprise une Audi A8 haut de gamme à la disposition de ceux qui avaient un long trajet à faire pour aller voir des clients, quel que soit leur statut et sans qu'ils aient à demander d'autorisation préalable. Sun Hydraulics a derrière son usine un superbe jardin d'agrément – aménagé à grands frais – avec un bassin et une fontaine. Une vaste terrasse donne sur cet espace, si bien que tout le monde peut profiter de la vue en déjeunant. Quant aux bureaux de SOL, ils contiennent plusieurs dizaines de sculptures et de toiles provenant de la collection personnelle de Joronen – acquise sur ses propres deniers.

La sagesse des leaders libérateurs, nourrie d'une pensée holistique et dialectique, permet ainsi d'expliquer un certain nombre des paradoxes qui frappent d'emblée celui qui met les pieds pour la première fois dans une entreprise libérée. Mais elle peut également expliquer un autre paradoxe que nous avons relevé précédemment : des leaders libérateurs comme Zobrist ont radicalement transformé les pratiques managériales de leur entreprise – et l'ont fait le plus souvent à l'aide de tactiques non menaçantes, progressives. Pourtant, Zobrist n'a pas hésité à prendre des mesures draconiennes contre certains managers tyranniques, et à le faire publiquement.

En fait, ce paradoxe est au cœur de ce qui retient bien des patrons d'essayer de libérer leurs salariés – sans parler de réussir. De nombreux dirigeants sentent vaguement qu'ils n'obtiennent pas tout ce qu'ils pourraient ou devraient obtenir de leur main-d'œuvre. Mais ils ne savent pas par où commencer, ou alors ils foncent bille en tête, faisant feu de tout bois – avant de reculer sous une grêle de balles, laissant solidement ancrées la vieille garde et ses habitudes invétérées. C'est que, pour trouver la solution de la liberté, il faut être prêt à accepter un paradoxe – celui du révolutionnaire non violent, en l'occurrence – et ne jamais perdre de vue l'image d'ensemble.

« Planifier-organiser-exécuter » : ce n'est pas comme ça qu'on fait la révolution

On peut assister chaque année à travers le monde à des milliers de séminaires d'entreprise sur le thème « Comment être un agent de changement efficace » ou autres variantes sur ce sujet. On y serine des formules du genre « Planifier-organiser-exécuter ». On y apprend aux managers à définir les étapes, fixer les délais, envisager tous les risques et savoir les gérer. C'est peut-être une excellente méthode pour mettre en place un nouveau système de comptabilité ou d'approvisionnement. Mais, même dans ces domaines, rien n'indique que l'exercice consistant à prévoir ce qui est susceptible de mal se passer permettra d'anticiper les dangers les plus menaçants. Tel ou tel service peut, à l'insu de notre agent de changement, estimer avoir subi des répercussions négatives à la suite de cette transformation, ou n'avoir pas été suffisamment consulté. La mésentente – ou, pis, l'insurrection larvée – qui en résulte peut handicaper l'entreprise pendant des années. Même dans des domaines relativement peu importants, il est impossible de donner aux salariés la preuve par neuf que la solution du leader était la bonne et la leur mauvaise. Comme le savent tous ceux qui ont essayé, les gens ne s'arc-boutent qu'avec plus d'énergie sur leurs positions. Ce genre de bataille peut durer des dizaines d'années.

Les enjeux sont nettement plus élevés quand il s'agit de transformer l'organisation de toute une entreprise, et la résistance potentielle peut être d'autant plus forte. Il se trouvera sans doute certains managers qui ne manifesteront aucune opposition, comme cela a été le cas d'une minorité chez FAVI. Même dans les entreprises syndiquées fidèles au « comment », on rencontre fréquemment une minorité de ce genre, comme l'a observé Adam Easter, responsable du dépôt des barres et responsable finition chez Chaparral Steel : « J'avais plus de vingt ans d'expérience dans l'acier [avant] d'arriver en Virginie en 2000, […] au sein d'entreprises syndiquées et non syndiquées. J'avais travaillé dans une des plus anciennes usines d'Amérique ainsi que dans la plus récente […] et je n'avais jamais rencontré non plus le moindre problème de management dans un environnement syndiqué, parce que tout se résume au respect que vous manifestez à votre personnel. Si vous montrez aux salariés que vous vous préoccupez de leur sécurité [et de] leur bien-être, [si vous stimulez] leur mental pour l'enrichir [et s'ils font des boulots] où ils ont quelque chose à apporter, en général vous n'avez aucun problème[13]. »

Cette minorité constitue un précieux allié dans une campagne de libération. Mais il y a évidemment l'*autre* groupe. Il serait malavisé de l'attaquer de front, mais si vous l'approuvez vous pouvez renoncer à tous vos espoirs de libérer votre entreprise. Ces gens-là se cramponneront à leurs privilèges et à leurs chasses gardées, et déjoueront toutes les tentatives de transformation des pratiques de management.

Un leader plein de sagesse envisage donc le problème des managers intransigeants sous un angle holistique et prend des mesures dialectiques pour y faire face. Pour commencer, il reconnaîtra qu'ils ont des raisons historiques légitimes de résister à la libération – ils ont des besoins, eux aussi. Leur position et leur statut sont menacés et leur avenir est précarisé par la campagne de libération. De ce point de vue, leur sédition n'est pas seulement naturelle, mais rationnelle. Comme le faisait remarquer Zobrist, la gestion de FAVI paraissait tout à fait correcte quand il a été nommé directeur général. C'était une entreprise rentable et ses pratiques étaient conformes à celles de l'époque. Comme dans la plupart des sociétés, cette vision d'entreprise confortait les managers dans l'idée que leurs méthodes de travail étaient irréprochables. Sans quelques petites découvertes accidentelles de Zobrist, telles que le *vrai* coût – exorbitant – du remplacement d'une paire de gants ou le cauchemar de la réparation d'une tondeuse imaginaire, il aurait pu continuer lui-même à diriger l'entreprise comme elle l'était. Adoptant une analyse dialectique de la situation – prenant en compte les deux points de vue –, il a entrepris des changements qui ne menaçaient pas ces managers. Il les a au contraire inscrits à des séminaires sur d'autres modes de management. Raiman a opéré de la même façon chez GSI, envoyant ses managers jusqu'aux États-Unis.

Plus tard encore, lorsque Zobrist a pris des mesures décisives, à commencer par son fameux discours sur les méthodes des prostituées appliquées à FAVI, il n'a jamais cessé d'affirmer qu'un leader libérateur ne devait « jamais, jamais laisser qui que ce soit au bord du chemin ». Plutôt que de faire une croix sur un individu qui est devenu une force contre-productive ou qui résiste au changement, dit-il, « il faut avoir le courage de dire : "Désolé, j'ai honte. Mais pendant de longues années je vous ai laissé faire des trucs idiots qui ne vous ont pas permis de vous épanouir" ». Courage est le mot juste – car rares sont les managers qui se reprocheront les performances médiocres d'un subalterne immédiat. Mais remarquez le résultat qu'obtient Zobrist : il s'engage dans une tâche impossible – exhorter un salarié méfiant et qui traîne les pieds à monter à bord – et retourne la situation en prenant tous les torts sur lui. En disant : « Je vous ai laissé faire des trucs idiots » – s'il est sincère –, il met son *interlocuteur* sur la sellette, puisque lui-même s'est chargé de tous les torts. Il suggère de faire ensuite la proposition suivante : « Vous avez toute la liberté et tout le temps que vous voulez pour trouver à l'intérieur de l'entreprise une activité plus constructive, pour vous-même d'abord, et ensuite pour le bien collectif. » Autrement dit, la seule chose que vous *ne pouvez pas* faire, c'est continuer à mettre des bâtons dans les roues de tous ceux qui font leur travail. Le reste ne dépend que de vous. Au lieu de commencer l'entretien en reprochant au manager de faire du mauvais travail, puis de lui dire qu'il a intérêt à se secouer et comment le faire, Zobrist inverse intégralement les termes de l'échange : il assume l'entière responsabilité de la situation et laisse l'autre trouver la façon d'y remédier. Notez aussi ce dont il s'abstient dans cette entrevue fictive : il ne fait pas semblant, pour avoir la paix, que ce résultat ou ce comportement intolérables sont tolérables, et il ne laisse pas ouverte la possibilité d'un maintien du *statu quo*.

Au cours des vingt-cinq ans qu'il a passés chez FAVI, Zobrist n'a renvoyé aucun de ceux dont l'emploi bureaucratique était devenu inutile au sein de l'entreprise libérée. Il n'en a pas moins licencié trois personnes – en l'espace de quelques heures – pour mauvaise foi et mauvais traitements à l'égard d'autres salariés. Comme dirait Bob Davids : « Un coup d'épée rapide coupe proprement » – une devise qu'il employait quand une personne adoptait un comportement de plus en plus dictatorial et qu'il se rendait « compte que le reste du personnel attendait de voir combien de temps il [Davids] tolérerait cela[14] ».

La sagesse a été tout aussi utile après la libération.

Zobrist, dont le style personnel de sagesse dialectique s'inspirait des écrits de Douglas McGregor, de la tradition chinoise et de sa propre expérience de libération sur le terrain, a écrit que le principe général qui a guidé son action dans l'entreprise après la « rupture » avec le passé et la mise en place d'un environnement libéré était celui du bon prince chinois évoqué au chapitre 7 : « Agir sans agir est un laisser-faire qui n'est pas ne rien faire du tout, car il revient à faire en sorte que cela puisse se faire tout seul[15]. » Comment les leaders libérateurs ont exploité un autre paradoxe – « agir sans agir » – pour *préserver* l'environnement de liberté qu'ils avaient créé, voilà ce que nous allons voir à présent.

13

Le paradoxe ultime

La culture du bonheur conduit à des performances de niveau mondial

> Maintenant, mon travail est celui de garant de la culture. C'est mon boulot. Je le fais en parlant à tout le monde tous les jours : « Bonjour, comment allez-vous, ça marche comme vous voulez, vous avez besoin de quelque chose ? »
>
> Bob Davids[1]

David Kelley – fondateur, président et ancien directeur général d'IDEO, une société de design industriel installée à Palo Alto, en Californie –, n'a jamais rencontré Bob Davids, mais il s'en fait inconsciemment l'écho en affirmant : « Je considère que mon boulot est de préserver la culture. C'était la chose essentielle. [...] Tout le reste n'était que distraction. »

C'était une réponse à la question suivante : « Combien de temps avez-vous consacré à la mise en place de l'environnement – de la culture – par rapport à la gestion même de l'entreprise ? » Et quand nous lui avons demandé s'il avait vu d'emblée son travail sous cet angle, il a répondu : « Absolument[2]. »

Adulte, Kelley a fondé une des sociétés de design les plus influentes au monde. Enfant, il avait passé toute une journée à frotter au papier de verre son premier vélo « de grand », un cadeau de Noël rouge pétard, pour le repeindre en vert. Plus tard, il construirait son propre tandem en soudant ensemble deux bicyclettes. Il confectionnait aussi ses propres costumes d'Halloween, qui lui valaient des commentaires dithyrambiques. Élève ingénieur à la Carnegie Mellon University, puis étudiant en design industriel à Stanford, David Kelley avait pour unique passion le design et la fabrication de trucs sympas. Aujourd'hui, Kelley est professeur à l'Institut de design Hasso Plattner de Stanford, où il passe l'essentiel de son « temps libre ». Et pourtant, quand on l'interroge, il affirme avec insistance que, à part préserver la culture d'IDEO pendant les années où il en a été le PDG, tout ce qu'il a fait n'était que divertissement. Encore un paradoxe ? Examinons cela de plus près.

Tout s'est déroulé, semble-t-il, sans plan préalable. Pendant qu'il préparait son doctorat à Stanford, Kelley a fait beaucoup d'« ingénierie créative », travaillant sur des projets aussi variés que du matériel médical, une machine de lecture pour aveugles et des ordinateurs[3]. À la fin des années 1970, la Silicon Valley est devenue l'endroit idéal pour les jeunes sociétés d'informatique désireuses de développer des produits innovants. Beaucoup d'entre elles ont recruté leurs collaborateurs parmi les étudiants de Stanford. Kelley était du nombre. De ces emplois, il a retiré plus que la possibilité de gagner un peu d'argent et d'accumuler des expériences dans le domaine du design créatif : « Je me suis dit qu'il y avait moyen de monter une affaire du tonnerre. » C'est ainsi qu'en 1978, avec un partenaire, il a lancé IDEO – qui s'appelait alors Kelley Design –, et il n'a pas tardé à voir Steve Jobs frapper à sa porte pour lui demander de concevoir un des premiers ordinateurs Apple (ainsi que, plus tard, la première souris d'Apple). La réputation de sa boîte a grandi. En 1980, son associé – qui s'intéressait peut-être plus à la création d'entreprises qu'à leur fonctionnement – a décidé de partir, et Kelley a racheté ses parts. Il s'est alors retrouvé non seulement sans associé, mais surtout – ce qui était bien plus préoccupant à ses yeux – sans manager pour gérer son affaire.

Se considérant comme un ingénieur créatif, il a d'abord envisagé d'engager quelqu'un pour diriger l'entreprise. Et là, surprise. Informés de son intention, ses quinze salariés ont protesté énergiquement : « Vous vous occupez super bien de nous. On adore travailler avec vous. » Kelley a avoué qu'il n'avait jamais imaginé avoir la moindre compétence en management et qu'il a été très étonné que ses salariés le trouvent « super ». Pourtant, il avait bien dû faire *quelque chose* pour justifier que ses talents de leadership soient ainsi unanimement confirmés. C'est ce « quelque chose » qui explique le paradoxe.

De l'exaspération culturelle au design culturel

Contrairement à Bill Gore et à Bob Koski, David Kelley ne savait pas très bien quel environnement d'entreprise il avait envie de créer. Mais, comme Gordon Forward, Stan Richards, Gore et Koski, il savait ce qu'il tenait absolument à éviter : l'environnement exaspérant qu'il avait connu dans deux grandes sociétés industrielles juste après avoir passé son diplôme à la Carnegie Mellon. Dans ces entreprises, déclare-t-il, « j'avais l'impression d'être du bétail, un mouton ». Il poursuit :

> Voyez comment ces entreprises fonctionnent [...]. Vous êtes embauché et on vous dit : « Voilà votre bureau, vous travaillez pour [A], vous travaillez avec [B]. » Vous vous retrouvez dans une case ! Moi, je n'ai pas pu les choisir [A et B]. Ça ne se passe pas comme ça, dans la vie. Je tiens à choisir mes amis moi-même, pas vous ? Si je dois passer huit heures par jour, ou quinze heures par jour, à travailler sur un truc, je devrais pouvoir choisir avec qui je vais le faire au lieu que ce soit l'entreprise qui choisisse pour moi.

Si cela n'a pas aidé Kelley à formuler une vision pour sa nouvelle entreprise, cela lui a permis de faire une déclaration qui est entrée dans la légende. Quand nous avons visité IDEO, la société se préparait à fêter ses trente ans, et la déclaration de Kelley figurait en bonne place sur les affiches annonçant les festivités. « Je sais que je veux monter une société dans laquelle tous les salariés seront mes meilleurs amis. » Après avoir commencé à diriger l'entreprise lui-même, il a reçu la visite d'un de ses amis-salariés qui s'est plaint que son siège n'était pas confortable. Kelley lui répondu : « Tu veux le mien ? » Il a donné son fauteuil à son ami, qui en a été si heureux qu'il est allé le montrer à tout le monde. Dans une autre entreprise, a relevé Kelley, on aurait jugé ce geste dégradant, mais chez IDEO il se considérait comme l'égal de ses salariés. « Je ne les ai jamais traités en patron. »

Kelley a également instauré des pratiques proches de celles d'un groupe d'amis, notamment les réunions du lundi matin. « Comme une famille qui se met à table pour le déjeuner dominical, explique-t-il, toute l'entreprise se retrouve le lundi matin et chacun raconte ce qui lui est arrivé de plus intéressant au cours de la semaine écoulée. » Kelley a également refusé systématiquement d'établir des procédures et les a rejetées opiniâtrement s'il arrivait à des salariés d'en proposer. « Ils n'en démordaient pas, raconte-t-il. Mais moi je leur répondais : "Faites ce qui vous paraît juste. Pas la peine de consulter un manuel d'entreprise." » Chez IDEO, les leaders discutent avec les salariés des décisions qu'ils envisagent de prendre, leur laissant le temps de réagir. Cette méthode avait déjà fait ses preuves au moment où Kelley envisageait d'embaucher un nouveau manager pour remplacer son associé, provoquant une réaction qui lui a dessillé les yeux. En réalité, c'étaient ces pratiques et d'autres mesures de même nature que ses collaborateurs – et amis – appréciaient et sur lesquelles ils ont mis l'accent lorsqu'ils ont demandé à Kelley de se charger « officiellement » de diriger l'entreprise. Et, ajoute ce dernier, « ça m'a donné la confiance nécessaire pour mettre la culture sur pied ».

« Je vous présente mes collègues et néanmoins amis » : c'est une vieille plaisanterie universitaire qui évoque les relations parfois tendues entre professeurs, ou entre professeurs et administration. Alors que les universités devraient être un havre de paix, comme toutes les organisations bureaucratiques, elles favorisent des intérêts individualistes qui entraînent souvent des rapports conflictuels bien plus qu'amicaux entre collègues. Kelley n'a pas introduit simultanément toutes les pratiques mentionnées ci-dessus – et s'il l'a fait ce n'est pas, remarque-t-il, « parce que je suis brillant, [mais] parce que c'est comme ça que j'aurais eu envie d'être traité si j'avais été à leur place ». Il s'est inspiré initialement des pratiques d'une grande société bien connue dans la Silicon Valley pour le traitement éclairé qu'elle accordait à ses salariés : Hewlett-Packard.

Hewlett-Packard a été lancé en 1938 dans un garage de Palo Alto par deux entrepreneurs. Le garage est toujours là et porte aujourd'hui une plaque indiquant « Lieu de naissance de la Silicon Valley »[4]. La culture révolutionnaire de Hewlett-Packard, surnommée « The HP Way », était plus réputée dans la vallée que ses innovations en matière de produits. Elle était égalitaire, décentralisée et affichait pour principe premier : « Nous éprouvons de la confiance et du respect pour les individus. » Dans une démarche que Zobrist aurait certainement approuvée, Hewlett a un jour scié le cadenas qui fermait un magasin de pièces détachées et laissé une note : « HP fait confiance à ses salariés[5]. » Après quoi plus aucun magasin ne fut jamais fermé à clé. À l'époque où Kelley a lancé sa boîte, la culture non conventionnelle de HP suscitait toujours une vive admiration. « Je me suis procuré le manuel du salarié de Hewlett-Packard, j'ai déchiré la couverture et j'en ai fait ma bible », a-t-il raconté. Cependant, puisque chez IDEO il n'avait pas seulement des salariés, mais des amis, il a fait mieux encore, ajoutant par exemple un jour de congé au nombre qu'en accordait HP. Cela a duré quelque temps, mais Kelley n'était pas tout à fait satisfait. Un jour, il a eu une révélation : « Bon sang, mais c'est un problème de design ! C'est à moi de concevoir une culture. » En cet instant, David Kelley, designer de trucs sympas, s'est transformé en designer de culture sympa et en a fait son « boulot ». Paradoxe résolu.

Concevoir pour des amis

Un problème rencontré par des leaders comme Liisa Joronen et que n'a pas connu Kelley était celui de l'apparence de ses bureaux. D'emblée, les salariés d'IDEO eurent toute latitude pour concevoir eux-mêmes leur lieu de travail. Quand nous avons visité IDEO, nous avons découvert un vieux minibus Volkswagen marron au milieu d'un open space. Des collaborateurs l'avaient acheté sur un site de petites annonces pour faire une farce à un collègue et ami. Ils avaient démonté le moteur et le réservoir d'essence, aménagé un bureau à l'intérieur de la camionnette et fait tous les branchements nécessaires pour la rendre fonctionnelle. Le collègue, enchanté, y a travaillé un certain temps. La camionnette a ensuite été réaménagée en salle de réunion avec une ambiance bord de mer. Cet espace original fait écho au « chalet d'été » de SOL, conçu par les salariés pour prêter à leurs réunions un petit côté « bord de lac ». Il faut avouer que les locaux d'IDEO tiennent un peu du repaire de hippies, et Kelley ne fait rien pour dissiper cette impression, allant jusqu'à raconter que certains collaborateurs sont déjà venus avec leur chien ou leur tortue, parfois même leur serpent – des gros ! Toutefois, a-t-il précisé, avant de prendre une décision qui pourrait affecter un collègue – venir accompagné d'un énorme serpent, par exemple –, la personne concernée doit le consulter. Si la décision envisagée a des effets négatifs sur le travail de ce collègue, elle doit y renoncer – un principe commun à tous les environnements libérés.

Le principe de consultation des individus concernés ne s'applique pas seulement à la faune, mais aussi, par exemple, aux cas de déménagement dans un autre bâtiment. Au début de son existence, IDEO occupait plusieurs petits bâtiments au centre de Palo Alto. Quand l'entreprise s'est développée, tout le monde a reconnu qu'il serait plus commode et plus économique de travailler dans un unique espace plus vaste. Ils sont allés s'installer dans un bâtiment de quatre étages et – ô surprise – les salariés ne s'y sont pas plu. Kelley rit en relatant cet épisode : « Ça ressemblait trop à un bâtiment d'entreprise. [...] Une partie du sentiment de liberté qu'ont les gens vient de ce qu'ils peuvent sortir faire un petit tour. Si vous vous promenez d'un bâtiment à l'autre, personne n'ira vous dire : "Qu'est-ce que tu fabriques, tu glandes ou quoi ? Tu as du temps à perdre ?" "Non, j'ai à faire dans un autre bâtiment." » Or si tout le monde se retrouve au même endroit, cela devient impossible. Tout le monde a donc réintégré les petits bâtiments du centre de Palo Alto – au nombre de neuf aujourd'hui.

À l'époque, les loyers des bureaux dans ce quartier étaient parmi les plus élevés du pays. Cela coûtait trop cher même à une entreprise aussi florissante qu'IDEO, où les clients se bousculaient. Kelley a donc continué à chercher un local meilleur marché. Il a fini par dénicher une série de bâtiments dont le loyer était bien plus raisonnable, près de l'autoroute. Tout content de sa trouvaille mais fidèle au principe de consultation préalable à toute décision susceptible d'affecter autrui, il a présenté son projet, prenant soin d'ajouter un petit bonus pour mieux faire passer la pilule. Au lieu que les économies ainsi réalisées aillent dans sa poche, il les redistribuerait à ses salariés sous la forme d'une augmentation de salaire substantielle. Dans de nombreuses entreprises, cela n'aurait pas fait un pli. Mais IDEO n'était pas comme les autres. Les salariés de Kelley ont refusé le déménagement et l'augmentation. Ils estimaient que leur travail de designer au service des consommateurs leur imposait de vivre au milieu de ces derniers : « Il faut que nous puissions voir les gens – les femmes avec des poussettes ; il faut que nous puissions voir des mamans, que nous puissions tout voir. » Ils ont alors ajouté un argument que Kelley a beaucoup apprécié : ils n'avaient pas envie d'aller s'installer près de l'autoroute ; ils trouvaient que ça les aurait trop fait ressembler à une entreprise comme les autres. Il faut un certain courage pour refuser une généreuse augmentation afin de conserver son environnement de travail. Mais les amis de Kelley n'étaient pas des salariés comme les autres – c'étaient des individus libérés qui estimaient manifestement que leur emploi leur apportait davantage qu'un salaire. Et, après avoir analysé ce que cette augmentation de salaire leur coûterait – un coût qui n'apparaîtra jamais dans le bilan d'aucune société –, ils ont eu la sagesse de refuser.

Plaisir, bonheur et qualité de vie au travail ?

Il se trouve que Kelley a abordé la question de la sagesse dès le début de notre entretien, sans que nous l'y ayons incité. Il a défini ce qui fait le cœur de ce qu'il a créé et cherche à préserver chez IDEO en parlant d'« attitude de sagesse », une notion forgée pour cette société par deux chercheurs de Stanford. Robert Sutton et Andrew Hargadon ont commencé à étudier la méthodologie créative de l'entreprise dès le milieu des années 1990. Leur vision de la sagesse – « agir en connaissance de cause tout en doutant de ce que l'on sait[6] » – s'inspire du principe socratique voulant qu'un sage connaisse les limites de son savoir. Les philosophes parlent d'« humilité épistémique[7] ». Comme l'a expliqué Kelley, la culture d'IDEO aide les salariés à acquérir cette sagesse en leur accordant le soutien nécessaire « pour exprimer leurs idées sans […] entrave ». Elle les aide aussi à remettre en question les idées présentées par d'autres membres de l'équipe. S'opposant à l'idée conventionnelle de l'artiste solitaire qui travaille dans l'isolement, Kelley avait pour objectif de « passer d'un sport individuel […] à un sport collectif ».

Kelley lui-même recourt à la sagesse socratique quand il consulte ses salariés avant de prendre une décision – comme le font Jeff Westphal et d'autres leaders libérateurs. Mais la sagesse dont Kelley a témoigné en construisant et en préservant la culture d'IDEO va encore plus loin. La sagesse socratique ne recouvre que partiellement ce qu'y mettent les philosophes et les psychologues d'aujourd'hui. Nous l'avons définie dans le précédent chapitre comme « un excellent jugement dans les questions de la vie associant le bien personnel et le bien collectif ». Ce dernier aspect trouve son origine dans la Grèce antique, plus précisément chez Platon et Aristote, qui associaient la sagesse au bonheur et à la qualité de vie. « Le propre d'un homme prudent, c'est d'être capable de délibérer correctement sur ce qui est bon et avantageux pour lui-même [...] [et sur les] choses [qui] conduisent à la vie heureuse[8]. » Cette sagesse, qu'on appelle parfois sagesse aristotélicienne, occupe également le cœur de la conception culturelle de Kelley : « Les grandes entreprises [...] n'ont que des dispositifs qui leur permettent de mesurer les dollars. Elles n'en ont pas pour mesurer le cœur : la santé sociale, affective... Cette entreprise-ci [IDEO] est une réaction à cet état de choses, parce qu'il n'est pas humain. » Ce que Kelley voulait créer à la place, c'était « un endroit formidable pour travailler, qui vous apporte une gratification personnelle » – ou, pour parler clair, où l'on « éprouve du plaisir ».

Kelley estimait qu'un sage ne devait pas seulement savoir comment « délibérer correctement » sur ce qui « conduit à la vie heureuse », mais aussi « comment construire un modèle qui, dans une situation humaine donnée, peut engendrer une bonne qualité de vie[9] », ainsi que l'ont suggéré certains philosophes contemporains. Il a su construire et préserver ce modèle – la culture d'IDEO –, gage d'une « bonne qualité de vie » pour ses salariés. Mais, à la différence d'Aristote, sa pensée n'était pas purement analytique. La vraie sagesse exige, nous l'avons vu, une pensée holistique et dialectique, une approche non analytique que Kelley a trouvée dans la méthodologie du « design créatif » d'IDEO. Cette méthode présente plus de points communs avec les dialogues de Socrate qu'avec les traités d'Aristote.

Pour commencer, les designers d'un projet doivent mettre en commun tout ce qu'ils savent d'un produit (ou d'un service)[10]. Ils se répartissent ensuite en petits groupes pour observer les expériences concrètes des consommateurs avec les versions de ce produit actuellement disponibles. De retour chez IDEO, ils échangent leurs découvertes puis font un brainstorming pour imaginer l'aspect que pourrait avoir un nouveau produit. Ensuite, tous les membres du projet mettent aux voix l'ensemble des idées, qui sont affichées aux murs, et cherchent celles qui sont réalisables et novatrices. À partir de là, on passe rapidement à l'étape du prototype et on présente des maquettes au client et aux autres designers. On améliore le prototype en fonction des réactions et on en fait une nouvelle présentation, et ainsi de suite jusqu'à obtenir un produit parfait.

IDEO a appliqué cette méthodologie à la conception de plusieurs centaines de produits, de la souris d'Apple à un orque tueur mécanique pour le film *Sauvez Willy*, d'un tube de dentifrice pour Procter & Gamble aux lingettes Swiffer. Ce processus a également permis de concevoir des services. C'est ainsi qu'IDEO a entièrement remodelé le service medianet d'AT&T, le plus grand opérateur américain de téléphonie – entraînant un doublement des abonnements en un an. La société a également conçu l'expérience d'achat de lingerie pour Warnaco Intimate Apparel, qui avait vu ses ventes en grande distribution compromises par la concurrence de Victoria's Secret[11].

Cette méthodologie doit son efficacité au fait qu'elle *empêche* les participants de céder à la tentation de l'analyse. À cette fin, elle oblige les designers à aller sur le terrain pour s'immerger et observer – comme des anthropologues – la façon dont les gens travaillent, jouent et vivent concrètement. Dans des études de marché analytiques ou des focus groupes, ces observations passeraient inaperçues ou seraient noyées au milieu d'une foule d'autres informations, alors qu'elles sont indispensables pour appréhender intuitivement l'expérience réelle du consommateur. Ensuite, la méthodologie oblige les concepteurs à présenter le plus grand nombre possible d'idées, même les plus « folles », parce que le brainstorming repousse la critique et l'analyse. Enfin, après un premier choix, les designers expérimentent les conceptions retenues en fabriquant des prototypes bon marché et simples. Ceux-ci sont, à leur tour, présentés aux clients et aux collègues et font l'objet de discussions, parce que – comme le savait parfaitement Socrate – le savoir d'un individu isolé, ou d'une seule équipe, est toujours limité. « Les prototypes ne doivent pas réclamer plus de temps, d'effort et d'investissement qu'il n'en faut pour obtenir un feedback utile et faire évoluer une idée, a écrit Tim Brown, directeur général d'IDEO. Plus un prototype a l'air "fini", moins ses créateurs ont de chances d'être attentifs aux réactions et d'en tirer profit. L'objectif du prototype n'est pas de finaliser un projet. C'est de prendre conscience des forces et des faiblesses d'une idée et d'identifier les nouvelles directions que pourraient prendre d'autres prototypes[12]. »

David Kelley a appliqué la même méthodologie pour imaginer des solutions propres à la culture d'IDEO. Il a d'abord proposé d'accorder au personnel une journée de congé supplémentaire au printemps, une suggestion qui s'est transformée – après l'intervention d'un salarié – en une journée annuelle de congé supplémentaire au choix de chacun. Cela a donné naissance à un système d'autosurveillance relativement flou de la « journée personnalisée » parce que, comme le remarque Kelley, « nous ne faisions pas très attention de toute façon ». Le déménagement dans le nouveau bâtiment de quatre étages était, on l'a découvert, un mauvais prototype, et tout le monde a regagné les anciens bureaux. Le bâtiment près de l'autoroute était un autre prototype, que les salariés ont rejeté sans même l'avoir fait passer au banc d'essai.

La pensée holistique et dialectique qui sous-tend la sagesse fait également partie intégrante de la « méthodologie du design créatif » utilisée par Kelley pour concevoir et préserver la culture d'IDEO. Observer l'interaction des salariés (ou des consommateurs) avec leur environnement – au lieu de les isoler et d'essayer d'influencer leur comportement par une motivation (ou par les particularités attrayantes d'un produit) – est holistique. Fabriquer rapidement des prototypes tout en recherchant activement un apport extérieur susceptible de les améliorer est profondément dialectique. Selon Kelley, non seulement cela fonctionne, mais, « après plusieurs succès, on fait confiance à la méthodologie créative et on l'applique systématiquement ». Il est tellement convaincu de l'efficacité de cette méthodologie qu'il y voit le legs de sa vie : « J'ai considéré toute ma vie que mon boulot, ma place dans l'univers, était de faire que tous ceux qui entrent en contact avec moi – salariés, étudiants – aient de plus en plus confiance dans leurs facultés de création. » Au-delà de l'influence qu'il a exercée sur ses salariés et ses étudiants, Kelley est allé jusqu'à transformer les habitudes de pensée de certains *clients* et à les faire passer d'une approche analytique à une approche plus intuitive.

Cette démarche n'a pas été intentionnelle non plus. Au début, il voulait simplement éviter que les clients continuent à le harceler. « Tous les clients, tous les chefs d'entreprise qui venaient ici me disaient : “David, c'est une société super que vous avez là. Mais quand allez-vous vous décider à en faire une vraie entreprise au lieu d'une aire de jeux ? » Kelley a donc redéfini le problème – « Comment transformer IDEO en une entreprise adulte ? » – pour poser la question sous cette forme : « Comment faire en sorte que les clients soient moins analytiquement sérieux et plus intuitivement créatifs ? » La solution a été de créer une nouvelle activité : le conseil en transformation d'entreprise. Samsung, Kaiser Permanente et Procter & Gamble, entre autres, ont bénéficié de l'aide d'IDEO pour faire passer leur approche du monde des affaires de l'analyse à l'intuition.

Prenons l'exemple de P&G. Cette société a d'abord fait appel à IDEO pour le design de nouveaux produits, comme le tube de dentifrice Neat Squeeze, qui tient debout tout seul, ou la brosse à dents Oral-B, destinée aux enfants[13]. Plus tard, souhaitant rendre P&G lui-même plus innovant, le directeur général, A. G. Lafley, a accompagné toute son équipe de cadres – quarante personnes – au siège d'IDEO pour les initier à son processus de design et d'innovation. (IDEO les a immédiatement emmenés faire du shopping pour acheter leurs propres articles.) Malgré leur enthousiasme, de retour à Cincinnati, ces cadres n'ont pas pu reproduire les méthodes d'IDEO à cause de la résistance de la branche commerciale de P&G. C'est à ce moment-là que, avec l'aide de David Kelley, les cadres de P&G ont compris qu'une transformation structurelle plus profonde serait nécessaire pour que le processus d'innovation d'IDEO fonctionne chez eux. Non content de transmettre à P&G son processus de conception, IDEO a également formé plus d'une centaine de facilitateurs internes pour leur expliquer comment le mettre en place. La société a aussi contribué à la création à Cincinnati d'un « Innovation Gym » – un espace identique à celui de son propre siège à Palo Alto, idéal pour les équipes qui appliquent le processus de design par prototypage.

Tout cela a été bénéfique à P&G, même si l'on est loin de la transformation organisationnelle complète accomplie par Robert McDermott, Rich Teerlink et d'autres. P&G possède bien des vertus, mais ce n'est pas une société libérée comme l'est IDEO. Ce qui n'a jamais été l'objectif d'IDEO. « Notre place dans l'univers ne nous oblige pas à nous charger de tous les travaux de terrassement, explique Kelley. Nous rendons nos clients plus forts. Nous leur apprenons à pêcher[14] » – c'est-à-dire à utiliser moins d'analyse et plus d'intuition créative face aux problèmes d'entreprise. Malgré son altruisme apparent – par comparaison avec l'attitude possessive, très circonspecte de la plupart des entreprises de conseil –, Kelley, qui ne demande à travers son approche « open source* » qu'à faire bénéficier tout le monde de son expérience, n'est pas inquiet : « Je peux divulguer notre méthodologie, parce que je sais que nous pouvons avoir une meilleure idée demain. »

La culture que Kelley a mise en place chez IDEO libère ses designers à la fois pour qu'ils fassent le meilleur travail possible et pour qu'ils y prennent plaisir. Certains ont participé à la création de cultures similaires, sur une échelle plus réduite toutefois, dans des entreprises clientes comme P&G, facilitant la tâche de *leurs* chercheurs et designers chargés d'imaginer et d'appliquer de nouvelles idées. Mais ces clients ne visent pas à restructurer radicalement toute leur organisation – ils veulent créer des environnements et des outils pour un type bien précis de salarié, un collaborateur dont le travail consiste à innover et à produire de nouvelles idées. Dans les entreprises « comment », il ne s'agit que d'un tout petit sous-ensemble. Même chez IDEO, il n'y a pas que des designers. Aussi faut-il se poser

* Allusion à la pratique des éditeurs de logiciels – par exemple Linux – consistant à divulguer le code informatique à tous. (N.d.T.)

la question suivante : IDEO est-il une aire de jeux pour ses designers chéris, mais un enfer bureaucratique pour les autres ? La pierre de touche d'une culture libérée consiste à déterminer si elle concerne tout le monde – à commencer par la réceptionniste et le gardien.

IDEO a besoin de ces gens-là comme les autres entreprises. Mais, chez IDEO, ces tâches de « support » ont été organisées au sein d'un groupe de travail baptisé l'« équipe d'expérience ». Il est constitué de plusieurs dizaines de salariés chargés de recevoir les appels et les visiteurs, de réceptionner et d'expédier les marchandises et le courrier, de s'occuper de la restauration, de mettre en place et de démonter les espaces voués aux projets, d'entretenir le matériel des salles de réunion et même de traiter les notes de frais. Dans certaines entreprises, « on remarque qu'ils ont l'impression d'être des victimes », dit David Haywood, vice-président d'IDEO chargé du développement et guide autoproclamé de la culture IDEO[15]. Chez IDEO, ces salariés travaillent en équipe et ont pour mission d'organiser l'expérience « de vie, de travail et de visite » de leurs collègues et des visiteurs. Qui plus est, ils ont été formés à la méthodologie de design créatif d'IDEO pour observer, imaginer et construire des prototypes, puis offrir la meilleure expérience possible à leurs collègues et aux visiteurs. Mentionnons, parmi les idées qui en ont jailli, celle d'offrir des petits pains frais, du fromage à tartiner, du café et des fruits tous les matins à la cafétéria. Ainsi, ceux qui viennent chercher leur courrier – déposé intentionnellement à la cafétéria – peuvent « parler à leurs amis » et vivre une expérience agréable. Chaque année, l'« équipe d'expérience » va même passer deux jours en séminaire résidentiel, le genre de sortie que d'autres entreprises réservent à leurs supercommerciaux. Ils louent une villa au bord de l'océan, commandent des repas et de la bière, et consacrent leur temps à réfléchir et à imaginer des expériences uniques pour leurs collègues et pour les visiteurs.

Joani Ichiki est membre de l'équipe d'expérience. Elle travaille comme réceptionniste et planificatrice des repas. Quand nous lui avons demandé en quoi son travail chez

IDEO se distingue de celui dont elle a fait l'expérience dans d'autres entreprises, elle a d'abord eu un peu de mal à exprimer sa pensée : « Ce n'est pas pareil, c'est tout. J'ai déjà travaillé dans quatre autres [sociétés], et c'est simplement que… comment vous dire ? Ici, il n'y a pas l'ambiance "grand groupe"[16]. » Est-ce à cause de l'attitude amicale de ceux qui travaillent chez IDEO ? « C'est plus que ça, a répondu Ichiki. Je crois qu'ici, si vous avez une idée pour changer les choses, on vous laisse essayer et vous pouvez le *faire*. » IDEO offre à tous les membres de son personnel – de Kelley aux designers et à l'équipe d'expérience – une méthodologie qui leur permet de trouver des solutions susceptibles d'améliorer l'environnement de l'entreprise. Ensuite, IDEO leur offre la liberté de créer cet environnement.

IDEO étant une société de design, il est particulièrement facile de repérer les interconnexions entre les activités de Kelley en tant que concepteur de produits et ses activités en tant que concepteur de cultures. La souplesse d'IDEO en matière d'organisation est, de toute évidence, étroitement liée à la façon dont l'entreprise conçoit des produits pour ses clients – les mêmes processus et les mêmes sortes d'interactions sont requis dans les deux domaines. Cette relation entre souplesse organisationnelle et souplesse professionnelle est un élément vital de toutes les entreprises libérées. En termes économiques, le courant continu d'informations et d'idées – en provenance de tous les coins de l'entreprise – est incontestablement le principal moteur de l'innovation et des excellentes performances financières. Toutes les entreprises que nous avons étudiées dans ce livre appliquent, dans une plus ou moins grande mesure, leur propre version du processus de design créatif de Kelley à l'élaboration de leurs environnements d'entreprise aussi bien que de leurs produits et de leurs processus opérationnels.

Un lieu de travail et de bonheur, pas une secte

Malgré tout, vous pouvez penser que toutes ces histoires de création d'une culture d'entreprise ne constituent qu'une méthode de plus – déguisée, celle-ci – pour contrôler la main-d'œuvre. Il est vrai que, au lieu d'exercer un contrôle direct sur le comportement des salariés par des ordres, des directives et des mécanismes de motivation – la carotte et le bâton –, les cultures libérées appliquent un certain nombre de normes – des « règles non écrites » – que tous doivent respecter s'ils ne veulent pas faire l'objet d'une « excommunication douce ». Il n'existe pas de culture sans normes et sans un certain sentiment de « voilà comment les choses se font ici »[17]. Dans une culture « comment », la norme peut être « consultez toujours la hiérarchie », alors que dans une entreprise « pourquoi » elle sera, par exemple, « informez et consultez tous ceux qui risquent d'être affectés par la décision que vous vous apprêtez à prendre », comme c'est le cas chez IDEO. Cette perception du « contrôle social » qu'une culture d'entreprise exerce sur le comportement peut être si forte que, vues de l'extérieur, certaines entreprises libérées commencent à ressembler à des sectes. De fait, chez Vertex, dans le Richards Group et ailleurs, certaines jeunes recrues reconnaissent avec un certain embarras qu'elles doivent donner l'impression d'avoir un peu « forcé sur le Kool-Aid* ». Mais les « règles du jeu » d'une entreprise libérée ne sont pas imposées par une instance supérieure. Elles se développent organiquement à partir des interactions réciproques des salariés eux-mêmes. Et, comme elles viennent de la base, tout le monde les applique naturellement ; il n'y a pas une caste de cadres dirigeants autorisée à imposer des directives aux échelons inférieurs.

Les buveurs de Kool-Aid ne sont pas soumis à l'emprise du gourou de quelque secte malfaisante. Ils sont contents

* Allusion au suicide collectif d'une secte en Guyane en 1978. Le gourou, Jim Jones, avait convaincu ses adeptes de se suicider en buvant du Kool-Aid – une boisson aromatisée – empoisonné au cyanure. (N.d.T.)

de travailler dans leur entreprise – ce qui peut paraître éminemment suspect aux yeux de leurs connaissances. Beaucoup de gens coincés dans des entreprises « comment » n'imaginent même pas qu'on puisse être heureux au travail. Mais ce bonheur est précisément une des différences clés entre les cultures « comment » et les cultures « pourquoi ». Les entreprises « comment » ne se font jamais traiter de sectes, parce que peu de gens y trouvent le bonheur. Ils ne l'y trouvent pas parce que, au lieu de contribuer à satisfaire les besoins universels des salariés, leurs normes culturelles sont destinées à répondre aux intérêts particuliers de la nomenklatura d'entreprise. Aussi un grand nombre de salariés ne sont-ils pas seulement malheureux ; ils sont soumis à un stress chronique, avec toutes les conséquences préjudiciables que cela peut avoir pour leur santé. Vues sous cet angle, ce sont en réalité les entreprises « comment » qui se rapprochent de sectes, exploitant au bénéfice de leurs dirigeants les nouvelles recrues, qui ne tardent pas à éprouver le poids de la domination et du stress. Les entreprises libérées, en revanche, sont conçues pour répondre aux besoins universels de leur salariés, afin qu'ils trouvent l'automotivation nécessaire pour acquérir maîtrise et bonheur.

En définitive, mettre en place un environnement libéré n'est pas un projet socialement déterministe. Contrairement à un environnement « comment », qui cherche explicitement à définir et à contrôler les faits et gestes des salariés, l'environnement libéré s'efforce de leur accorder la liberté d'agir dans leur intérêt et dans celui de l'entreprise – et d'en assumer l'entière responsabilité. Rappelez-vous le processus de design de Kelley – il s'agit d'une série de pratiques professionnelles destinées à faciliter la découverte de la meilleure solution humainement possible. Ces pratiques existent pour entretenir l'espace où les meilleures idées seront proposées en toute liberté et pourront être appliquées.

Une des nombreuses bonnes raisons qui incitent toutes les entreprises libérées à suivre sous une forme ou une autre la maxime « consultez les gens concernés » chère à IDEO est que l'on ne peut jamais savoir quelles idées et quelles réactions seront essentielles à la solution d'un problème. Ainsi, si les normes et les pratiques professionnelles d'une entreprise libérée ne sont pas dépourvues de toute contrainte, elles libèrent en un sens beaucoup plus profond. Ces pratiques étant « épistémologiquement humbles », elles restent ouvertes aux contributions de chacun. L'objectif, pour reprendre les propos de Brown, PDG d'IDEO, que nous avons cités plus haut, « n'est pas de finaliser un projet. C'est de prendre conscience des forces et des faiblesses d'une idée et d'identifier les nouvelles directions » dans lesquelles elle pourrait s'engager. Les « contraintes » sont, en réalité, des « règles non écrites » apparues pour préserver cette souplesse. En revanche, le dessein d'une bureaucratie est précisément d'être fermée – d'accomplir des actions renouvelables, encore et encore, sous une forme toujours identique – et de « finaliser les projets ». Faites ce que vous êtes « censés faire », autrement dit.

Bob Koski, de Sun Hydraulics, affirmait qu'une culture d'entreprise libérée est « réservée aux adultes » – à ceux qui sont « bons juges d'eux-mêmes [...] [et] responsables d'eux-mêmes [...] [parce que ici] ils ne peuvent pas reprocher leurs mauvais résultats à autrui[18] ». Liisa Joronen admettait que ce système ne s'adresse pas à tous et peut être très pénible pour certains, parce que la liberté s'accompagne de responsabilité et qu'un lieu de travail où règne le bonheur exige une grande autodiscipline.

Tout le monde n'est pas fait pour travailler dans une entreprise libérée[19]. Nous allons nous pencher à présent sur les problèmes de la préservation d'une culture libérée au fil des ans, face au renouvellement des leaders aussi bien que des salariés de base.

14

Faire voler des papillons en formation

Préserver la liberté sur la durée

> On ne se baigne jamais deux fois dans le même fleuve.
>
> Héraclite

La place essentielle que nous avons accordée aux leaders libérateurs peut paraître, elle aussi, paradoxale, puisque la liberté dans l'entreprise commence par la prise de conscience du rôle capital des salariés dans son succès et ses performances. S'il y a paradoxe, c'est parce que tout ce que nous a appris l'étude de ces entreprises pointait dans la même direction : en dernière analyse, le succès ou l'échec d'une campagne de libération reposait sur celui qui est à la tête de la société – les valeurs du leader, sa créativité et sa sagesse constituant les éléments clés de la réussite du projet.

Cette dépendance à l'égard d'une unique figure centrale n'en pose pas moins une question primordiale : si la création d'une entreprise libérée exige un leader aux qualités exceptionnelles, un tel environnement peut-il survivre à son créateur ? Un lieu de travail libéré peut-il perdurer ou faut-il y voir le fruit d'un heureux concours de circonstances qui ne peut, le temps passant, que céder à la bureaucratisation ?

Tel était, en un sens, l'idéal bureaucratique de Max Weber : remplacer les préférences personnelles par des décisions et des procédures impersonnelles. Le principe de la liberté au travail, en revanche, exploite toutes les informations, les intuitions et les initiatives qui échappent aux règles préétablies. Alors qu'un mode de gouvernance attaché aux règles prétend : « Puisque ça a marché jusque-là, il suffit de continuer à faire la même chose », un leader libérateur sait que ces règles n'ont pas pris en compte tous les types d'informations utiles – et qu'elles ne le feront jamais. Il sait, qui plus est, que le désir de codifier « ce qui marche » sous forme de règles est aussi puissant que naturel. Gordon Forward, ancien patron de Chaparral Steel, raconte l'histoire suivante pour illustrer ce risque.

Un jour, chez Chaparral, un nouveau salarié arrête Forward pour lui dire à quel point la liberté qu'il observe dans l'entreprise l'impressionne. Gordon le remercie. Emporté par son enthousiasme, le nouveau poursuit. Il trouve formidable, par exemple, que personne ne porte de veston ni de cravate au bureau. « Il faudrait interdire le port de la cravate au travail », propose-t-il.

« Si nous en faisons une règle, réplique Forward, je porterai une cravate[1] ! »

Après nous avoir raconté cette anecdote, il a ri et a ajouté : « C'est tellement idiot, d'écrire des règles ! » Idiot, et même dénué de toute sagesse, mais si naturel. Ce jeune salarié appréciait tant la culture d'entreprise de Chaparral qu'il voulait la codifier. Et cette impulsion – faire de ses préférences personnelles une règle universelle – est un risque permanent contre lequel il faut se prémunir. Cela ne veut pas dire que toutes les règles doivent être bannies. Comme le relève Gordon Forward, Chaparral, une entreprise de métallurgie, impose de nombreuses règles, ne fût-ce que dans le domaine de la sécurité. Elles sont vitales dans une branche où l'on travaille avec du métal en fusion à plus de mille six cents degrés. Et, comme nous l'avons vu, toutes les entreprises libérées possèdent des règles non écrites, telles que « Ne rédigez pas de notes de service – transmettez les informations oralement » chez GSI, ou « Consultez tous les collègues concernés avant de prendre une décision » chez Gore et IDEO. L'essentiel est d'arriver à distinguer les règles informelles, qui prennent naissance spontanément pour signaler une habitude commune – une tradition locale, si vous voulez –, de celles qui cherchent à imposer de façon formelle les préférences d'un individu à tous les autres. Forward se comportait en garant de la culture dans le sens évoqué par Davids et Kelley en rappelant à sa nouvelle recrue enthousiaste que l'essentiel n'était pas que les cadres portent ou non des cravates, mais qu'ils aient la liberté d'en décider par eux-mêmes.

Or la liberté de porter une cravate n'est certainement pas la décision professionnelle majeure que puisse prendre une entreprise. C'est précisément la raison pour laquelle Forward aime raconter cette histoire. Pour lui, si vous jugez nécessaire d'établir des règles sur des points insignifiants, comment pouvez-vous attendre de vos salariés qu'ils prennent des décisions importantes pour votre entreprise ?

Cravates, ventres à l'air et désir de règles

Cette vision des codes vestimentaires, puisque c'est de cela qu'il s'agit, a trouvé un écho tant chez Sun Hydraulics que chez Vertex. Greg Hyde, directeur des ressources humaines chez Sun, a rattaché les codes vestimentaires à un thème que nous avons déjà rencontré : l'utilisation de règles pour éviter ce qui serait considéré dans d'autres circonstances comme des interactions humaines normales. « Pourquoi imposer un code vestimentaire ? » demande Hyde. Si la tenue de quelqu'un paraît choquante à un autre, « est-ce que ce n'est pas à lui de lui en parler[2] ? ».

Le code vestimentaire permet de remplacer cette conversation – qui pourrait, il est vrai, être embarrassante et tendue – par une règle formelle. Et par une hiérarchie chargée de faire appliquer cette règle : « Si vous avez une hiérarchie, explique Hyde, il faut que vous alliez voir [le patron] et que vous lui disiez : "Hé, il enfreint la règle ! Pouvez-vous aller le lui faire savoir ?" » Hyde ajoute avec sagesse : « Voilà un bon moyen de créer de l'animosité entre les gens. » Un conflit mineur qui aurait pu se régler à l'amiable donne à un salarié l'occasion de brandir l'autorité de l'entreprise contre un autre. Cet appel à la hiérarchie augmente l'animosité, la méfiance et les tensions. Une règle – un code vestimentaire, en l'occurrence – destinée à préserver la correction et la bienséance porte en réalité préjudice à l'une comme à l'autre. En même temps, comme le fait remarquer Gordon Forward, le recours aux règles a ravalé toutes les personnes concernées du rang d'adultes responsables à celui d'enfants rebelles.

Répétons-le, les codes vestimentaires ne sont évidemment pas le problème le plus pressant des entreprises ; pourtant, ils ont été évoqués plusieurs fois au cours de nos entrevues. À la demande de certains salariés, Jeff Westphal a autorisé un jour la création d'un comité chargé de définir un code vestimentaire pour Vertex. Mais, après avoir discuté âprement de sujets d'une importance aussi primordiale que la surface de ventre nu admissible, ses membres ont repris leurs esprits et réagi comme Greg Hyde chez Sun : si la tenue d'un salarié en gêne un autre, ils doivent pouvoir en parler entre eux et régler le problème sans être obligés de passer par la « voie officielle ». Stan Richards présente les choses de façon presque similaire : « Choisissez une tenue où vous êtes à l'aise sans mettre les autres mal à l'aise. »

Ce sujet a été abordé spontanément dès la première heure de notre visite de l'usine de Chaparral Steel – aujourd'hui propriété de Gerdau Ameristeel – à Petersburg, en Virginie. « Le système établi par Gordon [Forward] privilégie la simplicité et l'absence de symbole », nous a dit Gary Titler. Titler a fait ses débuts à l'usine Chaparral du Texas en 1982, après être passé par une entreprise syndiquée du Michigan. Quand nous l'avons rencontré en 2008, il était directeur du département des matières premières à l'aciérie de Petersburg. « À part les enterrements, les seules occasions où vous pouviez voir une cravate, c'était pour l'entretien d'embauche d'un nouveau salarié, un point, c'est tout. En d'autres temps, dans le secteur de l'acier, la cravate était un symbole qui permettait de distinguer les riches des pauvres. » Puis, passant du coq à l'âne, Titler a abandonné la question des cravates pour en venir à des libertés plus fondamentales. « Quand je suis arrivé à Chaparral, j'ai compris que la culture attendait de moi que je me serve de ma cervelle et que j'aie des idées ; on ne me demandait pas de m'asseoir à telle ou telle place et de dire aux autres ce qu'il fallait faire, mais d'expliquer à mon manager comment je pouvais l'aider[3]. »

Quad/Graphics a adopté une approche un peu différente, liée à la nature de l'entreprise. Les ouvriers employés dans ses imprimeries doivent porter une tenue particulière à la fois pour des raisons de sécurité et parce que le fait de travailler toute la journée autour de bidons d'encre impose quelques concessions en matière de mode. Harry et Tom Quadracci ont cependant voulu éviter de créer une distinction évidente de statut entre les « costumes » – ceux qui travaillent dans les bureaux – et les imprimeurs. Ils ont donc décidé d'imposer à tous une chemise bleu foncé réglementaire. Elle existe dans différentes coupes, mais toujours brodée du nom de la société et de celui du salarié. Depuis le patron (et fils du fondateur Harry), Joel Quadracci, jusqu'au salarié situé au dernier échelon, tout le monde les porte, à de rares exceptions près.

Cette uniformité imposée ne conviendrait pas à tous les leaders libérateurs. Mais elle répond à un principe que tous approuveraient : la nécessité de supprimer l'ensemble des signes extérieurs d'inégalité de statut. La lutte contre ces symboles a joué un rôle capital dans la campagne de libération initiale de toutes les entreprises que nous avons étudiées. Certaines sont allées plus loin que d'autres à cet égard : Quad, par exemple, a conservé des places de stationnement réservées pour certains cadres. Les salariés de base, interrogés sur ce point, nous ont répondu que cela ne les dérangeait pas trop. Ces places réservées n'étaient pas cohérentes avec la culture égalitaire de l'entreprise, mais elles ne constituaient pas, à leurs yeux, un défaut rédhibitoire[4].

De même, il est essentiel, pour préserver la liberté de l'entreprise, d'empêcher les symboles de statut de se réintroduire insidieusement au fil du temps – surtout après un changement de direction ou de propriétaire. Après un tel passage de relais, ces symboles ne suffisent pas à assurer que les salariés pourront agir librement et, en même temps, qu'ils auront l'impression de pouvoir le faire. Comme le révèle bien l'anecdote de la cravate de Gordon Forward, il n'est que trop facile pour une nouvelle génération d'accepter la forme de ces transformations sans en comprendre pleinement le sens. Si l'on n'y prend pas garde, on peut se retrouver dans l'une de ces deux situations, aussi préjudiciables l'une que l'autre. Dans un cas comme celui du jeune employé enthousiaste de Forward, une liberté peut se scléroser en règle formelle et ses bénéfices s'évanouissent. Ceux qui imposent à tous ce qui n'était qu'une règle informelle se rapprochent des singes de l'expérience du tuyau d'arrosage décrite au chapitre 3. Plus personne ne sait pourquoi il ne faut pas monter cet escalier, mais tous les pauvres singes qui essaient de le faire se font rosser.

Dans l'autre cas, la pratique en question est modifiée ou abandonnée parce que la génération suivante n'en comprend pas la justification profonde. Faute de cette compréhension, la tendance naturelle est de se concentrer exclusivement sur les coûts comptables de la politique ou de la pratique existantes.

Le sens des mots et le respect de la tradition

Les Lewis, de W. L. Gore & Associates, a évoqué ce danger dans un contexte différent et plus important que celui de la tenue vestimentaire. Lewis, rappelez-vous, travaillait chez Gore quasiment depuis la création de l'entreprise. Et, quand nous l'avons rencontré, il était sans doute le deuxième plus ancien de ses membres. En tant que tel, il se considérait comme un « porte-étendard », et regrettait que des recrues arrivées de fraîche date ne comprennent pas le bien-fondé de certaines des « valeurs », comme disait Lewis, que les associés de l'entreprise avaient, dans les premières temps, tenues pour admises.

Comme nous l'avons relevé au chapitre 4, Bill Gore prenait très au sérieux le respect des délais de livraison. Au point, selon Lewis, de « hausser franchement la voix » quand quelqu'un avait le malheur de suggérer « que c'était déjà bien que 85 % des livraisons arrivent à temps ». De nombreuses entreprises, la plupart même, en font une décision économique – un compromis entre les coûts de stockage et le taux de respect des délais. La location d'un hélicoptère pour assurer une livraison, comme dans l'anecdote de Zobrist, n'est qu'un exemple extrême de ce que peut coûter financièrement une exigence de 100 % de résultats. Mais, pour Bill Gore, livrer dans les délais n'était pas une question économique, d'un point de vue comptable en tout cas. « Bill Gore était inflexible, raconte Lewis. Quand vous prenez un engagement à l'égard d'un client, quand vous promettez de le livrer à telle ou telle date, c'est un *engagement*. S'il était aussi intraitable, c'est parce qu'il s'agit d'une décision qui relève de la ligne de flottaison. En effet, vous compromettez votre réputation si vous n'êtes pas à la hauteur de vos promesses. » Une fois votre réputation perdue, ajoutait-il, « c'est pour toujours ».

Il s'agissait d'un des rares sujets susceptibles de faire sortir Bill Gore de ses gonds, comme le reconnaissait Lewis. Il ne serait pas outré d'affirmer que c'était le genre de choses qui, à ses yeux, était au cœur même du type de culture qu'il voulait instaurer chez W. L. Gore & Associates – une culture dans laquelle tout le monde respectait ses engagements. Cela s'appliquait aussi bien au respect d'une date de livraison qu'à la garantie d'imperméabilité du goretex. De fait, au début de l'existence du goretex, Gore a rappelé tous les vêtements en goretex parce qu'une parka avait laissé passer de l'eau. L'entreprise a offert à tous les détaillants du pays un programme complet de remplacement – qui lui a coûté quatre millions de dollars[5]. Cette exigence s'appliquait également aux engagements que chacun prenait vis-à-vis de ses collègues – comme l'illustrait la notion de « seau de crédibilité » de Gore.

Pourtant, malgré toute la passion que Bill Gore lui-même y a mise, les bureaucrates ont apparemment gagné du terrain ces dernières années. « Depuis une quinzaine d'années, je suis le loup solitaire, la voix qui prêche dans le désert », reconnaît Les. Les nouvelles recrues – surtout, selon Les, les transfuges d'autres grandes entreprises – ont estimé que l'ambition de respecter à 100 % les délais de livraison était une idée désuète, pour ne pas dire contraire aux lois de l'économie.

L'entreprise avait presque cinquante ans d'activité quand nous avons rencontré Les Lewis. Et, à maints égards, la continuité de sa culture – sur trois générations et des brouettes – était remarquable. Malgré tout, Les Lewis menait un combat solitaire et d'arrière-garde sur un principe économique non écrit qui avait été jadis un élément essentiel de l'identité même de la société. Pour lui, ce problème était symptomatique d'un certain dérapage dans l'interprétation que les jeunes associés faisaient de la culture de Gore, et il envisageait de faire venir d'anciens ouvriers et des associés à la retraite pour parler à la nouvelle génération, lui raconter des histoires d'anciens combattants et essayer de lui inculquer un peu de l'esprit d'autrefois.

Tout le monde apprécie les bons récits de batailles bien racontés, et nous n'avons pas été surpris d'entendre Lewis dire que leurs jeunes associés avaient « soif » de les entendre. Quant à savoir s'ils sont capables de transmettre efficacement une tradition, c'est une autre affaire.

Il serait étrange en vérité qu'une société comme Gore cesse elle-même de prendre des risques alors qu'elle a été fondée par un homme qui aimait demander : « Quelles erreurs avez-vous commises récemment ? Aucune ? C'est que vous n'avez pas pris suffisamment de risques. » Un minimum d'évolution et de réinterprétation des traditions n'est pas seulement inéluctable, mais salubre. Chacune de ces entreprises a été fondée ou transformée en partant de l'idée pleine de sagesse que celui qui se trouvait à sa tête ne détenait pas toutes les réponses, et que la méthode de mise au point d'un prototype telle que la pratique IDEO est nécessaire pour faire émerger les idées des autres.

Une éternelle vigilance est le prix de la liberté

Cela dit, quand une entreprise agit différemment de ce que les salariés ont pu observer dans d'autres sociétés – ou même tout au long de leur éducation et de leur formation –, un minimum de rééducation est de rigueur si l'on veut préserver les acquis essentiels de cette culture. W. L. Gore & Associates applique ce principe depuis plus de cinquante ans, ne serait-ce que par le vocabulaire employé pour parler de la culture d'entreprise. Les « associés » et les « parrains », le « seau de crédibilité » et la « ligne de flottaison » : tous ces termes rappellent que Gore n'est pas une entreprise comme les autres. Ce langage peut rebuter les étrangers et les nouveaux – dont certains quittent l'entreprise assez vite –, ce qui n'est pas forcément un inconvénient. Son objectif n'est pas de faire fuir les étrangers, bien sûr, mais de faire renoncer tout le monde aux idées traditionnelles sur la responsabilité et l'autorité au sein d'une entreprise. Le langage de Gore incarne les règles non écrites, les principes directeurs et les pratiques de sa culture. Si Lewis réussit à faire comprendre à ses jeunes collègues les principes d'« équité à l'égard du client » et d'« engagement », ils trouveront eux-mêmes le bon équilibre entre 100 % de livraisons dans les délais et la réduction des frais de stockage. Cette méthode n'est pas infaillible, bien sûr. Aucune ne l'est. Et, dans la mesure où le sens des mots lui-même peut évoluer avec le temps, il ne faut jamais relâcher sa vigilance.

L'insistance de Gore sur le vocabulaire n'est qu'un des moyens possibles de préserver et de transmettre durablement la culture d'une entreprise, surtout après un changement de leadership ou de contrôle. Toutes les sociétés que nous avons étudiées ne partagent pas l'intérêt de Gore pour l'utilisation du langage comme outil de transmission culturelle. Certaines privilégient des événements et des rituels sociaux, à l'image de Quad/Graphics, où les cadres dirigeants donnent chaque année un spectacle musical devant les salariés. Les interprètes répètent avec des professionnels du chant et de la danse pendant trois semaines – sur leur temps libre, cela va de soi. D'autres sociétés transmettent une partie de leur culture par la conception originale de l'espace de travail, comme c'est le cas chez SOL, IDEO et au sein du Richards Group. Mais toutes ces méthodes peuvent ne pas suffire en cas de vente de la société ou de départ de son leader.

Pour étudier la question de la pérennité d'une culture après l'arrivée d'un nouveau propriétaire, il n'est pas inutile d'observer de plus près les différentes manières dont une entreprise peut changer de mains. Chez Gore, un programme d'achat d'actions incitatif a mis en place un actionnariat salarié, mais le contrôle de l'entreprise reste assuré par les descendants des fondateurs, de Bob Gore, fils de Bill Gore, jusqu'à la génération actuelle. Le Richards Group, lui, appartient toujours à son fondateur et directeur général, et Stan Richards n'a pas l'intention d'en transmettre la propriété à son successeur – pas plus qu'à ses enfants. « Pourquoi leur gâcher la vie ? » a-t-il répondu quand on lui a demandé les raisons de ce choix.

Richards étant encore en fonction et toujours propriétaire de l'entreprise, il est trop tôt pour dire si ses projets se concrétiseront. Rappelez-vous qu'il a pris des dispositions pour que la propriété de l'agence soit confiée à une fondation qui ne sera pas autorisée à la vendre. L'un de ses trois successeurs potentiels désignés apprendra qu'il ou elle est directeur général le jour où il se retirera, mais pas avant.

Si Richards a entrepris une telle démarche, peu courante, c'est parce qu'il ne pense pas que la culture singulière de son agence puisse survivre à son acquisition par une grosse boîte de publicité. Toutefois, comme le montrent les expériences d'autres leaders libérateurs, le changement de patron peut constituer un défi tout aussi important – voire plus, dans certains cas – que celui de propriétaire.

Bob Davids a développé Radica Games, qui est passé en l'espace de neuf ans de deux salariés à huit mille. Quand il a quitté ses fonctions de directeur général en 1999, le conseil d'administration a confié les rênes à son successeur désigné. Quand nous lui avons demandé ce qu'était devenue la culture qu'il avait instaurée dans cette entreprise, Davids a répondu sans hésiter un instant qu'elle avait « complètement disparu[6] ». Son remplaçant, a-t-il précisé, avait « mis à peu près six mois à la tuer ». Interrogé sur la *façon* dont il avait pu la détruire aussi rapidement, Davids a été tout aussi catégorique : « En pratiquant une politique de deux poids deux mesures. C'est le cancer de la culture, [...] la méthode la plus meurtrière qui soit. » Il entendait par là que son successeur avait immédiatement commencé à s'adjuger tous les petits avantages et privilèges qu'un leader libérateur doit fuir comme la peste s'il veut réussir. Prises isolément, des démarches telles que la monopolisation du plus grand bureau peuvent paraître relativement anodines, mais les salariés comprennent immédiatement le message. Le nouveau patron ne se subordonne plus à ses salariés ; plutôt que servir, il se sert.

Bob Davids a évoqué avec prosaïsme le démantèlement presque immédiat de ce qu'il avait mis près de dix ans à édifier. Une de ses expressions favorites est : « Si vous n'avez pas de stratégie de sortie, vous êtes l'esclave de votre boulot. » C'est vrai, affirmait-il, quel que soit le propriétaire de l'entreprise, vous ou un autre. Sur ce point, Davids se distingue fondamentalement de Stan Richards et de Bill Gore. Il a dirigé une demi-douzaine de sociétés au cours de sa carrière et juge ses réalisations à l'aune des résultats obtenus *pendant qu'il était aux commandes*, sans se préoccuper de ce que la postérité en a fait. Il comprendrait mal les tentatives de Gore et de Richards pour pérenniser ce qu'ils ont construit.

Pendant qu'il était chez Radica, raconte Davids, il a eu une conversation avec un collaborateur prometteur qui refusait une promotion au poste de directeur d'usine. Davids lui a demandé : « Vous voulez que je vous confie le secret qu'il faut connaître pour devenir patron ?

– Oui, a répondu le directeur réticent en prenant un crayon.

– Bien, alors, notez. Le voilà. Il faut – vous êtes prêt ? – *faire plus d'erreurs que tous les autres*. Mais ne jamais faire la même erreur deux fois. »

Comme on ne peut choisir son successeur qu'une fois, les risques d'erreur sont élevés. Mais, en définitive, la seule chose que l'on puisse faire est d'essayer de former le nouveau aussi bien que possible et de laisser la place à celui qui convient le mieux. Si le nouveau patron – ou les actionnaires, dans l'éventualité où le directeur général n'est pas propriétaire – fait prendre un autre cap à l'entreprise, eh bien, tant pis. En ce sens, Davids a raison de ne pas trop se soucier du sort de Radica. L'entreprise a fini par être rachetée par Mattel et par devenir une division comme une autre de la société mère. L'ambition de Davids est de créer des entreprises d'envergure exceptionnelle et de les vendre – pas de les faire durer ni de les maintenir intactes. Mais, pour ceux qui ont envie de laisser derrière eux quelque chose qui ait une chance de survivre à leur départ, nous avons découvert que cela n'a rien d'impossible. Les preuves abondent.

Faire durer la liberté exige des soins attentifs et dévoués

En 1996, David Kelley a vendu la majorité de sa participation au capital d'IDEO à Steelcase, qui est alors entré en Bourse. Pourtant, selon lui, ni ce changement de propriétaire ni le transfert de ses fonctions de directeur général en 2000 à Tim Brown n'ont empêché IDEO de continuer à fonctionner comme une entité indépendante et de préserver sa culture depuis trente ans. Rich Teerlink a introduit Harley en Bourse en 1986 avant de consacrer dix ans à libérer l'entreprise. Il s'est retiré en 1999, et Harley en est aujourd'hui à son troisième patron « libérateur ». Jim Ziemer, l'actuel directeur général, reconnaît que, « au départ, il faut un visionnaire pour affirmer qu'il existe un autre mode de fonctionnement[7] ». Mais Ziemer n'hésite pas à faire une comparaison audacieuse à propos de la culture que Teerlink a mise en place : « C'est comme une religion, c'est spirituel. Il faut y croire et faire comme si c'était une religion. […] Dans certains cas, peut-être, le système de commandement et contrôle est parfait, mais […] si le leader change, ça ne tient pas. S'il s'agit d'une religion, ça peut tenir. »

Ziemer, qui a fait ses débuts comme syndicaliste chez Harley, n'a rien d'un curé. Cependant, comme Kelley et

Davids, il est le garant d'une culture qui « a besoin d'être entretenue et de bénéficier de soins attentifs et dévoués pour rester en vie ». Il organise chaque année quarante réunions de l'ensemble du personnel dans toutes les usines et fait le tour de chacune en demandant à tous de quoi ils ont besoin ; il s'inquiète si les salariés *ne le harcèlent pas* : « J'en viens à me demander si nous n'avons pas un nouveau manager qui leur a dit : "Surtout, ne parlez pas à M. Ziemer." Ça me rend méfiant. » Comme l'a relevé Les Lewis chez Gore, Ziemer est convaincu qu'il « faut entretenir en permanence [la culture] aussi bien que la formation » des nouveaux salariés issus de l'univers « comment ». Harley fait suivre à toutes ses nouvelles recrues un programme de formation de six mois pour donner à chacun la possibilité d'exprimer ses doutes, de poser des questions et d'assimiler la culture de l'entreprise. Ziemer, soit dit en passant, était incrédule au départ. Il avoue aujourd'hui qu'au début il ne savait pas pourquoi le projet de Teerlink était un bon projet, et qu'il a simplement « suivi le mouvement ».

Bob Koski, qui a fondé Sun Hydraulics en 1971, l'a introduit en Bourse en 1999. La culture libérée de l'entreprise subsiste, malgré les pressions des actionnaires et deux relèves de la garde à la tête de l'entreprise. La famille de Koski conserve une participation minoritaire. Lui-même est décédé le 11 octobre 2008. Au milieu de l'année 2008, bien que malade, Koski continuait à aller travailler régulièrement chez Sun. Il avait légué à son entreprise une lignée de dirigeants qui partageaient ses idées sur la manière dont on doit traiter le personnel. Les documents qu'il a laissés, depuis son modèle économique discuté au chapitre 5 jusqu'à ses lettres aux actionnaires, constituent de véritables archives de sa vision d'entreprise et de sa culture.

Quand nous l'avons rencontré, Koski nous a déclaré qu'il n'appréciait pas notre usage du mot « liberté ». Nous lui avons demandé pourquoi, et, fidèle à sa démarche socratique, il nous a répondu par une question : « Comment faites-vous voler des papillons en formation[8] ? » Koski a fondé une entreprise de produits manufacturés de haute précision. Sa spécialité est la fabrication de valves hydrauliques plus performantes et d'une qualité plus régulière que celles de ses concurrents. Ce qui impose de faire les choses exactement comme il faut, encore et encore. Sun est très fort dans ce domaine. Si fort que ses articles de rebut eux-mêmes sont encore plus performants que la plupart de ceux de ses rivaux. Autrement dit, la survie de Sun repose sur la régularité, la reproductibilité et l'uniformité. De sorte que, quand Bob Koski nous a posé cette question incongrue, il cherchait à nous faire élégamment comprendre son point de vue : Sun ne peut pas se permettre d'avoir des papillons dans ses usines, si ordonnés soient-ils. Ne croyez pas pour autant que Koski voulait des automates, ou la « paire de mains » mythique d'Henry Ford. Non. Il voulait des adultes. Quand vous venez travailler chez Sun, disait-il, « vous ne pouvez pas venir dans un rôle de parent, et vous ne pouvez pas venir dans un rôle d'enfant. Il faut construire des relations adultes ». Des relations, autrement dit, dans lesquelles chacun traitera autrui comme intrinsèquement égal.

Cela nous paraissait familier, et nous avons donc insisté. Comment Koski définirait-il la caractéristique majeure de Sun, ce qui fait la singularité de sa culture ? Pour commencer, Koski a remarqué que c'était « difficile à décrire ». Il a ajouté prudemment : « Certains la comprennent dès le premier jour, d'autres non. » Pour lui, l'essentiel était ce qu'il appelait l'« information universelle », une idée qui se rapproche beaucoup de celle de Stan Richards affirmant qu'« il n'y a pas de salariés insignifiants » et que l'information doit donc être transmise immédiatement à tous. L'information universelle est intimement liée au principe de relations d'adulte à adulte cher à Koski. Elle fait également écho à la mise en garde de Bob Davids sur le fléau d'une politique de « deux poids, deux mesures ». Cette politique peut prendre la forme de places de stationnement réservées ou d'autres avantages, mais elle peut aussi se manifester dans le flux d'informations à l'intérieur d'une entreprise. Et, quand l'information est utilisée comme une source de pouvoir, cela révèle on ne peut plus clairement que les salariés ne sont traités ni en adultes ni en égaux.

Ce genre d'attitude n'est que trop fréquent dans la plupart des entreprises. Reste que, quand Koski disait que soit on saisit immédiatement la culture d'une société, soit elle vous échappe, il faisait allusion à quelque chose de bien plus grave que le comportement d'un manager qui traite comme un secret d'État la moindre bribe d'information émanant de la direction. Voici, selon ses propres termes, comment il a cherché à illustrer l'importance de l'« information universelle » chez Sun Hydraulics : « Regardez ce qui se passe dans l'atelier d'une usine, là où se concentrent tous les problèmes. Le chef d'équipe a deux fonctions. L'une est d'apprendre leur boulot aux nouveaux opérateurs. En ce sens, c'est un mentor. » Toutefois, dans la plupart des sociétés, ce chef d'équipe est aussi le gardien de la porte donnant sur le monde extérieur. « Quand le travail arrive, c'est lui qui s'en charge et qui dit à chacun ce qu'il doit faire et penser. » Dans son premier rôle, celui de mentor, le chef d'équipe donne à l'opérateur les outils, les connaissances et les ressources dont il a besoin pour faire son boulot. Il l'aide à le faire. Mais, dans son second rôle, il lui refuse un certain nombre de ces mêmes éléments : les informations sur les flux de commandes, les délais et la planification. Koski poursuit : « Cette personne, cet opérateur, est responsable de quelque chose *sur quoi il n'exerce aucun contrôle*. Il ne peut pas choisir ce qu'il fait, comment il le fait, où il le fait ni quand. » Toutes ces décisions relèvent du chef d'équipe, et pourtant l'ouvrier est responsable de la réalisation du travail dans les délais, en fonction d'un calendrier défini par autrui. Le chef d'équipe est lui-même tenu de réaliser ses propres objectifs et d'atteindre les résultats fixés, si bien que, pour se protéger, il impose des exigences à ceux qui sont sous ses ordres.

Koski n'avait pas le « bon vocabulaire », disait-il, pour décrire cette dynamique d'entreprise, et il ne connaissait personne qui maîtrise ce langage. Il lui arrivait de chercher ses mots pour exprimer sa pensée. Mais la force de son analyse des données essentielles apparaissait clairement dans la suite de son explication : « Voilà comment se définit le problème en termes de psychologie : le “dur” chasse le “mou”.

Avec le temps, le nouveau chef d'équipe qui, au départ, n'a pas trop insisté sur les chiffres, puis s'est mis à dire tout doucement aux opérateurs ce qu'ils doivent faire, est pris d'impatience, il se fait de plus en plus pressant parce qu'il est tenu pour responsable des résultats. Voilà le problème. »

En d'autres termes, dans un système traditionnel « comment », le manager « mou » devient « dur », ou est éliminé. S'il traite ses subordonnés avec douceur, ils obtiendront des résultats médiocres parce qu'ils n'ont ni les informations ni les outils nécessaires qui les motiveraient pour bien faire leur travail. Un patron « mou » dans un système rigide n'est pas un gage de libération, au contraire. En réalité, comme l'a fait remarquer Koski, on aboutit inéluctablement au résultat inverse, car ce patron « mou » exerce une pression de plus en plus forte au fil du temps pour réaliser ses propres objectifs.

« Comment y remédier ? » a demandé Koski. Et il a répondu lui-même à la question : « En fournissant toutes les informations dont chacun peut avoir besoin, puis en leur apprenant à trouver ce qu'ils doivent savoir. »

L'« information universelle », autrement dit, ne s'inscrit pas seulement dans une volonté de respect et d'égalité de traitement. C'est un palliatif à la dynamique destructrice que décrivait Koski – tout à fait dans l'esprit de Robert McDermott, d'USAA : le déficit d'information entraîne une baisse de productivité, parce que les salariés travaillent dans l'ignorance. Cela impose un contrôle accru et une diminution de la liberté du personnel, ce qui exige en retour un contrôle encore plus rigoureux, et ainsi de suite. Comme le dit Hugh Osborn, un consultant qui travaille sur la réforme de l'éducation, vous finissez par « traquer l'échec[9] ». De fait, parmi toutes les manières de traiter les gens en égaux, celle qui consiste à leur fournir des informations abondantes, « généreuses », est celle qui booste le plus directement leurs résultats. À l'inverse, contrôler et faire de la rétention d'information est le meilleur moyen d'échouer.

La démarche de Koski constituait une variante de la redéfinition créative d'un problème. Au lieu de se demander comment améliorer les mécanismes de contrôle des salariés et des informations, Koski a résolu un autre problème : comment apporter au personnel les informations utiles à son travail et lui donner le pouvoir d'agir en fonction de ces informations. Quand le chef d'équipe n'a plus à expliquer en long et en large aux opérateurs comment et quand faire leur travail parce qu'il leur donne les informations indispensables pour qu'ils puissent prendre ces décisions eux-mêmes, c'est toute la dynamique entre les leaders et leur personnel qui en est transformée. « Ainsi, poursuit Koski, les leaders, comme je préfère les appeler dans l'entreprise, les managers, ou ce que vous voulez, deviennent des mentors. Et ils ne sont jamais incités à devenir “durs”. Parce qu'ils ne tiennent jamais les autres pour responsables de leurs résultats, ou du moins pas fréquemment. » Les emplois des opérateurs ont été « enrichis », dirait McDermott, par l'information et par la connaissance, et les emplois des managers sont devenus plus gratifiants. Et ni les uns ni les autres ne sont tenus pour responsables de facteurs qui échappent à leur contrôle et se trouvent entre les mains d'autrui.

« Un des trucs que nous disons à nos gars, racontait Kevin Grogan, directeur d'aciérie chez Chaparral, à Petersburg, c'est que les meilleures décisions ne sont pas toujours prises au sommet[10]. » Jim Macaluso, chargé de l'entretien de l'atelier de fonderie, ajoutait : « Dans nos usines, les gars de l'atelier prennent des décisions d'une valeur de plusieurs millions de dollars. Alors, il faut qu'on les soutienne, qu'on leur apporte les outils et les connaissances nécessaires et qu'on leur montre comment être encore meilleurs[11]. »

Confier ces responsabilités à ceux qui sont les mieux placés pour les assumer satisfait les besoins du leader et de son équipe d'être maîtres de leurs propres activités, ce qui élimine une source de stress. Et les salariés de base se voient ainsi traiter comme les adultes qu'ils sont. Autre redéfinition créative, le problème : « comment apaiser les relations entre managers et subordonnés pour réduire le stress ? » devient : *comment transformer la relation hiérarchique en une relation entre égaux pour éliminer le stress ?*

Cette idée d'« information universelle » nous a été exposée, sous une forme ou un autre, par tous les leaders libérateurs que nous avons rencontrés, ce qui n'a rien d'un hasard. C'est un corollaire essentiel, selon Koski, de la transformation de la dynamique d'une entreprise « comment » traditionnelle. Peut-être les papillons ne peuvent-ils pas voler en formation parce qu'ils manquent d'informations sur leur destination. Ils se transforment donc, pour parler comme David Kelley, en moutons, déplacés de pâture en pâture par un chien de berger qui ne fait qu'obéir aux ordres d'un berger, lequel est le seul à connaître leur destination. Personne ne sera surpris, comme le faisait remarquer Liisa Joronen, que ces moutons aient l'air démotivé, voire paresseux : « Tout le monde veut faire du bon travail. [Les gens] ne sont pas paresseux. [...] Tout le monde veut être bon. C'est comme les animaux. Ils ne sont pas méchants. C'est nous qui les traitons méchamment », ce qui les incite à se conduire méchamment[12].

Après avoir quitté son poste de directrice générale, Joronen a obtenu dans sa ferme française des résultats qui rappellent le cas des paisibles babouins de la troupe de la forêt. Après avoir vu cinq fois le film *Babe*, elle a progressivement mis en place un environnement comparable : elle a acheté plusieurs dizaines d'animaux domestiques, dont deux porcelets d'une remarquable intelligence. Mais Joronen a éclipsé *Babe*, et pas seulement parce que sa ferme est parfaitement réelle. Des animaux sauvages – cerfs, sangliers, lapins et renards – se sont installés sur ses terres et semblent coexister pacifiquement, « parce que, explique-t-elle, nous ne chassons pas et que nous les nourrissons ». Parfaite illustration des bienfaits de soins attentifs et dévoués.

Les salariés ne sont évidemment pas des moutons, ni des chiens, ni des animaux sauvages dont le seul besoin, relativement simple, est d'être bien traités physiquement. Or, non sans ironie, c'est ce besoin précis que, pour des raisons ataviques, un grand nombre d'entreprises « comment » s'attachent à satisfaire, alors même que leurs environnements ressemblent davantage à la « ferme des animaux » de George Orwell qu'à celle de Joronen. Les salariés sont des êtres qui éprouvent des besoins humains universels. Être bien traité comprend l'accès à l'« information universelle », à la connaissance et à d'autres choses encore. En fait, ce que Koski n'a pas mentionné à propos de la rétention d'information, c'est la fatuité implicite de ceux qui s'y livrent – et qui partent du principe que les informations du sommet, ou du centre, sont infiniment plus précieuses que d'autres, et méritent donc d'être protégées et gardées secrètes. Elles finissent par être transmises au compte-gouttes aux salariés de base en fonction de ce qu'ils « ont besoin de savoir » – une véritable manie dans les entreprises « comment » traditionnelles et un sujet de plaisanterie courant entre salariés. Le revers de la médaille est que les informations dont ces derniers sont les seuls à disposer – sur tout ce qui leur fait perdre du temps ou gaspiller des matériaux au cours d'une journée de travail, ou sur les aspects de l'entreprise qui agacent le plus la clientèle et la font fuir – ne sont pas jugées dignes d'être connues ou entendues. Verrouiller l'in formation sur des décisions qui affectent les salariés leur interdit d'y participer et de pouvoir améliorer les décisions prises au sommet.

Si David Kelley n'avait pas informé tout son personnel qu'il envisageait d'installer sa société près de l'autoroute, il aurait probablement procédé à ce déménagement. Il aurait ainsi économisé quelques dollars, mais aurait renoncé à cette immersion dans l'environnement urbain que ses designers jugeaient essentielle à leur travail et à leur succès. De plus, il aurait dû les y mener, comme un troupeau. Au contraire, les leaders d'IDEO informent et consultent systématiquement les salariés sur les décisions de « destination » importantes. Une fois ces décisions acceptées et adoptées, les salariés sont invités à définir eux-mêmes l'itinéraire qui les conduira à cette destination. Ils y parviennent presque toujours, ce qui donne à penser que, peut-être, un environnement libre permet aux gens de « voler en formation ». Zobrist, par exemple, est convaincu qu'ils en sont capables. Il ne comparait pas FAVI à des papillons, mais à des oiseaux :

> La nuée peut être composée de centaines de milliers d'oiseaux, mais si une buse passe à proximité, toute la nuée réagit

> instantanément comme un seul individu ! Un système compliqué avec un chef, des relais d'information, même avec des délégations de décision au plus près de la base ne pourrait réagir aussi vite. Les deux *règles simples* qui régissent son fonctionnement sont : 1) chaque oiseau veille en permanence à ne jamais entrer en collision avec ses voisins immédiats ; 2) quand le danger approche, les oiseaux menacés se réfugient vers le centre, ce qui induit le mouvement de l'ensemble de la nuée[13].

Zobrist ajoutait cette mise en garde : « Si une de ces deux règles n'est pas respectée, le système bascule dans le chaos », avant de conclure : « Le chaos est le propre des systèmes qui sont incapables d'établir des règles compliquées, ou qui sont incapables de respecter des lois simples. » En fait, certains systèmes « comment » reposant sur des règles compliquées fonctionnent, et il arrive qu'ils soient si vastes qu'il n'est pas facile de prendre conscience de la résistance que ces règles exercent sur leur progression. Mais, comme nous l'avons vu, la solution de rechange aux systèmes « comment » n'est ni l'anarchie ni le chaos. C'est la liberté, pourvu que tout le monde – ou presque – accepte la destination et approuve quelques règles toutes simples. Observez simplement une nuée d'oiseaux dans le ciel.

Les êtres humains ne sont pas des rectangles

Il n'y a aucune raison pour que l'accès à l'« information universelle » ne puisse et ne doive pas être préservé au fil du temps, quels que soient les changements de propriétaire. C'est un principe qui, de toute évidence, réussit tous les tests d'une pratique durable, indépendante de la personnalité ou de la présence d'un leader particulier au sein d'une entreprise. Si un nouveau patron *peut* évidemment décider de commencer à verrouiller les informations qui concernent ses subordonnés, la pratique de l'échange généralisé d'informations avec toutes les personnes concernées peut être intégrée dans n'importe quelle culture d'entreprise.

Bien sûr, l'accès à l'information ne suffit pas à garantir la pérennité d'une entreprise ni celle de sa culture. Il faut aussi que les salariés puissent agir en fonction de ce qu'ils savent, au service des objectifs de l'entreprise. Certaines entreprises libérées, comme W. L. Gore & Associates, adoptent une approche radicale pour assurer cette liberté d'action *sur la durée*. En renonçant aux titres et aux descriptions de poste et en les remplaçant par des engagements, Gore libère ses associés immédiatement, tout en préservant leur liberté au fil du temps. Voici comment.

Un poste, surtout s'il est figé sur un organigramme, a tendance à prendre une vie propre. Il est fort possible qu'au moment de sa création il ait répondu à un besoin vital de l'entreprise. Mais les besoins évoluent avec le temps, alors que les postes et les organigrammes sont beaucoup plus statiques. L'idée d'engagement chère à Gore est destinée à suivre la progression des besoins réels de l'entreprise : les associés ne sont pas réaffectés tous en même temps d'une unité à une autre, ni déplacés vers le haut ou vers le bas dans le cadre d'un dégraissage et d'une réorganisation périodiques. En réalité, ils migrent, passant d'un engagement à l'autre en fonction des impératifs de leur emploi du temps et de leurs envies. Cela commence dès le premier jour de travail d'une nouvelle recrue. Quand elle demande : « Où est-ce que je travaille ? », on lui répond : « À toi de trouver. »

Ce système organique permet aux gens de se développer et de diriger leur vie professionnelle d'une manière beaucoup plus naturelle que dans le régime habituel, où ils attendent avec angoisse la promotion et redoutent de se faire doubler par un autre – des situations extrêmement stressantes. Les sentiments de nombreux salariés soumis à ces contraintes sont résumés dans un petit chef-d'œuvre d'humour noir – ou de sagesse – d'entreprise : « Tant qu'il y a de la mort, il y a de l'espoir. » Le sens ? Face à la rigidité de l'organigramme, la seule manière d'être promu est que l'occupant de la case supérieur décède – ou, disons, parte à la retraite. Si ces situations sont génératrices de stress, c'est évidemment parce qu'elles échappent largement à votre contrôle, mais aussi parce qu'elles sont terriblement artificielles – vous pouvez exercer un emploi pendant des années en essayant d'y faire vos preuves, monter un dossier solide qui ne manquera pas de vous faire décrocher la prochaine grosse promotion, et vous retrouver écarté par un patron qui tire plus ou moins à pile ou face pour décider si vous obtiendrez la reconnaissance à laquelle vous aspirez[14]. Dans les faits, bien sûr, la contribution éventuelle de votre activité aux résultats de votre entreprise au cours de toutes ces années n'est pas une question arbitraire. Mais les « cases et lignes » rigides et rectangulaires de l'organigramme – pour reprendre l'expression narquoise de Rich Teerlink – pourraient bien nous le faire croire.

Non contentes d'enfermer les salariés, ces cases emprisonnent également l'entreprise. Les réorganisations massives que mettent périodiquement en œuvre toutes les sociétés le prouvent : tous les deux ans, plusieurs unités seront regroupées tandis que d'autres seront dissociées ; tel ou tel directeur sera dégagé de certaines responsabilités, alors que tel ou tel autre en assumera de nouvelles. Toutes les cases situées au-dessous d'eux seront chamboulées en conséquence. Le communiqué de presse publié à cette occasion inclura inévitablement une citation du PDG sur la nécessité d'un réalignement « dans un marché en pleine évolution ». Ce rituel n'a rien de nouveau. Dans *Au-delà du management*, Robert Townsend cite Pétrone, célèbre satiriste et écrivain romain du Ier siècle : « Nous avons tendance à voir dans l'idée de réorganisation la réponse à toutes les situations nouvelles ; et j'ai découvert qu'il n'était pas de meilleure méthode pour créer l'illusion du progrès, alors même qu'on ne produit que confusion, inefficacité et démoralisation[15]. »

Bob Koski disait, non sans quelque outrance, que les organigrammes « gravent dans le marbre quelque chose qui va changer ». Ce n'est pas vraiment du marbre, car ces organigrammes sont fréquemment déchirés et révisés. Mais ils sont indéniablement statiques, alors qu'une entreprise de niveau mondial – à l'image du monde lui-même – ne l'est pas. Voilà pourquoi Townsend mettait en garde contre l'impression et la mise en circulation des organigrammes : ils suggèrent que ceux qui sont au sommet de la pyramide en savent plus long que ce n'est le cas. « Il ne serait pas mauvais de supposer, en un mot, écrivait Townsend dans *Playboy* en 1970, que tout homme – et toute femme – est un être vivant, pas un rectangle[16]. » De plus, personne ne peut savoir quand le sort de son entreprise se trouvera entre les mains d'une femme de ménage qui répond au téléphone au lieu de passer la serpillière – comme le prévoit l'organigramme.

En raison de cette adaptabilité, l'*absence* de structure organisationnelle formelle que l'on observe chez Gore n'est pas, comme on pourrait le croire, un obstacle à la pérennité. Les cinquante ans d'existence de cette société en témoignent. De toute façon, affirmait Koski, les grandes entreprises passent leur temps à se réinventer, si bien qu'au mieux un organigramme donne une *illusion* de stabilité sur la durée, alors que sa modification offre – comme l'écrivait Pétrone – une *illusion* de progrès. Une entreprise que ses salariés adaptent aux conditions de vol – comme des papillons réagissant à une bourrasque soudaine – risque moins d'édifier au fil du temps de petits fiefs anachroniques qui ne servent plus aucun objectif stratégique mais dont on a le plus grand mal à se débarrasser, car il est impossible de réduire le nombre de salariés situés sous un tel ou un tel. Zobrist comparait les organigrammes à l'estomac d'une entreprise et demandait : « Comment une entreprise peut-elle réussir si elle ne pense qu'à son estomac et ignore complètement d'où vient la nourriture – le client[17] ? » En ce sens, une entreprise libérée présente un avantage en matière de pérennité – toutes ces rigidités organisationnelles que l'on peut laisser s'accumuler pour des raisons politiques n'en font rien en l'absence de graphiques permettant de les enregistrer. Et si l'on n'impose pas de cloisons artificielles, de précieuses informations sur les clients, les débouchés et les occasions commerciales circuleront en abondance – une clé de la pérennité de toute entreprise.

Toutes les sociétés présentées dans ce livre ne sont pas allées aussi loin que W. L. Gore & Associates sur ce plan, mais l'aversion pour des documents tels que les organigrammes est, pour d'excellentes raisons, un leitmotiv des entreprises libérées. Néanmoins, les résultats et la croissance de Gore montrent que la structure d'une entreprise n'est pas condamnée à se scléroser avec le temps si elle veille à entretenir sa fluidité. Dans le cas particulier de Gore, le vocabulaire même qu'emploient ses associés constitue une forme de continuité institutionnelle.

La liberté renforce les « signaux faibles »

Tout cela n'exclut pas l'éventualité d'un dérapage – ni même de l'effondrement catastrophique d'une culture relativement libre, comme cela s'est produit, semble-t-il, chez Radica Games après le départ de Bob Davids. Un ancien salarié d'USAA qui a travaillé longtemps dans cette mutuelle et est aujourd'hui à la retraite a évoqué en privé un certain nombre d'évolutions regrettables depuis que Robert McDermott s'est retiré, au début des années 1990. USAA conserve un des meilleurs services clientèle du monde, et ses résultats sont là pour le prouver. Mais ce salarié nous a fait remarquer que, depuis quelques années, elle ne figure plus au classement des cent meilleures entreprises où travailler, et il craignait que les successeurs de McDermott n'aient pas parfaitement compris certaines des mesures bénéfiques pour lesquelles il s'était farouchement battu. En partie peut-être à cause de son héritage militaire, USAA n'a jamais renoncé à certains privilèges hiérarchiques, et les bureaux de la direction, luxueux, sont aussi inaccessibles qu'une forteresse. Pourtant, de nombreux indices révèlent que la culture que McDermott a mise en place chez USAA reste relativement saine quarante ans après son arrivée dans l'entreprise et dix-sept ans après son départ. Il suffit pour en prendre la mesure de décrocher son téléphone et de parler à un agent, ou de bavarder à bâtons rompus avec le personnel. Quant à savoir si ses successeurs comprennent parfaitement le sens de ce qu'il a accompli, la question reste ouverte. Confortablement assis dans leur somptueux donjon pour accueillir des visiteurs, ils pouvaient – et c'est assez compréhensible – avoir tendance à oublier l'importance des voix qui répondent au téléphone pour le succès de l'entreprise.

Après tout, même si la culture d'USAA devait s'effondrer entièrement – ce qui est peu probable –, quarante ans d'existence n'auraient rien de déshonorant. Plusieurs directeurs généraux se sont succédé à la tête d'USAA depuis que McDermott a pris sa retraite, mais l'entreprise a su conserver une culture de liberté que celui-ci reconnaîtrait immédiatement. On pouvait en dire autant en 2015 de Gore à cinquante-sept ans, de Sun Hydraulics à quarante-quatre, de Chaparral et de Quad/Graphics à quarante-deux et d'IDEO à trente-sept – tous ayant connu au moins un changement à leur tête depuis leur campagne de libération initiale. En demander davantage risquerait de faire pencher exagérément la balance en faveur des entreprises « comment »[18]. Au mieux, cette dernière forme organisationnelle offre une illusion de stabilité alors que défilent les générations et les personnalités. Ce n'est pas sans raison que les questions de succession tracassent Wall Street même dans ses entreprises de prédilection – ou peut-être surtout dans celles-ci. La presse économique chante trop souvent les louanges du « système » mis en place par tel ou tel chef d'entreprise prospère, affirmant que c'est le modèle de l'avenir – avant de le voir s'effondrer à la nomination d'un successeur ou au gré d'un changement de circonstances. On accorde presque toujours plus de crédit qu'il n'en mérite au « système » interne d'une entreprise qui marche, tout en tendant à négliger le rôle de la chance et les contributions de certains salariés remarquables.

De ce point de vue, les entreprises libérées sont en réalité *plus robustes* que leurs concurrentes centrées sur le « comment ». Aux yeux de certains hommes d'affaires, encourager la liberté représente, au mieux, un numéro d'équilibrisme entre l'anarchie totale et l'expérimentation fructueuse – c'était même le cas de Bob Koski, qui s'inquiétait des papillons en formation. Les détournements de fonds massifs et les histoires de traders incontrôlés qui provoquent la faillite de banques font la une des journaux, ce qui explique que des patrons inquiets – surtout ceux de sociétés cotées en Bourse – vivent dans la crainte de n'être qu'à un escroc de distance de l'anéantissement pur et simple. On aurait pourtant tort de croire qu'une entreprise libre est plus vulnérable que les autres à ce genre de risque. Les 97 % de salariés, ou plus, qui sont d'une entière fiabilité ont au contraire de bonnes chances de payer de retour la confiance qu'on leur accorde. En tout état de cause, diriger son entreprise en fonction de l'infime minorité – les 3 % de Gordon Forward – éventuellement susceptible de menacer sa sécurité, sa solidité ou ses finances n'est pas non plus dénué de coûts ni de risques. Une entreprise qui traite ses salariés comme intrinsèquement égaux et leur permet de prendre des initiatives est mieux placée en réalité pour repérer un élément incontrôlé ou un escroc qu'une société dont la culture dominante exige que chacun fasse profil bas et s'occupe de ses affaires : rappelez-vous le commentaire de Stan Richards au chapitre 11 sur les tire-au-flanc et sur la manière dont la culture – c'est-à-dire les pairs des individus concernés, et non le patron – se charge de les rappeler à l'ordre. Terry Holder, directeur de l'atelier des laminoirs de Chaparral à Petersburg, affirme que la pression des pairs joue également un grand rôle dans la sécurité des ouvriers métallurgistes de l'aciérie : « Si un jeune néglige une mesure de sécurité, son collègue le prendra entre quatre yeux et lui dira : “Hé, tu n'as pas respecté telle ou telle procédure, tu n'as pas appliqué telle ou telle mesure de sécurité. Fais gaffe et ne recommence pas.” Son collègue lui dira ça plus facilement que son supérieur. »

Dans une entreprise libérée, il y a davantage de gens qui disposent de davantage d'autorité pour prendre leurs propres décisions concernant leur travail. Cette dispersion de la prise de décision peut, cela se comprend, *paraître* plus dangereuse – à première vue, moins il y a de gens libres de prendre des décisions, moins il y en a qui risquent de prendre une mauvaise décision, pas vrai ? Là encore, on a tendance à exagérer les avantages d'un système fortement centralisé. En réalité, ils sont inexistants.

La décentralisation de la prise de décision, qui peut être perçue comme un point faible dans une entreprise libérée, constitue au contraire une remarquable source de force. Toutes les entreprises, aussi rigide que soit leur organisation, dépendent inévitablement de ceux qui y travaillent. Centraliser l'autorité peut faire croire que l'on réduit le *nombre* de sources de risques en matière de prise de décision. Il arrive cependant même à des gens qui n'ont absolument pas le pouvoir de prendre des mesures utiles à l'entreprise de commettre des bourdes catastrophiques par incompétence, ignorance ou malveillance. Personne n'a jamais ni demandé ni accordé l'autorisation de faire échouer un pétrolier ou de provoquer un accident de chemin de fer.

En revanche, la dispersion du pouvoir de prise de décision et d'action présente d'immenses avantages. Il est vrai que, dans les entreprises, de nombreux salariés de terrain ne verront jamais tout ce que voit le patron du haut de son Olympe. Mais l'inverse n'en est pas moins exact : le chef d'entreprise ne peut jamais savoir tout ce que le moindre salarié apprend tous les jours sur le fonctionnement de son entreprise et sur ses clients.

Les théoriciens du management ont emprunté un terme à la physique pour décrire le genre d'informations que possède ce personnel de terrain. Ils parlent de « signaux faibles ». Il est essentiel de détecter ces signaux faibles, qui peuvent se révéler vitaux un jour ou l'autre. Or, par leur nature même, ils n'attirent pas l'attention de la direction parce qu'on ne les fait jamais remonter jusqu'au sommet, ou, le cas échéant, parce qu'ils se perdent dans l'accumulation de données ou dans le brouhaha de problèmes qui paraissent plus importants et émettent des signaux plus forts. On en trouve un exemple dans la conception des joints toriques qui équipaient les fusées de lancement de la navette spatiale. Un ingénieur de la NASA savait, bien avant l'accident qu'a connu *Challenger* en 1986, que leur conception était défectueuse, et il avait exprimé ses craintes à ce sujet. Mais dans la mesure où il n'y avait pas encore eu d'accident, le signal était faible. Au moment où il est devenu assez fort pour qu'on intervienne, la défaillance en question avait pris une évidence tragique. Ce sont les oiseaux de la frange extérieure, autrement dit, qui sont les premiers à voir la buse approcher. Dans trop d'entreprises, ce déficit de connaissances s'accumule, n'émergeant qu'après la perte d'un gros client, le gaspillage d'une occasion commerciale prometteuse – ou pire. Du reste, il n'existe en l'occurrence aucun mécanisme d'autocorrection : on reconnaît les erreurs, on redouble d'efforts, on augmente les contrôles, mais l'information reste insuffisante parce que les seuls qui la possèdent ne sont pas libres d'agir en fonction de ce qu'il savent.

Les oiseaux s'envolent toujours des cages

Cette situation, malheureusement, peut *aussi* perdurer pendant de longues périodes, surtout dans les très grandes entreprises « comment » dotées d'une forte capacité de lobbying aussi bien que d'emprunt. Mais, dans le cours normal des choses, quand les salariés talentueux repèrent des possibilités que leur employeur ne saisit pas, ils partent les exploiter eux-mêmes, comme l'a fait le père de Rich Teerlink, immigrant néerlandais[19]. Contremaître chez International Harvester, il s'est associé à quatre autres ouvriers, a racheté à la ferraille le vieil équipement de son ancien employeur et a ouvert son propre atelier. Les associés ont rapidement appliqué toutes les idées qu'ils n'avaient pas pu mettre en place chez Harvester, et dix ans plus tard leur entreprise s'était si bien développée qu'elle était devenue une des trois premières de sa branche et avait droit à un article dans la revue *Fortune*. Certaines de ces jeunes pousses s'étiolent, bien sûr, mais un petit nombre croît avec une sacrée vigueur. Et quelques-uns de ces rejets spontanés se transforment en monstres qui finissent par menacer la société mère. Comme on le dit souvent, ces entreprises prêteront bien l'oreille aux idées de leur salarié… mais seulement une fois ce dernier parti chez la concurrence.

Sun Hydraulics, Quad/Graphics, Richards Group, SOL et Gore sont les produits de cette usure. Aucune entreprise ne peut saisir toutes les possibilités qui se présentent, et certains salariés se mettront à leur compte simplement parce qu'ils peuvent le faire et que cela leur convient. Rappelez-vous cependant qu'une autre caractéristique des entreprises libérées est le faible taux de rotation de leur personnel. Dans tous les cas pour lesquels nous disposons de données et qui autorisent des comparaisons sensées, ces entreprises libérées présentent des taux de rotation nettement inférieurs à la moyenne. La loyauté du personnel est un immense atout lorsqu'il s'agit d'entretenir une culture, quelle qu'en soit la nature : elle entraîne une plus grande stabilité des relations interpersonnelles, du savoir institutionnel et des niveaux d'expertise au sein de l'entreprise. Mais cette loyauté est encore plus bénéfique pour entretenir une culture *libre*, pour la simple raison que cette dernière repose essentiellement sur des règles non écrites et, partant, sur la tradition et sur ses garants. Bien sûr, un faible mouvement de personnel a un revers : les entreprises ont besoin de sang frais. Cependant, pour les entreprises libérées, le danger est moins grand, car elles se développent en général rapidement et embauchent beaucoup – toujours 15 % par an chez Gore, qui compte déjà plus de dix mille associés. De plus, ces entreprises facilitent le départ de leurs collaborateurs, car elles souhaitent sincèrement qu'ils travaillent là où leurs besoins seront le mieux satisfaits et parce qu'elles apprécient beaucoup les boomerangs, comme Les Lewis chez Gore, qui sont de formidables garants de la culture. Les règles les plus équitables ne préserveront pas la culture d'une entreprise si vous n'arrivez pas à garder les salariés, dont la présence vous est nécessaire jour après jour.

Quand Max Weber évoquait la nécessité qu'une bureaucratie s'acquitte des « tâches officielles d'administration [...] avec précision, permanence, discipline et rigorisme », il exagérait la précision, la permanence, la discipline et la rigueur du système bureaucratique. Il est possible de programmer un ordinateur pour qu'il fonctionne comme le souhaitait Weber, mais des siècles d'organisation d'entreprise n'ont pas encore réussi à programmer les hommes ni les organisations pour qu'ils se comportent en automates.

Les hommes restent obstinément humains, malgré toutes les tentatives de visionnaires, de Josiah Wedgwood à Weber et d'autres, pour corriger cette réalité ou pour la concevoir en l'alignant sur nos méthodes de gestion d'entreprise. Un leader libérateur redéfinit le problème – qui s'en étonnera ? – et l'aborde à rebrousse-poil. Au lieu de s'opposer aux impulsions, aux désirs et aux besoins qui nous rendent humains et nous animent dans tous les autres domaines de l'existence, il essaie d'obtenir qu'ils rament tous dans le même sens que lui. Des hommes et des femmes ont travaillé, inventé, lutté et prospéré bien avant que le premier propriétaire d'usine ne leur impose le premier contremaître et la première pointeuse. Il leur est arrivé de travailler par désespoir, mais aussi par envie de se développer et de s'épanouir. Paradoxalement, la révolution industrielle a fini par entraîner la production d'une telle quantité de richesse que le monde industrialisé considère que la satisfaction des besoins primordiaux d'abri et de subsistance va plus ou moins de soi[20]. Pourtant, notre attitude face aux besoins et aux motivations de nos salariés conserve quelque chose d'atavique.

L'entrepreneur moderne illustre bien les désirs de reconnaissance et d'autodirection de l'artisan d'autrefois ; ce sont des besoins universels. Ce qui ne nous empêche pas de traiter trop souvent les salariés comme s'ils étaient essentiellement mus par la nécessité de satisfaire leurs besoins matériels. Si les entreprises libérées présentées dans cet ouvrage peuvent se targuer d'une réussite aussi fantastique, c'est parce qu'elles ont su s'appuyer sur les besoins universels plus élevés – pas seulement ceux de quelques « grands talents », mais ceux de tous les salariés, d'un bout à l'autre de l'organisation.

Il y a des limites aux dimensions que peut atteindre une entreprise qui veut continuer à s'appuyer sur ces besoins universels. Le bon sens et l'expérience nous le disent. Mais, quel que soit ce plafond, il est suffisamment élevé pour que 97 % de toutes les entreprises du monde, sinon plus, restent en dessous. On peut ajouter aux plus de 10 000 associés de Gore les 26 000 salariés d'USAA, les 25 000 de Quad/Graphics et les quelque 11 000 de SOL. Il existe des entreprises plus grandes que cela, beaucoup plus grandes même. (Depuis la première publication de ce livre, les 138 000 salariés d'Airbus, les 111 000 de Michelin et les 65 000 de Décathlon ont rejoint le mouvement de l'entreprise libérée.) Mais elles ne sont pas nombreuses, et ce que Gordon Forward disait d'une gestion pour les 3 % s'applique également à elles – surtout dans la mesure où toutes les grandes entreprises sont divisées en entités plus réduites qui jouissent d'un certain degré d'autonomie dans l'organisation de leurs activités.

L'expérience nous apprend que certaines personnes éprouvent ces besoins universels supérieurs avec plus d'acuité que d'autres. Bob Koski estimait que près du quart des candidats à un emploi chez Sun Hydraulics sont incapables de s'adapter au niveau de liberté – et de responsabilité – qu'ils y trouvent. Ils sont, comme il le disait, « libres de partir » – une expression qui fait involontairement écho à celle de Jeff Westphal. Mais, ainsi que nous l'avons déjà vu, les environnements bureaucratiques et oppressifs font, eux aussi, fuir les gens – les oiseaux ont horreur des cages. Kevin Grogan raconte qu'il arrivait à l'usine texane de Chaparral de perdre des salariés au profit d'usines syndiquées de la région qui offraient deux à trois dollars de plus l'heure. Mais, ajoute-t-il, « ils revenaient en disant : "L'argent ne fait pas tout." Ce n'est pas ce qu'ils cherchent ».

Le faible taux de rotation des entreprises libérées donne à penser qu'un « excès » de liberté effarouche moins que la bureaucratie et l'absence de contrôle sur son travail personnel ne rebutent.

Supposons, cependant, que ce ne soit pas le cas – qu'un pourcentage non négligeable de la population active préfère en réalité être un simple rouage de la bureaucratie d'entreprise. Les défenseurs du féodalisme n'affirmaient pas autre chose à propos de l'homme moyen et de sa faculté à se gouverner lui-même. Admettons néanmoins que, dans l'univers professionnel, cela soit vrai de quelques individus au moins. Imaginons maintenant que vous dirigiez une entreprise et que vous ayez à choisir un système d'organisation : adopterez-vous celui qui sélectionnera naturellement des collaborateurs qui ne veulent que pointer et empocher leur salaire, ou celui qui sélectionnera des salariés qui cherchent à satisfaire leurs besoins universels d'automotivation au service de l'entreprise ? Pour quel système vous déciderez-vous ? Pour présenter les choses autrement, quel groupe de salariés préféreriez-vous que vos concurrents finissent par embaucher ?

Savoir ce que vous ne savez pas

Il n'existe aucun système infaillible pour organiser ou diriger une société. Personne n'est à l'abri d'une bêtise. Un imbécile équipé d'un outil sophistiqué reste un imbécile, et un imbécile équipé d'une entreprise bien dirigée – libérée ou non – peut la conduire à sa perte avec une rapidité désarmante. Des gens très intelligents eux-mêmes peuvent agir bêtement, et il faudrait que vous soyez bien sage pour que cela ne vous arrive jamais. Aussi avons-nous refusé de dresser un plan en sept étapes de libération de n'importe quelle entreprise, n'importe où. Il nous paraît plus utile de décrire ce que des libérateurs qui ont réussi ont fait, en se servant de leur créativité et de leur sagesse.

Les leaders présentés dans cet ouvrage ont tous des caractéristiques communes : ils avaient, les uns comme les autres, envie de mettre sur pied des entreprises de niveau mondial. En outre, ils étaient tous profondément et sincèrement convaincus que traiter tous les membres de leur personnel comme intrinsèquement égaux, les aider à se développer et à s'autodiriger, était une bonne chose. Ils ne cherchaient pas à suivre la dernière marotte de management à la mode, bien qu'ils aient adopté de nombreuses techniques de management – le « concept de qualité totale », par exemple – lorsqu'elles étaient compatibles avec leurs convictions. C'est cet engagement sincère au service de la satisfaction des besoins des salariés qui a convaincu ces derniers de les suivre. Les salariés, comme les enfants – une comparaison pertinente en l'occurrence –, sentent la supercherie à cent lieues. Et ceux qui chercheront à leur faire avaler « Liberté

& Cie » simplement parce que cela pourrait ajouter un ou deux points aux marges de leur entreprise ne feront certainement pas beaucoup d'adeptes. La nature humaine étant ce qu'elle est, certains essaieront, mais ils échoueront.

La liberté fonctionne parce qu'elle intègre ce que Douglas McGregor appelait en 1957 la « dimension humaine de l'entreprise[21] ». Elle implique les salariés plus complètement dans ce qu'ils font, leur inspirant une automotivation qu'aucun chèque de paie ne produira jamais. Pour réussir à impliquer le personnel plus complètement dans son travail, un leader libérateur doit, avant tout, supprimer de son entreprise tout ce qui signale que certains collaborateurs sont plus égaux que d'autres. Si vous dites à quelqu'un, directement ou indirectement – par exemple en lui demandant de pointer –, que sa seule fonction est celle d'une paire de mains, de deux choses l'une : soit il se soumettra, soit il s'en ira. D'une manière ou d'une autre, vous perdrez le bénéfice de son intelligence, alors qu'elle aurait pu lui permettre de résoudre des problèmes que vous n'avez pas vus ou de repérer des occasions commerciales – que vous n'avez pas vues davantage – qui auraient été profitables à votre entreprise.

La sagesse, disait Socrate, est de savoir ce qu'on ne sait pas. Quand on veut rejeter les structures d'entreprise traditionnelles, la plus grande difficulté concrète est peut-être de suivre le conseil de Jean-François Zobrist : en faire le moins possible. En général, le genre de personnalité qui « veut les clés » de l'entreprise n'est pas naturellement disposé à adopter l'approche zen, taoïste de Zobrist. Ces gens-là craignent en fait que seule une activité frénétique puisse justifier leur position – et leur salaire.

À ce sujet, Bob Koski affirmait n'avoir jamais été le mieux payé chez Sun Hydraulics, « parce que je ne l'ai jamais mérité », précisait-il. Il est tout naturel de vouloir donner l'impression qu'on gagne son salaire par une activité débordante. Mais, de même que les grands industriels prêchent l'économie de mouvements, les grands leaders doivent surmonter la tendance à agir pour agir. L'action et la capacité de décider sont nécessaires pour libérer une entreprise, surtout si elle repose sur un modèle traditionnel hiérarchique. Le leadership est indispensable pour veiller à ce que les salariés *partagent la vision d'entreprise, comprennent leur « mission »* et *sachent qu'ils sont libres d'agir en ayant tout cela à l'esprit.* À cette fin, ils doivent également disposer *des informations et des moyens qu'ils jugent nécessaires pour agir.* Mais, par définition, dans une entreprise qui permet à ses salariés d'agir de leur propre initiative, celui qui est à sa tête aura moins à faire.

Cela ne devrait cependant pas trop inquiéter un libérateur en herbe. À en juger par leurs résultats financiers, tous les patrons de ce livre sont exceptionnels. Quant à leur faculté de créer et de préserver un environnement qui assure à la fois le bonheur de leurs salariés et leur remarquable productivité, elle rend leurs réalisations encore plus impressionnantes. Tout donne à penser qu'il est plus difficile de mener à bien cette dernière tâche – le maintien de l'environnement – que d'enregistrer une croissance soutenue pendant un certain temps.

Le lien entre la liberté des salariés et les résultats de l'entreprise n'est pas une simple coïncidence. La liberté fonctionne parce que nous ne savons pas ce que nous ne savons pas, et parce qu'une partie de ce que nous pensons savoir est faux – ou le sera bientôt. Le seul remède à ces déficiences mentales est l'assistance de notre prochain. Si nous parvenons à exploiter le savoir additionné d'un nombre plus important de collaborateurs, nous pouvons même, n'en déplaise à Weber, progresser bien plus vite que la bureaucratie n'en est capable. Et comme le monde qui nous entoure, nous et notre entreprise, évolue beaucoup plus vite que du temps de Weber, la seule façon d'exploiter ce savoir est de laisser ceux qui le possèdent agir en fonction de ce qu'ils savent, quand il le faut, immédiatement – *maintenant* –, sans avoir à attendre l'approbation d'un supérieur.

Nous avons conservé un fragment des écrits d'Héraclite, un philosophe présocratique réputé pour son hermétisme. Il est cité au début de ce chapitre. Le paradoxe d'Héraclite était que, même si la rivière ne sort jamais de son lit, elle coule et change donc constamment, et que ce qui est vrai d'elle à un moment peut être faux à un autre. Imaginez que vous vouliez pêcher dans cette rivière selon les règles d'une organisation d'entreprise « comment » : debout sur la berge, un salarié repère un poisson au milieu du courant. Avec un peu de chance, il demandera à son supérieur : « Je peux jeter l'appât ? » Nous disons « avec un peu de chance », parce que ce salarié n'est peut-être pas chargé de chercher des poissons. Peut-être est-il occupé à couper du bois le long de la rivière ou à tondre la pelouse sur la rive. Admettons que nous ayons de la chance. Il pose la question à son supérieur, qui pose la question à son supérieur, et ainsi de suite jusqu'à ce que la demande soit transmise au haut comité de la pêche. Même si cette voie hiérarchique est relativement courte et la réponse donnée de façon efficace, il est à parier que le poisson aura poursuivi sa route au moment où le message arrivera au bord de l'eau. À moins qu'un autre, qui était libre de pêcher et n'avait pas à demander l'autorisation de jeter sa ligne, ne l'ait attrapé entre-temps.

Le patron, l'homme qui occupe l'autre extrémité de cette voie hiérarchique et ne voit la rivière que de très loin, depuis la fenêtre de son grand bureau, n'a aucun moyen de savoir combien de poissons passent tous les jours devant son entreprise. Aucun système de contrôle ne lui garantit qu'il pourra réagir à ces occasions, ni même en être informé à temps. La rivière coule inlassablement, et personne ne la connaît intégralement à un moment donné. Comme le dit Jeff Westphal, de Vertex : « Mon indicateur est le résultat net de l'organisation ; nous pouvons exercer un minuscule effet de levier grâce au pouvoir différentiel de mon tout petit cerveau, ou exercer un immense effet de levier grâce au pouvoir différentiel de six cents cerveaux. » La sagesse de Westphal est de savoir que, quel que soit le niveau de connaissance du patron d'une entreprise, il en sait moins que l'ensemble de tous ceux qui travaillent pour lui. C'est vrai du PDG le plus compétent lui-même, du PDG le plus qualifié qui soit – parce que la rivière coule sans cesse. Libérez vos salariés, et vous serez surpris de voir ce qu'ils y pêcheront.

Épilogue

Des salariés libres d'agir : théorie ou destin[1] ?

> Dans mon village, je suis tout le temps agressé parce qu'on me dit qu'USOCOME ne connaît pas la crise… Il y a un peu de jalousie, quoi, parce que, eux, ils perdent 200, 300, 400 euros par mois.
>
> Salarié d'USOCOME[2]

L'organisation traditionnelle de l'entreprise – la bureaucratie hiérarchique – est décriée depuis au moins Peter Drucker par la plupart des penseurs du management. En utilisant la démarche ethnographique, nous avons étudié diverses entreprises qui, depuis des dizaines d'années, sont parvenues à instaurer une forme organisationnelle radicalement différente, forme où les salariés sont complètement libres d'agir pour le bien de l'entreprise. Puis nous sommes allés encore plus loin dans notre recherche et avons étudié la démarche de leadership nécessaire pour bâtir de telles organisations. Enfin, nous avons prêté une attention toute particulière à leur performance en temps de crise.

La crise chez USOCOME

Ce salarié alsacien nous a expliqué que tous ses voisins, dans le village des environs de Haguenau, où se trouve son usine, sont au chômage partiel et subissent un manque à gagner considérable. Il a ensuite donné l'exemple d'un autre voisin, conducteur d'engins dans une société locale qui l'oblige à travailler à Metz sous peine de licenciement. Il a résumé ainsi : « On discute entre copains et ils ne comprennent pas pourquoi USOCOME ne connaît pas la crise. »

Dans un premier temps, nous n'avons pas compris non plus. L'interview du directeur, Michel Munzenhuter[3], nous a éclairés sur la manière dont USOCOME – filiale française de la multinationale allemande SEW et leader européen de moteurs électriques – gère la crise. Comme bien d'autres fournisseurs industriels, il en a éprouvé les effets dès septembre 2008, avec une baisse de 10 % qui s'est stabilisée à moins 30 % vers mai 2009. Comment a-t-il réagi à une chute aussi brutale ? « On communique là-dessus de façon très ouverte avec les salariés… Dès que je finis ma réunion avec mes proches collaborateurs, je laisse avec eux un message mensuel pour informer les salariés des mesures et de la situation actuelle », a-t-il expliqué. En effet, la visite des ateliers nous a permis de constater la présence de grands panneaux d'affichage électronique où défilent en permanence des informations sur la crise et la situation d'USOCOME. Munzenhuter ajoute : « Malheureusement, j'ai dû me séparer de [300] intérimaires… sur [un effectif total de] 1 900. Le personnel, on le garde, alors qu'on sait que, si on avait un raisonnement purement financier, on serait à… 250 personnes de trop. Et là-dessus on communique… On dit qu'on fait tous les efforts, qu'on ne s'est toujours pas mis en chômage partiel. On a dit que si la situation ne s'améliorait pas d'ici là on l'envisagerait… Mais on a repoussé l'échéance, en prenant des paris, en informant les gens… C'est quand même fantastique actuellement et ça montre la solidarité, parce qu'on dit que si on se met au chômage… ça sera tout le monde pareil… [Les managers, et même] les vendeurs, qui sont dehors, sur le terrain – tout le monde. »

Plus tard, au cours de notre visite, nous avons appris que les membres du personnel administratif s'étaient portés volontaires pour faire tourner certaines machines, après avoir constaté – à la suite du départ des intérimaires – que la main-d'œuvre manquait. Ainsi, un responsable des RH a demandé à suivre une formation et s'est mis à travailler de son plein gré sur une chaîne de montage. Munzenhuter continue : « On a dit esprit de solidarité et on a demandé qu'on fasse donc un plan d'économies qui, pour l'instant, a été chiffré à 14 millions, et on s'y tient. Tout ce qui relève du confort, on met de côté. On vit sur l'essentiel. » Il a conclu en ces termes l'exposé de son plan anticrise : « Donc, ça ne se passe pas trop mal, les gens le respectent entièrement. »

Comment expliquer que cette entreprise « ne connaisse pas la crise » ou, plus précisément, réussisse à la surmonter quand tous ses concurrents ainsi que des entreprises de bien d'autres secteurs se sont mis au chômage partiel, ont licencié ou même fait faillite ? En effet, beaucoup de dirigeants ont lancé des plans anticrise ; c'est également le cas de la direction de la partie allemande de cette entreprise, située à une heure de route d'Haguenau, qui a eu recours au chômage partiel. Mais pourquoi cette filiale française peut-elle se permettre de lancer un plan qui n'a sur l'emploi que des conséquences minimes ? Pourquoi les salariés « le respectent-ils entièrement » et, mieux, pourquoi prennent-ils de leur propre chef des initiatives pour le faire aboutir ? Pour répondre, nous aurions pu décrire ici le mode de fonctionnement d'USOCOME tel que nous l'avons observé sur le terrain. Malheureusement, comme c'est souvent le cas des performances exceptionnelles d'organisations complexes (par exemple, des grandes équipes sportives ou de grandes troupes de danse), l'observation des exploits n'en éclaire pas les véritables causes. Pour les comprendre, il faut examiner comment ces organisations sont construites dans la durée – une question sur laquelle nous nous sommes également penchés.

Aux origines de l'organisation actuelle d'USOCOME

En effet, les actions des dirigeants et celles des salariés sont les deux volets du même environnement organisationnel, celui que Michel Munzenhuter a mis en place dès son arrivée à la direction de cette entreprise, en 1988. Il se rappelle : « Je me souviendrai toujours de cette anecdote. Le deuxième jour, je suis allé sur le terrain… et je commence à parler à l'opérateur : le type a changé de couleur, il a failli tomber dans les pommes. C'était la première fois qu'un directeur [lui adressait la parole simplement], parce que, quand le directeur descendait dans l'usine pour parler, c'était pour sanctionner… » Le soir même, Munzenhuter a dressé une liste de 17 petites actions à mener dans l'objectif qu'« on parle absolument le même langage ».

Un de ses premiers actes a été de garer sa voiture en dehors des parkings réservés aux dirigeants à l'intérieur de l'usine. Puis, constatant qu'aucun dirigeant ne suivait son exemple, il a annoncé que dorénavant seules les voitures appartenant à l'entreprise pouvaient stationner à l'intérieur, les autres devant se ranger dans le parking collectif de l'usine, à l'extérieur. Malgré le tollé qu'a provoqué l'élimination de ce symbole de pouvoir, Munzenhuter a persévéré. D'autres mesures d'éradication de symboles de pouvoir ont suivi, comme la suppression de la table réservée aux directeurs dans le restaurant, table recouverte d'une nappe blanche et à laquelle des serveuses étaient affectées, l'attente de deux à trois mois pour obtenir un rendez-vous avec les directeurs, et d'autres « privilèges horribles », comme les qualifie Munzenhuter.

Bien sûr, les parkings ou les tables réservés n'avaient pas grande importance en soi. Mais, en tant que symboles de la hiérarchie et de la division de l'entreprise en « nous » et « eux », ils l'étaient aux yeux de Munzenhuter, qui voulait – rappelons-le – qu'« on parle absolument le même langage ». Les détruire constituait également une action forte et irréversible qui signalait à tous que quelque chose allait radicalement changer dans la culture de l'entreprise. Une fois ce « langage commun » acquis, Michel Munzenhuter a effectivement commencé à édifier une structure favorisant la liberté d'initiative. Il a ainsi divisé l'entreprise en mini-usines (30 aujourd'hui), toutes spécialisées dans un type de produit et coordonnées par un manager. À l'intérieur de chaque mini-usine, le travail a été organisé par équipes – 2x8 ou 3x8 – essentiellement autogérées. Chacune possède un animateur, un ancien opérateur reconnu pour sa compétence technique et dont le rôle est d'organiser les équipes, de former et d'aider les nouveaux, de donner un coup de main au quotidien à tout opérateur qui le demande et d'assurer l'intérim pendant les temps de pause pour faire tourner les machines. Pour pouvoir remplir ce rôle avec succès, les animateurs ont d'abord reçu une formation sur les outils d'animation, de résolution des problèmes, de chasse au gaspillage, etc.

Quels ont été les résultats de la forme organisationnelle mise en place en l'espace de quelques années chez USOCOME ? Non contentes d'avoir la liberté et la responsabilité de s'organiser pour accomplir au mieux la production demandée, les équipes peuvent concevoir librement leur processus de fabrication, mettre à niveau les machines-outils et, plus généralement, entreprendre toute action qu'elles jugent profitable à l'entreprise. Cette liberté et cette responsabilité d'agir pour le bien de l'entreprise ont joué un rôle déterminant dans les performances exceptionnelles d'USOCOME pendant deux décennies. Elles ont continué à être essentielles lors de la dernière crise. En effet, après avoir brièvement illustré la genèse de la forme organisationnelle d'USOCOME, nous aurions pu revenir à sa période récente et décrire plus en détail comment ses salariés ont mis à profit leur liberté d'initiative pour permettre à l'entreprise de surmonter la crise (nous le ferons à la fin de l'article). Mais le lecteur se dirait peut-être que SEW USOCOME est un cas trop isolé pour autoriser des questions générales sur le rôle de telle ou telle forme organisationnelle face à la crise. Et il aurait raison si nous n'avions pas étudié de nombreux autres cas.

En effet, notre recherche ethnographique, qui a duré cinq ans, nous a conduits vers une trentaine d'entreprises qui, bien que différentes d'USOCOME par leurs dimensions, leur forme de gouvernance, leur situation géographique ou leur secteur, présentent non seulement une bonne résilience face à cette crise, mais aussi une forme organisationnelle et une genèse de celle-ci comparables à celles d'USOCOME (voir l'encadré pour la méthodologie de cette recherche à la fin de l'épilogue). Lors de nos travaux précédents, nous avons tenté de repérer les similitudes dans la forme organisationnelle de ces entreprises et surtout dans la démarche qui a permis leur construction et leur entretien[4]. Voici quelques-uns de ces points communs :

> La plupart de ces entreprises n'ont pas d'organigrammes. La majorité n'ont pas de parkings réservés ni de bureaux plus spacieux pour les patrons. Certaines n'ont de bureaux fixes pour personne : tout le monde, y compris le P.-D.G., se contente de choisir un bureau disponible. Certaines ne regroupent pas leurs collaborateurs par service. Certaines retirent les plafonds et installent des escaliers pour accroître la mobilité et la communication entre les collaborateurs. Certaines possèdent des salles de réunion qui portent le nom de leurs salariés les plus anciens, souvent des secrétaires. Aucune ne dispose de pointeuse. La plupart autorisent les salariés à fixer leurs propres emplois du temps et certaines les autorisent même à fixer leurs propres salaires. Certaines n'ont pas de managers. Certaines n'ont ni titres ni grades. Beaucoup autorisent les salariés à choisir leurs leaders, à déterminer eux-mêmes le contenu de leur poste et, en réalité, à inventer leur propre travail. Certaines n'ont pas de service de ressources humaines. Certaines n'ont ni budgets ni service financier. La plupart n'ont pas de processus de planification à long terme.

Naturellement, une forme organisationnelle aux aspects aussi surprenants suscite plusieurs questions générales, à commencer par celle de sa longévité. Il faut bien reconnaître que cette forme est fragile et très dépendante du leadership, tant dans sa construction que dans son entretien. Nous en parlerons plus loin. Mais relevons tout de suite l'âge atteint par quelques entreprises de ce type que nous avons étudiées : celle de Gore (leader mondial de produits en Teflon) a 53 ans, celle de Sun Hydraulics (leader de la fabrication de valves hydrauliques), 40 ans, celles de Quad Graphics (3e plus grand imprimeur d'Amérique du Nord) et de Chaparral (fabricant de l'acier le moins cher du monde), 38 ans, d'IDEO (leader mondial de design industriel), 33 ans, de Harley Davidson, 29 ans, de FAVI (leader européen de produits en laiton), 28 ans, et d'USOCOME, 23 ans[5]. C'est une longévité tout à fait honorable par comparaison avec la durée de vie maximale de 99 % des grandes entreprises, qui est de 40 ans[6]. Sans compter que, pendant ce temps, toutes ces entreprises ont été leaders de leur secteur. Autrement dit, elles ne faisaient pas que survivre, elles prospéraient[7]. Cela nous a conduits à la deuxième question générale souvent posée à propos de ces entreprises : comment met-on en place une forme organisationnelle de ce genre et comment l'entretient-on ? En effet, cette question était au cœur de notre travail. Elle nous a incités à élargir notre recherche et à passer de l'observation des formes organisationnelles de ces entreprises à des rencontres avec les dirigeants – actuels ou anciens – qui les ont mises en place.

La question du leadership libérateur : le cas de Jean-François Zobrist chez FAVI

Les nombreux entretiens que nous avons menés sur l'origine de la forme organisationnelle de ces entreprises nous ont permis dans un premier temps de découvrir le rôle clé d'un personnage. En effet, dans chacune de ces entreprises il y avait une personne à sa tête – le propriétaire, le P.-D.G., le directeur – qui a lancé cette campagne de libération, comme nous l'avons appelée. Pourquoi le chef d'entreprise et pas quelqu'un de l'intérieur ? Parce que l'entreprise traditionnelle est une hiérarchie et que seul le patron possède le pouvoir de démanteler cette forme bureaucratique et d'en construire une autre, radicalement différente.

Dans le cas d'USOCOME, nous avons brièvement décrit la démarche suivie par son directeur, Michel Munzenhuter, pour démanteler la bureaucratie et créer une forme organisationnelle fondée sur la responsabilité et la liberté de chacun. Dans sa démarche, Munzenhuter s'est inspiré en partie de la forme organisationnelle d'une autre entreprise française, FAVI, sur laquelle nous allons nous pencher à présent. Le cas de FAVI nous permettra d'observer plus en profondeur la démarche de construction de cette forme organisationnelle, avant d'en tirer des enseignements plus généraux[8].

FAVI, une fonderie picarde de 600 salariés et de 66 millions d'euros de revenus, accueille des milliers de visiteurs du monde entier, tous dirigeants de sociétés. L'entreprise fait de son mieux pour leur expliquer son organisation, dépourvue de managers, de service RH et de service financier. On leur montre aussi les résultats, comme la rentabilité exceptionnelle qu'elle enregistre chaque année sans même avoir à augmenter les prix de ses produits pour les ajuster à l'inflation[9], l'absence de retard de livraison depuis plus de trente ans, etc. Mais on ne leur montre pas comment cette organisation a été mise en place. Non pas parce que Jean-François Zobrist, le directeur qui l'a menée à bien, refuse d'en parler, mais parce qu'on le lui a rarement demandé. Toutefois, pour ne pas perdre ce qu'il considérait comme la mémoire de son entreprise, ses « belles histoires », il a régulièrement pris des notes, qu'il a publiées sur l'Intranet de l'entreprise. Il nous a également exposé sa démarche lors de plusieurs interviews.

Nommé en 1983, à sa plus grande surprise, directeur de cette fonderie et littéralement « hélicopté » sur les lieux par le propriétaire, Zobrist a passé quatre mois à observer les pratiques existantes. Après le départ du directeur sortant, il a assumé cette fonction mais les nombreuses anomalies qu'il avait relevées le gênaient – un peu comme son ami Michel Munzenhuter l'a fait plus tard – et il ne trouvait pas le moyen de les éliminer. Il a alors engagé quelques mesures de transformation des pratiques existantes, mais s'est heurté à la résistance de l'encadrement. C'est après neuf mois de présence, à la veille de Noël, qu'il a demandé qu'on installe deux palettes au milieu de l'atelier pour qu'il puisse adresser ses vœux à l'ensemble du personnel. Son discours a été le point de départ de la « campagne de libération » de FAVI et mérite une lecture attentive si l'on veut comprendre comment sont nées ces formes organisationnelles d'exception (voir encadré suivant).

Discours de lancement de Jean-François Zobrist[10]

Ça fait neuf mois que je suis parmi vous... Neuf mois que je regarde et que je vois des gens courageux, de grands professionnels qui aiment leur métier, mais qu'on empêche de bien travailler. Et j'en suis arrivé à la conclusion que des gens comme vous, qui ont des qualités, n'ont plus besoin de carotte, ni de bâton d'ailleurs. La carotte et le bâton sont indignes de professionnels comme vous ! C'est pourquoi, quand vous reprendrez le travail en janvier, les pointeuses seront démontées ! Si par accident, car tout le monde peut avoir un accident, vous arrivez en retard nous regarderons ensemble le pourquoi de ce retard et si c'est, par exemple, le problème de Mobylette, plutôt que de sanctionner, ce qui ne résout pas le problème, on vous aidera à réparer la Mobylette. Il n'y aura plus jamais de pointage ni de chronométrage, [car] vous n'êtes pas payés pour faire des heures mais pour faire des pièces, et des pièces bonnes ! C'est pourquoi les sonneries seront elles aussi supprimées ! Il n'y aura plus jamais de prime non plus, ce que chacun a depuis deux ans il l'a mérité ! Nous prendrons donc la moyenne de ce que chacun a eu sur ces deux dernières années et nous la mettrons dans le salaire ! Il n'y a pas de voleurs parmi nous, c'est pourquoi la porte du magasin sera démontée... On va mettre quelque part un panneau et un marqueur, et chacun indiquera non pas son nom, car cela n'est d'aucune utilité, mais ce qui a été pris, de façon à pouvoir lancer les commandes de réassort. Il n'y aura plus non plus de distributeurs de boissons payants, mais dans chaque atelier deux distributeurs d'eau fraîche avec des sirops et d'eau chaude avec les dosettes de café et de sucre. Nous allons supprimer les clés à molette et doter chaque machine d'un lot d'outillage et, de plus, pour que chacun puisse s'équiper comme il l'entend, tous les salariés de l'entreprise vont disposer d'un chèque de 500 francs pour acheter ce que bon leur semble du moment que cela a un rapport avec le travail.

Il n'y aura plus jamais de chômage partiel ! Si un jour nous sommes contraints de recourir à de telles mesures, alors je mettrai d'abord les cadres au chômage, même moi. Il n'y aura plus jamais non plus de repas cadres, nous mangerons tous ensemble ou nous ne mangerons pas !

Comment allons-nous faire fonctionner l'usine à l'avenir ? À vrai dire, je ne sais pas. Je suis certain que vous méritez que nous fonctionnions autrement, mais je n'ai pas de modèle de remplacement. Je propose que tous ensemble nous faisions en allant, en gens de bonne foi, de bon sens et bonne volonté ! Il y a bien quelque chose dont on pourrait s'inspirer... Ce sont les règles de fonctionnement du plus vieux métier du monde : celui de prostituée ! Si ce métier a traversé des millénaires, c'est qu'il a assurément des principes dont on doit pouvoir s'inspirer.

Le premier principe de fonctionnement de la prostituée est qu'elle se montre ! Si elle reste enfermée dans sa chambre, elle ne se fera pas de client nouveau. Donc, nous allons nous montrer. Nous montrer à nos clients, bien sûr, à nos prospects, à nos familles, à nos amis, au maire, au préfet, bref à tous ceux qui peuvent nous être utiles.

Le deuxième principe de la prostituée est qu'elle se maquille à outrance pour attirer le regard. Eh bien, nous ferons de même, nous nettoierons les machines, les peindrons en rouge, en vert, en jaune, en couleurs qui en jettent !

Son troisième principe de fonctionnement est qu'elle a assurément une ou des spécialités ! On peut en effet penser que si, elle ne fait rien de plus ou de mieux qu'à la maison, chacun reste chez soi. Eh bien, nous ferons de même ; nous qui ne faisons que des pièces brutes de fonderie, nous allons essayer de les usiner, de les assembler, de les livrer et, en aval, de les concevoir, de les optimiser, de les tester, bref nous allons tous ensemble essayer de faire plus, et davantage pour nos clients.

Son quatrième principe, enfin, est qu'elle ne donne pas de maladies à ses clients, car alors elle perd non seulement ses clients, mais aussi les copains de ses clients... Il y a trois maladies dont il faut qu'on se guérisse.

La première est le retard de livraison. C'est une maladie incontestable : lundi, ce n'est pas mardi. Si on a promis quelque chose le lundi, il faut à tout prix tenir cette promesse, sinon il sera impossible de faire croire au client que des choses qui ne se voient pas toute de suite, comme la qualité ou le prix, sont aussi respectés dans son produit.

La deuxième maladie des entreprises, c'est le prix ! Il est difficile de prouver à un client que nos produits sont au bon prix... Je ne vois qu'une solution : c'est de ne jamais augmenter nos prix de vente ; si nous ne les augmentons pas, alors, forcément, un jour, nous aurons les meilleurs prix de France, et pourquoi pas d'Europe, et du monde !!!

La troisième et dernière maladie des usines est la non-qualité de ce qui est fourni aux clients ! Et là, je n'ai pas de remède miracle ! Mais c'est vous, ouvrières et ouvriers, qui pouvez tout ! Tout ce qu'on peut faire, nous, dans les bureaux, c'est vous écouter et essayer de vous aider, mais retenez bien ceci : c'est vous et vous seuls sur votre machine qui pouvez tout faire... Et je vous regarde travailler depuis presque un an, et votre sérieux, votre maîtrise du métier m'ont convaincu que vous aviez entre vos mains les solutions à nos problèmes.

Bien sûr, ce discours n'a pas suffi à transformer FAVI – aucun discours qui n'est pas suivi d'action n'en serait capable. Il a fallu mener de nombreuses actions, souvent longues, pour parvenir à construire, au bout de plusieurs années, une « entreprise libérée ». Ce discours détaille cependant les éléments qui ont été mis en place chez FAVI et que l'on peut regrouper en quatre grandes étapes.

Étape 1 – Démantèlement des symboles et pratiques qui empêchaient les salariés de se sentir intrinsèquement égaux. Zobrist a commencé par écouter les gens au lieu de leur dire *comment* faire leur travail. En effet, il n'y a pas de symbole ni de pratique plus efficace pour un chef d'entreprise que d'arrêter de dire à ses subordonnés comment travailler et de leur demander plutôt ce qu'ils ont à proposer. Cette étape fondamentale a même donné lieu à la distinction entre l'entreprise dite du « comment » et l'entreprise – comme FAVI – du « pourquoi » introduite par Zobrist :

> L'entreprise [traditionnelle] est basée sur la maîtrise du comment : l'ouvrier ne sait pas *comment* travailler, il a donc un chef d'équipe qui lui-même ne maîtrise pas le comment ; c'est pourquoi il a des chefs d'atelier, qui eux-mêmes… d'où un chef de service, qui lui-même… d'où un chef de fabrication,… d'où les directeurs techniques… d'où des directeurs d'usine,… d'où des directeurs généraux, etc. Nous avons ainsi jusqu'à huit niveaux hiérarchiques dans les usines « propres sur elles » qui tiennent leur pouvoir de la maîtrise du comment. Plus personne ne sait *pourquoi* ni même où on va et le *pour qui* devient générique : le client. Alors que le vrai pour qui est son client, chaque client.
>
> C'est pourquoi nous avons éclaté l'usine en 22 mini-usines, à ce jour, qui chacune est rattachée directement à SON client et qui reçoit directement de son client, sans intermédiaire, au quotidien les commandes et qui, sachant parfaitement pour quoi elles travaillent, sont libres d'organiser leur production[11].

Zobrist a ensuite démantelé l'ensemble des pratiques et symboles de l'entreprise hiérarchique : la fenêtre par laquelle l'ancien directeur surveillait l'atelier depuis son bureau, les pointeuses, le chronométrage, les magasins gardés, les outils de motivation extrinsèque, comme les primes ou le chômage partiel régulier, les niveaux hiérarchiques, les réunions cadres, les repas séparés des cadres et des non-cadres, les parkings réservés, le service RH et bien d'autres. Tout cela n'était pas remplacé par du vide, mais par cette vision de l'entreprise, son pourquoi, et par quelques règles de comportement non écrites et partagées.

Étape 2 – Partage ouvert et actif par le dirigeant de sa vision de l'entreprise avec tous les salariés. En effet, le discours initial de Zobrist s'est lui-même inscrit pleinement dans cette logique de partage. D'autres actions ont suivi, car l'objectif de partage ne consiste pas à « vendre » la vision, mais à faire en sorte que les salariés se l'approprient émotionnellement, la considèrent comme leur. Ainsi, le leader de l'équipe qui recrute (il n'y a pas de RH) explique au nouveau postulant la vision et les valeurs de l'entreprise – règles non écrites de comportement – à travers la présentation d'un blason en laiton de la taille d'une boîte d'allumettes qu'il conservera (voir figure 1).

Figure 1. Blason de la fonderie FAVI
(au dos figurent les quatre « règles de base » de FAVI :
bonne foi, bon sens, bonne volonté, bonne humeur).

On peut y lire la vision « Par et pour le client », version abrégée de la formule « Être aimé par son client », qui est aussi communiquée dans l'entreprise. Quand le postulant tourne le blason, il y découvre les « règles de base » gravées au verso. Le leader lui explique que ce sont des valeurs fondamentales, des règles de comportement sur lesquelles il sera jugé par les autres. Les postulants sont ensuite conviés à une réunion de découverte collective des valeurs animée par la direction de l'établissement. De plus, ils passent une matinée avec un retraité de FAVI qui raconte l'histoire de l'entreprise en leur offrant son propre livre qui la retrace dans le détail.

Zobrist compare cette longue période initiatique à des fiançailles juste avant le mariage. Et, pour marquer symboliquement le lien que le postulant noue avec FAVI, celui-ci écrit une lettre où il explique pourquoi il veut entrer dans la « famille » et ce qu'il compte y apporter. Enfin, on lui remet une feuille détaillant des principes tout simples de sécurité (« je ne fais pas quelque chose qui est dangereux »), de fabrication (« je ne fais jamais ce que je n'ai pas compris ») et de qualité (« si j'ai le moindre doute sur la qualité d'une pièce, je le signale à mon leader »). En haut de la feuille, il est invité à donner quelques informations essentielles pour son travail : le nom de son leader, de son parrain de qualité, de son parrain de productivité. Mais le premier nom qu'on lui demande de noter rappelle la vision de l'entreprise : « *Mon CLIENT (qui me donne du travail et qui me paie) est :* ________ » Le postulant y consignera non seulement le nom de l'entreprise, par exemple Volkswagen, mais aussi le modèle de voiture spécifique et l'usine où elle est fabriquée. Voilà pour la période d'initiation. Ajoutons que Zobrist (et aujourd'hui, depuis son départ à la retraite, le nouveau directeur) a évidemment passé énormément de temps à partager la vision et les valeurs de l'entreprise lors de chacun de ses contacts avec les salariés, notamment lors de sa tournée quotidienne de l'atelier.

Étape 3 – Construire un environnement favorable à l'automotivation. Zobrist a renoncé à motiver les salariés par le biais de récompenses et de punitions – les « carottes » et les « bâtons ». Il a éliminé la déduction de salaire pour les retards, les primes et les bonus, y compris pour les commerciaux (en mettant la prime moyenne du passé dans le salaire), et les a remplacés par un environnement qui donne à tout salarié la mobilité graduelle lui permettant d'accéder au poste qui l'intéresse, ainsi que la responsabilité et la liberté de prendre les mesures qu'il juge les plus pertinentes.

Étape 4 – L'entretien de l'« entreprise libérée ». Chaque jour où Zobrist était sur place, il faisait une tournée pour échanger avec les salariés, sentir s'ils avaient besoin de quelque chose pour mener leurs actions à bien, ainsi que pour repérer le plus tôt possible le non-respect des règles de base. En présence d'un non-respect flagrant et volontaire, il n'hésitait pas à licencier immédiatement. Depuis 1983, il y a eu trois cas de ce genre.

La mise en place d'une forme organisationnelle fondée sur la responsabilité et la liberté dans cette fonderie picarde est singulière. Tout comme chez USOCOME et dans plusieurs dizaines d'autres entreprises que nous avons étudiées sur le terrain, industrielles comme de services, cotées comme privées, grandes comme petites, en France et à l'étranger. En même temps, bien que singulières, ces démarches de « libération » partageaient – avons-nous observé – des dynamiques proches qui avaient fait passer toutes ces entreprises par des étapes similaires à celles que nous venons de décrire pour FAVI[12]. Mais, au-delà des similitudes dans la dynamique de construction de cette forme organisationnelle, on relève une similitude plus fondamentale dans les démarches de différents chefs d'entreprise que nous avons étudiés.

En effet, pour atteindre la performance forte et durable qu'ils visaient, ils ont renoncé à agir sur *l'homme* – à le contrôler, le motiver, le « manager » –, préférant agir sur *l'environnement*, pour que ce dernier nourrisse la nature humaine, satisfasse les besoins fondamentaux de l'homme. Comment expliquer que cette poignée de patrons ait épousé une approche radicalement différente de celle que l'on prône depuis la révolution industrielle ? À partir des récits des leaders libérateurs, nous tentons ici d'esquisser un écosystème des idées et des modèles qui, à défaut de fournir une explication causale, apporte un éclairage sur certaines sources de similitudes que nous avons relevées.

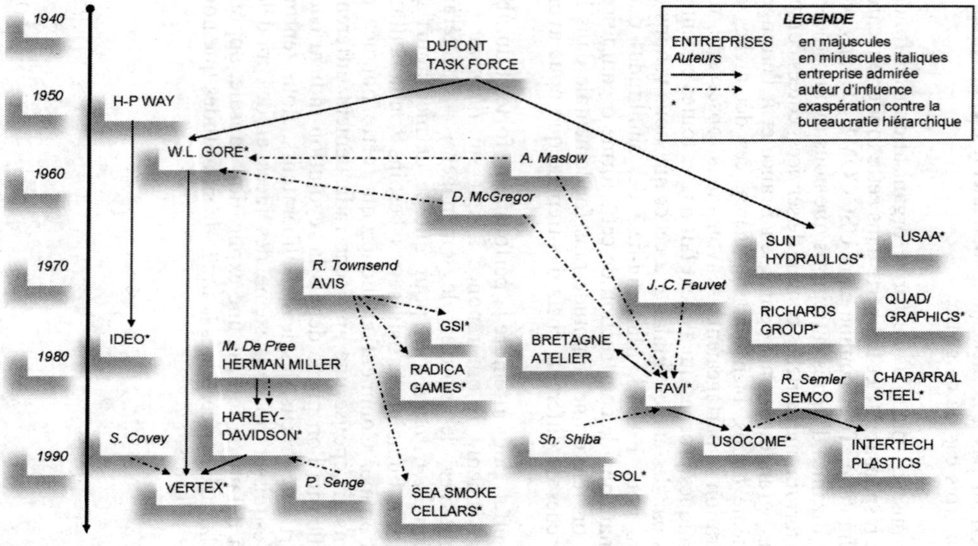

Figure 2. L'écosystème des idées et des modèles ayant influé sur la construction des entreprises libérées étudiées (la disposition : les entreprises selon la date du lancement de la forme libérée ; les auteurs selon la date de la parution de leur ouvrage d'influence)

Aux sources de la libération des entreprises

En termes d'idées, dès sa conférence au MIT en 1957, McGregor[13] a explicité la conception de la nature humaine de la plupart des patrons (par exemple, le salarié a une aversion pour le travail, préfère être dirigé, etc.), conception qui les conduit au maintien de la bureaucratie hiérarchique pour contrôler leurs salariés – ce qu'il appelle la Théorie X. À sa place, il a décrit une autre conception de la nature humaine, fondée sur les besoins fondamentaux d'auto-réalisation et d'autodirection, et a décrit une forme organisationnelle correspondant à cette nature – appelée Théorie Y. En France, au début des années 1970, un philosophe et collaborateur du cabinet Bossard, Jean-Christian Fauvet[14], a lui aussi étudié les bureaucraties hiérarchiques et expliqué comment elles conduisent inévitablement aux conflits et à la sous-performance. Il a théorisé par la suite une forme d'entreprise fondée sur l'auto-organisation. D'autres chercheurs, tels Stephen Covey[15], Abraham Maslow[16], Peter Senge[17] et Shoji Shiba[18], ont influencé certains leaders dans leur construction d'une entreprise libérée. Enfin, un petit groupe d'auteurs-patrons, comme Max De Pree[19], Ricardo Semler[20] et Robert Townsend[21], ont exercé leur influence à travers leurs livres consacrés à la construction de leurs propres entreprises libérées.

En termes d'entreprises modèles, W. L. GORE, un fabricant de produits à la base de Teflon, a été influencé par l'organisation autodirigée des Task Forces dans la R&D chez DUPONT, où Bill Gore travaillait régulièrement. À son tour, W. L. GORE, la plus ancienne entreprise libérée existante, a exercé son influence sur nombre de leaders libérateurs. En France, c'est FAVI qui exerce ce rôle depuis deux décennies. Enfin, d'autres entreprises qui, dans le passé, ont construit une forme libérée, telles HEWLETT-PACKARD (forme connue sous le nom de H-P WAY), AVIS (dans les années 1960), HERMAN MILLER, SEMCO, HARLEY-DAVIDSON, ont influencé certains leaders libérateurs.

Mais, tout en apportant certains éclairages, cet écosystème pose de nouvelles questions. Primo, s'agissant d'auteurs, si la présence de McGregor est naturelle, on peut se demander pourquoi n'y figurent pas d'autres auteurs influents sur le sujet de l'entreprise libérée tels que Warren Bennis[22] (élève de McGregor), Robert Greenleaf[23] (l'inventeur du concept du leadership serviteur) ou Tom Peters[24]. Secundo, pourquoi les auteurs présents dans l'écosystème ont-ils influencé certains leaders libérateurs et pas d'autres ? Ces deux questions se posent également pour les entreprises libérées modèles. Pourquoi ont-elles influencé certains leaders libérateurs et pas d'autres ? Pourquoi d'autres entreprises libérées modèles comme SOUTHWEST AIRLINES n'y figurent-elles pas ? Tertio, et c'est une question plus fondamentale encore : pourquoi, parmi les dizaines de milliers de patrons qui ont pris connaissance des auteurs ou des entreprises modèles de l'écosystème, seuls quelques dizaines sont passés à l'acte et ont appliqué à leurs propres entreprises les leçons qu'ils avaient apprises ? Pourquoi, en d'autres termes, la prédiction de McGregor, en 1950, annonçant qu'en moins de dix ans toutes les entreprises X auraient disparu ne s'est-elle jamais réalisée – pas plus en 1960 que plus tard ? Il n'existe pas de réponse simple à cette question et celle que nous esquissons n'est qu'une tentative, psychologique de surcroît.

Nos observations nous conduisent à penser que l'expérience affective, plus que la connaissance rationnelle, joue un rôle de déclencheur pour passer à l'acte de construction d'une entreprise libérée. En effet, rationnellement, la désapprobation des pratiques existantes – comme celle de la bureaucratie hiérarchique – conduit de manière générale à la simple critique, non à l'action de transformation[25]. Mais, émotionnellement, la désapprobation des pratiques existantes inspire une *exaspération* quotidienne qui, quant à elle, provoque l'action consistant à les quitter ou à les transformer. Ainsi, beaucoup de leaders libérateurs que nous avons étudiés ont été dans le passé cadres ou dirigeants ; ne pouvant plus supporter la bureaucratie de leur entreprise, ils l'ont quittée avant même de savoir ce qu'ils allaient construire dans leur nouvelle entité. Comme le dit Stan Richards : « Si je ne savais pas exactement *quoi* faire [en termes de forme organisationnelle], je savais certainement ce qu'il ne fallait *pas* faire. Je le devais à l'année misérable que j'avais passée[26] [dans une agence de publicité]. » Cette exaspération (marquée par « * » dans la figure 2) a été mentionnée par la plupart des leaders libérateurs que nous avons étudiés. Plus encore, certains leaders qui ont construit des entreprises libérées telles que CHAPARRAL STEEL, QUAD/GRAPHICS, RICHARDS GROUP, SOL et USAA n'ont pas évoqué la moindre influence des idées ou des entreprises modèles dans leur démarche de construction d'une forme libérée. En effet, procédant par essai-et-erreur et guidés par leur rejet des pratiques qui les exaspéraient dans les bureaucraties hiérarchiques, ils sont parvenus à construire leurs propres formes d'entreprise libérée.

Outre l'exaspération, une deuxième expérience émotionnelle a, selon nous, aidé certains patrons à passer à l'action et à construire une entreprise libérée. En effet, au-delà de l'apprentissage rationnel, lire certains ouvrages, visiter une entreprise libérée et faire la connaissance de son patron peut être à l'origine d'une véritable *admiration*. Nous l'avons clairement entendu, par exemple, dans la bouche du patron de HARLEY-DAVIDSON, Richard Teerlink, quand il a parlé de HERMAN MILLER et de son patron Max De Pree, ainsi que dans celle du patron de VERTEX, Jeff Westphal, quand il a évoqué HARLEY-DAVIDSON et Teerlink. À la différence de la simple appréciation, l'admiration pousse la personne à l'action et l'incite à rejoindre le groupe qu'elle admire. Les réseaux intellectuels d'un patron facilitent beaucoup l'accès à des idées et à des modèles à admirer. En France, par exemple, beaucoup de leaders libérateurs sont membres du réseau APM, par lequel le modèle FAVI et, plus récemment, USOCOME et BRETAGNE ATELIER sont diffusés.

Après avoir discuté des idées et des modèles qui avaient influencé la construction des entreprises libérées, il aurait été utile de débattre des performances des entreprises libérées. Pour la discussion des performances économiques les plus générales, nous renvoyons le lecteur à nos autres publications[27]. Nous évoquerons ici un aspect des performances sur lequel nous avons ouvert cet article : la résilience de l'entreprise libérée face à la crise économique.

Vaincre la crise économiquement et humainement

Dès juillet 2009, Munzenhuter a réussi non seulement à éviter le chômage partiel, mais à assurer l'équilibre financier d'USOCOME – toujours grâce aux initiatives de tous. C'est ainsi que, fin janvier 2010, chaque salarié a reçu une prime, alors même que l'entreprise était encore à moins 28 % de commandes par rapport à la même période de l'année précédente. Même pendant la crise, Munzenhuter n'a pas cessé d'entretenir la forme libérée. Mieux, il a décidé de l'améliorer encore en supprimant la direction. Avant, les managers-leaders de mini-usines disposaient d'une totale liberté pour organiser avec leurs équipes la production ; mais les ventes, les achats, les finances étaient gérés par les chefs de service. Ces derniers, comme c'était le cas chez FAVI, ont eu la possibilité de choisir l'orientation qu'ils souhaitaient tout en conservant leurs salaires (et ils ont tous trouvé des activités qui les motivaient). Quant aux managers-leaders, ils sont devenus complètement autonomes et responsables de l'ensemble des activités de leurs mini-usines. Mais USOCOME n'est pas la seule à avoir surmonté la crise.

Pour reprendre notre deuxième cas, celui de FAVI, son activité porte sur le secteur qui pourrait bien être le plus durement touché par la récession actuelle : l'équipement automobile. Malgré les ravages et les faillites successives que connaît le secteur, ce leader européen des fourchettes d'embrayage en laiton a maintenu son cash-flow positif à deux chiffres. Quant à ses parts de marché européen, elles sont passées de 50 % à 70 % en 2009.

Un autre exemple d'entreprise ayant progressé pendant la crise est l'entreprise finlandaise SOL, numéro deux du pays dans le secteur des services de nettoyage. Nombre de ses clients, dont les hôtels et les paquebots de luxe, ont été frappés de plein fouet par la crise. Pourtant, SOL a continué d'afficher des marges bien supérieures à la moyenne du secteur, et ce malgré une démarche volontaire de diminution des prix – pourtant fixés par contrat – accordée aux clients lorsque la crise a éclaté. Cette entreprise a même décroché un nouveau contrat de nettoyage avec les Chemins de fer finlandais et un contrat avec l'aéroport d'Helsinki dans un secteur entièrement nouveau pour elle, celui de la sécurité.

Prenons enfin le cas de Richards Group, aux États-Unis cette fois, où elle est la première agence publicitaire indépendante. Lors d'une crise, lorsque les budgets se resserrent, celui de la publicité est bien souvent le premier à en faire les frais. Pourtant, le Richards Group continue d'acquérir de nouveaux clients sans perdre les anciens.

Quelles sont les similitudes de la résilience de ces entreprises – et d'autres, d'une forme organisationnelle similaire, que nous avons étudiées ? Ces entreprises, tout comme leurs concurrents, ont subi une baisse des commandes, mais, à la différence de ces derniers, elles n'ont pas resserré leurs contrôles. Au contraire, elles se sont appuyées davantage encore sur l'essence même de l'entreprise libérée : satisfaire les besoins fondamentaux d'égalité intrinsèque, de développement personnel et d'autodirection des salariés[28]. Ces entreprises ont compris que la crise n'agit pas seulement sur la situation économique, mais aussi sur les salariés – en accentuant leurs besoins fondamentaux. Face à un avenir incertain, les salariés veulent encore plus de considération et de confiance par le biais d'informations toujours plus nombreuses sur la situation économique de leur entreprise. Face à la baisse de la demande habituelle, ils veulent maîtriser d'autres compétences pour être présents si une demande d'un nouveau type apparaît. Enfin, face à la recrudescence des défis, ils veulent s'autodiriger davantage encore pour pouvoir apporter leurs solutions.

Dans combien d'entreprises confrontées à la crise le personnel administratif, constatant le manque de main-d'œuvre dû au départ des intérimaires, prend-il l'initiative – comme chez USOCOME – de se mettre à travailler sur la chaîne de montage ? Même si de telles volontés émergeaient, on peut aisément imaginer la levée de boucliers des règles, des procédures et des intérêts des chefs pour les endiguer. La différence dans la capacité d'affronter la crise des entreprises libérées et des entreprises traditionnelles ne peut être que radicale, comme cela a été le cas entre la filiale française USOCOME et la filiale allemande SEW. Une lettre d'un de ses salariés que Munzenhuter a reçue en janvier 2010 le résume bien. Nous allons donc conclure en laissant la parole à ce salarié.

Bonjour Monsieur Munzenhuter,

Merci beaucoup pour vos bons vœux.

Tout d'abord, merci pour votre gestion lucide de la crise qui nous a évité à nous tous Usocomler de connaître le chômage partiel, la baisse de rémunération et la démotivation qui en découlent, et surtout le manque de motivation qui risque de se produire lors de la reprise de l'activité normale que nous souhaitons tous au rendez-vous au deuxième semestre 2010. En effet, sous la pression des propriétaires et de nos collègues allemands, il aurait sûrement été plus facile de suivre leurs traces. Or aujourd'hui déjà on peut ressentir chez nos collègues une démotivation profonde, une rupture importante par rapport au passé : SEW était, avant la mise en place du chômage partiel, une entreprise familiale exceptionnelle où l'appartenance était forte car le collaborateur considérait faire partie de la « famille SEW ». Aujourd'hui, cela ne semble plus être le cas, ils sont devenus des salariés d'un grand groupe international. Merci d'avoir su préserver, grâce à la gestion transparente et aux efforts raisonnables et équitablement demandés à l'ensemble des collaborateurs, cette motivation et cette fierté d'appartenir à une entreprise exceptionnelle au regard de ce qui se passe autour de nous.

Il est vrai que cette période a été difficile à vivre pour nous salariés aussi, peut-être un peu plus encore pour un ancien membre du CE au tempérament d'assistante sociale.

…

Alors, à mon tour, je vous souhaite ainsi qu'à tous vos proches une année pleine de sens, de bonheur et d'épanouissement…

Méthodologie de la recherche

À partir de notre définition de la forme organisationnelle fondée sur la liberté et la responsabilité, nous avons d'abord cherché des entreprises réputées pour les avoir données à leurs salariés, à un moment de leur histoire ; à cette fin, nous avons exploré des archives de publications, ainsi que les réseaux professionnels et économiques. Nous n'avons utilisé aucun autre critère tel que géographie, âge, secteur ou type de gouvernance. On ne peut nier cependant un certain penchant naturel à favoriser les entreprises qui ont réussi, car elles sont généralement plus connues que les entreprises peu performantes.

Nous avons ensuite approché ces entreprises et rencontré celui de leurs dirigeants, actuel ou ancien, qui avait été déterminant dans l'élaboration de cette forme organisationnelle. Nous avons passé un ou plusieurs jours à l'interviewer, à observer son entreprise et à interroger ses salariés. Les questions de ces interviews semi-structurées ont été préparées à l'issue d'une recherche bibliographique sur l'entreprise. Lorsque les dirigeants « libérateurs » n'étaient plus en vie (Bill Gore et Harry Quadracci), nous avons interviewé plusieurs dirigeants qui avaient travaillé étroitement avec eux pour nous informer de leurs comportements et convictions.

Toutes les interviews ont été enregistrées puis transcrites pour analyse. Nous avons aussi collecté sur le terrain des documents relatifs à notre sujet. Lorsque des clarifications ont paru nécessaires, nous avons communiqué par téléphone et courriel avec les personnes interrogées. Les résultats spécifiques à notre recherche ont été obtenus en appliquant le raisonnement inductif fondé sur les observations et les documents typiques de la méthodologie des études ethnographiques et de terrain. De manière générale, notre recherche n'échappe pas aux limites traditionnellement associées à cette méthodologie (cf., par exemple, H. K. Klein & M. D. Myers (1999), « A set of principles for conducting and evaluating interpretive field studies in Information Systems », *MIS Quarterly*, 23, p. 67-94).

En ce qui concerne le compte rendu de cette recherche, nous utiliserons dans cet article beaucoup de citations directes et autres illustrations adoptant une forme narrative courante dans la recherche ethnographique. En plus d'être proche des données empiriques, cette recherche se doit d'être factuelle, descriptive, et de faire une large part aux citations dans son compte rendu (cf. L. Lofland, *Analyzing Social Settings : A Guide to Qualitative Observation and Analysis*, Belmont, CA, Wadsworth, 1971 ; sur l'importance de la forme narrative pour la compréhension des phénomènes organisationnels, cf. H. Tsoukas & M. J. Hatch, « Complex thinking, complex practice : The case for a narrative approach to organizational complexity », *Human Relations*, 54, 2001, p. 979–1013).

Tous les exemples et illustrations utilisés dans cet article proviennent de notre recherche.

ANNEXE

Libération d'entreprise et processus organisationnels

Depuis la publication de ce livre, à l'automne 2009, nous avons poursuivi notre réflexion sur les phénomènes liés au monde de l'entreprise. Si certains récits parus depuis dans la presse ont pu susciter l'inquiétude, parce qu'ils mettaient en lumière des pratiques discutables en matière de contrôles, de sécurité ou de techniques de motivation des salariés, il y eut également des témoignages positifs, qui ont prouvé que les valeurs sur lesquelles on s'appuie peuvent faire la différence dans le monde de l'entreprise et contribuer à le rendre meilleur.

Depuis la première édition de *Liberté & Cie*, de plus en plus d'entreprises et d'organisations ont œuvré à leur propre libération. Le fait qu'elles soient de plus en plus nombreuses à le faire nous pousse à nous interroger sur la nature de ce phénomène. Sommes-nous simplement en présence d'une nouvelle tendance, d'un modèle que les consultants spécialisés appliqueront bientôt de manière uniforme, ou bien d'une véritable philosophie de leadership et d'organisation ?

Aujourd'hui, des dizaines de milliers de personnes échangent à propos de l'entreprise libérée, dans les médias et sur les réseaux sociaux. Nous avons recensé certaines idées sur le sujet (mais pas toutes, loin de là) sur nos blogs www.freedomincbook.com (en anglais) et www.liberteetcie.com (en français). Vous y trouverez, entre autres, des articles que nous avons rédigés ces six dernières années. Dans cette annexe, nous en reprenons certains, classés par type d'objectifs organisationnels.

Les textes qui suivent ne constituent pas un catalogue exhaustif de libération de l'entreprise appliquée à chaque type de processus organisationnel ; un tel recensement serait impossible. En effet, comme on l'a déjà souligné, l'entreprise libérée est une philosophie, un ensemble de convictions à propos des hommes et du leadership. Lorsqu'elle est appliquée à une entreprise en particulier et à sa culture, elle en transforme profondément les modes et pratiques d'organisation pour les rendre plus adaptés à notre époque. Nous voulons montrer qu'elle permet de relever certains défis, et nous invitons nos lecteurs à renouer avec l'« architecte » ou l'« artisan » qui est en eux afin d'inventer eux-mêmes les transformations qui mèneront à la libération de leur entreprise.

Contrôle et reporting

Moins de stress et plus de liberté : pourquoi le micro-management tue les employés

Si le président Sarkozy veut que les Français soient heureux, il devrait moins s'inquiéter du nombre de jours de vacances qu'ils peuvent prendre, et se soucier plutôt de la bureaucratie qui les accable sur leur lieu de travail.

La série de suicides chez France Télécom fait en ce moment la une des médias français. Depuis 2008, date à laquelle les syndicats ont commencé à collecter les données, vingt-trois employés de l'entreprise se sont donné la mort, et treize autres ont essayé de mettre fin à leurs jours.

Bien évidemment, les cadres haut placés doivent éprouver une certaine crispation face à toute cette attention médiatique, car les critiques des journalistes se fondent sur des arguments pertinents. Tout comme les crashs aériens, les suicides attirent l'attention, mais ils peuvent s'avérer peu représentatifs d'un point de vue statistique. France Télécom emploie plus de cent mille personnes ; peut-être que si des données sur d'autres entreprises étaient disponibles, on constaterait que le taux de suicide chez France Télécom n'est en fait pas si élevé. Dans le document qu'ils ont établi, les syndicats précisent que certains suicides sont liés à des raisons purement personnelles. Comme dans le cas des crashs aériens, pour reprendre l'image employée plus haut, les raisons d'un suicide peuvent être variées.

Mais comme chacun sait, il n'y a pas de fumée sans feu. Une étude récente indique qu'en France, 52 % de la population active dort mal le dimanche soir. Cependant, le stress lié au travail n'est pas un mal propre à la France ; c'est une souffrance grave et très répandue qui sévit dans tous les pays développés. Ainsi, aux États-Unis et au Royaume-Uni, 70 % des employés ne dorment pas bien non plus le dimanche soir.

On ne sera pas étonné d'apprendre que de nos jours, 75 % à 90 % des consultations médicales sont causées par le stress au travail. Bien sûr, tout cela a un prix ; selon certaines études, ces problèmes de santé coûteraient entre 830 millions et 1,65 milliard d'euros par an aux entreprises françaises, et pas moins de 300 milliards de dollars par an aux firmes américaines. Ces montants s'expliquent par le taux d'absentéisme, la perte de productivité et les coûts liés à la santé. Au-delà du simple problème financier, le stress est aussi un facteur de grande souffrance psychologique.

Si la période de stress est brève, elle peut entraîner maux d'estomac, mal de dos et de tête, problèmes musculaires, osseux et dermatologiques, manque de sommeil et d'énergie ou détresse psychologique. Si elle se prolonge, elle peut causer des maladies cardiaques ; les cas les plus graves, où le stress se double d'un sentiment d'isolement, peuvent même conduire au suicide.

Les syndicats savent tout cela, et c'est la raison pour laquelle la branche chargée de collecter les données sur le suicide chez France Télécom s'appelle l'« Observatoire du stress et des mobilités forcées ». Mais pour en analyser les causes profondes, il faut comprendre les mécanismes qui sont à l'origine du stress dans nos vies.

Tout commence par des situations qu'on perçoit comme menaçantes, que ce soit physiquement ou mentalement. Dans le langage des psychologues, ce sont des « facteurs de stress ». On peut par exemple mentionner l'augmentation de la charge de travail, la multiplication des exigences de l'employeur, l'incertitude sur les tâches à accomplir ou encore sur le lieu de travail (dans le cas de France Télécom, on peut citer les cas récents de mutations forcées, signalées aux employés concernés peu de temps avant qu'elles ne prennent effet). Les facteurs de stress comprennent également tous les conflits avec les collègues et tous les obstacles qui empêchent les salariés de bien faire leur travail, comme l'impossibilité d'accéder à certaines ressources ou informations.

Les facteurs de stress, qu'ils soient minimes ou plus graves, provoquent des réactions émotionnelles négatives, le plus souvent la colère ou l'angoisse. À partir de ce moment-là, les symptômes d'anxiété deviennent inévitables. Parfois, le stress agit comme moteur et inspire des initiatives constructives qui permettent de faire face aux situations angoissantes – par exemple, les employés tâcheront d'obtenir l'information dont ils ont besoin auprès de quelqu'un d'autre. Mais la plupart du temps, leur réaction sera néfaste : la fuite (qui se traduit par un fort taux d'absentéisme et de fréquents remplacements du personnel) ou la lutte, qui comprend une part de violence contre soi-même.

Mais fort heureusement, un facteur essentiel permet de diminuer le stress au travail : c'est la notion de contrôle. Lorsqu'un employé a l'impression de contrôler une situation, cette dernière lui paraît moins angoissante, et, dans certains cas, devient même stimulante. En règle générale, les pilotes de chasse ne considèrent pas que leurs missions sont stressantes, même au combat, car ce sont eux qui contrôlent tout. Cette impression de contrôle diminue l'impact émotionnel des facteurs de stress sur les employés. Par exemple, une vendeuse qui a la sensation de contrôler son travail ne s'inquiètera pas face à un nombre important de clients, et se sentira à même de trouver une solution pour faire face à cette charge supplémentaire. Mieux encore, ses réactions émotionnelles pourront être à l'origine d'un sentiment positif – elle doit relever un défi. L'impression de contrôler la situation peut même inciter les employés à chercher des solutions adaptées afin de gérer au mieux certains événements.

À l'inverse, si un individu a l'impression de n'exercer aucun contrôle sur son travail, sa réaction sera bien différente ; persuadé qu'il ne peut pas changer la façon dont il travaille, il commencera à lutter ou à fuir, actions destructrices visant à réduire sa souffrance psychologique et à se sentir mieux. Trois psychologues, Hans Bosma, Steven Stansfeld et Michael Marmot, ont passé cinq ans à étudier le niveau de stress de plus de dix mille fonctionnaires britanniques. Selon leurs conclusions, les employés qui ont l'impression d'exercer peu de contrôle sur leur travail (peu importe que ce soit réellement le cas ou non) ont 50 à 100 % de risques en plus de souffrir de problèmes cardiaques que ceux qui ont la sensation d'être aux commandes.

Bien sûr, les employés haut placés dans la hiérarchie peuvent trouver des solutions afin d'échapper à la bureaucratie. Mais il y a une alternative bien plus efficace pour réduire les coûts liés au stress et à la détresse émotionnelle : il faut considérer l'employé comme un pilote du monde moderne, et non comme un soldat d'un autre temps. Laissons les salariés libres de contrôler leur propre travail au lieu de leur donner des ordres, et le niveau de stress baissera, tout comme les frais de santé cachés et le taux d'absentéisme. Quant aux employés, ils seront plus engagés. Bien sûr, cet objectif est difficile à atteindre dans le cadre d'un système traditionnel fondé sur les ordres et le contrôle, qui fait miroiter plus d'autonomie, tout en préservant la hiérarchie – mais c'est possible.

Des entreprises aussi diverses que FAVI, une société française qui fabrique des alliages de cuivre, ou SOL, un groupe finlandais qui propose des services de nettoyage, y sont parvenues. Et les bonnes nouvelles ne s'arrêtent pas là : en laissant une plus grande liberté d'action au personnel, on élimine non seulement des coûts et une forme de détresse humaine, mais on favorise également l'innovation et la croissance organique. Voilà exactement le genre d'informations que n'importe quelle entreprise souhaiterait voir à la une des journaux.

Isaac Getz, *The Wall Street Journal*,
21 septembre 2009
Traduit de l'anglais par Caroline Marty

L'obsession du reporting crée l'inefficacité managériale

Début mars, les médias ont révélé que les chiffres de la délinquance ont été truqués durant des années par la préfecture de Police à Paris. Selon un rapport remis au ministre de l'Intérieur, la hiérarchie policière utilisait plusieurs méthodes « pour ne pas faire exploser les chiffres » : elle requalifiait certaines infractions en infractions moins graves, un cambriolage en une dégradation de porte par exemple ; elle ne comptabilisait pas du tout certaines infractions ; et enfin, quand les quotas mensuels risquaient d'être dépassés, par exemple fin février, les délits étaient comptabilisés en mars.

Au ministère de l'Intérieur, le rapport a sans doute provoqué un choc, car il signifie que les politiques du ministère sont basées sur de la fiction depuis une dizaine d'années. Mais dans beaucoup d'entreprises, cela fait sourire. Ces pratiques inventées par la hiérarchie policière y existent depuis un siècle au moins…

« Produire du chiffre ? » Dans cette maison d'édition dont la direction demande des reportings hebdomadaires sur l'innovation, les managers ont vite compris qu'une ancienne édition relookée et dotée d'un nouvel ISBN compte comme nouvelle. Quant à comptabiliser une opération sur le mois suivant, cela s'appelle « mettre au frigo », une technique bien connue de tout commercial dont le bonus dépend du quota mensuel : une fois ce quota atteint, il fait passer ses ventes de fin de mois sur le mois suivant, augmentant ainsi ses chances d'y atteindre également le quota.

Pot aux roses

Comme au ministère de l'Intérieur, cela signifie que les politiques des directions de la plupart des entreprises sont basées sur de la fiction. Mais c'est bien pire dans le privé. En effet, aucun rapport n'est remis à aucun PDG sur ce sujet, et pour cause. Le contrôle et ses instruments de reporting et de motivation par les primes et sanctions – carottes et bâtons – sont l'essence même du système de management en vigueur dans la plupart des entreprises.

Dans ce système, les directions décident de stratégies, les traduisent en objectifs chiffrés, puis font usage de primes et de sanctions pour obtenir des « troupes » leur réalisation. Ces dernières ont bien compris le jeu : pour être tranquille, il faut produire du chiffre – pas la réalité.

Et cela fonctionne ! Les directions voient de « bons chiffres », les troupes touchent des primes et tout continue ainsi jusqu'au moment où l'on découvre le pot aux roses. Par exemple, un client qui a passé commande le 21 février ne l'a toujours pas reçue le 15 mars ; les revenus annuels que l'on voit trop faibles en fin d'année en découvrant simultanément que beaucoup de commandes passées en décembre dernier (la fameuse prime de fin d'année des commerciaux) ont été annulées en janvier ; ou, tout simplement, que l'action de l'entreprise a chuté brusquement de 20 %…

Ce système conduit non seulement les directions, censées piloter les entreprises, à le faire en regardant dans leur rétroviseur (les chiffres concernent toujours le passé), mais ce rétroviseur se révèle être un miroir déformant.

Confiance et autocontrôle

Cette situation est omniprésente, mais pas inévitable. Il existe des entreprises, en France et ailleurs, qui ont aboli ce système de management en remplaçant le contrôle et le principe « carotte et bâton » par de la confiance et de l'autocontrôle.

Ainsi, elles n'ont ni pointeuses ni magasins fermés à clé, elles ne contrôlent pas si les salariés travaillent de leurs bureaux ou de chez eux, et ni les salariés ni le PDG n'ont d'ailleurs de bureaux fixes, de même qu'elles n'imposent pas d'objectifs, lesquels sont fixés par les équipes elles-mêmes.

Bien sûr, il y a des personnes qui profitent de cette absence de contrôle. Mais à la différence de l'entreprise classique, où il s'agit de déjouer les systèmes de contrôle bureaucratique, il faut ici tromper ses propres coéquipiers.

Ces derniers vous font a priori confiance, mais si vous êtes en retard pour la deuxième fois, vous justifiant toujours par le fait que votre réveil n'a pas sonné, ils arrêteront de vous dire bonjour et de vous parler. La confiance ne signifie pas l'anarchie, elle veut dire confiance, au sein de l'équipe, dans la qualité de votre travail. Si ce n'est pas pour cela que vous êtes venu, alors vous n'avez rien à faire dans l'équipe.

Majorité heureuse de travailler

Ces entreprises sont non seulement un lieu où la majorité des salariés sont heureux de travailler, mais elles sont aussi continuellement au sommet de leurs secteurs respectifs. Car elles ont des chiffres. Pas trop. Juste ceux que les équipes estiment utiles à l'autocontrôle, et qui constituent le minimum nécessaire à la direction pour que celle-ci puisse connaître la situation actuelle et envisager l'avenir, par exemple pour investir.

D'ailleurs, la direction de Poult, le deuxième biscuitier de France, ne s'occupe même pas de cette dernière question. Chaque année, un collectif tournant de 15 salariés décide comment investir de 7 à 8 millions d'euros. Aucun directeur n'y est présent.

C'est aujourd'hui une tendance naissante au sein des entreprises : des journées de formation sont organisées à Paris sur la « fin du management de reporting », et chaque semaine un article paraît dans la presse, spécialisée ou non, sur la « déhiérarchisation », « les entreprises de confiance », etc.

Mais pas à la préfecture de Police. Elle assure que le nouveau logiciel de rédaction des procédures rendra impossible le trucage des chiffres par la hiérarchie. Mais elle sous-estime certainement la créativité des acteurs de toute organisation quand leurs primes dépendent des bons chiffres, et leurs sanctions des mauvais. Un logiciel de contrôle plus performant nécessitera plus de temps et d'ingéniosité pour le contourner, c'est-à-dire moins de temps pour s'occuper du vrai sujet : comment améliorer les résultats réels, en l'espèce, la réduction de la criminalité à Paris.

Isaac Getz, *Le Monde*, 8 mai 2014

« C'est le règlement » et pourquoi s'en débarrasser

En 1903, Tolstoï a écrit une nouvelle, *Après le bal*, inspirée d'un fait vécu par son frère. Le jeune héros était fort amoureux d'une ravissante jeune fille dont le père était un colonel qu'il admirait par ailleurs. Il s'apprêtait à l'épouser et faisait de grands projets. Bref, c'était un homme heureux. Un matin, alors qu'il sortait d'un bal, il croise un rituel militaire qui va changer sa vie (et la vie de Tolstoï). Des centaines de soldats font un couloir à travers lequel deux sergents tirent un soldat au dos nu et, chaque fois qu'ils passent au niveau d'un des soldats du rang, celui-ci frappe le condamné d'un coup de bâton. Le jeune homme croise alors l'officier qui dirige le châtiment. C'est le père de sa fiancée, l'homme qui lors du bal a prononcé une phrase qui prend subitement tout son sens : « C'est le règlement. » Après cet épisode, le jeune homme ne put jamais retrouver le même amour pour sa fiancée et ce fut la fin de leur relation.

Aux portes du premier emploi

L'entreprise ne punit pas ses salariés corporellement. Toutefois, son univers et ses pratiques ne sont pas sans rappeler ceux de l'armée du tsar, avec le désamour qui s'ensuit, si ce n'est pire. Chaque année, beaucoup de jeunes gens franchissent les portes de leur premier emploi et que découvrent-ils ? Le livret d'accueil. Au-delà de quelques informations pratiques – où garer sa voiture, où manger –, ils y trouvent la convention collective, les horaires de travail, les règles de l'hygiène et de la sécurité et l'inévitable règlement intérieur. Beaucoup ne dépassent pas la table des matières. Ainsi, ils nourrissent pendant quelque temps encore l'espoir que le travail leur permettra de s'épanouir, de prendre des initiatives, de participer à un grand projet commun.

Désamour

Car s'ils l'avaient lu ils auraient compris que : 1/ les deux actions les plus importantes dans la journée sont pointer et dépointer ; 2/ il faudra dépenser dorénavant énormément d'énergie pour ne pas se retrouver en violation de tout ce qui est interdit et réglementé. Le désamour va alors commencer. Et quand un jour, ils seront témoins d'une sanction infligée à un collègue par un supérieur ou un responsable RH avec comme justification « c'est le règlement », leur relation avec l'entreprise – ce qu'on appelle l'engagement – sera terminée. La peur la remplacera.

Bombes à neutrons

Pourquoi les entreprises font quelque chose qui détruit, un peu comme des bombes à neutrons, l'engagement de leurs propres salariés ? Premièrement, parce que sans le savoir, elles pratiquent le « management pour 3 % ». Au début de la vie de l'entreprise, le fameux règlement interne est tout petit, juste pour respecter le Code du travail. Mais un jour, un des salariés fait quelque chose d'inacceptable. Plutôt que de discuter avec lui face-à-face, de comprendre les raisons de son action, d'expliquer en quoi elle est inacceptable pour l'entreprise et de lui demander comment il se propose de la corriger, on va ajouter une ligne au règlement. Le résultat ? On n'a pas compris les motifs des 3 %, qui du coup, vont continuer à nuire à l'entreprise, mais avec plus de créativité cette fois. Mais surtout, on a puni 97 % des gens qui étaient irréprochables, en leur interdisant encore une chose, en leur montrant encore un domaine dans lequel l'entreprise ne leur fait plus confiance.

Il y a des entreprises dans le monde et en France, telles FAVI en Picardie ou ChronoFlex à Nantes, qui ont renversé radicalement cette érosion de l'engagement des salariés due à l'empilement des règlements et des interdictions. Ils ont réduit le règlement interne au strict minimum légal et ont refusé d'ajouter la moindre ligne en disant clairement que l'entreprise faisait confiance à ses salariés et que, si des cas isolés d'abus avaient lieu, ils seraient justement traités de façon isolée. Et ça marche.

Création de valeurs

Mais la prolifération des règlements et des procédures n'a pas seulement des conséquences négatives inattendues au niveau de l'engagement des salariés : elle fait aussi exploser les coûts et torpille la performance. En termes de coûts directs, une catégorie de salariés qui contrôle le respect des règles et des procédures s'installera au prix d'une masse salariale de taille. Plus encore, elle occasionnera des coûts cachés car, bien que faisant partie des fonctions dites de « support », elle fera le contraire – du blocage. En effet, les salariés de la zone de création de valeur vont devoir chercher à contourner beaucoup de ces règlements et procédures pour pouvoir avancer. Ainsi, tel commercial, face à la procédure interminable d'achat, va faire passer dans ses frais de mission le disque dur externe de 100 euros qu'il lui faut pour sauvegarder ses données, ou tel directeur d'une filiale, face à une procédure interminable de recrutement, va acquérir une PME avec une dizaine de salariés dont il a besoin. Bien que cachés, les coûts de cette énergie dépensée à lutter contre la bureaucratie représentent, selon certains chercheurs, jusqu'à 50 % des efforts des personnes qui créent de la valeur économique dans l'entreprise.

Enfin, il y a des coûts indirects dus au stress, à la dépression, à l'absentéisme et au turnover. Voir un collègue sanctionné, sans qu'il n'y ait de vraie discussion et de compréhension, un autre forcé à la « mobilité », un troisième à qui on n'a pas tenu promesse et dont la parole – et donc, la probité – a été remise en cause, tout cela a des impacts psychologiques importants chez le témoin. Cela provoque de l'insécurité, une méfiance profonde vis-à-vis de l'entreprise, des réflexes de « tout tracer », de « ne croire personne », autant de comportements qui violent les croyances profondes de la plupart des individus. Et quand la personne vit ce type d'événements non pas en témoin mais par elle-même, le choc devient un traumatisme.

« Bisounours »

Un des plus grands penseurs de l'entreprise, Edward Deming, a écrit que son organisation bureaucratique est une invention moderne et qu'elle représente « une prison dans la manière dont les gens y interagissent ». « C'est le règlement » : cette phrase est au cœur de la gestion de toute prison, mais est-ce pour autant inévitable dans l'entreprise ?

Tolstoï, dans son essai *C'est honteux*, raconte le cas historique suivant. Dans les années 1820, plusieurs officiers de l'un des régiments militaires russes les plus prestigieux décidèrent de ne plus utiliser de châtiments corporels pour les soldats. Quand un autre officier, qui voyait ses collègues naïfs – on les aurait appelés des « bisounours » aujourd'hui –, leur parla d'un soldat de sa compagnie qui buvait et volait, ceux-ci lui proposèrent de transférer le perturbateur dans leur compagnie. À peine arrivé, ce soldat vola les bottes d'un autre. L'officier commandant annonça alors au soldat qu'il ne serait pas puni, et lui demanda de changer de comportement. Mais le soldat vola à nouveau. L'officier répéta sa demande. Stupéfié par la double absence de châtiment, le soldat transforma alors radicalement son comportement et devint le meilleur de la compagnie. L'officier en question n'a pas limité l'application de ces principes à son régiment. Il est l'un des cinq principaux leaders du grand soulèvement dit « décembriste » de 1825 qui chercha à instaurer la démocratie en Russie et qui fut réprimé. Si Tolstoï raconte cette histoire, ce n'est pas pour parler de l'impossibilité de réformer la Russie. Il le fait pour rappeler qu'en 1895, le châtiment corporel était encore la règle dans son pays à la fois dans l'armée et dans le civil. Et il conclut que l'arbitraire d'un pouvoir absolu ne fait pas de ce dernier quelque chose de légitime. C'est même le contraire.

Les plus performantes

Quant aux entreprises, il ne s'agit pas, bien sûr, de les inviter à fermer les yeux sur les vols. En même temps, il y a un nombre croissant de patrons qui ont renoncé au « management pour 3 % », aux règlements et autres instruments de contrôle et de sanction. À la place, ils ont érigé la confiance comme le principe fondamental de l'entreprise, confiance dans la volonté de tous de faire un bon travail, accompagnée d'un traitement ferme des cas isolés. Ils ont ainsi démontré – et certains depuis des dizaines d'années – que ce principe marche et que leurs entreprises sont les plus performantes dans leurs secteurs respectifs.

Isaac Getz, *Le Monde*, 5 août 2014

Dehors, c'est une véritable jungle – surtout chez Amazon

Jeff Bezos a un souci – et le fait qu'il n'en ait même pas complètement conscience n'est qu'une partie du problème. Le week-end dernier, le *New York Times* a publié un article long et virulent sur la culture d'entreprise d'Amazon.com. L'environnement de travail du groupe fondé par M. Bezos y est décrit comme exigeant, malveillant et propice au burn-out.

Certains employés du groupe ont pris la défense de leur entreprise. Dans une note interne, qui a depuis fuité, M. Bezos lui-même écrit : « Je ne reconnais pas le groupe Amazon tel qu'il est dépeint dans cet article, et j'espère que vous non plus. » Il a invité tous ceux qui voyaient une part de vrai dans l'article du *New York Times* – par exemple, l'absence de considération pour l'équilibre entre vie privée et vie professionnelle, la possibilité de disposer du temps des employés vingt-quatre heures sur vingt-quatre, sept jours sur sept, ou encore les évaluations de performance dans lesquelles « ça passe ou ça casse » – à écrire aux ressources humaines ou à lui-même directement (dans cet ordre-là, ce qui est assez révélateur).

La femme d'un ancien salarié d'Amazon l'a pris au mot et a répondu à cette note interne en publiant une lettre ouverte sur quartz.com. Voici comment Beth Anderson décrit la période durant laquelle son mari a travaillé chez Amazon :

« J'étais devenue sa coéquipière : c'était moi qui devais le réveiller lorsqu'on lui téléphonait au milieu de la nuit, me garer au bord de l'autoroute pour trouver un réseau Wifi si on l'appelait en voiture, et faire en sorte qu'on ne soit jamais à plus de quinze minutes d'une connexion internet. »

Comme le fait remarquer Mme Anderson, il y a sûrement des milliers de personnes qui sont heureuses chez Amazon et qui s'épanouissent dans cette culture d'entreprise. En outre, au sein du groupe, il y a probablement des services qui ne ressemblent en rien au monde sans merci décrit par le *New York Times* et Mme Anderson.

Mais M. Bezos ne devrait pas trop s'en réjouir ; en effet, il est confronté à un vrai casse-tête, et demander à ses employés de s'exprimer ne va pas forcément l'aider à le résoudre. Un certain nombre d'entre eux a certainement peur des conséquences, et c'est pour cela que M. Bezos ne découvre toute l'étendue du problème que maintenant, dans les pages du *New York Times*.

Par nature, les cultures d'entreprise se maintiennent et se renforcent d'elles-mêmes. Ceux qui aiment leur lieu de travail restent – et parce que tous les goûts sont dans la nature, il y a toujours quelqu'un qui s'épanouit dans une culture donnée. Les questions que M. Bezos devrait se poser sont les suivantes : quels sont les coûts cachés d'une culture d'entreprise qui semble repousser un nombre important de personnes talentueuses et performantes ? Et ces coûts en valent-ils vraiment la peine ?

M. Bezos a également encouragé ses employés à lire, en plus de l'article du *New York Times*, une longue déclaration d'amour pour Amazon, publiée par Nick Ciubotariu sur Linkedin. Il y exprime son adhésion totale au fonctionnement et aux agissements du groupe. M. Ciubotariu a peut-être de la chance, ou alors il fait partie du problème. Je ne le connais pas, ni les gens qui travaillent pour lui, ni ceux pour qui il travaille, mais à la lecture de son texte, il n'y a aucun doute quant au fait qu'il défend ardemment ce en quoi il croit. Pour reprendre les termes qu'emploie Amazon dans la liste de ses grands principes de leadership, il a « de la poigne ».

Cependant, Amazon a une autre grande règle : ses leaders doivent « travailler pour remettre en cause leurs croyances ». Jusqu'à maintenant, Amazon et ses employés se sont plus attelés à questionner la description du *Times* que leurs propres convictions. Il est intéressant de noter que cette exhortation à se remettre en question est précédée par un titre de rubrique qui indique que les leaders « ont souvent raison ». On peut espérer que le deuxième mot est là pour souligner qu'ils ont parfois tort. Mais je ne peux m'empêcher de me demander si cette subtilité langagière est bien saisie par le personnel doté de l'esprit ambitieux et exigeant qu'Amazon recherche et cultive.

Lors de l'écriture de *Liberté & Cie*, Isaac Getz et moi-même avons insisté pour voir de l'intérieur toutes les compagnies auxquelles nous faisons référence dans le livre. Dès que l'occasion se présentait, nous arrêtions quelqu'un dans le hall d'entrée (une personne qui n'avait pas été briefée en vue de notre visite, et à qui on n'avait pas donné de consignes sur ce qu'elle devait nous dire) et nous lui demandions ce qu'il pensait de la culture de son groupe. L'objectif de ce test était double : dans les entreprises les mieux dirigées, ces hommes et ces femmes aimaient réellement leur travail. En outre, les huiles ne s'inquiétaient pas du contenu de ces entretiens informels avec leurs employés.

En quatorze ans de journalisme économique et cinq ans de recherche sur le terrain dans le domaine des techniques de management, je n'ai jamais rencontré un seul PDG qui pense (ou ait bien voulu admettre) que sa culture d'entreprise est toxique. Il est même triste de constater que la plupart du temps, les patrons n'ont absolument aucune idée du ressenti des exécutants sur leurs conditions de travail – car, dans la majorité des cas, ces mêmes employés supposent que l'entreprise fonctionne exactement comme leur patron le désire. Si ce n'est pas le cas chez Amazon, il faudra bien plus qu'une simple note interne pour soigner le mal qui ronge la firme. Le fait que M. Bezos ne reconnaisse pas sa propre entreprise dans les témoignages de ses anciens salariés est précisément la preuve qu'il y a un problème (et non qu'il n'y en a pas).

Brian M. Carney, Acculturated.com, 20 août 2015
Traduit de l'anglais par Caroline Marty

Motivation et engagement

Oui, vous devriez abolir la règlementation des congés dans votre entreprise

Henry Blodget, éditeur du site internet *Business Insider*, a posé une question à ses lecteurs en cette période de fêtes de fin d'année : selon eux, est-ce que son entreprise devrait adopter une règlementation stricte en matière de congés ? (Par souci de transparence, je dois vous dire que mon frère John travaille avec Henry et que la réponse à cette question l'affecterait directement. Je ne connais pas le point de vue de John sur le sujet : je développe ici ma propre opinion.)

Voici ce qu'écrit Henry Blodget :

> Dans la pratique, il semblerait que notre politique en matière de congés consiste à dire « Nous sommes tous des adultes, donc prenez autant de vacances que vous le souhaitez. Veillez simplement à bien annoncer votre congé à l'avance et assurez-vous que votre travail est bien pris en charge. Et, bien entendu, tâchez de faire du très bon boulot. »

Dans la pratique, c'est comme cela que ça se passe. Mais en théorie, comme dans la majorité des entreprises, les salariés disposent d'un nombre de jours de congés par an, qu'ils décident de prendre ou non, et qu'ils peuvent reporter à l'année suivante, et ainsi de suite. Une de mes anciennes connaissances, qui travaillait à Harvard, avait accumulé presque une année complète de congés sur plusieurs décennies. Elle en était arrivée à craindre de devoir partir à la retraite avant de pouvoir poser tous ses jours.

Certains employeurs insistent pour que tout cela fasse l'objet d'un suivi rigoureux, avec des formulaires à remplir, des relevés communiqués aux employés, et j'en passe. Mais la grande majorité d'entre eux n'y prêtent pas beaucoup d'attention – surtout lorsqu'ils n'autorisent pas les employés à reporter leurs jours d'une année sur l'autre. Troisième cas de figure : dans certaines entreprises, cela dépend des services, voire des salariés ; un responsable peut juger que certains individus doivent être « surveillés », tandis que d'autres se voient accorder plus de liberté, sur la base de la confiance.

Mais en interrogeant ses lecteurs, Blodget a mis le doigt sur un problème bien plus important que la simple question du nombre de jours de congé autorisés (dix, quinze, vingt ?), et je pense qu'il en est conscient. Les règlementations en matière de congés appartiennent à ce groupe de règles créées dans le but d'imposer un cadre légal (ici, pour garantir la présence au travail), mais qui finissent par constituer un obstacle dans la pratique. Si les employés ne peuvent pas reporter leurs jours de congés d'une année sur l'autre, alors ils font en sorte de tous les poser. Dans certains cas, ils les prennent alors même qu'ils n'en ressentent ni le besoin, ni l'envie. Leur réflexion est la suivante : « Après tout, ce sont mes jours de congé, j'y ai *droit*. »

Voici un extrait de *Liberté & Cie* qui éclaire cette question :

> Un jour, un psychologue a été dérangé par le bruit d'un groupe d'enfants qui étaient venus jouer au football sous ses fenêtres. Il est sorti de chez lui et leur a dit : « Vous jouez super bien, les gars. J'aime tellement vous regarder que, chaque fois que vous viendrez jouer ici, je vous donnerai un dollar chacun. » Et il a donné un dollar à chaque gosse. Le lendemain, les enfants sont revenus disputer une partie de foot endiablée. Il est ressorti et leur a dit : « J'aime vraiment vous regarder, malheureusement je n'ai pas de billets aujourd'hui, je n'ai que des pièces. Je peux vous donner cinquante cents chacun. » Les enfants ont un peu tordu

le nez devant cette baisse de salaire, mais ils ont empoché l'argent et ont continué à jouer. L'histoire se poursuit sur le même mode, jusqu'au jour où le psychologue ne donne plus qu'un cent à chaque enfant. L'un d'eux refuse avec dédain en protestant : « Ça ne va pas, non ? On ne va certainement pas jouer ici pour un malheureux cent. » Les enfants ne sont jamais revenus, pour la plus grande satisfaction du psychologue.

Beaucoup de psychologues pensent que cette histoire est apocryphe, mais elle n'en continue pas moins de circuler parce qu'elle reflète parfaitement ce que leur ont appris d'innombrables expériences réelles. Si vous prenez des gens très engagés dans une activité qui leur plaît et que vous leur offrez une récompense tangible pour continuer à l'accomplir, il se produit un changement. Mentalement, ils établissent un lien de cause à effet entre ces récompenses et leur activité – ce que les psychologues appellent un « locus de causalité perçu » –, et ce lien tend à affaiblir la raison première, intrinsèque, qui les avait poussés à se livrer à cette activité – le plaisir ou l'intérêt qu'ils y trouvaient, par exemple.

Les règlementations en matière de congés ont le même effet sur la psychologie des employés. Elles deviennent une revendication fondamentale du personnel, et cessent donc instantanément d'être un facteur de motivation professionnelle.

À la fin de son article, Blodget va plus loin encore :

> Je ne veux pas qu'on se retrouve avec un bureau tout le temps vide – cela dit, si cela se produisait, la personne censée travailler là ne remplirait probablement pas la part du contrat selon laquelle elle doit faire du très bon travail, et cela voudrait dire qu'on a fait une erreur de recrutement.

Cette peur de voir certains employés, voire la plupart d'entre eux, poser « tous » leurs jours si on ne leur impose pas une limite est non seulement infondée, comme le fait remarquer Henry, mais elle est également le symptôme d'un problème plus large. Dans *Liberté & Cie*, Gordon Forward, ancien PDG de Chaparral Steel, évoque le danger de « manager pour les 3 % ». Dans une entreprise d'une certaine taille, quelques personnes prendraient probablement deux ou trois mois de vacances ; mais si la seule chose qui les en empêche est la règlementation en matière de congés, alors il y a de fortes chances pour que ces personnes viennent de toute façon au bureau « en touristes ». Dès lors, le règlement ne fait que masquer le problème des « 3 % », au lieu de l'éliminer.

Le reste de vos salariés n'a pas besoin de cette politique. Non seulement ce n'est pas la peine d'en avoir une, mais en plus ce cadre légal destiné à maximiser leur productivité ne sert en fait qu'à les encourager à prendre plus de congés qu'ils ne le jugent eux-mêmes nécessaire.

Ceci n'est qu'un un exemple de ces politiques invisibles, inutiles et coûteuses résultant d'une approche *top-down* qui fait fureur dans les entreprises très centralisées. Les politiques en matière de congés ne sont que la partie émergée de l'iceberg.

Brian M. Carney, Businessinsider.com,
30 décembre 2009
Traduit de l'anglais par Caroline Marty

La prime obligatoire et la frustration annoncée des salariés

Le mois dernier, le gouvernement a annoncé le versement d'une prime obligatoire dans les entreprises de plus de 49 salariés distribuant des dividendes en hausse. Les intentions paraissent louables : partager plus équitablement les gains avec les salariés en augmentant leur pouvoir d'achat et leur satisfaction. En effet, cette prime obligatoire les transforme en « micro-actionnaires » bénéficiant d'une petite part de dividendes dès que les actionnaires les touchent, à la différence que les premiers n'ont ni le droit de vote ni les risques qui reviennent aux seconds. L'histoire des entreprises est riche en exemples de participation de salariés aux gains. Mais celles dont la réforme se résume à cette seule participation ne réussissent pas.

Or, si l'entreprise n'est pas performante, une promesse de participation aux gains non seulement ne procure rien aux salariés, mais crée de nouvelles frustrations, plus puissantes encore que les anciennes. La prime obligatoire, elle aussi, risque de créer de telles frustrations pour une écrasante majorité de salariés.

En effet, malgré les énormes bénéfices certaines années de quelques sociétés, très peu échappent à une performance en dents de scie. Seules 2 à 5 % d'entreprises affichent des gains solides sur une durée de dix ans, c'est-à-dire sont en position d'honorer la promesse de partager les gains avec leurs actionnaires et leurs salariés – si ces derniers participent aux gains. D'ailleurs, le plus souvent, c'est le cas dans ces entreprises performantes. La vraie question est donc : comment réformer les entreprises pour qu'elles soient performantes dans la durée ?

Il n'y a pas de réponse simple à cette question ; sinon, on compterait davantage d'entreprises modèles. Mais en ce qui concerne la motivation et la satisfaction des salariés, les recherches démontrent clairement que ce ne sont pas des compensations matérielles qui donnent du sens à leur travail. Les salariés ne sont pas des « ressources humaines » dont on rentabilise l'investissement. Ce sont des êtres qui possèdent des besoins humains, tels que le respect, le développement personnel et l'autonomie ; l'entreprise peut toujours « acheter » le salarié mais ce n'est pas avec une plus grosse carotte qu'on lui donnera l'envie de se lever le matin plutôt que de rêver de la fin de la journée, moment où il pourra satisfaire ces besoins – chez lui.

Construire des entreprises performantes dans la durée grâce à des salariés heureux n'est pas simple et prend des années, mais c'est possible. Nous en avons vu des dizaines dans tous les secteurs et toutes les régions. Mais si un patron préfère considérer ses salariés comme des « ressources humaines », ce n'est pas en obligeant son entreprise à verser des primes sur les gains potentiels qu'elle commencera vraiment à en avoir.

Isaac Getz, *Les Échos*, 17 juin 2011

Libérez les travailleurs, restaurez la poste

Ce mois-ci, des grèves ont fortement perturbé le fonctionnement de la Royal Mail, en Grande-Bretagne. C'est la cinquième fois en trente ans que l'opérateur postal est victime d'interruptions de travail. Au moment de boucler ce numéro, nous ignorions si une négociation de dernière minute pourrait empêcher le début d'un nouveau mouvement de protestation, censé commencer aujourd'hui. Mais les grèves sont comme des accès de fièvre à répétition : elles sont le symptôme d'une inflammation chronique. En évitant une nouvelle grève, on cachera ces symptômes, mais on ne soignera pas le mal qui ronge la Royal Mail. Essayons d'établir un diagnostic.

Au début des années 2000, chaque jour, dix mille employés de la Royal Mail sur cent soixante-dix mille au total étaient absents sans raison valable – soit environ deux fois plus que la moyenne nationale. Dans un effort désespéré pour réduire le taux d'absentéisme, l'administration a offert des billets de tombola à tous les employés qui se présenteraient au travail pendant six mois d'affilée, sans manquer une seule journée. Les lots comprenaient trente-quatre Ford Focus d'une valeur de 18 500 euros chacune et soixante-huit chèques vacances d'un montant de 3 000 euros.

On peut supposer que cette initiative a incité certains malades imaginaires à être plus assidus, mais nous sommes aussi prêts à parier que les supérieurs de ces dix mille salariés peu motivés auraient été tout aussi contents qu'ils restent chez eux. En leur offrant des récompenses qui n'ont rien à voir avec leur travail (et ce en plus de les payer, accessoirement), la Royal Mail a poussé à l'extrême l'erreur consistant à traiter les symptômes au lieu de la maladie. La direction a dû juger plus facile d'offrir des lots que de s'interroger sur les causes de ce grave problème d'absentéisme. Mais si les dirigeants avaient vraiment voulu se pencher sur les raisons de ce mal profond, il leur aurait suffi d'écouter l'avis de Dave Ward, secrétaire général adjoint de la Communication Workers Union, le principal syndicat britannique dans le domaine des communications : « L'entreprise doit s'attaquer aux origines du problème, qui sont la démotivation, les salaires médiocres et les mauvaises conditions de travail. Voilà la cause de la maladie et de l'absentéisme. »

Bien sûr, les responsables syndicaux affirmeront toujours qu'un travailleur mieux payé sera forcément plus productif. Ils sont là pour ça. Mais en mentionnant la démotivation, M. Ward met le doigt sur un point important, même si c'est un sujet que les dirigeants veulent éviter, encore plus que la question de la rémunération. En principe, il est très facile pour un patron d'augmenter les salaires s'il le désire. En revanche, regonfler le moral de ses employés est bien plus difficile que de signer un chèque, notamment parce que cela implique que la direction examine son propre rôle ainsi que les structures qu'elle a mises en place et qui sont à l'origine du problème. Dès lors, mieux vaut ignorer les causes et s'attaquer aux symptômes – dans le cas de la Royal Mail, soudoyer les employés pour qu'ils fassent le travail qu'ils s'étaient déjà engagés à faire en signant leur contrat. La conséquence, c'est que l'inflammation n'est toujours pas soignée.

La Royal Mail a eu recours à un « remède » extrême, mais la plupart des entreprises bien dirigées ne laissent pas la situation dégénérer à ce point. Cette année, et pour la première fois depuis vingt ans, l'opérateur postal a engrangé un bénéfice de 430 millions d'euros. Maintenant, comparez cela à l'absentéisme, qui coûte entre 340 et 480 millions d'euros à la Royal Mail chaque année. Très peu d'entreprises privées peuvent se permettre une telle perte sèche – comme l'a découvert General Motors. Mais tout autour de nous, tous les jours, la plupart de nos organisations, grandes ou petites, préfèrent traiter les « symptômes » (non pas en offrant des cadeaux, mais en établissant des règles et des procédures drastiques pour prendre les simulateurs la main dans le sac) plutôt que le désengagement des employés, qui est le véritable problème.

Gordon Forward, l'ancien PDG de Chaparral Steel, a baptisé cette pratique « manager pour les 3 % ». Beaucoup de dirigeants ont tendance à régler les soucis mineurs (qui ne concernent qu'un ou deux employés) en imposant à tous des règles encore plus draconiennes.

« Manager pour les 3 % » est l'essence du fonctionnement des entreprises « comment » – celles qui insistent pour dire aux employés comment faire leur travail –, car les 3 % réussissent toujours à contourner les procédures de contrôle les plus simples. Cela impose donc de renforcer ces dernières pour pouvoir prendre les fraudeurs sur le fait. En plus des frais courants causés par l'accumulation de ces politiques correctives, manager pour les 3 % donne également lieu à des coûts cachés exorbitants pour les entreprises, car cela contribue au désengagement des 97 % restants.

Mais cet amoncèlement de règles, aussi stupide qu'il paraisse de l'extérieur, offre de nombreux avantages pour un employeur. Cela lui permet d'éviter la confrontation directe, toujours gênante, avec un salarié peu scrupuleux, ainsi que les dénégations embarrassées ou les rancœurs manifestes. Le patron n'a qu'à se retrancher derrière le fameux « C'est le règlement ! », dernier refuge des bureaucrates du monde entier. C'est ainsi que des règles perdurent alors même qu'elles n'ont plus aucune utilité, et qu'on a oublié depuis longtemps pour quelle situation délicate et spécifique elles ont été instaurées. Pendant ce temps, ces règlementations inutiles contribuent au malaise des 97 % restants, qui se voient traités avec méfiance et écrasés par un règlement apparemment arbitraire. À l'inverse, la question du « pourquoi » – pourquoi les employés font-ils ce qu'ils font, pour quelle raison sortent-ils de leur lit le matin et vont-ils travailler ? – est complètement occultée dans ce type de bureaucraties.

Peut-être pensez-vous que le problème de désengagement que rencontrent la Royal Mail ou General Motors est rare – que, dans la majorité des entreprises traditionnelles, seule une toute petite partie du personnel est concernée. Sinon, comment expliquer la croissance sans précédent que le monde a connue depuis la révolution industrielle ? Néanmoins, les chiffres dont nous disposons sur le sujet semblent prouver le contraire. Gallup réalise régulièrement de vastes sondages sur l'engagement des travailleurs américains. Les résultats sont presque toujours les mêmes. En 2006, seuls 27 % des employés étaient décrits comme « engagés », tandis que 59 % n'étaient « pas engagés » et 14 % étaient « activement désengagés ». Pour avoir une idée de ce qu'est le désengagement actif, imaginez une barque avec huit rameurs. Vous êtes assis à l'avant avec un autre leader, et vous ramez énergiquement. Derrière vous, les cinq personnes suivantes trempent leur rame dans l'eau de temps en temps, juste assez pour faire quelques éclaboussures. Pendant ce temps, votre dernier coéquipier rame avec vigueur, mais dans la direction opposée. Et vous vous demandez pourquoi, malgré toutes ces gerbes d'eau, votre entreprise n'avance pas ? Alors comment s'attaquer aux origines du problème pour que votre embarcation fende les flots ? Commencez par arrêter de dire à vos employés comment ils doivent faire leur travail et par éradiquer tous les symboles et pratiques qui leur donnent l'impression d'être traités comme de simples ressources, et non comme des êtres humains, tous intrinsèquement égaux. Alors seulement, ils seront en mesure de répondre à la question du « pourquoi », sur laquelle leur travail devrait se fonder. Sans cela, une philosophie d'entreprise n'est qu'un document inutile et dénué de sens qu'on placarde sur un panneau d'informations et que tout le monde ignore royalement. Ensuite, faites en sorte que l'environnement dans lequel vos salariés évoluent leur permette de contribuer à cette vision commune par le biais de leurs propres actions. Il faut donner sans compter toutes les informations, le savoir et les compétences dont vos salariés ont besoin, et non les rationner comme de la nourriture en temps de guerre. Enfin, vos employés sont des individus motivés et compétents : donnez-leur la possibilité de trouver eux-mêmes la solution et d'agir directement pour faire face à un problème de clientèle ou de production – épargnez-leur la frustration de devoir passer par toute la chaîne hiérarchique. Une fois que vous aurez mis en place un tel climat, vos employés se motiveront tout seuls et prendront leurs libertés et leurs responsabilités à bras le corps pour servir les intérêts de l'entreprise.

Cette description n'est pas une utopie. Des leaders ont construit avec succès des environnements de ce type, dans des firmes petites et grandes, privées et publiques, dans le secteur industriel ou celui des services. Ces entreprises sont les meilleures dans leur domaine. Dans celles où les syndicats ont beaucoup de poids, comme chez Harley-Davidson, les dirigeants ont travaillé avec eux, au sein d'un vrai partenariat. En 1981, Harley-Davidson était au bord de la faillite, et ne vendait que 30 000 motos par an ; en 1999, à la suite de ces changements, le constructeur en a vendu 177 000. Quand Rich Teerlink – le leader qui a œuvré à la libération et à la construction de cet environnement – a quitté son poste cette année-là, les profits d'Harley dépassaient le revenu total de l'entreprise lorsqu'il a accédé au poste, et la capitalisation boursière de la firme était plus importante que celle du groupe General Motors, avant même la période de crise que ce dernier a rencontrée au début du XXIe siècle.

N'importe quelle entreprise – y compris la Royal Mail – peut choisir le chemin qu'elle veut suivre. Lorsque M. Teerlink a commencé à transformer Harley-Davidson dans les années 1980, l'une de ses premières mesures a été d'écarter toutes les exigences patronales qui présidaient à la négociation d'un contrat d'embauche. À la place, il a fait une offre aux candidats : signons un contrat d'un an, et passons cette année à essayer de trouver une solution pour remettre notre entreprise sur pied, ensemble. C'était une proposition très audacieuse, qui a aidé à changer la manière de faire les choses chez Harley-Davidson. Vu l'état des relations de travail à la Royal Mail, ce ne serait peut-être pas la pire des choses à faire.

Brian M. Carney et Isaac Getz,
The Wall Street Journal, 30 octobre 2009
Traduit de l'anglais par Caroline Marty

Google et l'erreur des 20 %

Selon plusieurs rapports récents, Google a supprimé, dans les faits, la règle des « 20 % de temps libre » ; cette politique permettait aux employés de Google de passer un cinquième de leur temps à travailler sur un projet innovant – voire complètement fou – de leur choix.

Voilà qui est surprenant. En effet, Google s'est souvent vanté de cette politique des 20 %, pierre angulaire de sa « machine à innovation ». En outre, Larry Page et Sergey Brin ont indiqué que ces 20 % de temps libre ont souvent donné naissance aux « progrès les plus importants » de Google, notamment Gmail, Google News et Adsense (cette dernière innovation représente plus d'un quart du revenu annuel de Google, qui s'élève à plus de 50 milliards de dollars).

Les cofondateurs de Google, MM. Page et Brin, ainsi que l'un de ses anciens PDG, Eric Schmidt, auraient eux-mêmes profité des 20 %. Alors comment expliquer la décision de réduire le nombre de projets pouvant bénéficier de cette politique, ou, comme le dit Google, « de ne pas griller toutes ses cartouches pour atteindre le même nombre de cibles » ? La réponse tient en un seul mot : l'ignorance. Les dirigeants du groupe n'ont pas l'air de comprendre sur quoi se fonde le succès de leur entreprise.

L'une des choses les plus difficiles à faire sur le marché du travail, c'est d'assurer l'innovation continue. C'est une tâche presque impossible, et seuls quelques-uns ont réussi à garantir la pérennité de l'invention pendant plusieurs décennies, comme 3M ou W.L. Gore and Associates. Cela ne sert à rien de simplement fournir de l'argent ou une structure pour protéger l'innovation – dans une entreprise, il n'y a aucune corrélation entre le budget alloué à la recherche et au développement et le taux d'innovation. La plupart des idées qui naissent sont mauvaises, donc il faut en faire germer beaucoup pour trouver la perle rare. En moyenne, on considère que sur trois mille idées, trois cents prennent vie officiellement, cent vingt-cinq sont mises à l'essai, dix obtiennent un financement, 1,7 est lancée, et, à l'arrivée, une seule rapporte de l'argent.

Les chances sont minces. Il est donc normal que certains dirigeants cherchent à « optimiser » cette dynamique. Depuis le sommet de la chaîne hiérarchique, ils décident de privilégier une dizaine de projets, ce qui tue dans l'œuf toutes les autres idées plus informelles des employés, qui les gardent alors pour eux – ou les soumettent à un concurrent.

En outre, il est très peu probable que les individus les plus haut placés sachent à l'avance quelles idées finiront par marcher.

Chez 3M et Gore, ce sont les initiatives du personnel qui ont ouvert l'entreprise à de nouveaux marchés. On peut prendre l'exemple des cordes de guitare Elixir produites par Gore ; tout est venu de l'idée d'un salarié qui voulait développer des câbles de vélo innovants. Aujourd'hui, Elixir est un leader sur le marché, mais aussi l'un des mille nouveaux produits que le groupe a lancés avec succès depuis l'invention du goretex.

Dans cette perspective, ces 20 % de temps libre sont bien plus qu'un simple avantage offert au personnel. Cette politique, associée à une philosophie d'entreprise selon laquelle les employés sont libres d'agir et sûrs d'être pris au sérieux, marque une forme de respect qui leur donne la possibilité de s'épanouir et de devenir plus autonomes, quel que soit le poste qu'ils occupent. Sur le papier, la suppression des 20 % apparaît comme un moyen de faire des économies, mais cela véhicule l'idée selon laquelle c'est la direction qui sait comment bien utiliser son temps pour être productif, et non les travailleurs eux-mêmes. Voilà comment on instaure une logique de pointage.

Les firmes les plus innovantes et les plus libres que nous connaissons ont été construites de manière cohérente, afin de créer une culture d'entreprise qui nourrisse ces besoins universels que sont l'égalité entre les individus, l'épanouissement et l'autonomie. Dans un tel climat, la grande majorité des gens se motivent tout seuls et prennent eux-mêmes des initiatives, toujours dans le but de faire avancer l'entreprise.

Google n'a jamais mis en place une telle philosophie, en tout cas pas consciemment. Et aujourd'hui, il est très clair que les 20 % n'ont jamais fait partie d'une culture qui valorise les initiatives personnelles (comme chez Gore), mais qu'ils n'étaient que l'un des avantages offerts aux salariés. Google en a tout un attirail, des repas gastronomiques gratuits aux mesures en cas de décès instaurées récemment – comme l'a expliqué Laszlo Bock, le directeur des ressources humaines de Google, au magazine *Forbes*, si un employé du groupe décède, son conjoint reçoit un versement correspondant à dix ans de salaire, et ses enfants touchent 1 000 dollars par mois jusqu'à leurs dix-neuf ans (vingt-trois s'ils sont encore étudiants).

Offrir des avantages aux employés est une décision commerciale – ces bénéfices sont des outils essentiels pour garder les salariés ; or la diminution du taux de rotation du personnel permet aux entreprises de faire des économies.

Mais supprimer les avantages est aussi une décision commerciale. Il y a toujours un moment où un dirigeant arrivera à prouver qu'un certain bénéfice fait perdre plus d'argent qu'il n'en rapporte. Paradoxalement, dès qu'un à-côté est perçu comme acquis, il n'est plus aussi motivant et devient un fardeau potentiel. D'anciens salariés de Google nous ont indiqué que le début des mesures contre les 20 % a coïncidé avec la récession qui a suivi la crise économique, durant laquelle les revenus de Google ont chuté. Cela laisse penser que depuis maintenant un certain temps, l'administration perçoit la politique des 20 % comme un petit extra hors de prix parmi tant d'autres.

Lorsque les 20 % ne se résument pas à un avantage mais font partie d'une philosophie d'entreprise valorisant les initiatives, ils sont la preuve que les dirigeants du groupe ont conscience de leur ignorance – ils ne savent pas quelle invention sera le prochain Gmail ou Adsense, donc ils comptent sur leurs employés pour la trouver. Un groupe qui ne « veut pas griller toutes ses cartouches pour atteindre le même nombre de cibles », c'est un groupe qui pense avoir déjà trouvé toutes les cibles qui méritent d'être atteintes. Une telle entreprise prend le risque de voir sa croissance diminuer dans le futur et d'abandonner ses plus belles idées à ses concurrents.

Brian M. Carney et Isaac Getz,
The Wall Street Journal, 27 août 2013
Traduit de l'anglais par Caroline Marty

Sûreté et sécurité

Reconnaître l'homme au cœur de la sûreté nucléaire

La mission d'information de l'office parlementaire a publié son rapport d'étape sur la sécurité de la filière nucléaire. On y lit des propos justes sur le manque de responsabilité quand plusieurs niveaux de sous-traitance sont impliqués, ainsi que des propos moins justes – que l'État est le garant de la sûreté de nos centrales.

Imaginons que le conducteur d'un bus roule trop vite en s'approchant d'un passage ferroviaire, essaye de freiner puis se rende compte que ses freins ont lâché. Puis, il voit la barrière se baisser. Enfin, juste quand il la pulvérise, le TGV arrive. Personne ne souhaite un tel accident mais il est facile à imaginer. Il est également facile d'imaginer les réactions gouvernementales.

En effet, l'opinion publique sommera les autorités d'agir pour prévenir de telles « erreurs humaines ». Elles le feront de la seule manière qu'elles connaissent : réglementations plus drastiques (du respect de la vitesse, du contrôle technique des véhicules et de l'automatisation des passages ferroviaires, par exemple). Cela rassurera l'opinion car on a l'impression que la fiabilité des techniques est bien supérieure à celle des hommes. Or l'opinion devrait plutôt s'inquiéter davantage, car au lieu de renforcer la place de l'homme au sein du dispositif de sûreté, ces nouvelles réglementations et automatismes l'en écarteront encore plus.

Malheureusement, ce type de réactions des autorités se manifeste suite aux accidents dans tous les domaines à risque – trafic routier et aérien, installations pétrolières ou centrales nucléaires – et sont aujourd'hui au cœur du débat depuis l'accident de Fukushima.

Or le bon sens et un examen à froid démontrent que la quête de la sûreté sans l'homme est vaine. Le bon sens nous dit que la course aux procédures et aux règles toujours plus précises est inutile : il survient forcément des imprévus, et plus les hommes sont éloignés du problème plus ils risquent d'avoir des réactions inappropriées face à ce dernier.

Quant aux examens à froid, telles que les enquêtes suite aux accidents graves, ils révèlent le plus souvent qu'il y a des causes systémiques aux « erreurs humaines ». Ainsi, lord Cullen, président de la commission d'enquête sur l'explosion de la plate-forme Piper Alpha (qui a fait 167 morts) a écrit : « La qualité du management de sûreté par les opérateurs est fondamentale pour la sûreté des plates-formes. Quel que soit le niveau de détail des régulations visant à améliorer la sûreté, elles ne pouvaient pas compenser les déficiences dans la manière dont la sûreté était gérée par les opérateurs. » Et le nouveau régulateur britannique de sûreté HSE (« Health and Safety Executive ») s'est appuyé sur cette conclusion pour conseiller aux entreprises d'adopter une approche plus efficace pour gérer la sûreté, « approche "humaniste" au management qui consistait en plus de considérations des managers pour les problèmes des opérateurs ou des personnels ».

Une approche « humaniste »

La mise en place d'une approche managériale « humaniste » n'est pas simple pour les entreprises pétrolières ou nucléaires : il s'agit d'une culture d'entreprise très différente de celle qu'elles connaissent (sans parler de la culture de conflit et de méfiance qui a fait naître entre les clients et les sous-traitants le dernier accident dans le golfe du Mexique). Voici quelques aspects clés de la culture d'entreprise « humaniste ».

D'abord, au sein des entreprises où règne cette culture, les hommes échangent toujours directement, face-à-face et sans se soucier des grades. Pourquoi est-ce mieux pour la sureté que les notes de service et le respect de la ligne hiérarchique ? Parce que beaucoup d'incidents et d'accidents arrivent parce que des signaux faibles ont été repérés sur le terrain mais pas partagés en temps réel. De plus, la communication face-à-face est beaucoup plus riche en termes d'interprétation et de fiabilité de l'information transmise. Cette richesse est indispensable pour comprendre des situations ambiguës, compréhension préalable à toute réaction préventive.

D'autre part, les processus et les procédures sont élaborés par ou avec la participation essentielle des équipes de terrain, lesquelles se chargent ensuite de les respecter et de les faire évoluer. Ceci est important à la fois parce que les équipes intègrent tout leur savoir tacite – informel – dans ces procédures, puis se les approprient et, par conséquent, les respectent sans faille et sans être surveillées.

Comme ces procédures sont les « leurs », elles font d'ailleurs tout pour les améliorer continuellement, seule manière de les rendre adéquates aux conditions qui ne cessent, elles, d'évoluer.

Enfin, au sein de ces entreprises, les hommes créent des histoires et font des jeux. Se raconter l'histoire des incidents du passé est essentielle pour apprendre et partager les logiques souvent tacites des erreurs, leurs conséquences et élaborer des réactions préventives. Aucune procédure abstraite ne peut codifier cette richesse. Et quand les conséquences graves n'ont pas eu lieu, les jeux de rôle permettent d'imaginer divers scénarii afin de concevoir des réactions pour de nombreuses situations virtuelles.

Certains observateurs ont trouvé des éléments de cette culture dans nos centrales. Nous avons aussi eu l'occasion de rencontrer leurs équipes compétentes, extrêmement dévouées et toujours en première ligne en cas de problème. Mais on peut craindre que plutôt que demander aux entreprises du secteur nucléaire de renforcer la culture « humaniste » en leur sein, les autorités vont réguler encore plus.

Pourquoi la grande majorité de conducteurs respecte-t-elle la vitesse ? Par peur de la police ou des radars ? Non, ils le font parce qu'ils partagent l'importance de ne pas (trop) dépasser la vitesse pour leur sécurité et surtout, parce qu'ils possèdent ce moyen simple d'autocontrôle qui est le compteur de vitesse.

Peut-on imaginer que le jugement de l'homme au volant soit remplacé par un automatisme GPS ou par un policier dans chaque bus qui surveillerait sa vitesse en permanence ? Les autorités doivent décider si elles veulent reconnaître l'homme au cœur du dispositif de sûreté en imposant aux entreprises de renforcer la culture « humaniste » en leur sein ou l'écarter de ce dispositif. Elles ne peuvent pas faire les deux à la fois.

Isaac Getz, Le Monde.fr, 7 juillet 2011

Pour éviter de nouvelles affaires JP Morgan…

Il est possible d'assurer la sécurité des systèmes bancaires tout en évitant la bureaucratie. Les entreprises du secteur financier devraient fondamentalement faire confiance à leurs collaborateurs !

La semaine dernière, Bruno Michel Iksil, un trader de JP Morgan Chase, a fait perdre à son entreprise une somme s'approchant de 4 milliards d'euros, comme l'a fait auparavant un trader de la Société Générale (4,9 milliards d'euros), un trader de Sumitomo Corporation (2,5 milliards d'euros), ou encore un trader de Barings Bank (près d'un milliard d'euros, à la suite de quoi sa banque a été mise en faillite). Les recommandations après chacune de ces catastrophes sont toujours les mêmes : il faut davantage de contrôles. Et pourtant, ces nouveaux contrôles n'empêcheront pas des catastrophes dans l'avenir, comme ils ne les ont pas empêchées par le passé.

Si je fais cette prédiction, c'est à cause d'un constat que les chercheurs qui s'intéressent aux systèmes ont établi depuis longtemps : pour qu'un système complexe puisse éviter la plupart des accidents, l'organisation humaine à sa tête doit être au moins aussi complexe… en richesse de relations humaines.

Quand cette organisation est primitive – c'est-à-dire régie par les hiérarchies et les procédures –, les gens négligent les signaux d'alerte, les interprètent mal, font de la rétention d'information, ou évitent de résoudre les problèmes urgents. Peut-on imaginer qu'aucun des collaborateurs de Bruno Michel Iksil, de Jérôme Kerviel, de Yasuo Hamanaka ou de Nick Leeson n'ait rien remarqué de leurs comportements bizarres et excessifs ?

Quelles étaient les structures organisationnelles dans leurs entreprises qui ont encouragé les non-dits plutôt que la communication transparente, la stratégie de la « patate chaude » plutôt que l'action face à un risque imminent ?

Depuis la chute de Barings en 1995, la complexité des systèmes bancaires et financiers n'a cessé d'augmenter. Or, les organisations humaines qui les supervisent – des bureaucraties hiérarchiques – restent aussi primitives que par le passé. Voire, elles empirent. En effet, les contrôles les plus sévères n'ont jamais empêché un salarié indélicat de les contourner. En revanche, ils ont toujours réussi à installer la méfiance – voire la peur – chez les 99 % des salariés qui ont toujours respecté les normes et n'ont jamais songé à les transgresser.

Pour réduire la probabilité des catastrophes, les entreprises doivent trouver un moyen d'augmenter de manière continue la complexité – la richesse en relations humaines – de leurs organisations. On n'y est pas encore, cependant. Pire, nos organisations continuent de réduire cette complexité humaine. Dans les bureaucraties, les gens sont fondamentalement réduits à des automates ou à des êtres primaires dont on cherche à contrôler le comportement et ils se comportent comme tels. Mêmes les plus enthousiastes et les plus futés d'entre eux sont « digérés » par la bureaucratie et deviennent frustrés, voire cyniques.

Une expérience apocryphe connue permet d'expliquer pourquoi. Cinq macaques sont dans une cage. Une banane est suspendue au plafond, et des escaliers permettent de grimper jusqu'à elle. Quand le macaque le plus enthousiaste commence à grimper en direction de la banane, l'expérimentateur l'arrose – lui et les autres macaques – avec de l'eau froide. Une fois qu'ils ont bien compris la leçon, l'expérimentateur remplace l'un d'eux par un nouveau macaque. Le débutant enthousiaste remarque la banane et se dirige vers les escaliers – où il est stoppé brutalement par les quatre autres effrayés par l'eau froide. Une fois que le nouveau venu, sous le choc, a compris la leçon, un autre vétéran qui a connu le tuyau d'arrosage est retiré et remplacé par un néophyte. Le processus est répété, et on observe que le premier remplaçant participe aux violences sur le nouveau venu sans même savoir pourquoi il ne faut pas le laisser monter les marches. Un par un, les macaques d'origine sont remplacés, mais chaque nouveau venu apprend la règle – ne pas tenter d'attraper la banane – même si aucun d'entre eux, à la fin de l'expérience, n'a été victime de la douche froide que le premier groupe a subie. Si les macaques étaient doués de parole, ils expliqueraient que tenter d'attraper la banane va à l'encontre du règlement intérieur de l'entreprise.

Nous n'insinuons pas que les systèmes bancaires et leur sécurité sont entre les mains de singes ! Juste de bureaucrates. Et les bureaucraties amènent des personnes initialement enthousiastes et intelligentes à détourner le regard quand ils remarquent un comportement suspect.

Les règles sur lesquelles se fonde toute bureaucratie sont vitales dans certains domaines, en particulier ceux de la sécurité et de la qualité. Mais ici, les bureaucrates commettent deux erreurs.

Premièrement, ils croient que les règles sont nécessaires dans tous les domaines.

Deuxièmement, ils pensent savoir quelles sont les bonnes règles, mieux que les personnes qui les appliqueront au quotidien dans leur travail.

La première erreur conduit, par exemple, à des demandes d'achats pléthoriques, même lorsqu'il s'agit seulement de commander une clé USB. Par conséquent, la plupart des gens ont l'impression qu'on ne leur fait pas confiance et, paradoxalement, ils transgressent les règles afin d'obtenir des résultats pour leur entreprise. Mais c'est la seconde erreur qui nous intéresse davantage ici.

Lorsque les règles de sécurité sont rédigées par les bureaucrates chargés de la sécurité, c'est la peur de la sanction qui pousse les employés à les exécuter et à les respecter. Ils ne savent toujours pas pourquoi cette règle existe, de quels dangers elle protège, comment ce danger pourrait compromettre tout le système dont ils ont la charge. Ce qu'ils savent, c'est que s'ils se mêlent de ce qui ne les regarde pas, c'est-à-dire de la sécurité, ils se feront taper sur les doigts par un bureaucrate de la sécurité ou de la production. Par conséquent, les gens apprennent vite à détourner le regard des signaux d'alarme.

Il y a pour autant des entreprises, y compris dans le secteur financier, qui sont tout le contraire de la bureaucratie et où l'on prend la sécurité très au sérieux. Toutefois, « on », ce ne sont pas les bureaucrates de la sécurité mais les groupes de travail de salariés qui ont développé des règles de sécurité efficaces. Déjà fondées sur la complexité humaine, ces entreprises l'augmentent davantage encore. Elles amènent leurs salariés à comprendre pourquoi la sécurité est importante, quelles sortes de dangers existent et où ils se matérialisent, et à décider quelles actions ils s'engagent à mener pour venir à bout de ces dangers. Tout cela sans aucun bureaucrate de la sécurité pour les surveiller. En revanche, car la sécurité est stratégique, les dirigeants y contribuent beaucoup. Régulièrement, ils rencontrent les équipes et discutent de sécurité. En même temps, ils partagent la vision et les informations stratégiques qu'ils possèdent en contribuant encore plus à la complexité humaine de leur organisation. Il est donc possible d'assurer la sécurité des systèmes bancaires tout en évitant la bureaucratie.

Pour cela, les entreprises du secteur financier doivent démanteler leur bureaucratie en la remplaçant par une organisation qui fait fondamentalement confiance aux salariés, qui augmente continuellement la complexité humaine des équipes et réduit drastiquement la probabilité de ce type de catastrophes. Ces entreprises deviendront ainsi les leaders les plus durables de leurs secteurs. Ainsi, « sécurité ou performance » laisse place à « sécurité et performance ».

Isaac Getz, *La Tribune*, 21 mai 2012

Gouverner et administrer

La boîte à idées nationale d'Obama

Le président américain Barack Obama vient de proposer l'équivalent d'une boîte à idées géante pour les salariés de l'État : « Nous allons établir un système permettant à chaque employé de faire des suggestions pour que son service économise de l'argent et soit plus productif », a-t-il annoncé samedi dernier lors d'une allocution. Il a décrit cette initiative comme une effort fondé sur le « modèle ascendant » afin de « rendre le gouvernement plus efficace et efficient ».

Les intentions du président sont admirables, et il a raison lorsqu'il dit que « tous les Américains savent que les meilleures idées viennent souvent des travailleurs eux-mêmes, et pas seulement de la direction ». Mais les employés américains savent également que même dans le secteur privé, les dirigeants ne font que peu d'efforts pour donner vie aux idées du personnel. Si le président veut vraiment que les initiatives des salariés de l'État soient prises au sérieux, il peut faire beaucoup mieux que créer une adresse email et leur dire « Allez-y, on vous écoute ».

Si dans la plupart des entreprises, les boîtes à idées contiennent plus de chewing-gums mâchonnés et de conseils du type « Il faut virer le patron ! » que de suggestions pertinentes, c'est qu'il y a une bonne raison. Le personnel sait que la bureaucratie tuera dans l'œuf même les meilleurs idées, au moyen de « comités d'étude des suggestions » et autres règles indiquant qui est autorisé à proposer des idées, quel genre de suggestion sera examinée, et comment on jugera qu'une idée est bonne.

Pourtant, les choses peuvent se passer différemment : les usines de Toyota à Georgetown, dans le Kentucky, et à Fremont, en Californie, bénéficient d'un flot continu d'idées émanant des salariés. Mais ce modèle de réussite n'est pas facile à copier : General Motors, co-propriétaire de l'usine de Fremont, a tâché de s'inspirer de sa culture d'entreprise – sans grand succès, comme le sait l'administration.

Collecter les idées des employés ne suffit pas pour changer une organisation – de même, ce n'est pas en faisant cinquante pompes tous les matins pour ensuite vous bâfrer toute la journée que vous perdrez du poids. Entre Barack Obama, ou un PDG, et tous les travailleurs, il y a des décennies de règles et de régulations que tout un tas de responsables sont chargés de faire respecter.

D'ailleurs, ces responsables ont leurs propres intérêts, personnels et institutionnels. Dans certains cas, les meilleures idées des salariés du bas de la chaîne hiérarchique peuvent représenter une menace pour l'autorité (voire le poste) de certains individus au milieu de la chaîne. Or, dans un système bureaucratique, demander à ce que son patron soit privé de certains avantages ou de certains outils de contrôle, c'est du suicide – même si c'est le président lui-même qui veut entendre vos suggestions. Généralement, un seul rejet est suffisant pour convaincre un employé que ses idées ne sont pas bien accueillies par la direction. Alors que faire ?

Déjà, il faut arrêter d'attribuer le poids écrasant de la bureaucratie aux responsables ; même s'ils sont chargés de faire respecter le règlement, ils ne l'ont pas créé. Ils sont également victimes de ce que Gordon Forward, l'ancien PDG de Chaparral Steel, appelle « manager pour les 3 % » : on impose des règles drastiques à 97 % d'honnêtes salariés simplement pour pouvoir sévir contre une faible minorité qui prend des libertés.

Pour enfin « manager pour les 97 % », un PDG ou un président doit rejeter cette approche *top-down*. Il doit punir les 3 % et faire preuve de confiance et de respect envers les

97 % restants. Pour ce faire, il faut décrocher les horloges des murs et éradiquer la multitude de symboles qui véhiculent l'image du salarié paresseux et peu fiable.

Si cela peut être fait au sein des agences gouvernementales, il reste encore toutes les règles et règlementations qui dictent aux individus *comment* faire leur travail – et sous-entendent donc que ces individus sont stupides et incompétents. Ce message, transmis quotidiennement aux employés, a plus d'impact que l'affirmation selon laquelle ils « ont les meilleurs idées » – même si c'est le président qui le dit. Il faudrait un grand changement culturel dans la manière dont le gouvernement fonctionne pour surmonter ce problème. Les dirigeants devraient arrêter de dire aux salariés qu'ils doivent tout faire en suivant les règles à la lettre et plutôt leur demander : « Que proposez-vous ? »

Ce n'est que lorsqu'on arrête de dire à ses employés comment ils doivent faire leur travail qu'on peut commencer à mettre en place une organisation plus libre, efficace et fondée sur le « pourquoi ». Si une entreprise ou un organisme public veut vraiment entendre les idées de chacun, le PDG (ou le président) doit passer plus de temps à expliquer aux gens *pourquoi* ils effectuent ces tâches-là, et les laisser libres de gérer le *comment*.

L'avantage de la liberté, c'est qu'elle permet aux salariés de prendre leurs responsabilités. Une fois qu'ils sont aux commandes de leur travail et qu'ils sentent qu'on leur fait confiance, les employés commencent à avoir des idées, à prendre des initiatives et à œuvrer pour les mettre en place – et ce, sans même qu'on le leur demande. Partout dans le monde, des entreprises suivent ce modèle – par exemple, W.L. Gore & Associates, USAA, un assureur basé à San-Antonio, ou encore Sun Hydraulics, à Sarasota, en Floride. Leurs performances sont exceptionnelles, et pourtant elles n'ont pas de boîte à idées…

Brian M. Carney et Isaac Getz,
The Wall Street Journal, 1er mai 2009
Traduit de l'anglais par Caroline Marty

Comment libérer le National Health Service ?

Annoncée cette semaine, la réforme du National Health Service (NHS), initiée par le ministre de la Santé britannique Andrew Lansley, est la décentralisation de prise de décision la plus massive jamais entreprise par une organisation. La volonté de libérer les salariés de première ligne est une idée forte et excitante. La bureaucratie du NHS est un cauchemar non seulement pour les patients, mais également pour les médecins, les infirmiers et les autres employés du système de santé. Les patients n'ont affaire au NHS que lorsqu'ils sont malades, mais ses salariés y sont confrontés chaque jour.

Cependant, cette tentative de libérer le NHS est aussi un chemin semé d'embuches, car cette organisation est immense et croule sous la bureaucratie. Si on annonce au personnel qu'il va pouvoir travailler plus librement, prendre des décisions et assumer des responsabilités sans pour autant inventer un lieu de travail qui rende tout cela possible, alors on court à la catastrophe.

Créer un environnement dans lequel les individus peuvent se sentir responsables et faire des choix en toute liberté (sans que ce soient des bureaucrates ou des règles qui leur dictent quoi faire) n'est pas un problème idéologique. Cela répond à un enjeu organisationnel : il faut trouver un système qui permette d'obtenir les meilleurs résultats possibles pour les clients, les usagers et les patients. Pour Max Weber, sociologue allemand du début du XXe siècle, l'« organisation bureaucratique » est la meilleure. Il affirmait que seule une « administration bureaucratique stricte » était capable de « faire son travail avec précision, rigueur et constance, tout cela le plus rapidement possible ».

Mais la croissance économique et sociale sans précédent que les organisations bureaucratiques traditionnelles ont réussi à mettre en place a un prix humain et financier. Par exemple, Hans Bosma, Steven Stansfeld et Michael Marmot, trois psychologues, ont étudié le niveau de stress de plus de 10 000 fonctionnaires britanniques. Selon leurs conclusions, les employés masculins qui ont l'impression de ne pas contrôler leur travail ont 50 % de risques en plus de contracter une maladie cardiaque que ceux qui ont l'impression d'être aux commandes (pour les femmes, c'est encore pire : le risque est deux fois plus élevé). Selon M. Bosma et ses associés, l'impression de contrôler et la liberté de choix seraient des besoins universels. En d'autres termes, si la série télévisée *The Office* parle à tellement de personnes sur deux continents différents, c'est qu'il y a une bonne raison.

D'un point de vue économique, John O. Whitney, professeur d'économie à Columbia, a estimé qu'environ 50 % des activités d'une organisation bureaucratique sont effectuées par manque de confiance envers les employés ; cela fait perdre de l'argent aux entreprises, puisque ce sont autant de ressources qui ne seront pas mises au service des clients et des usagers. M. Whitney va encore plus loin et affirme que « les tâches et la complexité inutiles minent l'énergie créatrice et la motivation des employés, et ce coût-là n'est pas mesurable ».

Pour écrire *Liberté & Cie*, Brian M. Carney et moi-même avons étudié des dizaines d'entreprises libérées ; beaucoup appartiennent au secteur tertiaire, et certaines sont dans le domaine de la santé. Si des dirigeants ont réussi à changer la culture d'entreprises défaillantes depuis plusieurs années et à libérer leurs employés, alors tous les autres leaders devraient en tirer des leçons – y compris ceux du NHS.

On sait par expérience que le succès ou l'échec se jouent toujours à l'échelle locale, c'est-à-dire sur le lieu de travail. Peu importe ce qu'en disent les hommes politiques, ce sont bien les leaders sur le terrain qui ont le pouvoir de laisser aux salariés la liberté de prendre les meilleures décisions. Lorsqu'il a présenté sa réforme, M. Lansley a dit : « Le NHS est asphyxié par une culture *top-down* fondée sur une bureaucratie qui bride la créativité et les initiatives du personnel. » C'est indéniable. Néanmoins, dans une organisation de la taille du NHS, il y a un écueil à éviter ; M. Lansley doit faire attention à ne pas remplacer une forme de bureaucratie par une autre, dont la tête serait des consortiums de grands médecins qui ne feraient que remplacer les anciens dirigeants, tout en continuant à étouffer les généralistes.

Dès lors, c'est la libération entreprise par les leaders à l'échelle locale (et son maintien dans la durée) qui décidera du sort de la réforme du NHS. Voici quelques enseignements des dirigeants qui ont réussi à libérer leur entreprise, à l'attention des responsables locaux du NHS.

Arrêtez de dire à vos employés comment ils doivent faire leur travail, et commencez par écouter ce qu'ils proposent. Renoncez aux symboles et pratiques bureaucratiques qui empêchent vos salariés d'être traités avec équité, justice et confiance. Pour le NHS, il faut donc réduire au maximum le nombre de règles, de régulations et de politiques qui suggèrent chaque jour aux employés que l'on ne peut pas compter sur eux pour faire leur travail correctement, et, par extension, qu'ils sont stupides. Mais les efforts ne s'arrêtent pas là. Tous les privilèges des personnes haut placées (y compris les places de parking réservées) doivent être supprimés. Comme l'a dit John Wooden, le célèbre entraîneur de baseball, « il est difficile pour ceux qui sont relégués au second plan d'effectuer un travail de première qualité et d'être fiers de ce qu'ils accomplissent dans une organisation qui ne les traite pas correctement ». Il ajoute : « Ce n'est pas de leur faute, c'est de la vôtre. » Alors transformez donc cette pièce réservée aux managers en salle d'accueil pour les visiteurs.

Commencez également à partager ouvertement votre vision de l'organisation, afin que les gens se l'« approprient » – mais uniquement après avoir franchi la première étape, car des individus qui ne sont pas mis sur un pied d'égalité se moqueront bien de savoir comment vous voyez les choses. Pour les services du NHS, cela implique de diffuser activement la nouvelle philosophie du système de santé – les meilleures couvertures de santé à prix raisonnables – auprès de ses acteurs. Certes, les docteurs forment une part très importante du NHS, mais il ne faut pas oublier les employés. Si ces derniers sont représentés par des syndicats, alors il faut aussi leur présenter cette nouvelle vision, pour qu'ils puissent se l'approprier à leur tour.

Une fois libres de travailler dans l'intérêt du système (et des patients), les salariés doivent comprendre à quels critères ils doivent se conformer pour prendre les bonnes décisions. Il peut aussi être bon de mettre en place un indicateur de rendement, pour voir comment la nouvelle philosophie progresse. Pour le NHS, cela pourrait être le pourcentage de demandes satisfaites lors du premier contact entre le patient et le système de santé – ce type d'indicateur est utilisé dans les meilleures entreprises du secteur tertiaire.

Arrêtez d'essayer de motiver les gens. Créez plutôt un environnement qui permette à vos employés de s'épanouir et de devenir autonomes, puis laissez-les se motiver tout seuls : s'ils ont bien compris la vision de l'entreprise (à l'étape précédente), ils sauront s'occuper du reste, à condition que vous les laissiez faire. Dans le cas du NHS, cela signifie qu'Andy Burnham, le ministre fantôme de la Santé, a partiellement raison lorsqu'il explique au ministre de la Santé, Andrew Lansley, qu'il « démoralise le personnel du NHS pile au moment où [il] a besoin de gens très motivés ». Si le gouvernement (ou les leaders du NHS) doivent éviter de démoraliser les travailleurs, ils doivent aussi se dispenser de les motiver – généralement à l'aide de dépliants sur le sujet. Seules les personnes qui trouvent en elles-mêmes la motivation sont capables de prendre les meilleures décisions – celles qui vont faire avancer la nouvelle vision du NHS. Mais la plupart des employés du système de santé détestent aussi la bureaucratie. Si vous réussissez à les débarrasser de cette structure, vous constaterez, non sans surprise, qu'ils ont besoin de très peu de motivations extérieures pour faire du bon travail.

Restez attentif. Pour que la liberté de vos salariés perdure, faites-vous le gardien de cette culture. Au NHS, et plus particulièrement dans les consortiums réunissant les médecins généralistes, le personnel essaiera toujours de résoudre des problèmes en instaurant de nouvelles procédures, au lieu d'agir en fonction de la nouvelle vision. Les leaders libérateurs doivent donc veiller à ce que le virus de la bureaucratie ne se propage pas à nouveau au sein du NHS. La liberté s'obtient au prix d'une vigilance constante.

La libération d'une organisation aussi grande, qui regroupe autant d'acteurs, est un travail de longue haleine. Il n'existe aucun raccourci pour faire évoluer la façon dont les gens travaillent. Mais sachez qu'ils ont à cœur de faire du bon travail, et souffrent de ne pas pouvoir le faire dans certains environnements ; mieux encore, ils ne sont pas réfractaires au changement – ils refusent juste qu'on les force à devenir quelqu'un d'autre. Il faut tâtonner pour réussir à créer un climat au sein duquel les employés se motivent eux-mêmes pour toujours prendre les bonnes décisions, dans l'intérêt de l'entreprise. Chez Harley-Davidson, il a fallu dix ans. Le succès – ou l'échec – de la transformation du NHS dépendra avant tout des leaders que l'organisation choisira pour œuvrer à sa libération et du temps qu'on leur laissera pour mettre en place un tel changement. Si cela ne fonctionnait pas, nous aurions perdu une opportunité formidable de construire un nouveau système de santé pour le futur. Le monde entier a les yeux rivés sur le NHS.

Isaac Getz, *The Wall Street Journal*, 16 juillet 2010
Traduit de l'anglais par Caroline Marty

La confiance comme base pour transformer l'État

Peut-on aller au-delà de la simplification de l'État, et en faire un foyer d'innovation ? Dans l'entreprise, l'innovation – en ce qui concerne les produits, les process, les modèles économiques, voire les modes de management – constitue une priorité de la plupart des dirigeants. Peut-elle l'être dans le secteur public ? Bienvenue au ministère de la Sécurité sociale belge.

Ce ministère avait la réputation d'être le pire du pays, toujours classé dernier dans les vœux des agents admis aux concours administratifs. À juste titre. Ses 2 100 agents, dont 80 % peu qualifiés, venaient passer chaque jour 7 heures et 36 minutes dans d'austères bâtiments et fournissaient un service médiocre aux citoyens. Mais tout changea en 2002 avec l'arrivée du nouveau président du ministère (l'équivalent de nos directeurs d'administration centrale), Frank Van Massenhove. Il commença – avec sa nouvelle équipe – par y mettre en œuvre de nouvelles méthodes de travail, améliorant les processus pour mieux servir les usagers. Mais, trois ans plus tard, en 2005, l'organisation interne et les structures administratives n'avaient toujours pas évolué.

C'est à l'occasion d'une enquête interne que les agents, interrogés sur ce qui les rendait heureux ou malheureux au travail, ont indiqué apprécier davantage le temps que l'argent. Frank Van Massenhove n'en fut d'ailleurs pas surpris car, depuis 2002, il rencontrait toutes les deux semaines des agents pour discuter avec eux à bâtons rompus. En effet, les agents du ministère passaient, en moyenne, deux heures par jour dans les transports. Si on ajoutait à cela l'heure prise pour déjeuner, cela faisait au total trois heures gâchées chaque jour. D'où l'idée du président de laisser les agents choisir où et quand ils voulaient travailler – au bureau ou chez eux. L'adhésion à ce nouveau mode de fonctionnement s'est faite sur la base du volontariat.

En 2008, 70 % des agents ont répondu positivement et ont commencé à travailler depuis leur domicile jusqu'à trois jours par semaine – le maximum légal autorisé. Par ailleurs, le déménagement du ministère en 2009 s'est accompagné d'une numérisation totale de toutes les archives, ce qui simplifia encore le télétravail. De plus, ce déménagement s'est révélé être le moins cher de l'histoire de l'administration belge : comme il n'y avait ni papiers ni meubles à déménager, chaque collaborateur n'a pris qu'un carton d'affaires personnelles et l'a transporté en métro jusqu'aux nouveaux locaux. En effet, ces derniers disposaient de meubles et d'espaces conçus spécialement pour un nouveau mode de travail collaboratif. Il n'y avait plus de bureaux fixes, mais des bureaux « flex » toujours disponibles et adaptables en open space. De nombreux espaces semi-ouverts et insonorisés, réservés aux réunions et aux échanges, avaient aussi été installés : avec le télétravail, les équipes venaient dans les locaux davantage pour se coordonner que pour effectuer leur travail.

Une fois mesurées les conséquences de ce bouleversement, les sceptiques reconnurent de bonnes grâces qu'ils avaient eu tort : les agents travaillaient en moyenne 6 heures chez eux au lieu des fameuses 7 heures 36 minutes au bureau, et pourtant, ils étaient 20 % plus productifs. De plus, comme 70 % des agents avaient choisi de travailler jusqu'à trois jours chez eux, sept bureaux « flex » suffisaient pour dix agents. Quelle économie ? 6 millions d'euros de loyer en moins par an.

La confiance coûte toujours moins cher que le contrôle

Encouragé par ces premiers résultats, Frank Van Massenhove, s'entourant d'autres leaders et notamment de Laurence Vanhée, directrice des ressources humaines (DRH), a entamé une transformation véritablement radicale du ministère. Il s'agissait à présent de permettre à tous les collaborateurs d'entreprendre de façon libre et responsable toute action améliorant *in fine* le service rendu aux citoyens-usagers. Cela ne signifiait ni plus ni moins que le démantèlement de la bureaucratie hiérarchique – au cœur non seulement d'un ministère mais aussi de toute institution ou entreprise telles qu'on les connaît aujourd'hui. Voici ce que dit M. Van Massenhove : « La hiérarchie rend l'organisation aveugle aux problèmes. Personne ne les signale car ils sont vus comme une critique du manager qui est “le plus intelligent”. Les managers classiques ont peur de lâcher le contrôle, de renoncer aux signes extérieurs de pouvoir. Ici, personne n'a de bureau. Moi non plus. Les managers sont devenus des coachs, des accompagnateurs. Cela déconcerte, mais je veux rendre les salariés heureux. Pas parce que je suis un grand humaniste ! Tout simplement parce que les gens heureux travaillent mieux et fournissent par conséquent un meilleur service à nos clients – les citoyens. »

La conviction du président n'est donc pas que les managers soient inutiles, mais que le bon sens indique clairement que ce sont les agents de première ligne qui produisent le service et qui sont donc les plus importants. Tous les autres collaborateurs – des personnes occupant les fonctions support aux managers, et jusqu'au président du ministère – sont au service des agents. C'est d'ailleurs le bon sens qui a amené le président à abandonner son bureau de cinquante mètres carrés. Il a demandé à ce que soit calculé le temps qu'il y passait : il s'est avéré être de 3 % ! Quelle économie ? 16 500 euros de loyer par an.

Le même bon sens lui a suggéré de ne pas demander l'autorisation à son ministre de tutelle pour les changements qu'il a effectués.

Quand ce ministre l'a finalement appris – par la presse –, il ne s'en est pas offusqué. Au contraire, il s'est réjoui car ces résultats étaient bons pour les citoyens et l'économie du pays. Aujourd'hui, les locaux conçus « pour le bonheur des salariés » n'ont rien à envier à ceux de Google. Mais paradoxalement, la majorité des 900 agents qui y sont rattachés sur les 1 300 du ministère préfère effectuer leur travail chez eux, « où, quand et comment ils le veulent », comme aime à le répéter Frank Van Massenhove. C'est justement grâce à la confiance et à la liberté dont ils jouissent que ces agents se sont donné des objectifs extrêmement ambitieux et les ont répartis équitablement entre les membres de chaque équipe. Comme l'explique Laurence Vanhée : « Ce n'est pas parce que l'on est fonctionnaire que l'on se contente du service minimum. » La confiance, c'est aussi les placards à fournitures en accès libre – un choc culturel dans cette administration où il fallait auparavant remplir des formulaires pour chaque demande de stylo. C'est aussi un choc économique, car les coûts des fournitures ont baissé de 35 % en un an. D'autres diminutions de coûts ont suivi, telle la réduction de 30 % des coûts d'énergie. En tout, le ministère a réduit ses dépenses de 8 % en un an, alors que l'État belge n'avait demandé qu'une baisse de 4 % ! La confiance coûte toujours moins cher que le contrôle.

Peut-être le temps est-il venu d'apprendre de nos voisins belges

Tout cela a suscité un grand engouement dans les médias. Le ministère de la Sécurité sociale a été élu deux années consécutives meilleur environnement de travail du pays, Frank Van Massenhove a été élu meilleur manager de l'année et Laurence Vanhée, meilleure DRH, bien que son titre officiel ne soit pas DRH. « C'est Chief Happiness Officer, car RH, dit-elle, ne signifie pas “ressources humaines” mais “rendre heureux”. » Il n'est pas surprenant, donc, que ce ministère soit désormais le plus demandé par les fonctionnaires. Il est aussi visité par des milliers d'entreprises du monde entier, françaises y compris, qui viennent y chercher l'inspiration pour se transformer radicalement. Les administrations le font aussi. Ainsi, le ministère des Finances de Corée du Sud est venu à Bruxelles pour s'en inspirer. Mais l'exemple a aussi essaimé dans le reste de l'administration belge. Le ministère belge de la Mobilité et des Transports a commencé lui aussi sa transformation fondée sur la confiance sous la houlette de son nouveau président, Laurent Ledoux. Un autre ministère, celui de la Fonction publique, qui définit les politiques des ressources humaines pour toutes les administrations belges, s'en inspire beaucoup. Quant au ministre de la Simplification administrative, il s'est carrément installé au sixième étage du même bâtiment que le ministère de la Sécurité sociale, tant il y trouve de choses à apprendre – et à prendre.

Ainsi, après avoir étudié pendant plus de sept ans les organisations fondées sur la liberté et la confiance envers les salariés, nous pouvons affirmer que ce ministère de la Sécurité sociale est l'une des organisations les plus performantes au monde, services publics et entreprises privées confondues. Peut-être le temps est-il venu d'apprendre de nos voisins belges ?

Isaac Getz, Les Échos.fr, 19 mai 2014

Leadership, vision et valeurs

Bienvenue dans le monde sans méfiance, ni contrôle… au Japon

La presse économique parle beaucoup ces derniers temps d'entreprises fondées sur la confiance. Dans telle firme britannique ou française, les salariés choisissent autant de vacances qu'ils souhaitent, dans telle organisation belge ou française les salariés décident quand et où – au bureau ou à domicile – ils veulent travailler, dans telle autre entreprise française ou américaine, les salariés décident de leur rémunération… Tout cela n'est pas nouveau. Des entreprises fondées sur la confiance existent en France et dans le monde depuis plusieurs décennies. En même temps, leur mode de fonctionnement paraissait toujours tellement inhabituel que certaines parmi elles étaient qualifiées… de sectes.

Il doit s'y passer des choses bizarres pour que les gens n'y profitent pas de la confiance qu'on leur accorde pour tricher. Cela étant dit, la crainte elle-même est légitime. Légitime d'autant plus que la bureaucratie hiérarchique des entreprises traditionnelles est une machine à fabriquer des tricheurs. Si ces dernières survivent malgré tous leurs malades imaginaires, leurs tire-au-flanc, leurs chiffres et rapports truqués – tout cela augmenté des coûts cachés du contrôle – alors les entreprises fondées sur la confiance survivront aux tricheries des 3 % de profiteurs. Elles éviteront surtout d'ajouter une nouvelle couche de contrôle chaque fois que quelqu'un profite de la confiance. Elles préféreront se séparer du profiteur plutôt que de punir la majorité honorable.

Surtout pas de bisounours

Secte ? À voir, mais surtout pas de bisounours. Des arguments en faveur de la confiance comme ceux que l'on vient d'énumérer ne suffiront jamais, mais le fait est que ces entreprises n'arrêtent pas d'attirer l'attention des acteurs des entreprises traditionnelles, un peu comme s'ils avaient besoin de combler un manque – de confiance justement. Et pourtant, la psychanalyse dira qu'on ne peut jamais combler des manques fondamentaux, sauf à se transformer pour s'en débarrasser. N'empêche. Récemment, un dirigeant partant en mission au Japon, et très intrigué par les entreprises fondées sur la confiance, m'a demandé si j'en connaissais une au Japon. Je lui ai conseillé de faire du benchmarking non pas des sociétés japonaises, mais... de la société japonaise.

Beaucoup d'Occidentaux qui reviennent du Japon font part du choc qu'ils ont vécu dans le train japonais. Ils ont vu un contrôleur entrer dans le wagon, s'incliner devant tous les passagers, puis, en sortant, se retourner et s'incliner de nouveau. C'est sympa, direz-vous, mais ils contrôlent les billets, quand même. Vous avez raison, mais à la lumière des quelques faits suivants, ils pourraient autant ne pas le faire.

Ce pays où on fait confiance

Voici la gare de Nara, la capitale historique du Japon qui attire des foules de touristes. Vu les flux, la gare a un supermarché important. Jusque-là, rien de spécial. Sauf qu'il n'y a pas vraiment de portes, ni de murs d'ailleurs, entre la salle de la gare et le supermarché. Vous avancez et soudain vous êtes entre les étalages. Pour payer, il faut avancer dans le magasin. Alors, il y a bien un vigile caché quelque part ? Non, aucun, parce que – les expatriés occidentaux vous expliqueront – les Japonais ne volent pas et… ils pensent que les touristes ne volent pas non plus.

Je ne l'ai pas fait exprès, mais j'en ai fait l'expérience. Lors d'un voyage récent au Japon, je prends un Shinkansen, le TGV japonais, et en sortant à Kyoto, je me rends compte sur le quai que mon Samsung Galaxy 4 a probablement glissé de ma poche de pantalon et est resté dans le train. Direction le bureau du chef de gare, en commençant à penser au rachat d'un nouveau téléphone. Personne ne parle anglais, bien sûr, mais puisque c'est peu commode pour de nombreux touristes, des retraités anglophones y travaillent volontairement en arborant une grande pancarte WE SPEAK ENGLISH et traduisent mon problème.

Je scrute le visage de l'agent de gare. Il est embarrassé. On me traduit qu'il présente ses excuses pour ma mésaventure et demande si je connais mon numéro de siège. Oui, je le connais. Il téléphone tout de suite au contrôleur du train et nous dit que ce dernier est parti le chercher. Après une petite attente, le téléphone sonne et je vois le visage de l'agent se désoler. « Rien trouvé. » Mais ce n'est pas terminé. Il m'annonce que si je suis sûr que mon téléphone est tombé dans le train – j'en suis sûr – les femmes de ménage le trouveront au terminus à côté d'Osaka. « Revenez demain midi », me dit-il.

Vous pariez combien qu'on retrouva mon téléphone ? Le lendemain, à midi, l'agent de la veille n'est pas présent, les retraités non plus. Mais d'autres retraités traduisent la raison de ma venue et le visage du nouvel agent s'illumine. Il me tend mon téléphone. Habitué à la méfiance, je lui demande alors s'il n'a pas besoin que je lui décrive des signes distinctifs, comme mon écran d'accueil, pour prouver qu'il s'agit bien de mon téléphone. J'ai vu à son visage qu'il n'a pas compris la traduction…

Les énergies libérées

J'ai raconté cette histoire à un ami, patron d'une PME en France et admirateur de la société japonaise. J'ai conclu ainsi : « Voici un peuple qui ne s'imagine pas qu'on peut ne pas faire confiance. » Sa réaction était : « Et ça… Ça change beaucoup au quotidien ! » En effet, on contrôle car on n'a pas confiance. Avec toutes les lenteurs, procédures, tracasseries, et coûts cachés pour payer les contrôleurs que cela implique… ainsi que les énergies déployées pour les contourner. Mais si on n'a pas de méfiance vis-à-vis de l'autre, on n'a pas besoin de le contrôler.

Imaginez seulement combien cela simplifie la vie. Combien toutes les transactions, tous les échanges sont plus fluides. Combien d'énergies consacrées au contrôle – et à son contournement – sont du coup libérées pour faire des choses vraiment utiles pour l'autre – un salarié, un client, un fournisseur, un étranger. Les entreprises dont j'ai parlé au début l'ont compris. Elles préfèrent faire confiance à leurs collaborateurs et utiliser les énergies ainsi libérées pour créer de la valeur. Bien sûr, tout n'est pas rose au pays du Soleil Levant. Mon intention n'est pas ici de discuter de toutes les particularités de ce pays, mais juste du rôle que la confiance y joue.

Isaac Getz, *Le Monde*, 6 novembre 2014

L'entreprise libérée est une question de philosophie, ses créateurs… des anti-bureaucrates

En 1787, Thomas Jefferson, alors ambassadeur des États-Unis à Paris, écrit une lettre à son ami Madison occupé à concevoir la Constitution américaine. Plutôt que de commenter le système spécifique de l'équilibre des pouvoirs, Jefferson lui expose trois philosophies de gouvernance de la société.

La première, qu'il associe aux sociétés d'Europe continentale de l'époque, est celle du gouvernement par la force.

La deuxième, qu'il associe à l'Amérique et au Royaume-Uni, est celle du gouvernement rendant des comptes à la population.

Enfin, la troisième, que Jefferson associe aux sociétés amérindiennes, est celle de l'autogouvernement assuré par l'intériorisation de valeurs communes par tous les membres des sociétés de petite taille.

« Aversion intrinsèque pour le travail »

Jefferson indique, par ailleurs, sa préférence pour la troisième philosophie, avant d'admettre son impraticabilité pour les populations nombreuses. Analyser l'entreprise libérée en comparaison avec les systèmes politiques (autocraties vs. démocraties, etc.) peut paraître hasardeux. En revanche, comprendre les philosophies qui sous-tendent les entreprises, plutôt que leurs systèmes ou leurs modèles supposés, est très instructif.

En 1957, Douglas McGregor explicite la philosophie qui sous-tend les entreprises dites traditionnelles, et sa croyance principale : « Les salariés ont une aversion intrinsèque pour le travail et préfèrent être dirigés afin d'échapper aux responsabilités. »

Les entreprises libérées se fondent sur une philosophie différente dont les croyances principales stipulent que les êtres humains aspirent à satisfaire leurs besoins universels d'égalité intrinsèque, de réalisation de soi et d'autodirection, universels bien qu'articulés différemment selon les cultures. De ces deux philosophies découlent deux modes organisationnels distincts.

La première philosophie pose le problème de la direction des salariés. La solution est le modèle organisationnel hiérarchique car il constitue la solution mathématique permettant de diriger le maximum de salariés avec le minimum de managers, comme l'explique le physicien et philosophe Marc Halévy.

Diversité de modes organisationnels

La deuxième philosophie ne peut pas impliquer un seul modèle. En effet, si une organisation doit satisfaire les besoins des salariés d'une manière propre à leur contexte culturel (celui du métier, du secteur, de la région, etc.), eux seuls sauront indiquer les contours du mode organisationnel approprié, qui s'établit par étapes.

Au début de la « libération » de l'entreprise, il s'agit de demander aux salariés autour de quelles valeurs / règles de vie ils souhaitent être animés. Les réponses varient d'une entreprise à l'autre car le besoin d'égalité intrinsèque, par exemple, peut être articulé autour de valeurs comme le respect, la confiance, la bienveillance, l'écoute, l'équité, la bonne humeur…

Une fois que ces valeurs sont communément déterminées, se pose la question suivante : « Quels pratiques et symboles faut-il éliminer car ils sont contraires à nos valeurs, et quels autres faut-il construire pour les respecter ? » Ainsi émerge une diversité de modes organisationnels qui sont chacun le reflet d'un contexte culturel unique.

Par exemple, la valeur de l'équité dans l'entreprise de services finlandaise SOL, spécialisée dans le nettoyage industriel, qui n'a dû son salut dans les années 2000 qu'à la refonte du management, a fait que personne – le PDG compris – ne jouisse de « privilèges » tels que bureau personnel, voiture de fonction, parking réservé ou vols en classe affaires. En revanche, la même valeur d'équité chez le publiciste américain Richards Group, à Dallas, a fait que les parkings réservés et les places de l'open space ayant la meilleure vue soient attribués selon l'ancienneté.

Les prénoms de ses collègues

Chaque organisation est unique, toutefois, un aspect organisationnel est commun à quasiment toutes les « entreprises libérées » : il s'agit de la taille limitée des entités opérationnelles. Appelées mini-usines, villages, bateaux rapides, équipes autodirigées, elles ne dépassent jamais les 250 personnes.

La raison n'est pas uniquement la difficulté de faire partager des valeurs à un grand nombre d'individus, mais plutôt qu'il est difficile de maintenir des pratiques organisationnelles qui continuent de satisfaire les besoins fondamentaux. Par exemple, comment échanger dans le respect et la confiance – directement et oralement – au-delà de 250 personnes, lorsqu'on ne connaît plus les prénoms de ses collègues ?

Au vu de ces arguments, la philosophie des entreprises libérées ressemble à celle que Jefferson associe aux tribus amérindiennes de la fin du XVIIIe siècle, non sans nuances. Ces tribus n'ont pas été construites mais ont émergé historiquement. Tandis que le mode d'organisation des « entreprises libérées » se construit à travers une transformation déclenchée et conduite par le dirigeant. Il mène cette évolution en articulant la philosophie de l'entreprise libérée avec le contexte culturel hérité, ce qui fait naître un mode organisationnel unique. Ce patron libérateur n'a donc rien en commun avec le chef d'une tribu amérindienne.

Il ne peut donc exister ni modèle de l'entreprise libérée ni recette pour sa mise en place. Aucun des patrons libérateurs ne dit avoir appliqué un modèle particulier. Certains, comme Liisa Joronen, à la tête de SOL, ont rapporté que des chercheurs avaient essayé de modéliser leur organisation. D'autres, comme Jean-François Zobrist, qui durant trente ans a dirigé FAVI, une icône de l'« entreprise libérée », toujours méfiant envers toute théorie, a fait quelques modélisations a posteriori. Tandis que chez Gore, ce sont quatre salariés qui, au début des années 2000, ont pris l'initiative de codifier leur culture organisationnelle, en place depuis quarante ans.

Architectes créateurs

La seule chose commune à toutes les « entreprises libérées » est la philosophie, chacune l'articulant avec le contexte culturel dont elle a hérité pour construire un mode d'organisation unique. C'est aussi pour cela que la libération d'entreprise n'est pas une révolution – par définition ignorant l'héritage et la réalité et imposant un modèle théorique unitaire – mais une évolution, bien que radicale.

Pour conclure, quel rôle jouent les leaders libérateurs ? A priori, on pourrait les comparer à des architectes créateurs. Comme un architecte qui initie une création architecturale, un leader libérateur initie la libération d'une entreprise, et comme un architecte, un leader libérateur ne possède pas de recette pour garantir le résultat. C'est aussi pour cela que la libération, comme toute création, n'est pas simple mais hasardeuse et souvent frustrante. Toutefois, l'analogie s'arrête là.

À la différence d'un architecte, le leader libérateur co-crée les deux socles de l'entreprise libérée *avec* ses salariés : la vision (bien que certains entrepreneurs le fassent tous seuls puis la partagent) et surtout, les valeurs communes qu'il doit faire émerger. C'est pour cela que l'entreprise libérée est indissociable du processus de libération conduit par le leader libérateur avec les salariés.

L'autre différence est que beaucoup d'architectes travaillent – c'est logique – pour devenir connus et indispensables. Ce n'est pas le cas du leader libérateur qui cherche à se rendre *dispensable*. C'est à ce prix que les pratiques qui visent à satisfaire la confiance, la réalisation de soi et l'autodirection triomphent dans l'entreprise.

Stop ou encore ?

C'est ainsi également qu'il peut affirmer avoir construit une *entreprise libérée*, définie comme entreprise dans laquelle la majorité des salariés disposent de la liberté et de l'entière responsabilité d'entreprendre toute action qu'eux-mêmes estiment comme étant la meilleure pour la vision de l'entreprise.

Ainsi, tous les trois ans, Jean-François Zobrist demandait aux salariés s'ils souhaitaient le garder à la tête de l'entreprise, Robert Townsend chez Avis préconisait aux dirigeants ne pas rester à leur poste plus de cinq ans, et Alexandre Gérard, qui a « libéré » l'entreprise Chronoflex, est tout simplement parti faire le tour du monde avec sa famille pendant un an.

Le leader libérateur est donc l'anti-chef et l'anti-bureaucrate. Il vise à ce que les problèmes soient résolus par les gens pour devenir *dispensable*, tandis que le bureaucrate cherche à s'en occuper pour continuer d'être indispensable.

Isaac Getz, *Le Monde*, 4 juin 2015

Cette affection qui libère la grandeur des terroirs et des entreprises

Imaginez que vous venez de déguster un très grand vin. Si vous êtes un simple amateur, il vous a permis de passer un bon moment. Mais, si vous êtes un connaisseur, vous allez chercher à en savoir davantage sur ce vin. Vos interrogations porteront sur son terroir, son appellation, son sol, sa vinification. Ce vin est-il du domaine ou vient-il d'une parcelle spécifique ? Quel est l'âge de la vigne ? Cette vigne a-t-elle été traitée chimiquement, ou est-elle plutôt issue d'une viticulture raisonnée, bio ou biodynamique ? Puis, viendront des questions sur la vinification.

Un amateur aurait déjà été lassé par ces interrogations. A contrario, les connaisseurs et les spécialistes auraient aimé aller encore plus loin, les premiers pour connaître le vin et les seconds pour découvrir sa méthode, sa recette magique.

Les grands vignerons n'hésitent pas à expliquer leur savoir-faire, non seulement aux connaisseurs, mais aussi aux autres vignerons. Je me rappelle encore cet ancien chef d'entreprise, tout nouveau propriétaire d'un vignoble dans le Languedoc, venu visiter un grand domaine de Loire. Il posait des dizaines de questions techniques ; il voulait par exemple savoir comment ce vigneron soufrait les barriques. Ce dernier répondait docilement, bien que sans grande passion. Mais dès qu'il dégustait son vin, son visage s'animait. Il disait : « Il n'est pas mal celui-ci » ou « Celui-là, dois-je encore le travailler ? » ; en filigrane pointait à chaque remarque toute l'affection qu'il portait à son vin – certains diront l'amour.

Quelle est la recette de l'amour ?

Depuis qu'Ovide a écrit *L'Art d'aimer*, de nombreux poètes se sont adonnés à la tâche. Plus prosaïquement, les Beatles ont chanté *Money Can't Buy Me Love*. Ils auraient aussi bien pu chanter *Consultants Can't Buy Me Love*. Oui, il y a de très bons vins que des consultants ont aidé leurs propriétaires à produire. Mais fatalement, les bons vins de la même région produits avec les mêmes techniques se ressemblent. Or, un grand vin est unique. Et c'est l'affection de son auteur, grand vigneron, qui l'a rendu ainsi. C'est fort possible qu'il se soit fait aider, surtout au début, mais l'affection, l'amour de son terroir et de son vin, il les porte en lui. Il ne les a pas acquis. Les Beatles ont donc raison.

Vigneron authentique, leader authentique : mêmes convictions

Quel est le lien entre ces considérations vigneronnes et l'entreprise libérée ? Je le tiens pour fort.

Un leader libère son entreprise car il a l'ambition d'en faire une entreprise unique. Il va bien sûr s'inspirer d'autres entreprises libérées. Quel grand vigneron n'a pas dégusté d'autres grands vins ? Mais il ne cherchera pas de recettes. Comme le vigneron avec son terroir, le leader libérateur sait que son entreprise ne ressemble à aucune autre. Les personnes qui y travaillent, leurs habitudes, leur histoire – tout cela est unique. Ce leader est attaché à cet héritage précisément – et au rêve de grandeur de son entreprise.

Alors, il tentera de comprendre les leçons et les convictions d'autres leaders qui ont déjà libéré leur entreprise. Il découvrira qu'elles sont proches de ses propres convictions, que certains principes fondamentaux sont récurrents.

Le premier est le principe du respect. Comme pour le vigneron qui respecte son terroir, ses pieds de vigne et ses cépages, ce leader a un respect profond pour les personnes. Il n'essaiera pas de changer leur comportement préconisé par une méthode. Il créera plutôt avec ses salariés un environnement naturel et propice pour qu'ils puissent faire le meilleur travail possible. Exactement comme le grand vigneron qui respecte et écoute sa vigne en créant l'environnement naturel et propice à la production du meilleur raisin.

Le second principe du leader libérateur est la confiance dans le potentiel des gens – comme le grand vigneron qui croit au potentiel de sa vigne. Pour lui, chacun a un don, un talent. Ainsi, il créera les conditions pour que ce potentiel se révèle, potentiel que parfois la personne elle-même ignorait. Comme pour le vin. Regardez ce que certains vignerons ont su faire d'un cépage comme le Melon de Bourgogne dans le Muscadet. De grands vins.

Enfin, il y a le principe de l'autodirection. Comme le grand vigneron qui croit en l'intelligence de sa vigne, le leader croit en l'intelligence de chaque personne, en sa capacité à trouver les solutions aux problèmes qu'elle rencontre. La vigne enfoncera ses racines très profondément dans la terre et trouvera de l'eau. De même, les salariés, avec l'intelligence de « ceux qui font », trouveront des solutions aux problèmes.

De la philosophie à l'invention

Que fait un leader libérateur, une fois armé de sa philosophie et de ses convictions ? Il les articule avec l'héritage humain et culturel de l'entreprise qu'il affectionne. Ne croyant ni aux recettes, ni aux modèles, il demandera à ses salariés de fixer les règles de vie qu'ils souhaitent voir appliquées dans l'entreprise. Les expériences passées montrent que ces règles seront toutes proches des trois principes évoqués plus haut. Ensuite, le leader demandera à ses salariés d'indiquer les pratiques de l'entreprise qui ne correspondent pas à ces règles de vie. Et il les invitera à proposer de nouvelles pratiques. Un mode organisationnel unique de l'entreprise sera ainsi inventé, qui libérera l'initiative et le potentiel des salariés, et avec eux, la grandeur de l'entreprise.

En effet, le patron libérateur réinvente l'entreprise comme le grand vigneron réinvente la vigne. Celui-ci « écoute » son terroir pour transformer toutes les pratiques qui ne sont pas en accord avec ses convictions : le respect du terroir, la foi en son potentiel et en sa capacité d'agir. Les deux résultats n'auront pas de contours parfaits « à la Lenôtre ». Mais ces contours seront uniques, créés pour libérer le potentiel et la grandeur.

Quand les ceps deviennent vieux

Combien de temps un vin peut-il rester un grand vin ? Quels sont les aléas qui peuvent lui faire perdre ce statut ?

Il y a d'abord le grand vigneron qui, un jour, partira. Sera-t-il remplacé par un homme qui, comme Aubert de Villaine, le grand vigneron du domaine de la Romanée-Conti, se voit juste en « gardien » du terroir qui est « là pour, un jour, transmettre » ? Ou au contraire, par quelqu'un qui, convaincu de son intelligence, dira qu'il faut produire de son terroir, par exemple, un vin naturel ?

Puis il y a le nouveau propriétaire. Fera-t-il confiance, comme l'ancien propriétaire, à son vigneron ? Ou, ne faisant pas confiance, ruinera-t-il le trésor qu'il a acquis ? Ne dit-on pas que le meilleur moyen d'avoir une petite fortune, c'est d'en investir une grosse dans un vignoble ?

Le vin ne se révoltera pas, mais il ne sera plus le même. Un jour, un amateur, un amoureux de ce vin, le goûtera puis déclarera : « Ce n'est plus le même. » Heureusement, ce n'est pas le seul qu'il aimait, car il en a goûté d'autres, et chaque année de nouveaux grands vins enchanteront son palais.

« À votre santé ! »

Isaac Getz, *Huffington Post*, 23 septembre 2015

Remerciements

Deux noms figurent sur la couverture de cet ouvrage, mais il n'aurait pas pu être écrit ni publié sans les contributions, importantes ou modestes, de très nombreuses personnes.

Nos remerciements et notre reconnaissance s'adressent avant tout à la jeune famille de Brian. Sans le soutien et la patience de Samantha, Luke, James et Aletheia tout au long des années d'incubation, de recherche et d'écriture, vous ne seriez pas en train de lire ces lignes.

Nous devons également beaucoup à tous ceux qui travaillent dans les entreprises que nous évoquons dans ce livre. Ils sont trop nombreux pour que nous les citions tous par leur nom, mais nous n'aurions pas pu mener ce projet à bien sans les relations dont ils nous ont fait profiter, sans les idées et la sagesse qu'ils nous ont prodiguées en abondance.

Des remerciements tout particuliers s'adressent à un groupe de gens qui sont au cœur même de cet ouvrage : Bob Davids, Gordon Forward, Liisa Joronen, David Kelley, Jacques Raiman, Stan Richards, Richard Teerlink, Jeff Westphal, Jean-François Zobrist. L'acuité et la perspicacité de ces leaders libérateurs nous ont aidés à cristalliser nos propres réflexions et nous ont bien souvent fourni le vocabulaire nécessaire pour les coucher sur le papier.

Deux des leaders libérateurs que nous avons rencontrés, Bob Koski et Robert McDermott, ont disparu avant la première publication de ce livre en 2009. Le monde est plus pauvre depuis qu'ils ne sont plus ; nous ne pouvons qu'espérer avoir, fût-ce de façon infime, rendu justice à leur mémoire. En 2015, Jacques Raiman a disparu également, un homme qui aimait ses employés, lesquels le lui rendaient bien. C'étaient trois grands messieurs à l'esprit généreux, pleins de bonne humeur et de bon sens. Qu'ils reposent en paix.

Deux autres leaders libérateurs – Bill Gore et Harry Quadracci – ont quitté ce monde avant même que nous ne nous engagions dans ce projet. Nous souhaitons remercier Burt Chase et Les Lewis de Gore, Joel et Tom Quadracci ainsi que Karl Fritchen de Quad, d'avoir partagé avec nous leurs souvenirs et leurs idées sur le leadership.

Tous les défauts dans la transmission des idées de ces personnes sont entièrement de notre fait. En revanche, les qualités éventuelles de ce livre sont à porter presque entièrement à leur crédit, ainsi qu'à celui de tous ceux qui apparaissent dans ces pages, qu'ils soient nommément cités ou non.

Nous avons souvent eu l'occasion, en écrivant et en préparant ce livre, de nous faire remarquer réciproquement les innombrables coups de chance qui venaient nous aider à progresser. Mais, à dire vrai, c'était l'effet de la volonté d'autrui plus que du pur hasard – et, en tout état de cause, nous avons bénéficié de l'intercession d'un ange gardien terrestre qui intervenait systématiquement au bon moment, pour nous aider à surmonter tel ou tel obstacle. Heather Bushong, Roe D'Angelo, Annette Godart van der Kroon et Jason Riley ont tous été, volontairement ou non, présents à l'instant précis où nous avions besoin de leur aide.

Notre éditeur en 2009, John Mahaney, nous a poussés à améliorer encore ce que nous estimions être un bon livre. Avec notre agent, l'indispensable Kris Dahl, il a cru en cet ouvrage et nous a donné le courage et la possibilité d'essayer de réaliser notre vision. Kris, avec Caroline Eisenman, a supervisé l'édition de 2015. Ils sont le parrain et la marraine de ce livre, que nous n'aurions pas pu écrire sans eux.

Enfin, Brian n'aurait jamais pu achever ce livre sans le soutien, les encouragements et la compréhension de ses collègues du *Wall Street Journal*, plus particulièrement Paul Gigot, Robert Pollock, Bret Stephens et Taylor Buley. Quant à Isaac, il tient à remercier pour son soutien l'établissement dans lequel il enseigne, ESCP Europe Business School – fondé par une singulière coïncidence il y a près de deux siècles par l'industriel et grand défenseur de la liberté Jean-Baptiste Say. De nombreux assistants de recherche d'Isaac se sont chargés de tâches souvent fastidieuses tout au long de cette entreprise. Mais les efforts de Marie Élisabeth Holm, qui a inlassablement lu et relu le manuscrit en cours de rédaction, sont particulièrement dignes de reconnaissance. L'œil de lynx de Lucy Carney a également repéré de nombreuses fautes de frappe et omissions.

Nous vous devons à tous plus que nous ne saurons jamais vous rendre. Merci.

Notes

Introduction

1. Cité dans Richard Florida et Martin Kenney, *The Breakthrough Illusion : Corporate America's Failure to Move from Innovation to Mass Production*, New York, Basic Books, 1990, p. 157 (Nous venons d'apprendre que Hervé Sérieyx semble avoir inventé ce discours en le prêtant à Matsushita pour mieux convaincre les dirigeants occidentaux).
2. Entretien personnel, 17 mai 2008.
3. Robert Townsend, *Up the Organization : How to Stop the Corporation from Stifling People and Strangling Profits*, éd. commémorative, San Francisco, Jossey-Bass, 2007, p. 59. [*Au-delà du management : comment empêcher les entreprises d'étouffer les gens et de bloquer les profits*, trad. P. Girard, Paris, Le Cherche-Midi, 1991, p. 31.]
4. Tom Peters et Robert Townsend, *Winning Management Strategies for the Real World*, Niles, Illinois, Nightingale Conant Corp, 1986, cassette audio.
5. Douglas McGregor, *The Human Side of Enterprise*, éd. annotée, New York, McGraw-Hill, 2006, p. 45-46. [*La Dimension humaine de l'entreprise*, trad. J. Ardoino et M. Lobrot, Paris, Gauthier-Villars, 1971.]
6. *Ibid.*, p. 65-66.
7. Warren Bennis, préface à McGregor, *The Human Side of Enterprise*, p. xx.
8. Séminaire à ESCP Europe Business School, 18 février 2009.

1. Les sociétés « comment » et les sociétés « pourquoi »

1. Alan Deutschman, « The Fabric of Creativity », *Fast Company*, décembre 2004, p. 54-60.
2. Entretien personnel, 1er mars 2006.
3. Peter Marsh et Stefan Stern, « The Chaos Theory of Leadership », *Financial Times*, 2 décembre 2008.
4. Deutschman, « The Fabric of Creativity ».

5. Jean-François Zobrist, *La Belle Histoire de FAVI : l'entreprise qui croit que l'homme est bon*, t. 1, *Nos belles histoires*, Paris, Humanisme et Organisations, 2007, p. 24-25. La quatrième de couverture explique que l'auteur est un « favien » qui a « juste tenu la plume » à des histoires racontées par d'autres « faviens ». En réalité, l'auteur est Jean-François Zobrist, qui a rassemblé les histoires qu'il a écrites et les a distribuées à tous les salariés de son entreprise chaque semaine, pendant une bonne dizaine d'années. Nous remercions Zobrist de nous avoir accordé l'autorisation de reproduire des extraits de ses textes dans notre livre.
6. *Ibid.*, p. 26.
7. Entretien personnel, 8 avril 2005.
8. Le nom « Zobrist » dérive du mot suisse allemand « zu oberste », « celui qui vient d'en haut » – probablement des Alpes suisses. Mais le directeur général de FAVI refuse cet héritage étymologique et est bien décidé, au contraire, à placer ses salariés au sommet – et à les laisser libres d'agir.
9. Entretien personnel, 8 avril 2005.
10. Rich Teerlink et Lee Ozley, *More Than a Motorcycle : The Leadership Journey at Harley-Davidson*, Boston, Harvard Business School Press, 2000, p. 28.

2. Managez-vous votre entreprise pour les « trois pour cent » ?

1. Entre 1500 et 1820, le revenu par tête dans les pays d'Europe occidentale et leurs ramifications (Amérique du Nord et Australasie) s'est élevé de 60 % – alors qu'il n'augmentait que de 7 % dans le reste du monde (l'accroissement démographique a été comparable dans les deux régions). Cela veut dire que, abstraction faite d'une minuscule élite, la grande majorité de la population vivait à un niveau de simple subsistance matérielle, voire de faim. Cependant, entre 1820 et 2001, le revenu par tête a été multiplié par vingt dans les pays de l'Ouest (par six dans le reste du monde). Voir Angus Maddison, *Dynamic Forces in Capitalist Development*, Oxford, Oxford University Press, 1991 ; et Angus Maddison, « Contours of the World Economy and the Art of Macro-measurement 1500-2001 », Ruggles Lecture, IARIW 28th General Conference, Cork, Irlande, août 2004.
2. Max Weber, *Economy and Society*, Berkeley, University of California Press, 1978, p. 227. [*Économie et Société*, trad. J. Freund *et al.*, Paris, Pocket, 1995, p. 298.]
3. James Hoopes, *False Prophets : The Gurus Who Created Modern Management and Why Their Ideas Are Bad for Business Today*, New York, Perseus Books, 2003, p. xv.
4. La plupart des théoriciens du management depuis Weber – dont Mary Parker Follett, Peter Drucker, W. Edwards Deming, Tom Peters, Russell Ackoff, Sumantra Ghoshal et Gary Hamel – n'ont pas partagé son opinion et ont eu un point de vue très négatif sur la bureaucratie.

5. Voir Hoopes, *False Prophets*, qui analyse avec scepticisme les idées de certains des principaux théoriciens du management.
6. Isaac Getz et Alan G. Robinson, *Vos idées changent tout !*, Paris, Éditions d'organisation, 2007.
7. Rahul Jacob, « TQM : More Than a Dying Fad ? », *Fortune*, 18 octobre 1993, p. 66-72.
8. Jeffrey K. Liker et Michael Hoseus, *Toyota Culture : The Heart and Soul of the Toyota Way*, New York, McGraw-Hill, 2008.
9. *Ibid.*, p. 381-382.
10. Rapporté par Rich Teerlink, entretien personnel, 15 août 2005.
11. Christine Buckley, « Turn Up for Work and Bag a Prize », *Times*, Londres, 5 août 2004.
12. Entretien personnel, 25 septembre 2007.
13. Gallup, *State of the American Workplace*, 2013.
14. Isaac Getz et Alan G. Robinson, « Innovate or Die : Is That a Fact ? », *Creativity and Innovation Management*, 12, n° 3, 2003, p. 130-136.
15. G. A. Stevens et J. Burley, « 3000 Raw Ideas = 1 Commercial Success ! », *Research-Technology Management*, mai-juin 1997, p. 16-27.
16. D. Harhoff, F. Narin, F. M. Scherer et K. Vopel, « Citation Frequency and the Value of Patented Inventions », *The Review of Economics and Statistics*, 81, n° 3, 1999, p. 511-515.
17. « The *TR* Pattent Scorecard 2001 », *Technology Review*, mai 2001, p. 48-49. IBM a reconnu récemment que le dépôt de brevet n'est pas seulement inutile à l'innovation mais va même jusqu'à l'entraver ; « Why Technologists Want Fewer Patents », *Wall Street Journal*, 15 juin 2009, p. A13.
18. Florida et Kenney, *Breakthrough Illusion*, p. 171.
19. Entretien personnel, 19 août 2005.
20. Entretien personnel, 25 septembre 2007.
21. « Gallup Study : Engaged Employees Inspire Company Innovation », *The Gallup Management Journal*, 12 octobre 2006, http://gmj.gallup.com/ (consulté le 3 juillet 2008).
22. Les résultats de l'enquête de Gallup de novembre 2015 sur l'engagement des salariés diffèrent un peu de ceux de la précédente enquête, en 2013 : 32 % des salariés sont engagés et 68 % ne le sont pas ou sont activement désengagés.
23. Jeffery McCracken, « "Way Forward" Requires Culture Shift at Ford », *Wall Street Journal*, 23 janvier 2006 ; et Dee-Ann Durbin, « Ford's Restructuring Plan Calls for 30 000 Job Cuts », Associated Press, 2005, http://www.staugustine.com/PalmPilot/stories/012406/new_3595454.html (consulté le 25 mai 2007).
24. « "Churn" : How to Reduce Customer Abandonment », *The Marketing Intelligence Review*, n° 6, décembre 2005, http://www.daemonquest.com/en/the_marketing_intelligence_review/6/1192 (consulté le 14 décembre 2008). Seuls 24 % des clients attribuaient leur défection aux prix élevés. Chose intéressante, quand on interrogeait les directeurs de ces entreprises sur la cause première de la défection de leurs

clients, 50 % l'attribuaient aux prix et 21 % seulement à la qualité épouvantable de leur service clientèle.

25. G. Gitelson, J. W. Bing et L. Laroche, « The Impact of Culture on Mergers & Acquisitions », *CMA Management*, mars 2001, http://www.itapintl.com/ (consulté le 15 mai 2007).
26. Towers Perrin-ISR, « Engaged Employees Drive the Bottom Line », http://www.isrsurveys.com/ (consulté le 20 avril 2007).
27. Les pages suivantes consacrées au stress au travail et à ses conséquences sur la santé reposent sur : William Atkinson, « Managing Stress », *Electrical World*, 214, n° 6, novembre-décembre 2000, p. 41-42 ; Hans Bosma, Stephen Stansfeld et Michael Marmot, « Job Control, Personal Characteristics, and Heart Disease », *Journal of Occupational Health Psychology*, 3, n° 4, octobre 1988, p. 402-409 ; S. Cartwight et C. L. Cooper, *Managing Workplace Stress*, Thousand Oaks, Californie, Sage, 1997 ; « Are You Working Too Hard ? A Conversation with Herbert Benson, M. D. », *Harvard Business Review*, novembre 2005, p. 53-58 ; L. M. Cortina, V. J. Magley, J. H. Williams et R. D. Langhout, « Incivility in the Workplace : Incidence and Impact », *Journal of Occupational Health Psychology*, 6, 2001, p. 64-80 ; R. S. Lazarus et S. Folkman, *Stress, Appraisal, and Coping*, New York, Springer, 1984 ; J. H. Neuman, « Injustice, Stress, and Aggression in Organizations », in *The Dark Side of Organizational Behavior*, éd. R. W. Griffin et A. M. O'Leary-Kelly, San Francisco, Jossey-Bass, 2004, p. 62-102 ; Anne G. Perkins, « Medical Costs », *Harvard Business Review*, 72, n° 6, novembre-décembre 1994, p. 12 ; Oakley Ray, « How the Mind Hurts and Heals the Body », *American Psychologist*, 59, n° 1, 2004, p. 29-40 ; Paul E. Spector, « Employee Control and Occupational Stress », *Current Directions in Psychological Science*, n° 4, 2002, p. 133-136 ; Joanne Wojcik, « Cutting Costs of Stress », *Business Insurance*, 35, n° 13, 26 mars 2001, p. 1-2.
28. « Gallup Study : Engaged Employees Inspire Company Innovation ».
29. Échantillonnage d'éléments du « Workplace Aggression Research Questionnaire », décrit dans Neuman, « Injustice, Stress, and Aggression », p. 66.
30. Bosma, Stansfeld et Marmot, « Job Control, Personal Characteristics, and Heart Disease », p. 406.

3. Des artisans aux automates

1. La description de Birmingham et de sa Lunar Society repose sur l'ouvrage de Jenny Uglow, *The Lunar Men : Five Friends Whose Curiosity Changed the World*, New York, Farrar, Straus and Giroux, 2002.
2. Nous devons le terme de « cheval-vapeur » à Watt et Boulton, qui ne se contentaient pas de vendre des machines. La clé de leur modèle économique consistait à toucher des droits sur leurs machines. Ceux-ci étaient calculés en fonction d'une estimation de l'économie réalisée par l'usine en question lorsqu'elle remplaçait des équipes de chevaux par une

machine. Plus la machine était puissante, plus le nombre de chevaux remplacés était important, et plus Watt et Boulton touchaient de droits.
3. Uglow, *The Lunar Men*, p. 199.
4. *Encyclopaedia Britannica Online* sous « Work, history of the organization of », http://www.britannica.com/eb/article-67037 (consulté le 15 février 2008).
5. David Mckie, « Last Train to Etruria », *Guardian*, 16 novembre 2005.
6. Richard Weaver, *Ideas Have Consequences*, Chicago, University of Chicago Press, 1948.
7. *Encyclopaedia Britannica Online*, « Work, history of the organization of ».
8. Tim Lambert, « A History of Northampton », http://www.localhistories.org/northampton.html (consulté le 28 janvier 2009).
9. La description des recherches sur les primates qui figure dans les pages qui suivent repose sur Robert Sapolsky, « Culture in Animals : The Case of a Non-human Primate Culture of Low Aggression and High Affiliation », *Social Forces*, 85, n° 1, 2006, p. 217-233 ; Robert Sapolsky, « A Natural History of Peace », *Foreign Affairs*, 85, n° 1, janvier-février 2006 ; G. Hohmann et B. Fruth, « Intra- and Inter-Sexual Aggression by Bonobos in the Context of Mating », *Behaviour*, 140, 2003, p. 1389-1413.
10. F. B. M. de Waal et D. L. Johanowicz, « Modification of Reconciliation Behavior Through Social Experience : An Experiment with Two Macaque Species », *Child Development*, 64, 1993, p. 897-908 ; et F. B. M. de Waal, « Peace Lessons from an Unlikely Source », *PLoS Biology*, 2, n° 4, 2004, p. 434-436.

4. Liberté ne veut pas dire anarchie

1. Entretien personnel, 24 septembre 2007. Bob Davids attribue cette approche à Robert Townsend, à qui il l'a empruntée.
2. Entretien personnel, 24 septembre 2007.
3. Entretien personnel avec Kris Curran, 24 septembre 2007.
4. Entretien personnel, 1er mars 2006.
5. Entretien personnel, 3 mars 2006.
6. Entretien téléphonique, 7 août 2008.
7. Terme préféré de Max De Pree, qui, selon ses propres dires, a édifié un environnement libéré quand il était directeur général de l'entreprise de mobilier et de design Herman Miller, créateur, entre autres, de l'emblématique chaise de bureau Aeron.
8. En 1999, Davids a renoncé à ses fonctions de directeur général de Radica pour se consacrer exclusivement aux Sea Smoke Cellars. En 2006, Mattel a fait l'acquisition de Radica pour environ 230 millions de dollars.

5. *Pourquoi ils l'ont fait*

1. *Online Encyclopedia*, « Wilkens, Lenny (1937). Entraîneur de basket, joueur de basket, antécédents, chronologie, avant-goût d'intolérance, un autre tir à l'Olympics », http://encyclopedia.jrank.org/articles/pages/4513/Wilkens-Lenny-1937.html (consulté le 22 janvier 2009). En 2010, son record a été battu par Don Nelson qui a obtenu trois victoires de plus.
2. Entretien personnel, 3 mars 2006.
3. Robert K. Greenleaf, *Servant Leadership*, New York, Paulist Press, 2002, p. 24-25. Souligné dans l'original.
4. Albert Camus, *Le Premier Homme*, Paris, Gallimard, « Folio », 1994, p. 343 ; en italiques dans l'original.
5. Le terme technique désignant cette stratégie économique est la stratégie « George Costanza », d'après le quatre-vingt-sixième épisode de la série télévisée à succès *Seinfeld*, intitulé « The Opposite », diffusé initialement sur NBC le 19 mai 1994.
6. Sun Hydraulics, *Observations from Bob Koski and Clyde Nixon*, n° 7, 2003.
7. Entretien personnel, 20 mai 2008.
8. Linda A. Hill et Jennifer M. Suesse, « Sun Hydraulics : Leading in Tough Times (A) », Harvard Business School case study, 2003, p. 1.
9. Sun Hydraulics, *Observations from Bob Koski and Clyde Nixon*, n° 7.
10. « LA PHILOSOPHIE DE SUN HYDRAULICS, CORP.
    Obéir à la « règle d'or » dans toutes les relations, tant à l'intérieur qu'à l'extérieur de l'entreprise, aussi difficile que cela puisse paraître sur le moment.
    Respecter la dignité de chacun et être courtois en permanence.
    Prendre et respecter honnêtement et loyalement nos engagements à l'égard de nos clients, distributeurs, salariés et fournisseurs et établir avec eux des relations stables.
    Être un leader dans nos domaines d'activité définis et dans le développement de notre secteur et de notre communauté.
    Être une entreprise en croissance pour que les salariés obtiennent constamment la possibilité d'assumer des responsabilités supplémentaires.
    Améliorer constamment nos produits et nos services afin qu'ils aient plus de valeur pour nos clients et améliorer constamment nos méthodes opérationnelles pour pouvoir verser des salaires supérieurs à la moyenne.
    Fournir un emploi stable et pérenne aux personnes embauchées, avec des heures de travail raisonnables et des conditions de travail sécurisées.
    Encourager l'autoamélioration des salariés et assurer la promotion intérieure dès que possible.
    Tenir les salariés et les actionnaires informés de la politique, des procédures et des projets de l'entreprise. »
11. Sun Hydraulics, *Observations from Bob Koski and Clyde Nixon*, n° 1-2, 2003.

12. *Ibid.*, n° 1 ; Bob Koski met le mot d'« investisseur » entre guillemets parce que, pour Sun Hydraulics, les « investisseurs » ne sont pas seulement les actionnaires, mais aussi ses clients et ses fournisseurs.
13. Il n'y a pas de paradoxe dans la coexistence de la culture « comment » et d'environnements libérés chez DuPont, ou chez AT&T, et dans quelques autres sociétés où la recherche était prédominante à l'époque. Face à une pénurie de chercheurs et d'ingénieurs et à un fort taux de rotation dans leurs services de R&D, ces sociétés ont fait de la R&D un « îlot de liberté ». Inspirés par la culture des laboratoires universitaires, les gens pouvaient décider librement des projets qu'ils voulaient mener et de la manière dont ils souhaitaient procéder. Ces « îlots de liberté » n'étaient cependant pas censés s'élargir au reste des entreprises – au grand regret de Bill Gore. (Voir aussi note 7, chapitre 9).
14. Les réflexions qui suivent s'inspirent de la note interne de Bill Gore, « The Lattice Organization – A Philosophy of Entreprise », 7 mai 1976. Sur la couverture, son épouse et associée Vieve a écrit : « Ci-joint un compte rendu que Bill a fait des conférences qu'il a données à différentes époques. Beaucoup d'entre vous ont déjà entendu tout cela, mais peut-être aurez-vous envie de le lire. Quant à ceux pour qui c'est nouveau, cela décrit les grandes lignes de nombreux principes de base de notre association. »
15. *Ibid.*, p. 4.
16. *Ibid.*, p. 5.
17. Richard Arter, communication par e-mail, 30 janvier 2009.
18. Entretien personnel, 24 septembre 2007.
19. Entretien personnel, 24 septembre 2007.

6. Quel est votre problème (et celui de vos salariés) ?

1. Toutes les histoires de ce chapitre sur Harley-Davidson et Rich Teerlink reposent sur nos entretiens personnels avec Teerlink du 15 août 2005 et du 27 septembre 2007, ainsi que sur l'ouvrage de Rich Teerlink et Lee Ozley, *More Than a Motorcycle : The Leadership Journey at Harley-Davidson*. Les citations qui ne font pas l'objet de notes sont tirées de nos entretiens personnels.
2. « Telluride Town History », Moutain Studies Institute, http://www.moutainstudies.org/databank/history/Towns/Telluride.htm (consulté le 29 septembre 2008).
3. L'usine Harley de York en Pennsylvanie est restée une poche de résistance opiniâtre à la nouvelle culture de Harley. En février 2007, le syndicat de cette usine a lancé un mouvement de grève de deux semaines qui a affecté la production de toute l'entreprise.
4. Robert Townsend, « Further "Up the Organization" », *Playboy*, juillet 1970, p. 86, 89.
5. Townsend, *Up the Organization*, p. 66. [L'édition française, intitulée *Au-delà du management*, Paris, Le Cherche-Midi, 1991, constitue une

adaptation de l'ouvrage d'origine plus qu'une traduction. Ce passage, ainsi que le suivant et la citation référencée en note 8, n'y figurent pas. (N.d.T.)]

6. *Ibid.*, p. XXVII. On relèvera un parallèle intéressant entre le troisième ligne centre au rugby et le « water boy », le « porteur d'eau » du football européen, une expression qui s'applique aux milieux de terrain défensifs. On ne les voit pas beaucoup, mais ils jouent un rôle si important pour améliorer le jeu des autres que la presse sportive les désigne souvent comme les MVP, les Most Valuable Players, c'est-à-dire les joueurs les plus précieux des plus grandes équipes, comme Claude Makelele dans l'équipe de France lors de la Coupe du monde 2006 ou Marcos Senna dans l'équipe d'Espagne (victorieuse) lors de l'Euro 2008.
7. L'idée du leader serviteur a été inventée par Robert Greenleaf. Un leader serviteur ne se contente pas de traiter ses salariés en égaux. Parce que leur rôle est de satisfaire les clients, d'ajouter de la valeur, le rôle du leader est de les servir ; voir Greenleaf, *Servant Leadership*.
8. Bob Davids, « How Robert Townsend Talked Me Out of Getting a MBA », préface à Townsend, *Up the Organization*, p. XX.
9. Ricardo Semler, *Maverick : The Success Story Behind the World's Most Unusual Workplace*, Londres, Random House, 1993, p. 68.
10. Teerlink et Ozley, *More Than a Motorcycle*, p. 54.
11. *Ibid.*, p. 19.
12. *Ibid.*, p. 16. De façon intéressante, il existe un cas de libération dans l'une des organisations américaines les plus hiérarchisées : l'armée. David Marquet décrit dans *Turn the Ship Around* comment il a libéré un sous-marin nucléaire, le faisant passer du dernier au premier rang en un an.
13. *Ibid.*, p. 49.
14. *Ibid.*, p. 137.
15. *Ibid.*, p. 129.
16. *Ibid.*, p. 135.

7. Libérer une entreprise déjà existante

1. Les descriptions de Zobrist et de FAVI qui suivent reposent sur nos entretiens personnels du 8 avril 2005 et du 25 janvier 2006. Elles utilisent aussi des passages du livre de Zobrist, *La Belle Histoire de FAVI*, et des notes disponibles sur le site Internet de FAVI, http://www.favi.com.
2. Zobrist, *La Belle Histoire de FAVI*, p. 26.
3. Zobrist nous confierait plus tard que cette façon de s'adresser à son personnel était choisie pour s'adapter à la population locale de Picardie. Il ne recommande pas nécessairement l'emploi d'un langage grossier comme outil de leadership.
4. Douglas McGregor, *The Professional Manager*, New York, McGraw-Hill, 1967, p. 67-68.
5. David Montgomery, *The Fall of the House of Labor : The Workplace, the State, and American Labor Activism, 1865-1925*, New York, Cambridge University Press, 1987, p. 251.

6. Les citations du livre de Zobrist, *La Belle Histoire de FAVI*, reproduites dans ce chapitre figurent p. 1, 28, 30-34 et 36 37. À propos de « faire en allant », expression typiquement picarde signifiant qu'« on fait d'abord, on réfléchit ensuite », Zobrist évoque un passage du film *Un taxi pour Tobrouk* où les héros tombent en panne d'essence dans le désert. Lino Ventura part immédiatement, un jerrican à la main. Quand Aznavour lui demande ce qu'il fait, il répond : « Un con qui avance va plus loin que dix intellectuels assis » (*La Belle Histoire de FAVI*, p. 28). Zobrist n'a jamais eu foi dans les modèles radicaux : pour lui, FAVI devait trouver sa propre voie.
7. Jean-Christian Fauvet, *Comprendre les conflits sociaux*, Paris, Éditions d'organisation, 1973.
8. Vassili Grossman, *Vie et destin*, trad. A. Berelowitch, Paris, Julliard/L'Âge d'Homme, 1983, p. 113-114.

8. De la motivation à l'automotivation (1)

1. Thomas Jefferson à Richard Price, 1789.
2. Thomas Jefferson à Joseph C. Cabell, 1818.
3. La description du projet de l'université de Virginie repose sur Virginius Dabney, *Mr. Jefferson's University : A History*, Charlottesville, University Press of Virginia, 1981 ; Joseph J. Ellis, *American Sphinx*, New York, Knopf, 1997 ; Daniel Walker Howe, « Religion and Education in the Young Republic », in *Figures in the Carpet : Finding the Human Person in the American Past*, éd. Wilfred M. McClay, Grand Rapids, Michigan, Wm. B. Eerdmans Publishing, 2007, p. 382, et d'un entretien personnel avec John T. Casteen, président de l'université de Virginie, le 21 mai 2008.
4. Pour obtenir un diplôme, un étudiant devait néanmoins réussir des examens dans trois domaines au moins, appelés *schools* (« écoles ») – que nous considérerions aujourd'hui comme des « départements universitaires ». Un étudiant pouvait également postuler à un *certificate of graduation* en réussissant les épreuves d'une ou plusieurs *schools*.
5. Dabney, *Mr. Jefferson's University*, p. 8.
6. De toute évidence, tous les habitants de l'Amérique n'étaient pas traités comme intrinsèquement égaux du temps de Jefferson, bien qu'il ait affirmé en 1819 qu'« aucun homme sur terre n'avait voulu la fin de l'esclavage plus que moi » (Ellis, *American Sphinx*, p. 317). Il ne trouverait jamais, pourtant, le moyen d'abolir l'esclavage sans provoquer ce qu'il considérait comme la destruction économique du Sud.
7. Le débat sur les récompenses tangibles n'est pas entièrement tranché entre psychologues (voir par exemple R. Eisenberger, W. D. Pierce et J. Camereon, « Effects of Reward on Intrinsic Motivation – Negative, Neutral and Positive : Comment on Deci, Koestner, and Ryan », *Psychological Bulletin*, 125, 1999, p. 677-691). Certains chercheurs soulignent que l'histoire des enfants qui jouent au football et d'autres expériences de recherches similaires ne prouvent pas l'effet pernicieux

des récompenses tangibles, mais celui d'une promesse de récompenses, suivie du retrait de ces dernières. C'est pourtant exactement ce qui se passe presque toujours en présence de mauvais résultats ou de temps difficiles – des aléas inéluctables – dans les entreprises avec des primes et des avantages annexes. Mais ce qui nous intéresse surtout ici, c'est que les entreprises « comment » traditionnelles ignorent pour l'essentiel les découvertes majeures de la psychologie sur les effets néfastes des récompenses tangibles sur l'automotivation.

8. Entretien personnel, 24 septembre 2007.
9. John Dewey, *Later Works, 1925-1953*, éd. Jo Ann Boydston, Carbondale et Edwardsville, Southern Illinois University Press, 1985, 12, p. 112.
10. D. L. Rubenson, « Art and Science, Ancient and Modern : A Psychoeconomic Perspective on Domain Differences in Creativity », in *Creative Intelligence : Toward Theoretic Integration*, éd. D. Ambrose, L. M. Cohen et A. J. Tannenbaum, Cresskill, New Jersey, Hampton Press, Inc., 2003, p. 131-146.
11. Robert Sternberg, *Intelligence Applied : Understanding and Increasing Your Intellectual Skills*, San Diego, Harcourt Brace Jovanovich, 1986.
12. Robert J. Sternberg et Todd I. Lubart, *Defying the Crowd : Cultivating Creativity in a Culture of Conformity*, New York, Free Press, 1995, p. 93-94.
13. Douglas McGregor, *The Professional Manager*, p. 10-11. Souligné par McGregor.
14. McGregor, *The Human Side of Enterprise,* p. 265. [*La Dimension humaine de l'entreprise*, trad. J. Ardoino et M. Lobrot, *op. cit.*]
15. Townsend, *Up the Organization*, p. 96.
16. Blaise Pascal, *Pensées*, Paris, Le Livre de poche, 1972, p. 161 sq.
17. L'exposé des idées et des recherches de Deci, Ryan et associés repose sur Edward Deci et Richard Ryan, « The "What" et "Why" of Goal Pursuits : Human Needs and the Self-Determination of Behavior », *Psychological Inquiry*, 11, 2000, p. 227-268 ; et M. Gagné et Edward Deci, « Self-Determination Theory and Work Motivation », *Journal of Organizational Behavior*, 26, 2005, p. 331-362.
18. On peut affirmer que le besoin le plus élevé dans la hiérarchie de Maslow – l'épanouissement personnel – n'est jamais entièrement satisfait et motive donc les gens en permanence à entreprendre de nouvelles actions pour le satisfaire. Si cela est peut-être vrai d'une faible proportion des êtres humains, même pour eux Maslow considère un besoin non satisfait comme une tension que l'on s'efforce de réduire, ce qui est très différent de la vision de Deci et Ryan, qui considèrent les besoins comme des nutriments.
19. Nous n'ignorons pas l'importance des besoins physiques ni des besoins de sécurité. Un enfant chroniquement affamé ou maltraité n'aimera pas jouer, c'est évident. Au travail, la question de savoir si les besoins physiques et de sécurité de la majorité des salariés sont satisfaits reste évidemment sujette à débat. En ce qui concerne les salariés des économies développées, Angus Maddison a montré (voir note 1, chapitre 2) que

la satisfaction des besoins autres que matériels et de subsistance ne se limitait plus à une toute petite élite, mais était accessible à la majorité des habitants des pays développés.

20. Deci et Ryan définissent l'affiliation comme un « désir d'aimer et de soigner, et d'être aimé et soigné » ; la compétence comme une « propension à exercer un effet sur l'environnement ainsi qu'à accéder à des résultats appréciés à l'intérieur de celui-ci » ; et l'autonomie comme un « désir d'organiser soi-même son expérience et son comportement et à avoir une activité qui coïncide avec le sentiment intégré qu'on a de soi » ; Deci et Ryan, « The "What" and "Why" of Goal Pursuits », p. 231.
21. Nous préférons les termes d'égalité intrinsèque, développement et autodirection aux « affiliation », « compétence » et « autonomie » de Deci et Ryan, et ce pour deux raisons. Primo, des termes comme « compétence » et « autonomie » ont pris des significations bien précises dans le management. « Compétence » est souvent utilisé en tant que terme de RH, comme dans le « management des compétences », très commandement-et-contrôle, et l'autonomie est souvent évoquée en « équilibre » avec le contrôle au sein d'une entreprise. Secundo, nous souhaitons rester proches de McGregor, qui parlait de traiter les gens comme s'ils étaient bons, et évoquait l'autodirection et l'autocontrôle.
22. Dabney, *Mr. Jefferson's University*, p. 6.
23. Ellis, *American Sphinx*, p. 338.
24. *Ibid.*, p. 310.
25. Dabney, *Mr. Jefferson's University*, p. 21.
26. « History of the Honor Commitee », University of Virginia, http://www.virginia.edu/honor/intro/honorhistory.html (consulté le 21 juin 2008). La foi de Tucker en la liberté et la responsabilité était peut-être le fruit de son éducation familiale. Son père, le juge St. George Tucker – surnommé le « Blackstone américain » [par allusion à William Blackstone (1723-1780), auteur de célèbres *Commentaires sur les lois d'Angleterre*, N.d.T.] –, a été l'auteur du premier commentaire sur la Constitution de 1803. Il écrivait : « On peut considérer qu'une déclaration des droits n'a pas pour seule intention de donner une loi et d'imposer des limites à un gouvernement sur le point d'être établi, mais qu'elle a également pour objectif de donner des informations au peuple. Grâce à la réduction des vérités spéculatives en lois fondamentales, tout homme doté des capacités et de la compréhension les plus moyennes peut apprendre ses propres droits et savoir quand ils sont violés », cité d'après *View of the Constitution of the United States with Selected Writings*, Indianapolis, Liberty Fund, 1999.
27. Ce récit repose sur les sources suivantes : Lars Kolind, *The Second Cycle : Winning the War Against Bureaucracy*, Philadelphie, Wharton School Publishing, 2006 ; N. J. Foss, « Selective Intervention and Internal Hybrids : Interpreting and Learning from the Rise and Decline of the Oticon Spaghetti Organization », *Organization Science*, 14, 2003, p. 331-349 ; N. J. Foss, « Internal Disaggregation in Oticon : Interpreting and Learning from the Rise and Decline of the Oticon Spaghetti

Organization », document de travail, Department of Industrial Economics and Strategy, Copenhagen Business School, 2000 ; Pernille Eskerod, « Organising by Projects : Experiences from Oticon's Product Development Function », in *Managing the Unmanageable for a Decade*, éd. Mette Morsing et Kristian Eiberg, Hellerup, Danemark, Oticon, 1998, p. 78-90 ; Tom Peters, *Liberation Management*, New York, Ballantine Books, 1994, p. 201-204 ; et entretiens par e-mail avec Lars Kolind, janvier-mai 2007.
28. Kolind, *Second Cycle*, p. 195-196.
29. *Ibid.*, p. 197.
30. *Ibid.*, p. 207.
31. *Ibid.*, p. 115.
32. Eskerod, « Organising by Projects », p. 87.
33. Kolind, *Second Cycle*, p. 209.
34. Alexis de Tocqueville a été le premier à expliquer le phénomène de la situation révolutionnaire, ayant étudié la Révolution française. Ce ne sont pas les régions les plus pauvres mais les régions les plus riches qui se sont révoltées les premières.

9. De la motivation à l'automotivation (2)

1. Warren Bennis et Robert Townsend, *Reinventing Leadership*, New York, Quill, 1995, p. 66-67.
2. *Ibid.*, p. 67.
3. *Ibid.*
4. *Ibid.*, p. 68.
5. *Ibid.*, p. 75.
6. Entretien personnel, 15 août 2005.
7. Comme l'écrivait Warren Bennis dans la note de l'éditeur de l'ouvrage de McGregor, *Professional Manager* (p. 14, note 5) : « Dans […] le laboratoire de recherche scientifique […], le management a considérablement progressé [vers la construction d'un environnement libéré]. Cela tient beaucoup plus au problème rencontré pour obtenir et conserver des scientifiques compétents qu'à l'adoption de nouvelles idées sur la nature humaine. » De fait, certains éléments de liberté ont été mis en place dans des centres de R&D, comme dans Experimental Station de DuPont et dans les Bell Labs d'AT&T, pour attirer et garder un groupe de talents particuliers. Mais cet environnement n'a pas été mis en place dans d'autres services de ces entreprises. Aujourd'hui, des approches comparables à celles de DuPont et d'AT&T sont utilisées par des sociétés de conseil et des éditeurs de logiciels de pointe qui misent beaucoup sur les « travailleurs du savoir ». SAS Institute a longtemps été célèbre pour ses conditions de travail exceptionnelles et pour le très faible taux de rotation de ses informaticiens. Google, qui a soigneusement étudié SAS, semble avoir adopté une démarche similaire.
8. Entretien personnel, 2 mars 2006.
9. Entretien personnel, 26 septembre 2007.

10. John Fennel, *Ready, Fire, Aim*, Pewaukee, Wisconsin, Quad Graphics, 2006.
11. Entretien personnel, 2 mars 2006.
12. Entretien personnel, 15 août 2005.
13. Entretien personnel, 18 octobre 2007. Depuis que nous avons écrit ces lignes, Jacques Szulevicz et Jacques Raiman sont tous deux décédés.
14. Alors que l'on attribue fréquemment cette formule à Milton Friedman, qui a, de surcroît, écrit un livre très connu sous ce titre, l'expression a semble-t-il été utilisée dans la presse des années 1930. Son origine reste mystérieuse.
15. Fabienne Gambrelle et Félix Torres, *Générale de service informatique*, Paris, Albin Michel, 1996, p. 122.

10. À la recherche des bottes perdues

1. Notre entretien a eu lieu le 6 mars 2006. Le général Robert McDermott est décédé le 28 août de la même année, à quatre-vingt-six ans, des suites d'une attaque.
2. Entretien personnel, 7 mars 2006.
3. Entretien personnel, 4 février 2008.
4. Avishai Margalit, *The Decent Society*, Cambridge, Massachusetts, Harvard University Press, 1996, p. 217.
5. Il est intéressant de noter que, dans son livre, Townsend conseille d'aborder les budgets sous cet angle pour les actionnaires extérieurs à l'entreprise : « La plupart des commanditaires, administrateurs et propriétaires examinent votre rapport mensuel pour voir si vous avez équilibré votre budget. Si vous avez réussi, l'affaire est classée. Dans le cas contraire, votre rapport ira faire les délices d'un coupeur de cheveux en quatre, ignorant de surcroît, qui se mettra à imaginer toute une série de questions plus stupides les unes que les autres. Pour vous épargner ce supplice, prenez l'habitude de diminuer systématiquement d'un certain pourcentage les prévisions chiffrées qui sortiront de l'entreprise. Grâce à cette marge de sécurité (c'est bien de cela qu'il s'agit et non d'un truquage des chiffres que vous-même et vos managers connaissez très exactement quand il s'agit de faire un bilan de la situation et des tendances), vous aurez toujours entre les mains une arme efficace pour éponger des récessions imprévues sans pour autant risquer l'équilibre de votre budget, si cher à vos investisseurs/commanditaires. » Townsend, *Up the Organization*, p. 9 [trad. française de P. Girard légèrement remaniée, in *Au-delà du Management*, *op. cit.*, p. 27]. Le chef des opérations de Grenoble l'avait certainement lu, car un exemplaire en était remis à tous les managers de GSI.
6. Entretien personnel, 20 mai 2008.
7. Entretien personnel, 21 novembre 2008.
8. Cité dans Joel Cutcher-Gershenfeld, « Introduction to the Annotated Edition », in McGregor, *The Human Side of Enterprise*, p. XLII.

11. *Les anti-Mad Men*

1. Entretien personnel, 6 mars 2006. Sauf indication contraire, toutes les citations de Stan Richards sont tirées de cet entretien.
2. Stan Richards, *The Peacable Kingdom*, New York, John Wiley, 2001.
3. *Ibid.*, p. 9. Richards compare souvent l'atmosphère des sociétés de Madison Avenue aux relations entre États-Unis et URSS pendant la guerre froide.
4. Ronald Coase, « The Nature of the Firm », in *The Firm, the Market and the Law*, Chicago, University of Chicago Press, 1990, p. 33-56.
5. *The Peaceable Kingdom*, p. 20.
6. *Ibid.*, p. 142.
7. *Ibid.*, p. 143.
8. Entretien personnel, 3 mars 2006.

12. *Le secret du leadership libérateur*

1. Conférence à l'Institut des hautes études cinématographiques, Paris, 1982. Nous remercions Jean-François Cottin de nous avoir indiqué cette vidéo.
2. Cité dans P. B. Baltes et U. M. Staudinger, « Wisdom : A Metaheuristic (Pragmatic) to Orchestrate Mind and Virtue Toward Excellence », *American Psychologist*, 55, 2000, p. 133.
3. Entretien personnel, 8 septembre 2008. Sauf indication contraire, toutes les citations de Liisa Joronen sont tirées de cet entretien et ne feront pas l'objet de références distinctes.
4. Communication personnelle, 18 juillet 2008.
5. « The SOL Story », document interne de SOL, février 2006.
6. En 2000, Liisa Joronen a distribué 90 % des parts de SOL à ses trois enfants, n'en gardant que 10 % pour elle. Mais elle a conservé une *golden share*, une « action en or », qui lui accorde un droit de veto sur de nombreuses décisions touchant l'entreprise. Elle a conservé cette voix prépondérante, dit-elle, « pour que les enfants continuent à être heureux ».
7. Échange personnel avec Liisa Joronen, 10 mai 2009.
8. P. B. Baltes et U. Kunzmann, « The Two Faces of Wisdom : Wisdom as a General Theory of Knowledge and Judgment About Excellence in Mind and Virtue vs. Wisdom as Everyday Realization in People and Products », *Human Development*, 47, 2004, p. 295-296.
9. René Descartes, « Méditations sur la philosophie première », cité d'après *The Philosophical Writings of Descartes*, vol. II, trad. John Cottingham, Robert Stoothoff et Dugald Murdoch, Cambridge, Cambridge University Press, 1984, p. 24.
10. M. W. Morris et K. Peng, « Culture and Cause : American and Chinese Attributions for Social and Physical Events », *Journal of Personality and Social Psychology*, 67, 1994, p. 949-971 ; et R. E. Nisbett, K. Peng, I. Choi et A. Norenzayan, « Culture and Systems of

Thought : Holistic versus Analytic Cognition », *Psychological Review*, 108, 2001, p. 291-310.
11. F. Lee, M. Hallahan et T. Herzog, « Explaining Real-Life Events : How Culture and Domain Shape Attributions », *Personality and Social Psychology Bulletin*, 22, 1996, p. 732-741.
12. A. Fernald et H. Morikawa, « Common Themes and Cultural Variations in Japanese and American Mothers' Speech to Infants », *Child Development*, 64, 1993, p. 637-656 ; et T. Tardif, M. Shatz et I. Naigles, « Caregiver Speech and Children's Use of Nouns versus Verbs : A Comparison of English, Italian and Mandarin », *Journal of Child Language*, 24, 1997, p. 535-565.
13. Entretien personnel, 22 mai 2008.
14. Entretien personnel, 18 mai 2008.
15. Zobrist, *La Belle Histoire de FAVI*, p. 1. Cette maxime ouvre le livre de Zobrist.

13. Le paradoxe ultime

1. Entretien personnel, 18 mai 2008. Les autres citations de Davids contenues dans ce chapitre sont tirées de cet entretien et de celui du 24 septembre 2007.
2. Entretien personnel, 15 septembre 2008. Sauf indication contraire, toutes les autres citations de Kelley sont tirées de cet entretien.
3. Ce paragraphe repose en partie sur « Designed Chaos : An Interview with David Kelley, Founder and CEO of IDEO », Virtual Advisor, Inc., http://www.va-interactive.com/inbusiness/editorial/bizdev/articles/ideo.html (consulté le 7 juillet 2007).
4. Peter Burrows, « Hewlett & Packard : Architects of the Info Age – The Founding Fathers of Silicon Valley Steered Tech Away from Hierarchy », *BusinessWeek*, 29 mars 2004.
5. *Ibid.*
6. R. I. Sutton et A. Hargadon, « Brainstorming Groups in Context : Effectiveness in a Product Design Firm », *Administrative Science Quarterly*, 41, 1996, p. 685.
7. Les points de vue et les citations des différents philosophes sur la sagesse contenus dans ces paragraphes reposent sur Sharon Ryan, « Wisdom », *Stanford Enclyclopedia of Philosophy*, http://www.science.uva.nl/ – seop/entries/wisdom (consulté le 26 novembre 2008).
8. Aristote, *Éthique à Nicomaque*, livre VI, chapitre 5, trad. J. Tricot, p. 80.
9. J. Kekes, « Wisdom », *American Philosophical Quarterly*, 20, n° 3, 1983, p. 280.
10. Cette description de la méthodologie repose sur « The Deep Dive (at IDEO) », une émission de Nightline diffusée à l'origine sur ABC le 13 juillet 1999.
11. Bruce Nussbaum, « The Power of Design », *BusinessWeek*, 17 mai 2004, p. 96.

12. Tim Brown, « Design Thinking », *Harvard Business Review*, juin 2008, p. 87.
13. Voir Linda Tischler, « A Designer », *Fast Company*, février 2009, p. 78-101 ; et A. G. Lafley et Ram Charan, *The Game-Changer : How You Can Drive Revenue and Profit Growth with Innovation*, New York, Crown Business, 2008.
14. Tischler, « A Designer », p. 78-101.
15. Entretien personnel, 15 septembre 2008. Les citations qui suivent sur l'« équipe d'expérience » sont tirées de cet entretien.
16. Entretien personnel, 15 septembre 2008.
17. Voir par exemple C. A. O'Reilly III et J. Chatman, « Culture as Social Control : Corporations, Cults, and Commitment », *Research in Organizational Behavior*, 18, 1996, p. 157-200.
18. Entretien personnel, 20 mai 2008.
19. Cela ne veut pas forcément dire embaucher le « meilleur » au sens traditionnel du terme. Quand Robert Townsend a visité Chaparral Steel dans les années 1980, il a dit à Gordon Forward : « Gordon, vous trichez. Vous avez des gens excellents, ici ! » Entretien personnel avec Gordon Forward, 25 septembre 2007.

14. Faire voler des papillons en formation

1. Entretien personnel, 25 septembre 2007.
2. Entretien personnel, 20 mai 2008.
3. Entretien personnel, 22 mai 2008. Dans ce chapitre, toutes les citations des salariés de l'usine Chaparral de Petersburg sont tirées d'entretiens personnels réalisés ce jour-là. En juillet 2007, Gerdau Ameristeel a racheté Chaparral Steel pour 4,2 milliards de dollars, et, au moment de notre visite, Chaparral était encore en voie d'« intégration » dans sa nouvelle société mère. À l'heure où nous écrivons, il est impossible de prédire le sort de la culture qui a contribué à faire de Chaparral une acquisition aussi séduisante pour Gerdau.
4. Harry Quadracci était farouchement hostile à la syndicalisation de Quad/Graphics, car il avait assisté à des grèves génératrices de divisions chez un précédent employeur. Cela a valu à Quad l'attention et le courroux des syndicalistes, mais jusqu'à présent personne n'est parvenu à syndiquer une usine de Quad, ce qui montre bien que les Quadracci ont su maintenir une relation fructueuse avec leurs salariés.
5. Frank Shipper et Charles C. Manz, « Employee Self-Management Without Formally Designated Teams : An Alternative Road to Empowerment », *Organizational Dynamics*, 20, n° 3, 1992, p. 48-61.
6. Entretien personnel, 18 mai 2008.
7. Entretien personnel, 17 août 2005. Ziemer a pris sa retraite au début de 2009.
8. Entretien personnel, 20 mai 2008.
9. Entretien personnel, 26 novembre 2008.
10. Entretien personnel, 22 mai 2008.

11. Entretien personnel, 22 mai 2008.
12. Entretien personnel, 8 septembre 2008.
13. Zobrist, *La Belle Histoire de FAVI*, p. 107-108.
14. Un associé de Gore, immigré indien de la première génération, nous a raconté en plaisantant que sa famille en Inde, très à cheval sur les questions de prestige, était fort ennuyée que, après avoir passé plus de dix ans dans la société, il ne soit encore qu'« associé ».
15. Townsend, *Au-delà du management*, p. 163.
16. Townsend, *Faites décoller vos hommes*, p. 150.
17. Jean-François Zobrist, séminaire donné à ESCP Europe Business School, Paris, 18 février 2009.
18. Une étude portant sur 6 772 entreprises « comment » de 40 secteurs a montré qu'elles sont seulement 2 à 5 % à conserver un avantage concurrentiel sur une période de dix ans ; quatre entreprises seulement le conservent sur vingt ans. Qui plus est, près de 99 % des sociétés – grandes et petites – disparaissent au cours de leurs quarante premières années d'existence ; C. I. Stubbart et M. B. Knight, « The Case of the Disappearing Firms : Empirical Evidence and Implications », *Journal of Organizational Behavior*, 27, 2002, p. 79-100.
19. Entretien personnel, 15 août 2005.
20. Voir l'observation d'Angus Maddison, note 1, chapitre 2 : entre 1820 et 2001, le revenu par tête a été multiplié par vingt dans les pays occidentaux. Cela veut dire que la satisfaction de besoins dépassant la simple subsistance matérielle n'a plus été limitée à une minuscule élite. La majorité des habitants des économies développées ont pu désormais se préoccuper de la satisfaction de besoins universels « plus élevés », dont la recherche est propre aux êtres humains.
21. Titre d'un article présenté à une conférence du MIT le 9 avril 1957, reproduit dans McGregor, *The Human Side of Enterprise*, p. 341-356.

Épilogue. Des salariés libres d'agir : théorie ou destin ?

1. Cet article a été publié dans le numéro de juin 2012 de *Gérer & Comprendre*, une série des *Annales des Mines*. Nous remercions la rédaction pour son accord de le republier ici.
2. Entretien personnel du 22 juillet, 2009 avec l'opérateur de SEW USOCOME.
3. Entretien personnel du 22 juillet, 2009.
4. I. Getz, « Liberating leadership : How the initiative-freeing radical organizational form has been successfully adopted », *California Management Review*, 51, 2009, p. 32-58 ; version française : "Le leadership libérateur, forme radicale de l'organisation", *L'Expansion Management Review*, septembre 2010, p. 63-81.
5. Nous avons indiqué le temps qui s'est écoulé depuis que cette forme organisationnelle a été lancée dans ces entreprises, pas l'âge de l'entreprise. Par exemple, en 1982, Harley Davidson avait plus de 75 ans, mais quand cette année-là, Rich Teerlink, son P.-D.G., a lancé la forme

libérée, ce fabricant de motos légendaires n'était qu'à 15 % de parts de marché dans son secteur avec 32 000 motos vendues et se trouvait à quelques mois de la faillite. En 1999, il a atteint près de 50 % de parts avec 177 000 motos vendues et avec une capitalisation supérieure à celle de GM de l'époque, c'est-à-dire bien avant les déboires plus récents de cette dernière.

6. C. I. Stubbart & M. B. Knight, « The case of the disappearing firms : Empirical evidence and implications », *Journal of Organizational Behavior*, 27, 2006, p. 79-100.
7. Les performances exceptionnelles dans la durée sont très rares : parmi les grandes entreprises, 2 % seulement parviennent à garder un avantage concurrentiel durable sur leurs concurrents pendant une période de 10 ans et seulement 0,06 % (4 sur 6 772 grandes entreprises étudiées) ont été significativement supérieures à leurs concurrents sur une période de 20 ans ; R. R. Wiggins & T. W. Ruefli, « Sustained competitive advantage : Temporal dynamics and the incidence and persistence of superior economic performance », *Organization Science*, 13, 2002, p. 82-105 (l'avantage concurrentiel durable sur leurs concurrents est mesuré par le critère de Tobin's Q).
8. La description de ce cas est fondée sur trois visites-terrain chez FAVI ainsi que sur plusieurs entretiens supplémentaires avec son directeur Jean-François Zobrist. Les citations sont tirées soit de la transcription de nos entretiens soit des notes de Zobrist qu'il a partagées avec nous à l'époque et qu'il a rassemblées plus tard dans un ouvrage *La Belle Histoire de FAVI. L'entreprise qui croit que l'homme est bon* (tomes 1 et 2), Paris, coll. « Humanisme & Organisations », 2007-2008.
9. Seul un ajustement aux coûts des matières premières, des éléments cuivreux, a été opéré, ce qui a rapidement fait des produits de FAVI les moins chers du marché et lui a permis dans les années 2000 d'*exporter* vers la Chine.
10. *La Belle Histoire de FAVI. L'entreprise qui croit que l'homme est bon*, Tome 1 : *Nos belles histoires*, p. 36-40. Nous remercions Jean-François Zobrist de nous avoir autorisé à citer ce texte.
11. J-F. Zobrist, *La Belle Histoire de FAVI*, *op. cit.* (tome 2 : *Notre management et nos outils*), p. 12.
12. Cela ne signifie pas que toute « campagne de libération » a réussi. Nous avons pu, par exemple, interviewer Lars Kolind, qui a conduit la construction d'une forme organisationnelle de ce genre chez Oticon, un fabricant danois de prothèses auditives. Toutefois, les cas d'échec révèlent eux aussi des similitudes avec les cas de réussite, car les étapes de construction sont les mêmes. Dans le cas d'Oticon, c'est le non-respect de la dernière étape, celle du maintien de la culture, par Kolind qui a conduit à l'échec (cf. Getz, *Liberating leadership*, *op. cit.*)
13. D. McGregor, *The Human Side of Enterprise*, New York, McGraw-Hill, 1960 (*La Dimension humaine de l'entreprise*, trad. J. Ardoino et M. Lobrot, Paris, Gauthier-Villars, 1971).
14. J.-C. Fauvet, *Comprendre les conflits sociaux,* Paris, Éditions d'Organisation, 1973.

15. S. R. Covey, *The Seven Habits of Highly Effective People,* New York, Simon and Schuster, 1989.
16. A. Maslow, *Motivation and Personality,* New York, Harper, 1954.
17. P. M. Senge, *The Fifth Discipline : The Art & Practice of the Learning Organization*, New York, Currency Doubleday, 1990.
18. Sh. Shiba, A. Graham & D. Walden, *TQM. Les quatre révolutions du management*, Paris, Dunod/L'Usine Nouvelle, 2003.
19. M. De Pree, *Leadership Is An Art*, New York, Doubleday, 1989.
20. R. Semler, *Maverick* !, New York, Random House, 1993.
21. R. Townsend, *Up The Organisation : How to Stop the Corporation from Stifling People and Strangling Profits,* commemorative ed., 1970 (San Francisco, Jossey-Bass, 2007). [*Au-delà du management. Comment empêcher les entreprises d'étouffer les gens et de bloquer les profits*, trad. P. Girard, Paris, Le Cherche Midi, 1991].
22. W. Bennis, *Beyond Bureaucracy* : *Essays on the Development and Evolution of Human Organization*, San Francisco, Jossey-Bass, 1993 ; W. Bennis & R. Townsend, *Reinventing Leadership*, New York, Quill, 1995.
23. R. K. Greenleaf, *Servant Leadership,* New York, Paulist Press, 2002.
24. T. Peters, *Liberation Management*, New York, Ballantine books, 1993 ; T. Peters & R. Townsend, *Winning Management Strategies for the Real World*, Niles, Illinois, Nightingale Conant Corp, 1986, cassette audio.
25. Par exemple, selon l'enquête conduite par la London Business School auprès de 650 dirigeants, 77 % d'entre eux ont dit qu'améliorer les incentives, réduire la bureaucratie et promouvoir une plus grande flexibilité dans l'environnement de l'entreprise sont des clés pour stimuler l'innovation et 66 % ont dit que le moyen pour incentiver le comportement innovant consiste à créer une culture d'innovation (http://finchannel.com/Main_News/B_Schools/88644_Business_leaders_say_internal_bureaucracy_biggest_barrier_to_innovation/, accedé le 12/6/2011).
26. S. Richards, *The Peaceable Kingdom*, New York, John Wiley, 2001.
27. I. Getz, « Liberating leadership », *op. cit.*
28. Cf. Edward L. Deci & Richard M. Ryan, « The "What" and "Why" of Goal Pursuits : Human Needs and the Self-Determination of Behavior », *Psychological Inquiry*, 11, 2000, p. 227-268 ; Marylène Gagné and Edward L. Deci, « Self-determination Theory and Work Motivation », *Journal of Organizational Behavior*, 26, 2005, p. 331-362.

Index

Table

N° d'édition : L.01EHQN000884.B005
Dépôt légal : février 2016
Imprimé en Espagne par Novoprint (Barcelone)